JN204295

第5版

刑法各論

大谷　實

成文堂

第５版はしがき

今回の改訂には，大きく分けて三つの理由がある。一つ目は，2017年に性犯罪に関する刑法の規定が改正されたことである。1907（明治40）年以来使われていた「強姦の罪」が無くなり，代わりに「強制性交等の罪」が入り，新たに監護者性交等罪が規定されるというように，大幅な改正が断行されたのである。二つ目は，2013年に制定された「自動車の運転により人を死傷させる行為等の処罰に関する法律」(自動車運転死傷処罰法)に関するもので，第４版では特別刑法は原則として対象としないという理由で取り上げなかったが，自動車運転に関する犯罪は市民生活にとって極めて重要であり，また，司法試験の対象にもなっているところから，出来るだけ簡潔にして本書に導入することにした。三つ目は，ここ２，３年の間に，優れた教科書や体系書が出版され，それらに対応する必要があると考えたことである。

著者は，2001年に同志社総長に就任したが，その年の４月に本書の初版が発行されたのであった。そして，総長在任中かなり激務ではあったが，2014年に４回目の改訂を行い，2016年に総長を退任して間もなく，第５版を世におくることができたのである。感慨一入のものがある。

改めて，読者の皆様に感謝申し上げるとともに，出版にご尽力して下さった成文堂の阿部成一社長，編集部の篠崎雄彦氏，校正等で多大なご協力を賜った名古屋学院大学法学部専任講師の笹山文徳君に深甚なる謝意を表する次第である。

2018年３月

大　谷　　　實

第4版はしがき

本書は，昨年上梓した成文堂刊『刑法総論（第4版）』の対をなす書物である。『刑法総論（第4版）』は，2012年に刊行した『刑法講義総論（新版第4版）』を，法学部やロースクールの学生，特に司法試験予備試験の受験生の教科書として著したものである。それと符節を合わせて，『刑法講義各論（新版第4版）』を基にして『刑法各論（第3版）』を改訂したものが本書である。

『刑法各論（第3版）』は，7年前の2007年に発行したが，それ以降に，刑法各論に係る「不正指令電磁的記録に関する罪」（168条の2，168条の3）や強制執行妨害関係の罪の新設ないし修正（刑96条～96条の6）などの改正がなされた。また，従来の危険運転致死傷罪（旧208条の2）は，「自動車の運転により人を死傷させる行為等の処罰に関する法律」（平成25年法律第86号）の制定に伴い，同法に吸収された。本書の教科書としての性質上，これ等の新しい動きについての解説は不可欠である。また，見逃すことのできないその後の最高裁や下級審の重要な判例も十指に余る。そこで，版を改めて，第4版として刊行することにした次第である。

改訂に当たって学説を改めたところはないが，初心者でも充分理解できるように，全体を読み返してみて，出来る限り明快で平易な表現に改めるよう心がけた。また，学説および判例を整理して，著者の立場を明らかにしておいた。

今回の改訂についても，刑法総論の改訂でお世話になった同志社大学大学院法学研究科に在学中の平盛洋輔君，佐藤由利さん，山口　慧君のお三方に，事項と判例の索引の作成，さらに本書全体の校正について多大なご尽力を仰いだ。また，本書の出版については，成文堂編集部の篠崎雄彦氏および関係者の方々に大変なお世話になった。これらの皆さんに，この場をお借りして，心からの謝意を表したい。

2014（平成26）年9月　　　　大　谷　　　實

第３版はしがき

平成14年に本書第２版を上梓した後も，「凶悪・重大犯罪に対処するための法定刑の引き上げ等」の改正や人身売買罪の新設を筆頭に，刑法各則の改正が相次いでいる。また，「横領後の横領」の成立を認めた最高裁大法廷判決（平成15年４月23日刑集57巻４号467頁）や詐欺罪にかかる最高裁判例など，注目すべき判例が続出している。そこで，版を改めて，これらの刑法改正や重要判例を網羅的に解説し，併せて，旧版の叙述全体を見直して第３版とすることにした。

本書は，もともと法学部学生の教科書として執筆したものであるが，最近では，ロースクールの未修者の教材ないし参考書として利用されるようになってきた。今回の改訂は，これらのロースクールの読者に適するよう配慮したつもりである。引き続きご利用いただければ幸いである。

平成19年３月10日

大　谷　　　實

第３版第３刷発行にあたって

本書第１刷発行直後の平成19年５月，刑法の一部を改正する法律により，刑法第211条が改正され，「自動車運転過失致死傷罪」（211条２項）が新設された（平成19年法律第54号）。第３刷発行に際して，その解釈を追記する次第である。

平成20年11月

大　谷　　　實

第２版はしがき

平成13年には，２つの大きな刑法改正が行われた。「支払用カード電磁的記録等に関する罪」（平成13年法律97号）と，「危険運転致死傷」に関する罪（平成13年法律138号）とである。前者は，刑法典に新たに１章を加える大幅な改正であり，また，後者は，無謀な自動車運転に対処するための重要な改正である。そこで，法制審議会委員として立案の審議に参加した立場から，早速，新条項の解釈を試みてみた。

本書を上梓してから間がないが，頁数も大幅に増えたことでもあり，版を改めて第２版とすることにした。教科書としてご利用いただければ幸いである。

平成14年10月

大　谷　　　實

（第２版２刷に当たって，本書の副読本である大谷實編『判例講義刑法II各論』〔悠々社・平成14年〕の事件番号を①②…の形式で引用した）

はしがき

本書は，法学部学生用の教科書として上梓した『刑法総論』（第2版　平成12年）の姉妹編である。執筆の方針および趣旨は総論におけると同じであるが、特に，大学生ないし司法試験の受験生として必要な基本的知識および理論を身につけることができるように，コンパクトなものとすることに配慮した。刑法の学習で一番大切なことは，刑法の全体像を体系的に把握することであろう。そのためには大著よりも一気に読み切れる程度の書物が適当なのである。司法試験の塾で勉強される場合でも，まず，基本的な知識・理論を頭にたたきこんでから取り組むことをお勧めしたい。

なお，近年，クレジットカードその他の支払用カードの偽造が多発しているところから，これに対処するため刑法第2編に新たな1章を設ける改正が用意されている。国会審議が順調に進めば今年6月に改正法が成立する予定であるが，その見通しが不透明なので本書には加えず，改正法が成立した段階で，折込の方式で追補することにした。

本書の執筆に当たっては，今回も成文堂の土子三男編集部長および編集部の皆さんに大変お世話になった。記して謝意を表する次第である。

平成13年3月1日

大谷　實

凡　例

1 判　例

(1) 引用判例の略称は，次の例による

▽大判大4・10・28刑録21・1745⇨大審院判決大正4年10月28日大審院刑事判決録21輯1745頁。

▽最判(決)昭27・12・25刑集6・12・1387⇨最高裁判所判決（決定）昭和27年12月25日最高裁判所刑事判例集6巻12号1387頁。

▽東京高判昭30・5・19高刑集8・4・568⇨東京高等裁判所判決昭和30年5月19日高等裁判所刑事判例集8巻4号568頁。

（大審院判例を原文のまま引用した箇所は，カタカナをひらがなに変え，適当に句読点を入れた）

(2) 略語

刑　録	大審院刑事判決録
刑　集	大審院刑事判例集，最高裁判所刑事判例集
裁判集刑	最高裁判所裁判集刑事
高刑集	高等裁判所刑事判例集
裁　特	高等裁判所刑事裁判特報
判　特	高等裁判所刑事判決特報
東　時	東京高等裁判所刑事裁判時報
一審刑集	第一審刑事裁判例集
下刑集	下級裁判所刑事判例集
裁　時	裁判所時報
刑　月	刑事裁判月報
判　時	判例時報
判　タ	判例タイムズ
新　聞	法律新聞
評　論	法律評論

2 法　令

法令の略語は大方の慣用に倣った。なお，改正刑法草案は，草案と略記した。

目　　次

序　章

I　刑法各論の意義

刑法は，犯罪と刑罰を定める法である。刑法学は，この刑法を対象とする学問領域であるが，一般に刑法総論と刑法各論とに分けて論じられている。刑法総論は，刑法典「第一編　総則」(1条～72条) を対象として，個々の犯罪類型に共通する一般的な要件ないし性質の解明を任務とする。これに対して，刑法各論は，刑法典「第二編　罪」(77条～264条) を対象として，殺人とか窃盗といった一つひとつの犯罪の成立要件を明らかにするとともに，個々の要件相互の関係ないし区別を考察する。

II　刑法各論と法益

刑法は，社会秩序の維持を目的とする法であるが，その目的のために，国家は，国家社会において保護しなければならない利益を選択し，これに対する侵害行為を犯罪として禁止し，処罰する。この利益を刑法上の保護法益または法益という。個人の尊重を最優先する個人主義の社会では，一人ひとりの生命，身体，自由，財産といった個人の利益を確保しなければ，社会の秩序を守り，社会の安全を期することは不可能である。「人を殺した者」(刑199条) を放置しておいたのでは，社会の秩序は維持できないのである。したがって，刑法が保護すべき法益は，最終的には，個人の利益，言い換えると個人法益であるということができる。

個人法益に対する犯罪を個人法益に対する罪という。しかし，個人法益を効果的に保護するためには，一人ひとりの個人に共通する利益，言い換えると公衆の利益ないし社会自体の利益をも保護する必要がある。例えば，ニセ札づくりを放置しておいたのでは，社会生活上の取引の安全を確保することはできないから，これを処罰し（刑148条），個人の集合体としての公衆ないし社会の利益の保護を通じて，個人の利益の保護を図るのである。社会を保護する法益を社会（公衆・公共）法益といい，社会法益に対する犯罪を社会法益に対する罪という。

現代の社会生活の安全・安心は，警察等の国の保護を通じて初めて守ることができるのであるから，国家の存立，機構および作用といった国固有の利益は，個人の利益を保護するために不可欠である。例えば，公務の執行を妨害する行為を容認してしまうと，個人の生活の安全・安心を守ることができないから，公務を妨害する行為を犯罪として処罰し（刑95条），公務を保護しなければならないのである。国家の利益を保護する法益を国家法益といい，国家法益に対する犯罪を国家法益に対する罪という。

刑罰法規は，上記の保護すべき法益をあらかじめ特定し，行為主体のほか法益侵害の手段，方法，行為状況などを内容とする構成要件を規定する。したがって，法益ないしその侵害は，その犯罪の本質を決定する不可欠の要素であるばかりか，構成要件の解釈においても決定的な要素となり，具体的な行為が犯罪として成立するか否かを決定する基準となるのである。

III　刑法各論の体系

犯罪は，究極において国家の利益を侵害するものであるが，刑法が直接に保護する法益は，個人の利益（個人法益），社会（公衆・公共）の利益（社会法益），国家自体の利益（国家法益）に分けて認識すべきである。この方法によって刑法の体系化を論ずる立場を法益三分説という。現行刑法典も法益を三分する考え方に立っていると思われるが，立法当時の法益に対する分析が未熟であったこと，さらに，日本国憲法の制定に伴う価値の転換のために，刑法典の章別に従って分類することは不可能となっている。そこで，本書では，下記の考え方に立って，刑法典の配列順序を大幅に変更して叙述する。

日本国憲法は，個人主義に立脚している。個人主義とは，あらゆる人間社会における価値の根源は個人にあり，具体的な生きた個々の人間が国政の上で最大限に尊重されるべきであるとする原則である。この観点から刑法各論の体系化を試みると，第1に，個人法益が刑法によって保護すべき利益の基底となり，第2に，社会法益は個人の集合体としての公衆の利益として個人法益の次に配置すべきであり，第3に，国家法益は国家の存立・機構・作用が国民の総意に由来し，また，個人は国政の保護を受けて初めて幸福を追求できるとの観点から保護に値するので，いわばあらゆる法益の頂点に位置するものである。本書では，このような考えに基づいて，個人法益，社会法益，国家法益の順序で述べることにする。

第1部　個人法益に対する罪

個人法益に対する罪は，個人法益を侵害し，または，これを危険にする犯罪である。日本国憲法13条は，「すべて国民は，個人として尊重される。生命，自由及び幸福追求に対する国民の権利については，公共の福祉に反しない限り，立法その他の国政の上で，最大の尊重を必要とする」と規定している。これは，あらゆる法的価値の根元が個人の尊重にあることを宣言するものであり，この見地から，刑法においても個人法益が最優先して保護されなければならないのである。

個人法益で大切なのは，第1に，人の生命である。人の生命こそ個人主義のあらゆる価値の根元だからである。第2に，身体ないし健康の安全である。憲法で「すべて国民は，健康で文化的な最低限度の生活を営む権利を有する」（憲25条1項）とされているのも，間接的にこの趣旨を明らかにしたものである。第3に，自由である。憲法で「自由及び幸福追求」と定められたのは，広く自由権を保障する趣旨と解されるが，身体の自由，行動の自由は自由主義社会の根幹をなすものとして重要な保護法益である（憲19条～24条など）。第4に，私生活の平穏である。個人主義は，人格の尊厳に基づき他から干渉を受けずに，平穏な生活における自由な人格の発展・形成を予定する。すなわち，住居の安全，秘密や名誉・信用の保護は，幸福追求にとって不可欠なものである。第5に，私的所有を認め，経済活動の自由を保障する経済体制のもとでは，生存の経済的基盤である財産も重要な保護法益となる。憲法は「財産権は，これを侵してはならない」（憲29条1項）と宣言しているところである。

刑法は，生命・身体・自由・生活の平穏・名誉・信用および財産を刑法上の保護法益として，これらに対する不法な侵害を犯罪とする刑罰法規を規定しているのである。

第1章　生命・身体に対する罪

生命・身体に対する罪は，人または胎児の生命・身体を侵害し，または危険にする行為を内容とする犯罪であり，①殺人の罪，②傷害の罪，③過失傷害の罪，④堕胎の罪，⑤遺棄の罪がこれに当たる（第2編第26章～30章）。①は平成16年法律156号により刑の下限が3年から5年に引き上げられた。加重規定として人質殺害罪（人質による強要行為等の処罰に関する法律4条），組織または不正な団体の権役目的の殺人罪がある（組織的犯罪処罰法3条）。

I　人の意義

1　人とは

生命・身体に対する罪の行為の客体は，堕胎の罪を除いて「人」である。生物学的な意味でのヒトの生命は，精子と卵子の結合による受精卵の誕生によって始まる。ヒトの生命は，受精→着床→胎児→出生→死亡という経過をたどる。したがって，人とは，生物学的には受精卵の誕生から死に至るまでをいい，その間はすべて人の生命として捉えることができる。しかし，人の生命をすべて保護すべきか否かは，生命の考え方や国によって異なっている。現在の日本の刑法は，胎児と人に限って人の生命を保護していると考えられている。法律上「人」の概念は一般に法人を含むが，人の生命・身体に対する罪の行為の客体は，自然人としてのヒトを前提とするものであり，人は生命・身体を有する必要があるから，自然人に限り法人を含まないのである。

なお，受精卵は，人の生命としては保護されないが，「物」として保護することは可能であり，受精卵を廃棄すれば，器物損壊等の罪（刑261条）が問題となりうる。

生命・身体を有するものであれば，将来成長する可能性のない嬰児であろうと，自然の死期が迫っている高齢者であろうと，その状態のいかんを問わず人である（大判明43・5・12刑録16・857）。堕胎の罪においては行為の客体は胎児であるから，堕胎の罪との関係で人と胎児を区別する基準の確定が重要となる。区別の要点は，胎児が人となる時期すなわち人の始期にある。

一方，人が死亡すれば生命・身体に対する罪の客体とはならないから，原則として殺人・傷害等の罪は成立しないことになる。したがって，人の終期をどの時点に置くかの問題は犯罪の成否にかかわるのみならず，死体を犯罪の客体とする死体損壊の罪（190条）との分水嶺となる。人の意義をめぐっては，人の始期および終期の判断基準が重要となるのである。

2 人の始期と終期

(1) 人と胎児　人の始期は出生である。出生前の生命体を刑法では胎児という。胎児の生命は堕胎の罪によってのみ保護される。それゆえ，胎児に対して侵害を加えた結果，傷害を受けた「胎児」が出生して人になった場合，あるいはその結果死亡した場合，「人」に対する侵害としての生命・身体に対する罪を構成することはないと解すべきである（⇨19頁）。人の出生をめぐっては，かつて，ⓐ陣痛開始説，ⓑ独立呼吸説，ⓒ全部露出説，ⓓ一部露出説，ⓔ生存可能性説が対立していたが，現在わが国では全部露出説が有力となっているというものの，一部露出説が通説であり，判例もこれを採用していると考えられる（大判大8・12・13刑録25・1367）。

一部露出説は，胎児の身体の一部が母体より露出した時点をもって人の始期とするものであり，全部露出説は，分娩が完成して胎児が母体から完全に分離した時点をもって人の始期とする説である。民法上は全部露出説が通説であり，社会常識からみてもこの説のほうが自然であるとも考えられるが，生命・身体の罪は，独立の生命を有する個体の生命・身体を保護するものであるから，この法益保護の目的からは，「胎児」が母体から独立して直接に侵害の客体になりうる状態に達した以上，「人」として保護に値すると考えられる。また，一部露出中の「胎児」の肢体に直接侵害を加えたか否かを基準とすることにより堕胎と殺人との区別が容易になるから，一部露出説がすぐれている。なお，一部露出後に再び母体内に戻ったときは胎児となる。

(2) 人と死体　人の終期は死亡である。人は死亡によって生命を失い，その身体も死体となり死体損壊罪の客体となる。死亡の時期については，ⓐ脈搏が不可逆的に停止した時期とする脈搏停止説，ⓑ呼吸が不可逆的に停止した時期とする呼吸停止説，ⓒ呼吸・脈搏の不可逆的停止および瞳孔散大の三徴候を基礎として総合的に判定するとする総合判定説，ⓓ脳機能の不可逆的喪失の時期とする脳死説がある。これまでは，総合判定説が有力であったが，近年では脳死説がむしろ優勢になりつつある。

思うに，人の死の判定は，法律上様々な効果を発生させるから，1つの基準で判定するのが望ましい。そして，死の概念は医学を基礎とするものであるから，その認定は医学常識ないし医学上の定説となっているものを基礎とすべきである。一方，死は社会的意味を有するから，社会通念として認められるものでなければならないであろう。これらの観点を踏まえて考えてみると，医学界においては脳死説が通説化しつつあるというものの，社会通念上脳死説が承認されているとするのは現時点では時期尚早と考えられ，死の判定は依然として心臓死を基準としたⓒの総合判定説を支持する。

こうした状況のもとで，脳死説を基礎とした「臓器の移植に関する法律」(法104号) が1997 (平成9) 年に制定され，同年10月16日から施行されて，本人の書面による意思表示および遺族が臓器移植を拒否しないことを条件に，脳死を判定して「死体 (脳死した身体を含む)」から臓器を摘出することができることとなった。臓器移植の場合に限って脳死を死と認めたのである。しかし，本人の意思表示 (ドナーカードの所持) のほかに遺族の同意を要件としたために，幼児からの移植ができないなどの理由から，提供者が少ないといった状況に対応するため，2009 (平成21) 年に同法が改正され，本人が拒否の意思を表示していない場合には，遺族の書面によって，脳死判定および臓器摘出を行うことができることとされた (6条1項，3項)。法改正によって，本人の意思の要件は後退したが，臓器移植に限って脳死を死と認める点で変わりはない。したがって，臓器移植以外の場合は，三徴候を基礎とした総合判定説によって死が判定されることになった。

II　殺人の罪

1　総　説

殺人の罪は，故意に他人の生命を侵害する犯罪であり，①殺人罪（199条），②殺人予備罪（201条），③自殺関与罪・同意殺人罪（202条）に分けて規定されているが，その保護法益はすべて個人の生命である。なお，刑法は，過失によって他人の生命を侵害する行為を過失傷害の罪として規定し（第2編第28章），本罪から区別している。諸外国の立法例では，殺人を謀殺と故殺に分け，前者を重く罰するもの（フランス刑法，ドイツ刑法，英米刑法など），毒殺を特に重く罰するもの（フランス刑法など），さらに嬰児殺を軽く罰するものなどがあり（フランス刑法，ドイツ刑法，イギリス刑法など），行為者の意思，行為の態様，客体の性質等の観点から殺人の罪を類型化するのが一般である。しかし，これらの類別は，主として処罰の軽重に反映させる目的に基づくものであるが，このような形式的理由によって法定刑の軽重を認める根拠は薄弱であると思われる。

わが国の刑法は，殺人罪の構成要件を単純化して，殺人罪（199条），同意殺人罪（202条）の2つに区別した。この立法形式は，殺人罪の具体的事情はきわめて多様であるから，それぞれの事情に応じて妥当な判断を行い，刑の量定に反映させるほうが合理的であるとする趣旨に基づき，あらゆる態様の殺人行為を殺人罪と減軽類型としての同意殺人罪に分けて法定刑の幅を広くし，具体的事情に応じた刑の量定を裁判官や裁判員に委ねようとしたものである。なお，改正前には加重類型としての尊属殺人罪が規定されていたが，これはもともと儒教的な道義観念に基づいたものであり，後に述べるように（⇨11頁），憲法14条に違反するという理由で，1995（平成7）年の刑法改正で削除された。殺人の罪については，ほかに殺人予備罪（201条），未遂罪（203条）がある。また，自殺それ自体は犯罪ではないが，自殺関与罪（202条）およびその未遂は処罰される（203条）。

2 殺人罪

199条(殺人) 人を殺した者は，死刑又は無期若しくは5年以上の懲役に処する(未遂は，罰する—203条)。

(1) 客 体 本罪の客体は，行為者を除く自然人である。本人自身は本罪の客体に当たらない。

(2) 行 為 本罪の行為は，自然の死期以前に人の生命を断絶することをいう。有形的方法（＝物理的方法——刺殺，毒殺，絞殺，射殺など）であると，無形的方法（＝心理的方法——精神的苦痛を与えて悶死させる行為など）であるとを問わない。他人または被害者本人を道具(最決昭27・2・21刑集6・2・275〔精神障害者の利用〕)とする間接正犯でもよい。例えば，被害者の錯誤ないし意思無能力を利用して死亡の結果を生じさせた場合には，被害者自身を道具とする殺人罪の間接正犯である(最判昭33・11・21刑集12・15・3519〔偽装心中〕)。不作為による殺人も認められる(最判平17・7・4刑集59・6・403〔病者を退院させてその手当てを委ねられながら放置して死亡させた例〕，大判大4・2・10刑録21・90)。

(3) 故 意 本罪の故意は，客体に関しては単に人であることの認識があれば足り，また，行為に関しては殺人の手段となる行為により死の結果が発生可能であることを認識し，あえてその行為に出る場合に認められる。確定的故意である必要はなく，未必の故意で足りる。

(4) 未遂・既遂 殺人行為の結果として被害者が死亡すれば，殺人罪は既遂に達する。殺人の実行の着手時期は，他人の生命を侵害する現実の危険を惹起した時であり，殺人の意思で相手の首を絞めるとか，銃で狙いを定める行為をした場合には，殺人罪における構成要件的結果発生の現実の危険を生じさせているから実行の着手が認められる。実行に着手したが結果が発生しなかった場合，あるいは殺人行為も被害者の死亡もあったが両者を結ぶ因果関係がない場合は，いずれも未遂である。

(5) 罪 数 個人の生命は一身専属的であるばかりでなく，各個人の生命はそれぞれ独立した価値をもつから，個々の客体ごとに罪数の評価がなされ，被害者の数に応じて罪数が決定される。すなわち，第1に，1個の行為によって数人を殺したときは，被害者の数に応じて数個の殺人罪が成立し観念的競合となる（大判大6・11・9刑録23・1261）。第2に，1人を殺す意思でなされた殺人予備罪，殺人未遂罪および同一機会になされた同一客体に対する数個の殺害行為は，包括して殺人一罪となる。例えば，人を殺そうとして牛乳に農薬を混入させて与えたが，気づかれて失敗したので首を絞めて殺した場合，毒物による殺人未遂は，絞首による殺人既遂の罪に包括されて一罪となる（大判昭13・12・23刑集17・980）。なお，刺殺する際に被害者の衣服を破った場合は器物損壊罪が成立するのではないかとも思われるが，この種の被害は，通常，殺人行為に付随して生ずるものであるから，殺人罪に吸収され一罪として評価される。同一機会の殺人未遂が殺人既遂罪に吸収されるのと同じである。

3　尊属殺人罪等の削除

改正前の刑法200条は，「自己又は配偶者の直系尊属を殺したる者は，死刑又は無期懲役に処す」と定め，尊属殺人罪を条文化していた。尊属殺人罪は，被害者が行為者本人または配偶者の直系尊属である場合に重く罰する尊属傷害致死罪（旧205条2項），尊属遺棄罪（旧218条2項）および尊属逮捕・監禁罪（旧220条2項）の規定とともに，その身分関係を重視し刑を加重して処罰するとしたものである。その立法趣旨は，「忠孝一本」「祖先崇拝」の思想を基盤とする家族主義に由来し，尊属に対する畏敬の念を植えつけるために，尊属を特別に保護しようとすることにあった。しかし，この家族主義は日本国憲法の制定に伴い改められたことから，最高裁判所は，「夫婦，親子，兄弟等の関係を支配する道徳は，人倫の大本，古今東西を問わず承認せられているところの人類普遍の道徳原理，すなわち学説上所謂自然法に属する」（最大判昭25・10・11刑集4・10・2037）点に加重処罰の根拠を求めた。

しかし，日本国憲法の個人の尊厳（憲13条）と平等の原則（同14条1項）に立脚するとき，尊属を客体とする行為であるという形式的理由だけで行為者を重く罰する刑罰法規は，憲法14条1項に違反するのではないかが問題となり，違憲説と合憲説が対立してきた。最高裁判所は，1973（昭和48）年の大法廷判決（最大判昭48・4・4刑集27・3・265）によって，遂に200条の尊属殺人に限り憲法14条1項に違反し無効であるとして，これを違憲であるとするに至ったのである。その後，尊属殺人規定は残っていたが，1995（平成7）年の刑法改正に際し，尊属関連の加重規定はすべて削除された。

4　殺人予備罪

201条(予備)　第199条の罪を犯す目的で，その予備をした者は，2年以下の懲役にする。ただし，情状により，その刑を免除することができる。

(1)　意　義　殺人予備罪は，殺人の実行を目的としてなされる準備行為で，実行の着手に至らない行為を犯罪とするものである。殺人予備罪は目的犯であり，殺人の目的で殺害行為の準備をすることが必要である。殺人予備は，殺人という基本的構成要件を修正ないし拡張してつくられた構成要件であるから，みずからが（もしくは他人と共同して）実行行為をする目的で予備を行った場合にのみ成立し（自己予備罪），他人に殺人を行わせる目的で予備を行う場合（他人予備罪）は本罪に当たらない。201条で「第199条の罪を犯す目的で」と規定されているのは，この趣旨を明らかにするものである。

(2)　行　為　本罪の予備行為は，43条にいう実行行為と異なり，行為の外形から客観的に確定するのが困難である。それゆえ，予備の段階に達したか否かは，殺す目的の存在を前提として，犯罪の遂行に実質的に役に立つ行為といえるかどうかから判断しなければならない。例えば，①他人を殺害する目的で凶器を携え同人宅に押し入って探し歩く行為，②殺害を意図して被害者等が日常通行する農道の道端に毒入りジュースを置く行為（宇都宮地判昭40・12・9下刑集7・12・2189），③点火して焼死させる目的で屋内に都市ガスを漏出させる行為（大阪地判昭57・6・29判時1051・159），④大量殺人の目的でサリンの大量生産に向けた行為（東京地判平10・6・4判時1650・155）は，殺人予備に当たる。人を刺殺するために日本刀を入手するなどの純粋の準備行為も，場合によっては予備行為に含まれる。

(3)　目　的　本罪の目的は，単に漠然と準備行為を認識するだけでは足りず，具体的に殺人を遂行する意図を必要とする。ただし，この目的は必ずしも確定的である必要はなく，例えば，談判が決裂したときには刺し殺そうとする意図のもとに刀剣を携え相手方の居宅を訪れる場合のように，条件付の目的（大判明42・6・14刑録15・769），あるいは未必の目的で足りる（大阪高判昭39・4・14高刑集17・2・219）。

(4)　予備の中止　殺人の目的でその予備を行ったが，みずから実行行為に出ることを中止した場合について，判例（大判大5・5・4刑録22・685）は中止犯の適用を否定する立場を採っているが，実行に着手した後に中止すれば43条ただし書により刑の必要的減免が認められるのに，犯情がより軽い実行前の段階で中止した場合については裁量的に刑が減免されるにすぎないとすれば，刑の均衡を失する場合がありうる。したがって，43条ただし書の規定を準用して，刑の必要的減免を認めるべきである。

(5)　罪数など　他人を殺害する目的で，凶器を持ってその住居に侵入したが実行に着手しなかったときは，住居侵入罪（130条）と殺人予備罪との観念的競合となり（大判明44・12・25刑録17・2328），殺人の実行行為に至れば殺人罪ないし同未遂罪と住居侵入罪との牽連犯となる。殺害の目的で凶器を持ち実行の機会をうかがっていたが，殺害して財物奪取を行う意図で強盗殺人行為に出たときは，殺人予備罪は強盗殺人罪（240条）に包括される（大判昭7・11・30刑集11・1750）。殺人の予備を犯した者が進んで殺人の実行に至ったときは，予備罪は不可（共）罰的事前行為となる。

5　自殺関与罪・同意殺人罪

202条（自殺関与及び同意殺人）　人を教唆し若しくは幇助して自殺させ，又は人をその嘱託を受け若しくはその承諾を得て殺した者は，6月以上7年以下の懲役又は禁錮に処する（未遂は，罰する―203条）。

(1)　自殺の不処罰　自殺とは，みずから自分の生命を断つことをいう。自殺行為は犯罪ではない。自殺を不処罰とする理由に関しては，ⓐ可罰的違法行為であるが責任を阻却するとする説，ⓑ違法ではあるが可罰的違法性はないとする説，ⓒ自殺は自己の法益の処分行為であるから違法ではないとする説などが主張されている。人の生命は個人法益であるが，社会・国家の存立の基礎となる法益として最高の価値を有するものであるから，法益の主体といえども生命を勝手に処分することは，法律上許されるものではない。しかし，生存の希望を失った者がみずから生命を断つことに国家が刑罰をもって干渉することは，個人の尊厳を侵害する結果を招くところから，現行刑法は，個人の幸福追求権（憲13条）を保障するために，生命についての自己決定を認めて自殺を処罰しないと解すべきである。

(2) 202条の趣旨　刑法は自殺自体を犯罪としないが，自殺に関与する教唆・幇助行為（自殺関与）および嘱託・承諾による殺人（同意殺人）を処罰する。これは，前述の趣旨に基づき，生命は本人だけが左右しうるものであり，他人の自殺への関与は，その者の存在を否定し，その生命を侵害するものとして可罰性を有するとする趣旨である。すなわち，生命はあらゆる価値の根源であるという見地から，本人が同意していてもその同意は無効であり，他人が自殺に関与することは可罰的違法性を有するとする思想に基づくと解する。

このようにして，第1に，自殺自体は可罰性を有しない行為であるから，自殺に関与する「教唆」もしくは「幇助」は刑法総則における共犯ではなく独立の犯罪類型である。第2に，同意殺人罪は，法益の主体である被殺者本人が自由な意思決定に基づいて生命を放棄している場合であるから，法益侵害の程度が普通殺人罪より小さいとする趣旨に基づき，普通殺人罪に対する違法減軽類型として別個に規定されていると解する。第3に，自殺関与罪は，同意殺人と行為の態様を異にするものであるが，本人の意思に反しない生命の侵害に関与した点で共通するものとされ，同一条項に並列的に規定されているのである。

(3) 自殺関与（教唆・幇助）罪　本罪は，意思能力のある者を教唆して自殺させるか，もしくは意思能力のある者の自殺行為を幇助して自殺させることを内容とする犯罪である。

(ア) 客　体　自殺とは，みずからの意思に基づき自己の生命を断つことをいうから，本罪の客体は，自殺の意味を理解し，意思決定の能力を有する者でなければならない。したがって，意思能力を欠く幼児または精神障害者の自殺を教唆・幇助したときは，本罪ではなく間接正犯としての殺人罪に問われる（前掲最決昭27・2・21）。また，強制による自殺の場合も同様である。

(イ) 行　為　本罪の行為は，意思決定能力のある者に教唆によって自殺意思を起こさせるか，自殺意思ある者の自殺を幇助することである。教唆とは，自殺意思のない者に，故意に基づいて何らかの手段を講じ自殺意思を起こさせることである。その方法のいかんを問わない。幇助とは，例えば，自殺を決意している者に自殺の方法を教え，あるいはその用具を提供するなど，すでに自殺の決意ある者に対して，その自殺行為を援助し，自殺を容易にさせることをいう。死後，家族の面倒をみてやるというような精神的幇助を含む。合意に基づく同死すなわち「心中」の1人が生き残った場合も自殺幇助の適用を妨げない（大判大15・12・3刑集5・558）。

(ウ) 自殺関与罪と殺人罪の区別　教唆の方法・手段は，自殺意思を起こさせるに足りるものであればよいが，意思決定の自由を奪う程度の方法・手段であるときは殺人罪の間接正犯となる。問題となるのはいわゆる偽装心中の場合である。判例は，「真意に添わない重大な瑕疵ある意思」に基づいて死を決意したときは殺人罪に該当するとしている（前掲最判昭33・11・21）。これに対し，202条の減軽の根拠は，同意による法益性の減少にあり，同意は自己の法益を処分する意思である以上，法益に関係する錯誤のみが同意を無効にするという考え方に立ち（法益関係的錯誤），相手方が追死してくれるものと誤信して行う自殺の場合，相手方が死んでくれるから自分も死ぬという動機に錯誤があるにすぎず，「死ぬ」ことについて錯誤はないから，本人の意に反して生命を侵害したことにならないとする学説が有力となっている。

問題の核心は，追死すると欺いて死なせた場合，自殺者本人の側の意思決定の自由というよりも，行為者の側から見て，みずからの意思どおりに相手方を死なせたといえるか否かにある。この観点からは，被害者が「死ぬ」ことを認識している以上自殺することについては錯誤がないから，本人の意に反する生命侵害にならないとするのは余りにも形式的である。しかし，先の判旨が「重大な瑕疵ある意思」が認められる限り殺人罪になるというのであれば十分でない。すなわち，欺く行為が殺人の実行行為として評価できるものであることが必要なのである。したがって，詐欺行為の内容・程度，自殺させる際の器具の準備等，行為者の関与の程度を総合して，当該行為をとれば経験則上一般に行為者の意思どおりに本人を死なせることが可能なものでなければならない（福岡高宮崎支判平元・3・24 高刑集42・2・103）。

㈤ **未　遂**　本罪が既遂となるためには，被教唆者・被幇助者が自殺を遂げたことを要する。教唆・幇助によって本人が自殺行為をとったが死にきれなかったときは未遂となる。未遂となった原因のいかんを問わない。自殺の教唆ないし幇助を行ったが，本人が意をひるがえして自殺行為に入らなかったときについては，本罪の未遂を認める肯定説と未遂を認めない否定説とが対立している。本罪の教唆・幇助は，それ自体が自殺へと駆り立てる危険な行為（自殺の結果を生じせしめる現実的危険を有する行為）として独立に処罰されるものであり，また，本罪の未遂罪を罰する規定がある以上，本人の自殺行為とはかかわりなく未遂罪が成立すると考えるべきであり，肯定説が妥当である。

(4)　同意（嘱託・承諾）殺人罪　本罪は，被殺者の嘱託を受け，またはその承諾を得て殺す行為を内容とする犯罪である。被殺者の嘱託・承諾は，同意殺人の共犯となりうるが，自殺における場合と同じ理由で不可罰である。

㈠ **客　体**　本罪の客体は，殺人の意味を理解し，死について自由な意思決定能力を有する者である。被殺者が意思能力を欠くか，あるいは自由な意思決定ができない状態にあるときは，本罪ではなく殺人罪の問題となる。

㈡ **行　為**　本罪の行為は，被殺者の嘱託を受け，または，その承諾を得てこれを殺すことである。嘱託とは，被殺者がその殺害を依頼することをいい，承諾とは，被殺者がその殺害の申込みに同意することをいう。嘱託・承諾は，被害者の同意の法理に準じたものであり，本人が同意している点に着眼して殺人罪の違法性を減軽する事由として類型化されたものである。

したがって，被害者の同意の要件が準用され，①嘱託・承諾は，被殺者本人の意思によるものでなければならないこと，②通常の弁識能力を有する者の自由かつ真意に基づいてなされたものでなければならないこと（前掲最判昭33・11・21，横浜地判平17・4・7判タ1192・299），③承諾は黙示的なもので足りるが，嘱託は明示的になされるべきであることが必要となる。ただし，同意は構成要件要素であるから，本罪が成立するためには，同意の認識を必要とする。なお，嘱託・承諾は殺人の実行開始時に存在していなければならないから，殺人未遂の場合に被害者が事後に同意しても承諾があったとはいえない。

(ウ) **故　意**　本罪の故意は，殺人の事実および嘱託・承諾の存在を認識して，殺意をもって殺害に出たことが必要である。嘱託・承諾がないのにあると誤信して殺したときは，殺人罪と本罪とは構成要件的に重なり合うから38条2項により本罪が成立する（大判明43・4・28刑録16・760）。嘱託・承諾の認識は実行の着手時にあればよく，したがって当初は普通殺人の故意であっても殺害行為時に先の認識があれば足りる。

殺害行為時に同意があったのにないと誤認した場合の取扱いについて，ⓐ38条2項を適用できないが重い罪を犯す意思で軽い罪を犯したのだから本罪を適用すべきであるとする説，ⓑ当事者間に嘱託・承諾の関係がなく，殺人の故意に影響を及ぼすことがないから普通殺人罪が成立するとする説，ⓒ普通殺人罪の未遂とする説などに分かれている。

同意殺人も人の生命を人工的に断絶する点では殺人と実行行為を共通にし，両罪は構成要件的に重なり合うから，殺人の故意で同意殺人の結果を生じた場合は抽象的事実の錯誤が認められ，法定的符合説によって軽い同意殺人罪の罪責を問うべきである。被殺者が自殺意思を有しているにすぎない場合は，行為者と被殺者との間に嘱託・承諾の関係がないから普通殺人罪となる。

(5)　罪数など　人を教唆して自殺を決意させ，さらに嘱託を受けて人を殺したときは，自殺教唆未遂罪は嘱託殺人罪に吸収されて嘱託殺人罪のみが成立する。1個の生命が侵害されたにすぎないからである。自殺を教唆し，さらに本人の自殺を幇助したときも1個の自殺関与罪が成立するにとどまる。なお，決闘の場合は「同意」があるようにみえるが，その前提に相手方を殺害する意思がある以上は「同意」があるとはいえない。この場合には決闘殺人罪（決闘罪に関する件3条）が成立し，同意殺人罪となるのではない（大阪高判昭62・4・15判時1254・140）。

III　傷害の罪

1　総　説

傷害の罪は，他人の身体に対する侵害を内容とする犯罪であって，その保護法益は人の身体の安全である。刑法は，傷害の罪として，①傷害罪（204条），②傷害致死罪（205条），③現場助勢罪（206条），④暴行罪（208条），⑤凶器準備集合・結集罪（208条の3）を規定している。なお，傷害の罪の特別罪として，集団的暴行罪（暴力1条），常習的傷害・暴行罪（同1条の3），集団的傷害・暴行請託罪（同3条），決闘罪（決闘2条，3条）および火炎びん使用罪（火炎びん2条）などが定められている。

2　傷害罪

204条（傷害）　人の身体を傷害した者は，15年以下の懲役又は50万円以下の罰金に処する。

(1)　客　体　本罪の客体は，自己以外の者の身体である。それゆえ，行為者自身の身体に対する傷害すなわち自傷行為は，本罪を構成しない。

(2)　行　為　本罪の行為は，人を傷害することである。傷害の概念に関しては，ⓐ人の生理的機能に障害を加えることと解する生理的機能障害説（最決昭32・4・23刑集11・4・1393，最決平24・1・30刑集66・1・36），ⓑ人の身体の完全性を害することと解する身体完全性侵害説，ⓒ人の生理的機能を害すること並びに身体の外形に重要な変更を加えることと解する折衷説がある。傷害罪は人の身体の安全を保護法益とする罪であるから，人の身体の生理的機能に対する傷害に限ることなく，本人の意思に反して身体の外形に変更を加える行為も傷害に含まれると解する。ただし，髪の毛1本とか爪の端の切断のような軽微な外形の変更は，社会通念上一般に看過しうるから，後述の暴行罪はともかく，傷害罪は構成しないと解すべきである。例えば，毛髪の切断，美容のためにたくわえた男性のひげの剃去は，傷害に当たると解する。

傷害は，被害者において身体的苦痛を伴うものであることを要しない。現に病気の者の病状をさらに悪化させるのも傷害である。

(ア) **傷害の方法**　傷害は，暴行すなわち有形的方法による場合が一般である。しかし，刑法は「人の身体を傷害し」と定め傷害の方法に限定を加えていないから，傷害の結果を生じさせることができる方法であれば，有形的方法によると無形的方法によるとを問わない（最判昭27・6・6刑集6・6・795）。例えば，脅迫により人を畏怖させて精神障害を生じさせ，また，不法に監禁してPTSD（心的外傷後ストレス障害）を発症させた場合（最決平24・7・24刑集66・8・709），あるいは詐称誘導により落し穴に陥れて負傷させるなど，脅迫・欺罔による場合も傷害行為となる。また，病人に栄養・医薬を与えないで衰弱させる場合は不作為による傷害であり，被害者の錯覚を利用して毒物を服用させる場合は，被害者の行為を利用する間接正犯である。音響は空気の振動によるものであるから有形力となるが，暴行にあたらない程度の騒音によって耳なり症を負わせても傷害となる（最決平17・3・29刑集59・2・54）。なお，暴行などの傷害行為と傷害の結果との間には因果関係が必要となる。

(イ) **胎児性傷害・致死**　母体に侵害を加えてその胎児に有害作用を及ぼし，その結果として障害を有する子を出生させること，または，その障害のために死に致らしめることをいう。

胎児性傷害・致死が人の生命・身体に対する罪を構成するかについて，ⓐ刑法は堕胎の罪によって胎児の生命を独立に保護しているから，実行行為の時に胎児であったものについては，堕胎の罪以外に成立する余地がないとする否定説，ⓑ侵害行為の作用が出生した以後における人に継続して及んでいる場合に限り，人に対する罪を構成するとする作用必要説，ⓒ胎児は母体の一部であるから胎児に傷害を加えることは人（母体）に対する傷害となるとする母体傷害説（最判昭63・2・29刑集42・2・314），ⓓ正常な子供を出産する母体の機能を害するという意味において母体に対する傷害を認める母体機能傷害説，ⓔ人に傷害・死亡の危険性を有する行為をなし，その結果として人に致死傷を生ぜしめた以上，その作用が胎児に及んだか人に及んだかとは関係なく人に対する罪が成立するとする作用不問説が対立している。

胎児性傷害・致死につき人の生命・身体に対する罪が成立すると解する各

説によると，①現行法が胎児を母体から独立に堕胎の罪によって保護していることに矛盾すること，②あやまって母体内で胎児を死に致らしめた場合は過失堕胎として不可罰になることと比較し，傷害の程度がそれより軽いため生きたまま出生したときは過失傷害罪，その後死亡したときは過失致死罪として処罰することになり不均衡を生ずること，③妊婦があやまって転倒したため胎児に傷害を与え，障害をもって出生させた場合にも過失傷害罪ないし過失致死罪が成立することとなり，処罰範囲が不当に拡張されることになるなどの理由により，否定説が妥当である。それゆえ，胎児性傷害・致死の可罰化を図るためには，立法的解決が必要であり，かつそれが最も妥当な方法であろう。

(3) 故　意　傷害罪の故意については，ⓐ結果的加重犯説，ⓑ故意犯説，ⓒ折衷説がある。

(ア) 結果的加重犯説　本罪を結果的加重犯と解し，傷害罪の故意は暴行につき認識があれば足り，傷害については認識がなくてもよいとする（大判明42・4・15刑録15・438，最判昭22・12・15刑集1・80)。その根拠は，①傷害罪には必ず傷害の故意が必要であるとすると，暴行の意思で傷害を与えたときは暴行罪（208条）によっても傷害罪（204条）によっても処罰できず，結局過失傷害罪（209条）によらざるをえないが，過失傷害罪（209条）の法定刑は暴行罪（208条）の法定刑よりも軽いから（30万円以下の罰金・科料)，暴行の故意で行為し，傷害の結果を発生させた場合にこれを過失傷害罪とするのであれば，暴行の故意で傷害に至らなかった場合（2年以下の懲役，30万円以下の罰金，拘留，科料）に比べ，かえって軽く罰せられることになり刑の権衡を失すること，②暴行罪に対する208条が，「暴行を加えた者が人を傷害するに至らなかったときは」暴行罪であると規定しているから，傷害の結果が発生した場合には，当然に傷害罪が適用されるべきであるという2点にある。

(イ) 故意犯説　暴行の故意があるにすぎないのに，それより重い傷害の結果について責任を問うのは責任主義に反するという見解に立って，傷害の意思で傷害した場合と，その意思がなくして傷害した場合を無差別に取扱うことは不合理であると主張し，暴行の認識があり傷害の認識なくして傷害の結果を生じさせたときは，暴行罪と過失傷害罪の観念的競合と解する（この場合には暴行罪と同じ法定刑)。

(ウ) **折衷説**　有形的方法（暴行）による傷害の場合には暴行の故意をもって足りるが，無形的方法によって傷害の結果を生じさせた場合には傷害の故意を必要とすると解する。

(エ) **検　討**　結果的加重犯説によると，例えば，脅迫の意思で脅迫を加えたところ被害者が恐怖の余り逃走を試みて転倒し負傷したような無形的方法による場合についても，傷害罪を論ずる余地が生ずる。この種の事案につき傷害罪を認めた判例は現在のところ見当たらないが，この場合も傷害に当たるとするのであれば不当である。208条の「暴行を加えた者が人を傷害するに至らなかったときは」とする規定を結果的加重犯説の根拠とするにしても，この規定は，暴行を加えると傷害の結果を生じさせる場合が一般であるという暴行行為の性質を根拠とするものであるから，暴行以外の無形的方法の場合には，結果的加重犯とすることはできないというべきである。

結論として，本罪の故意については，有形的方法による場合は暴行の意思をもって足りるが，無形的方法による場合には傷害の故意を必要とすると解すべきであり，折衷説が妥当である。

3　傷害致死罪

205条(傷害致死)　身体を傷害し，よって人を死亡させた者は，3年以上の有期懲役に処する。

本罪は，傷害罪の結果的加重犯であり，暴行または傷害の故意で人に傷害を加え，その結果として被害者を死亡するに致らしめることを内容とする犯罪である。したがって，第1に，行為者が死の結果について認識している必要はない。この認識があるときは殺人罪を構成する。第2に，暴行または傷害と死亡という結果との間に因果関係がなければならない。ただし，暴行または傷害から直接に死の結果が生ずることを必ずしも要しない。致死の結果は，暴行・傷害行為の客体に生ずることを原則とするが，因果関係が認められる限り，右の客体以外の者に結果が生じても傷害致死罪となる。第3に，死の結果が行為者にとって全く予想外のものであり，それを予見することが不可能であるときは，死の結果について行為者を非難することはできないから，致死について過失のあったことが必要である。判例（大判大14・12・23刑集4・780，最判昭26・9・20刑集5・10・1937）は致死についての過失を不要としているが，責任主義の見地からこれを必要と解すべきである。

4 現場助勢罪

206条(現場助勢) 前2条（204条，205条）の犯罪が行われるに当たり，現場において勢いを助けた者は，自ら人を傷害しなくても，1年以下の懲役又は10万円以下の罰金若しくは科料に処する。

(1) 意 義 本罪は，「前2条の犯罪が行われるに当たり」，すなわち傷害罪または傷害致死罪を生じさせる暴行が行われている際に，その場所で煽動的行為をなし，行為者の犯罪意思を強める行為を処罰するものである。いわゆる「弥次馬」が「はやしたてる」行為をすると，本来ならば生じないより重大な結果を引き起こしがちだからである。

(2) 行 為 本罪の行為は，犯罪が行われるに当たり現場において勢いを助けることである。「犯罪が行われるに当たり」とは，傷害または傷害致死を惹起するような暴行が行われている際に，という意味である。「現場」とは，その暴行が行われている場所を指す。「勢いを助け」るとは，単に「やれ，やれ」というように，はやしたてるにすぎない行為をいう。犯罪意思を強化させる弥次馬的声援であれば足り，言語によると動作によるとを問わない。正犯の実行を容易にしたことも要しない。しかし，少なくとも被害者に傷害または傷害致死の結果を発生させたことが必要である。

特定の正犯者の暴行を精神的に幇助するときは，本罪ではなく傷害罪の幇助犯を構成する。それゆえ，相手方に一方的に暴力を加えているときに「もっとやれ」というように煽動すれば本罪ではなく幇助犯となる。実際には，相互に暴行を加える喧嘩などで，どちらに加勢するわけでもなく，また，いずれに傷害の結果が生ずるかに関心なくしてなされる煽動行為だけが本罪の行為となるにすぎない。判例も，本罪は「所謂傷害の現場に於ける単なる助勢行為を処罰するものにして，特定の正犯者を幇助する従犯とは自ら差別の存するものあるを認むべ」しとしている（大判昭2・3・28刑集6・118）。したがって，一方の者に向って「愚図愚図いうなら，いっそ伸ばしてしまえ」という行為は，弥次馬的な声援としてであっても傷害罪の幇助犯である。なお，助勢者みずからが人を傷害すれば，傷害罪の共同正犯または同時犯が成立して，助勢行為はその罪に吸収される。

5　同時傷害の特例

207条（同時傷害の特例）　2人以上で暴行を加えて人を傷害した場合において，それぞれの暴行による傷害の軽重を知ることができず，又はその傷害を生じさせた者を知ることができないときは，共同して実行した者でなくても，共犯の例による。

(1)　意　義　2人以上の者が，意思の連絡なしに同一機会に個々独立して暴行を加え，その結果，その者に傷害を生じさせることをいう。

(ア)　本特例の趣旨　207条は，同時犯としての暴行による傷害について処罰の特例を定めたものである。2人以上の者が同一機会に他人に暴行を加え傷害の結果を生じさせた場合において，それが共同正犯の結果といえない以上は，各人が自己の行為によって生じた結果についてのみ責任を負担させられるにすぎない。数人の暴行のいずれかによって傷害の結果が発生したことは明らかであっても，検察官によって具体的にそのうちの誰の暴行によって結果が発生したかに関して因果関係の証明がなされない限り，各人それぞれにつき暴行ないし軽い傷害の限度で処罰されることとなる（なお，最決平28・3・24刑集70・3・1）。

しかし，同時犯としての暴行においては，発生した傷害の原因となった暴行を特定することが困難な場合が多い。この立証の困難というだけの理由で，同時犯としての暴行による傷害ないし重い傷害の結果について何人にも責任を負担させることができないとするのは不合理であるばかりか，実際に傷害を加えた者の罪責を免れさすことにもなる。

(イ)　共同正犯の擬制　207条は，上記の立証の困難を救うための政策的規定であり，個々の暴行と傷害の因果関係を推定することにより，挙証責任を被告人に転換するとともに，一種の法律上の擬制を用いて，共同実行者でなくても共犯の例によるとしたものである。すなわち，本条は，因果関係に関する挙証責任の転換を前提として，共同正犯でなくても共同正犯とするとして，共同正犯についての法律上の擬制を定めたものである（前掲最決平28・3・24）。

(2) 要　件　本条が適用されるためには，次の要件が必要となる。

(ア) 同一人に対する暴行であること　第1に，2人以上の者が，意思の連絡なくして同一人に故意に基づいて暴行を加えた事実が存在しなければならない。したがって，一方が動物を傷害する故意であった場合，または一方もしくは双方に過失があるにすぎないときは，本条は適用されない。さらに，意思の連絡があるときは本条ではなく60条の共同正犯が適用される（大阪高判昭34・11・9下刑集1・11・2337）。「共同して実行した者でなくても」という文言は，単に共同者でない場合という意味にすぎない。また，教唆犯，幇助犯を含まないことも無論である。

(イ) 共同実行行為とみなしうること　第2に，共同正犯でなくても共同正犯として擬制するものであるから，数人の暴行が，外形上，意思の連絡に基づく1個の共同実行行為として評価されるものでなければならない。すなわち，外形上は共同正犯現象といえるものであることを要する。207条は，意思の連絡のみを擬制するものだからである。1個の共同実行行為といえるためには，時間的・場所的に近接しているか，少なくとも同一機会に数人による暴行が行われたことを原則とするが，共同実行行為と認められるような特別の状況があるときは，同一機会という要件を欠いても本条は適用される（大判昭11・6・25刑集15・823，札幌高判昭45・7・14高刑集23・3・479）。これらの事実は，「1個の共同実行行為」というための判断基準にすぎないからである。したがって，例えば，同一原因で2人による暴行を受けたときは，時間・場所において多少異なっていても一連の行為といえる。

(ウ) 検察官が証明できないこと　第3に，数人の暴行によって傷害を生じた場合において，検察官が当該傷害を生じさせた者を特定できないか，または，2人以上の者がともに暴行によって傷害を加えたことは明らかであるが，各人の暴行がそれぞれどの程度の傷害を加えたかについて，検察官が証明できないことを要する（大判昭12・9・10刑集16・1251）。しかし，本条は因果関係の存否が明らかでない場合について，共同実行の意思の擬制によって共同正犯とするものであるから，その擬制を合理的に根拠づけるためには，2人以上の者が，少なくとも当該の傷害を生ぜしめるに足りる程度の暴行を行ったという事実があり，共同して傷害の結果を惹起したと認められても止むをえない状況があることを要すると解すべきである。したがって，検察官は同時犯としての暴行だけではなく当該傷害を惹起するに足りる暴行が存在したことについて立証することを要する。この立証がなされれば，意思連絡の不存在が立証されても本特例は適用される。

(3) 適用範囲・効果　本条は，傷害の結果についてのみ適用される。判例は傷害致死罪にも適用されるとしている（最判昭26・9・20刑集5・10・1937，前掲最決平28・3・24）。立証の困難という点では傷害致死罪の場合でも同じであるという理由からである。しかし，「傷害した場合」についてのみ規定しているのであるから，傷害以外の罪に適用するのは類推となるであろう。また，実質的にみても，致死の結果をもたらす程度の重大な傷害は，暴行による傷害に比較し立証が容易であり，刑法および刑事訴訟法の基本原理を修正してまで立証の困難を救う必要はないと解される。それゆえ，致死について証明できないときは傷害罪の限度で共犯の例によるべきである。同じ理由から，外形上傷害と類似する強制性交等致死傷罪（181条2項），特別公務員職権濫用・暴行陵虐致死傷罪（196条），強盗致死傷罪（240条）などにも適用されるべきではない。

◈【問　題】

(1) Xは，Aを驚かせる目的で，約20メートル離れた場所から，暗がりの路上に立っているAを狙って小石を投げ付けたが，幸い小石はAの頭の上30センチメートル離れたところを通過して，当たらなかった。

① この場合のAの投石行為は何罪になるか。

② 意外にも石がAの右目に当たって，失明した場合はどうか。

③ Aが驚いて逃げ出し，転倒して3ケ月の治療を要する怪我をした場合はどうか。

(2) X，YおよびZは，飲酒酩酊して旅館にいたところ，Xが，隣室のAと口論の末，Aの頭部を手拳で殴打したのを見たYとZは，Xに加勢するため意思の連絡なしにAの頭部や顔面を蹴った。Aは頭部内出血により死亡したが，X，YおよびZいずれの暴行によるものか不明であった。X，Y，

Zの罪責はどうか（前掲最判昭26・9・20）。

(3) XがZに暴行を加えたところ，Yが現れ，共同して暴行を加えた結果，Zに傷害が生じたが，その原因となった暴行がYの関与前のものか関与後のものかが不明であった場合，同時傷害の特例を適用できるか。

6 暴行罪

208条（暴行） 暴行を加えた者が人を傷害するに至らなかったときは，2年以下の懲役若しくは30万円以下の罰金又は拘留若しくは科料に処する。

(1) 行　為　本罪の行為は，暴行である。刑法上暴行とは，広く不法な有形力（物理力）の行使をいう。暴行罪の保護法益は，傷害罪におけると同様に人身の不可侵性すなわち人の身体の安全であり，したがって，人の身体に対する不法な有形力の行使が暴行罪における暴行である（最判昭29・8・20刑集8・8・1277）。ここで「不法な」としているのは，日常生活において適法に身体に対して有形力の行使されることがあり，これと区別するためである。

(ア) 暴行罪における「暴行」　刑法上暴行の語が用いられる場合として以下の4種がある。第1は，最広義の暴行であって，人に対すると物に対するとを問わず，不法な有形力の行使のすべてをいう（77条〔内乱罪〕，106条〔騒乱罪〕，107条〔多衆不解散罪〕）。第2は，広義の暴行であって，人に対する直接・間接の有形力の行使をいい，人の身体に対して加えられると物に対して加えられるとを問わない（95条1項〔公務執行妨害罪〕，同条2項〔職務強要・辞職強要罪〕，98条〔加重逃走罪〕，100条2項〔逃走援助罪〕，195条〔特別公務員暴行陵虐罪〕，223条1項〔強要罪〕）。第3は，狭義の暴行であって，人の身体に対する直接・間接の有形力の行使をいい，本罪における暴行はこれに当たる。第4は，最狭義の暴行であって，人の反抗を抑圧するに足りる程度の有形力の行使をいう（176条〔強制わいせつ罪〕，177条〔強制性交等罪〕，236条〔強盗罪〕，238条〔事後強盗罪〕）。

本罪の保護法益は，人の身体の安全であるから，本罪における暴行は，人の身体の安全を害する性質の不法な有形力の行使，すなわち人の身体に対する不法な有形力の行使であることを要する。したがって，殴る，蹴る，手で他人の肩を押して土間に転落させる（大判大11・1・24新聞1958・22）というような傷害の結果を生じさせる危険を有する行為だけでなく，相手方につばを吐きかけ，あるいは，食塩をふりかける行為（福岡高判昭46・10・11刑月3・10・1311），すなわち傷害の未遂といえない有形力の行使といえども，それが直接人の身体に加えられれば暴行である。逆に，身体に直接加えられなくても，傷害の結果発生の具体的危険を生じさせる行為であればその行為は暴行である。208条が「人を傷害するに至らなかったとき」としているのは，暴行罪が傷害未遂をも含む趣旨を明らかにするものである。それゆえ，人に向って石を投げ，それが相手方に命中する現実の危険を生じさせた以上は，現に命中しなくても暴行であり（東京高判昭25・6・10高刑集3・2・222），また，狭い四畳半の部屋で在室中の被害者を脅すために日本刀の抜き身を振り回す行為も本罪の暴行である（最決昭39・1・28刑集18・1・31）。

⑴ **暴行の方法**　暴行罪における暴行は，人の身体に直接有形力を行使すること，および，傷害の現実的危険を有する有形力の行使を含むのである。詐称誘導，精神的加虐行為などは精神的に不安・不快を与えるものではあるが，有形力の行使ではないから暴行には当たらない。しかし，被害者本人を道具とする間接正犯として，傷害未遂の結果を惹起したときは暴行となる。物理的作用では，病毒，光，熱，電気，臭気，音波などが問題となりうるが，これらは暴行としては非典型的な類型に属するから，傷害の未遂といえるときにのみ可罰的であるというべきである。判例は騒音による暴行だけを認めているにすぎない（最判昭29・8・20刑集8・8・1277）。嫌がらせのため並走中の自動車に幅寄せする行為のように，身体的接触を目的としていない場合には，暴行ではなく脅迫とすべきであるとする見解もあるが，傷害の現実的危険を有する行為であり，そのことを認識している以上は，暴行とすべきである。

(2)　故　意　本罪の故意は，人の身体に対して有形力を行使することを認識しているにかかわらず行為に出ることであり，未必的認識で足りる。行為時の認識内容は，単に誰かに暴行を加えるかもしれないという抽象的な認識だけでは足りず，未必の故意においても暴行の事実について具体的な認識が必要となる。

(3)　違法性阻却事由　人の身体に対する物理力の行使は，例えば，相撲・ボクシング・柔道などのスポーツ，子供に対する懲戒行為など日常的に適法に行われる。暴行が人の身体に対する「不法な」有形力の行使と一般に定義されているのも，このような社会生活上一般に用いられる適法な有形力の行使と区別する趣旨からである。これらの有形力の行使は，外形上暴行罪の構成要件に該当するが，35条の正当行為または業務行為として違法性が阻却される。また，性交の際の加虐行為としての暴行も，相手方の同意を得てなされる限り違法性が阻却される。さらに，暴行が正当防衛，緊急避難などの違法性阻却事由に当たる場合や，労働争議行為の手段として用いられた場合にも，一定の要件のもとに違法性が阻却される。

7　凶器準備集合罪・同結集罪

208条の2(凶器準備集合及び結集) **1項**　二人以上の者が他人の生命，身体又は財産に対し共同して害を加える目的で集合した場合において，凶器を準備して又はその準備があることを知って集合した者は，2年以下の懲役又は30万円以下の罰金に処する。

2項　前項の場合において，凶器を準備して又はその準備があることを知って人を集合させた者は，3年以下の懲役に処する。

(1)　意　義　本罪は，暴力団の犯罪対策として1958（昭和33）年の刑法一部改正で，後述の証人等威迫罪の規定とともに新設されたものである。208条の2は，当時いわゆる暴力団相互間の勢力争いに関連して，殴り込みなどのために相当数の人員が集合し，著しい社会不安をもたらす事態を生じたが，改正前の刑法には，これを検挙し処罰するための適切な刑罰法規がなかったため，生命・身体・財産に対する侵害を事前に防止するとともに，それらの法益に対して危害が加えられるのではないかという社会的不安の除去を図るために設けられた規定である。

本罪の保護法益については，ⓐ社会法益に対する罪とする説，ⓑ殺人・傷害・損壊罪の準備行為という個人法益に対する罪と社会法益に対する罪とを併有する罪とする説，ⓒ準社会法益に対する罪とする説とが対立している。前述の立法目的に照らし，本罪の保護法益は，第1に個人の生命・身体・財産の安全であるが，第2に公共の平穏でもあると解すべきである（最決昭45・12・3刑集24・13・1707)。本罪が成立するためには，生命・身体・財産という個人法益と社会の平穏という社会法益双方にとっての抽象的危険が存在することを要する（最判昭 58・6・23 刑集 37・5・555〔団藤補足意見〕）。

(2) 凶器準備集合罪（1項）　本罪は，他人の生命，身体または財産に対して共同して害を加える目的で2人以上の者が集合した場合に，その集合者のなかで凶器を準備して集合した者および凶器の準備があることを知って集合した者について成立する。

(ア) 行為の状況　本罪の行為は，2人以上の者が共同加害の目的で集合したという状況のもとでなされることを要する。共同加害の目的とは，他人の生命，身体または財産に対して他の者と共同して害を加え行為を実行しようとする意欲をいう。

(a) 共同加害の目的　個人法益における生命，身体または財産に対する罪（名誉・自由・貞操は含まない）を犯す目的に限られる。ただし，本罪の公共の平穏に対する罪としての性質上，凶器を要しないような罪，例えば，損壊の対象とならない財産上の利益を害する罪（窃盗，詐欺など）を目的とする場合は含まれない。公務執行妨害罪のような国家法益に対する罪，放火罪のような社会法益に対する罪を犯す目的の場合も含むとする見解が通説であるが，これは，明らかに文理に反し不当である。ただし，上記の各罪が，放火罪のように生命・身体・財産の侵害を含むものである以上は，本罪の「害を加える」対象となる。

(b) 「共同」の意義　「共同して」とは，2人以上の者が一体となって共同実行の形で実現する目的であることを要すると解する説（大阪地判昭 37・4・19 下刑集 4・3＝4・324）もあるが，行為者みずから加害行為を行う目的があることは必要でなく，加害行為を共謀し，その一部の者に実行させる目的である場合，実行の準備を目的とする場合および実行について謀議することを目的とする場合なども共同加害の目的に含まれると解すべきである。加害の目的があれば足りるから，積極的加害目的であることは必ずしも要せず，例えば，相手が襲撃したときは迎撃して相手を殺傷する目的のように受動的な目的であってもよい（最決昭 37・3・27 刑集 16・3・326）。

(c) 集　合　本罪が成立するためには，2人以上の者が共同加害目的をもって凶器を準備し，または準備のあることを知って一定の場所に集まっているという状況があることを要する。すでに，一定の場所に集まっている2人以上の者がその場で凶器を準備し，またはその準備のあることを知ったうえ共同加害目的を有するに至った場合も集合に当たる（前掲最決昭45・12・3）。

(イ) **行　為**　本罪の行為は，凶器を準備して，または凶器の準備がすでにあることを認識して集合することである。

(a) **凶器とは**　人の殺傷，物の損壊を本来の用途として製造された器具もしくはその性状を有する物体（性質上の凶器）をいう。斧，鎌，ハンマーなどのように，本来は他の用途のために製造された道具であるが人の殺傷，物の損壊の器具として使用できるもの（用法上の凶器）をも含む。したがって，長さ1メートル前後の角棒も状況によっては凶器となる。用法上の凶器かどうかの判断は，当該器具または用具を準備して人が集合した場合に，集団の加害目的の意欲の程度，携帯の態様など具体的状況から判断して，生命・身体・財産に危害が加えられるのではないかという不安を住民に抱かせるような危険物かどうかを基準として行う（前掲最決昭45・12・3）。

(b) **準備・集合**　凶器を準備するとは，凶器を必要に応じて，いつでも当該加害目的を実現するために使用できる状態に置くことをいう。集合の場所と準備しておく場所とが一致していることは必要でないが，加害行為に使用することが不可能ないし著しく困難であるときは準備とはいえない。集合とは，2人以上の者が時間・場所を同じくすることをいう。ただし，本罪は公衆（社会）の平穏に対する罪としての性格をも有するものであるから，集合は公衆の平穏を害しうる態様のものでなければならない（前掲最判昭58・6・23）。本罪は抽象的危険犯であり，上記の態様の集合に加わった時点で本罪が成立する（前掲最判昭58・6・23）。加害目的を実現しても本罪の成立には影響しない。

準備あることを知って「集合」したとは，すでに凶器の準備がなされていることを認識して，共同加害の目的で集合するという意味である。集合したが凶器の準備がなされていることを知らなかったときは，本罪は成立しない。しかし，集合した後に共同加害目的をもち，凶器の準備あることを知って集合体から離脱しなかった以上は，不真正不作為犯としての「集合」になると解すべきである（広島高松江支判昭39・1・20高刑集17・1・47）。

(ウ) **故　意**　本罪の故意は，2人以上の者が共同加害の目的をもって集合していることの認識，および他の者と一体となって加害行為を行う目的をもって集合することが必要である（大阪高判昭46・4・26高刑集24・2・320）。

(エ) **既　遂**　本罪は，2人以上の者が共同加害の目的をもって「集合」したことにより既遂となる。加害目的を実現した場合，例えば，集合した後に人を殺傷しても本罪の成立に影響はない。また，加害目的をもって集合すれば直ちに本罪は成立するが，共同加害の目的のもとに統一された集合状態が続く限り社会不安を醸成するから，本罪は継続犯である。しかし，本罪は生命・身体・財産に対する罪の予備段階の行為を類型化した側面を有するものであるから，集合状態が発展して加害行為の実行段階に至ったときは，集合状態がいぜん継続していてそれ自体社会不安を作り出す状況があっても，本罪の継続はなくなる。したがって，集合体が加害行為を開始した後に共同加害の意思をもって新たに集合体に加わっても本罪は成立しない。

(オ) **罪　数**　本罪の予備罪的性格にかんがみ，加害行為との関連では本罪は予備行為となるから，殺人予備罪などとは観念的競合となる（東京高判昭49・3・27刑月6・3・202〔放火予備〕）。本罪から加害行為に発展すれば，殺人罪などと本罪とは牽連関係に立つと解すべきである（大阪高判昭47・1・24高刑集25・1・11）。ただし，最高裁判所は，加害の実行と本罪との罪質の相違を重視して，両者は併合罪の関係に立つとしている（最決昭48・2・8刑集27・1・1）。

(3)　凶器準備結集罪（2項）　本罪は，2人以上の者が共同して他人の生命・身体・財産に害を加える目的で集合した場合において，凶器を準備し，または凶器の準備があることを知って人を集合させる行為を内容とする犯罪である。

(ア) **行為の状況**　本罪も，2人以上の者が共同して他人の生命・身体・財産に害を加える目的で集合した場合という要件が必要である（⇨29頁(2)(ア)）。

(イ) **行　為**　本罪の行為は，①凶器を準備して，または，②その準備があることを知って，人を集合させることである。

(a) **集合の態様**　本罪の行為は2つに分かれる。第1は，みずから凶器を準備したうえで人を集合させる場合であり，第2は，凶器の準備があることを知って人を集合させる場合である。集合してきた者は，凶器を準備し，またはその準備あることを知っている必要はない。人を集合させるとは，他人に働きかけて，2人以上の者が共同加害の目的で時および場所を同じくすること，すなわち，凶器準備集合罪における集合の状態を積極的に作り出すことをいう。

(b) **結集と教唆・幇助**　働きかける行為について，教唆に当たるものであると煽動に当たるものであるとを問わないとする見解もある。しかし，本罪は，凶器準備集合の状態を積極的に作り出す点において凶器準備集合罪より重く罰する根拠があり，したがって，凶器準備集合の状態を形成するにつき主導的役割を演ずる行為，すなわち2人以上の者を集合させて自己の支配下に置く行為が必要であるから，単に凶器の準備があることを知って他人に集合を誘うような行為および単なる煽動または幇助も，結集行為には当たらないと解すべきである（東京地判昭48・7・3刑月5・7・1139）。1人の者に集合を働きかける場合は，集合罪の教唆犯にすぎない。

(c) **場所的移動の要否**　結集は，凶器準備集合の状態を積極的・指導的に形成すれば足り，必ずしも人の場所的移動を必要としない。共同加害の目的が成立していない集団に働きかけ，凶器を準備するとともに共同加害の意図を徹底させ集合体をつくる場合（名古屋高金沢支判昭36・4・18高刑集14・6・351），共同加害の目的で凶器を準備して集合している者に対し，解散させないで指揮・統率して集合を継続させる場合，いずれも本罪に当たる。本罪は人を集合させている間継続して成立する継続犯である。

(ウ) **共犯の適用**　集合罪および結集罪に対しては，原則として共犯規定の適用がある。しかし，集合罪の教唆に当たる行為のうち結集罪が成立するものについては，集合罪の教唆犯の規定は適用されない。「結集」は集合罪の教唆を含んでいるからである。集合罪は，参集した者相互の間で共同加害の目的を共有して2人以上の者が集合しなければ成立しないから，必要的共犯であり，共同正犯の規定は初めから適用されない。

問題となるのは，集合罪，結集罪について，共謀による共同正犯を認めることができるかである。集合罪についてはこれを肯定する判例がある（東京高判昭49・7・31高刑集27・4・328，東京地判昭63・3・17判時1284・149。否定する判例—東京地判昭48・4・16判時716・113）。しかし，集合罪は共同加害の目的のもとに集合することを要する自手犯と解すべきであるから，正犯者は集合の現場において共同加害の目的をもつ必要があり，共謀共同正犯は成立しないと考えられる（東京地判昭63・3・17判時1284・149〔共謀共同正犯を認める〕）。これに対し結集罪においては，「集合させる者」は，必ずしも集合の現場に参集する必要はないから，その者の集合させる行為が他の者との共謀によるときは，共謀共同正犯が成立する。結集罪と集合罪をともに行ったときは，包括して重い結集罪を構成する（最決昭35・11・15刑集14・13・1677）。

Ⅳ　過失傷害の罪

1　過失傷害罪・過失致死罪

209条（過失傷害）**1項**　過失により人を傷害した者は，30万円以下の罰金又は科料に処する。
2項　前項の罪は，告訴がなければ公訴を提起することができない。
210条（過失致死）　過失により人を死亡させた者は，50万円以下の罰金に処する。

209条1項は，過失傷害罪を定めるもので，刑を30万円以下の罰金・科料とし，親告罪としている。同条2項は，過失致死罪を定めるもので，刑を50万円以下の罰金とし，非親告罪としている。

2　業務上過失致死傷罪

211条（業務上過失致死傷等）**1項前段**　業務上必要な注意を怠り，よって人を死傷させた者は，5年以下の懲役若しくは禁錮又は100万円以下の罰金に処する。

(1)　意　義　本罪は，行為者の過失が業務上のものであることを根拠とする過失傷害罪および過失致死罪の加重類型である。刑が加重される根拠について，ⓐ行為主体が業務者であるため，通常人とは異なって特に重い注意義務が課されており，この注意義務に違反するところに重い責任の課される理由があるとする説，ⓑ行為主体の注意能力が通常人に比べ一般的・類型的に高度であるから，違法性・責任の程度がより大きいとする説，ⓒ個々の行為者の違法性・責任が重大であることを理由とする説，ⓓ責任の程度が大きいことを理由とする説などがある。

思うに，人の生命・身体に対して危害を加えがちな危険な業務に従事する者は，不注意による死傷の結果を防止するため特別に高度の注意義務が課されて然るべきであり，その結果として高度の注意能力も要求される。したがって，業務者が重く罰せられるのは，政策的見地からその身分のために注意義務が通常人に対するより特に重く課されており，これに違反するところに重い責任が課されると解するⓐ説が妥当である。それゆえ，業務者である以上は，具体的な注意能力または注意義務違反の程度とかかわりなく本罪が適用される。

(2) 主　体　本罪は，過失により死傷の結果を惹起しがちな業務に従事する者についてのみ成立する身分犯である。刑法上一般に業務とは，人が社会生活を維持するうえで，自己の選択により反復・継続してなす事務（仕事）をいう。ただし，本罪の成立上必要な業務は，その執行に際し人の生命・身体に対して客観的に危険を有する業務であることを要する。業務といえるためには，以下の性質を有する事務でなければならない。

(ア) 社会生活上の事務　第1に，人が社会生活を維持するうえで行う事務であることを要する。本来，業務とは社会生活上の地位に基づく活動すなわち職務，職業・営業などを指すが，例えば，自動車を反復・継続して運転する者は，娯楽として運転する場合であると営業のために運転する場合であるとを問わず，また本務であるか兼務であるかにかかわりなく同じ注意義務が課されていると考えられるから，「社会生活上の地位」は業務の要件にならず，むしろこれを「社会生活上の事務」と置きかえるべきである（最判昭33・4・18刑集12・6・1090）。したがって，本罪における業務は，自然的ないし個人的な生活活動（子供の教育，家事，飲食等）を除く事務を総称したものである。

(イ) 反復・継続性　第2に，業務は，反復・継続して従事する事務であることを要する。業務者に対して高度の注意義務を要求する主たる理由は，人の死傷の原因となるような危険な事務を現に反復・継続的に行い，あるいは反復・継続的に行おうとする者は，通常人に比べ死傷の結果を惹起する可能性が大きいところから，これらの者にその注意能力を高めさせるために，警告を発して心理的強制を加えることにあると考えるべきである。それゆえ，例えば，自動車運転免許を得ているが，平素は自転車またはスクーターで注文取りや商品の配達に従事していた者が，たまたま正月休みを利用して友人から自動車を借りてこれを運転し，あやまって人を死傷させたときは，過失致死傷罪が成立するにすぎない（東京高判昭35・3・22東時11・3・73）。一方，反復・継続して事務に従事する意思がある以上，1回限りの行為であっても業務となる（福岡高宮崎支判昭38・3・29判タ145・199）。資格の無い者が最初に診療し，あやまって患者を死なせれば，業務上過失致死罪が成立する（福岡高判昭25・12・21高刑集3・4・672）。反復・継続して診療を行う意思がある以上は，業務上必要な注意義務を尽くすべき注意能力が要求されて然るべきだからである。

(ウ) **生命・身体への危険**　第3に，業務は，それ自体人の生命・身体に対する危険を含むものであるか，または，危険を生じやすい生活関係において，人の生命・身体の危険を防止することを業務の内容とする事務も含む（最決昭60・10・21刑集39・6・362）。例えば，保護者または建造物等の管理者の地位に基づく保護・管理事務も業務である。業務は，適法な事務であることを要しない。したがって，運転免許を有しない者の自動車の運転（大判大13・3・31刑集3・259）および無免許医業なども業務である。このようにして，業務とは，社会生活上の事務として反復・継続して行うか，または反復・継続して行う意思をもって行う行為であって，人の生命・身体に危害を加えるおそれのある事務，または，人の生命・身体の危険を防止することを義務の内容とする事務をいう（大判大8・11・13刑録25・1081）。

(3) 行　為　「業務上必要な注意を怠り」とは，その業務を行う際に要求される注意義務に違反することをいう。例えば，医師は，医療水準に基づく注意義務に違反して診療し死傷の結果を惹起すれば，その者に医師としての注意能力がなかったとしても本罪を構成する。注意義務の根拠・範囲は，業務の性質に従い，法令，慣習，条理などから具体的に定められる。それゆえ，行政法規によって定められる安全義務に違反しても，直ちに本罪の注意義務に違反したとはいえない。

3　重過失致死傷罪

211条(業務上過失致死傷等)**1項後段**　重大な過失により人を死傷させた者も，同様とする（5年以下の懲役若しくは禁錮又は100万円以下の罰金)。

本罪は，単純過失のうちに特に違法性の程度が大きく責任が重い場合を類型化して，法定刑を引き上げたものである。したがって，わずかな注意，きわめて軽度の注意を払うことによって結果が予見でき（予見可能性)，かつ，結果の発生を容易に回避することができるとき（回避可能性)，または，故意の立証はできないが，それに近接するような無謀なものであるときに重大な過失となる（東京高判昭62・10・6判時1258・136)。例えば，狩猟者が鳥の形のようなものを認め，それが人でないことを確認せず，直ちに猟銃を発射した場合（東京高判昭35・7・27東時11・7・205)，継続・反復を前提としない自動車の無免許および無謀運転による人身事故などがある（最決昭29・4・1裁判集刑94・49，大阪高判昭36・5・11下刑集3・5＝6・406)。

V　自動車運転による死傷行為の処罰

1　総　説

自動車運転による死傷行為は，もともと業務上過失致死傷罪（刑211条）として処罰されていたのであるが，2001（平成13）年に，飲酒運転や高速度運転など，交通ルールを無視した悪質かつ重大な危険を有する自動車運転による死傷の結果に対処するため，危険運転致死傷罪が創設された。「正常な運転が困難な状態」での自動車運転などを，故意に危険な運転行為をしたものとして捉え，その結果人を死傷させた場合を危険運転致死傷罪とし，負傷させた者は15年以下の懲役，人を死亡させた者は1年以上の有期懲役に処することとしたのである（旧208条の2)。

危険運転致死傷罪の創設は，悪質かつ重大な危険を有する自動車運転行為の減少をもたらしたが，しかし，例えば，無免許運転で過去にも事故を起こしているような悪質運転者の死傷であっても，「正常な運転が困難な状態」であったことを立証することが難しいことなどがあって，無免許運転など悪質かつ危険な運転行為による死傷事犯であっても，結局，自動車運転過失致死傷罪（旧211条2項）で処罰される場合が多数を占めたのである。

上記のような背景から，2013（平成25）年11月27日に，自動車運転に係る死傷事犯を包括的に整備した「自動車の運転により人を死傷させる行為等の処罰に関する法律」（平成25年11月27日法律第86号）が制定・公布された。本法は，自動車の運転による死傷事犯全般に対する罰則を内容とするものであり，したがって，従来の危険運転致死傷罪（旧208条の2），自動車運転過失致死傷罪（旧211条2項）は，刑法典から切り離され，本法に組み入れられることになったのである。

2 諸類型

(1) 危険運転致死傷罪（2条）　以下の行為を行い，人を負傷させた者は，15年以下の懲役に処せられ，人を死亡させた者は，1年以上の有期懲役に処せられる。

①アルコールまたは薬物の影響により正常な運転が困難な状態で自動車を走行させる行為（酩酊運転致死傷），②その進行を制御することが困難な高速度で自動車を走行させる行為（制御困難運転致死傷），③その進行を制御する技能を有しないで自動車を走行させる行為（未熟運転致死傷），④人または車の通行を妨害する目的で，走行中の自動車の直前に侵入し，その他通行中人または車に著しく接近し，かつ，重大な交通の危険を生じさせる速度で自動車を運転する行為（通行妨害運転致死傷），⑤赤色信号またはこれに相当する信号を殊更に無視し，かつ，重大な交通の危険を生じさせる速度で自動車を運転する行為（信号無視運転致死傷），⑥通行禁止道路を進行し，かつ，重大な交通の危険を生じさせる速度で自動車を運転する行為（通行禁止道路運転致死傷）。ここで「運転が困難な状態」とは，道路や交通の状況などに応じた運転をすることが難しいことをいい，例えば，アルコールの場合，酩酊により，自分が思った通りのハンドルやブレーキ操作をすることが難しい状態をいう。

(2) 準危険運転致死傷罪（3条） アルコール，薬物または病気の影響により，その走行中に正常な運転に支障が生じるおそれがある状態で，自動車を運転し，よって，そのアルコール，薬物または病気により正常な運転が困難な状態に陥り，人を負傷させた者は，12年以下の懲役，人を死亡させた者は15年以下の懲役に処せられる。なお，「正常な運転に支障が生じるおそれ」とは，アルコール等の影響で，自動車の運転に必要な注意力や判断能力が相当程度低下している場合をいう。道路交通法の酒気帯び運転罪に当たるような場合である。てんかんや統合失調症を原因とする場合も含まれる。

(3) 過失運転致死傷アルコール等影響発覚免脱罪（4条） アルコールまたは薬物の影響によりその走行中に正常な運転に支障を生じるおそがある状態で自動車を運転した者が，運転上必要な注意を怠り，よって人を死傷させた場合において，その運転の時のアルコールまたは薬物の影響の有無または程度が発覚することを免れる目的で，さらにアルコールまたは薬物を摂取すること，その場を離れて身体に保有するアルコールまたは薬物の濃度を減少させること，その他その影響の有無または程度が発覚することを免れるべき行為をしたときは，12年以下の懲役に処せられる。本罪は，「逃げ得」を許さないという観点から犯罪とするもので，飲酒運転をして人を死傷させた場合，危険運転致死傷罪の適用を免れるために，例えば，その時にアルコールに酔っていたか，どれくらい酔っていたかの証拠を隠そうとする行為を処罰するものである。

(4) 過失運転致死傷罪（5条） 自動車の運転上必要な注意を怠り，よって人を死傷させた者は，7年以下の懲役・禁錮または100万円以下の罰金に処せられる。

自動車運転上必要な注意とは，自動車の発進から停車までの運転において必要な注意をいう。自動車を停止する行為も「運転」に含まれる。停止後に同乗者を降車させるためドアを開ける行為は「運転」に当たらないとする見解もあるが，同乗者を安全に降車させるのも運転の一部として注意義務が課されると解する。なお，本罪については，傷害が軽いときは，刑を免除することができる。

(5) 無免許運転による加重（6条） ①危険運転致傷罪を犯した者が，

その罪を犯した時に無免許運転をしたものであるときは，6月以上の有期懲役に処せられる。②準危険運転致死傷罪を犯した者が，その罪を犯した時に無免許運転をしたものであるときは，人を負傷させた者は15年以下，人を死亡させたときは6月以上の有期懲役に処せられる。③アルコール等影響発覚免脱した者が無免許運転をしたものであるときは，15年以下の懲役に処せられる。④過失運転致死傷罪を犯した者が無免許運転をしたものであるときは，10年以下の懲役に処せられる。

Ⅵ　堕胎の罪

1 総　説

(1)　犯罪類型　堕胎の罪は，自然の分娩期に先だって人工的に胎児を母体から排出・分離させる行為を内容とする犯罪である。刑法は，堕胎の罪として，①堕胎罪（212条），②同意堕胎罪（213条前段），③同意堕胎致死傷罪（同条後段），④業務上堕胎罪（214条前段），⑤業務上堕胎致死傷罪（同条後段），⑥不同意堕胎罪（215条1項），⑦同未遂罪（同条2項），⑧不同意堕胎致死傷罪（216条）を規定している。

堕胎の罪の保護法益は，現行法が結果的加重犯として母親に致死傷の結果が発生した場合を重く処罰していることにかんがみ（213条後段，214条後段，216条），第一次的には胎児の生命・身体の安全であり，第二次的には母体の生命・身体の安全であると解すべきである。

(2)　具体的危険犯　堕胎罪自体は，胎児または母体の生命・身体に対する侵害の発生を要件としないから，本罪は，生命・身体に対する危険犯である（大判明42・10・19刑録15・1420）。そして，母体にとって自然の分娩と異なるところがなく，胎児も排出された後にその生命・身体に何らの影響も受けない人工出産のような場合には，胎児・母体双方の安全に対する侵害の危険は生じないから，人工的な胎児の排出であっても堕胎には含まれない。それゆえ，本罪は具体的危険犯であると解する。

2　違法性阻却事由

(1)　母体保護法と堕胎の解放　わが国では，母体保護法（昭和23年法156号〔旧優生保護法〕）によって，①妊娠の継続または分娩が身体的または経済的理由により母体の健康を著しく害するおそれのあるもの，②暴行もしくは脅迫によってまたは抵抗もしくは拒絶することができない間に姦淫されて妊娠したものについての堕胎は，法令上の違法性阻却事由に当たるものとされ（母体保護法14条1項），堕胎罪，同意堕胎罪について大幅な自由化が図られた。したがって，この法律によって正当化されない場合にのみ堕胎罪が問題となるにすぎないから，本罪が適用される裁判例は，今日では皆無に等しい。

(2)　人工妊娠中絶　堕胎行為は，第1に，母体保護法によって法令上違法性が阻却される。同法は，人工妊娠中絶を「胎児が，母体外において，生命を保続することのできない時期〔妊娠満22週未満—厚生省通知〕に，人工的に，胎児及びその附属物を母体外に排出すること」（2条2項）と定義し，手術は，医師会指定の医師（指定医師）のみができるものと定めている。医師は，本人および配偶者の同意——配偶者が知れないとき，もしくはその意思を表示することができないとき，または妊娠後に配偶者がなくなったときには本人の同意——を得たうえで，母体保護法14条1項の定める要件を満たすかどうかをみずからが判断し，手術を実施できる。第2に，母体保護法の定める要件を欠くときでも，緊急避難（大判大10・5・7刑録27・257）または社会的相当行為として35条により違法性を阻却する場合がある。

3　堕胎の罪の基本概念

(1)　客　体　本罪の客体は，妊娠中の女子（妊婦）および胎児である。胎児とは，受胎（受精卵の子宮への着床終了）の時期から刑法で人として扱われるまでの生命体をいい，その妊娠期間の長短を問わない（大判昭2・6・17刑集6・208，大判昭7・2・1刑集11・15）。したがって，体外授精卵・胚は胎児ではない。一方，母体外で生命を保続できる状態に成長した胎児は堕胎罪の客体となる。したがって，臨月の胎児を母体内で殺しても堕胎罪にほかならない。生命があることを必要とするから，死胎は胎児ではない。しかし，生きている胎児に対して堕胎行為があった以上は，死産であっても堕胎罪に当たる（大判大6・1・26新聞1230・29）。

(2) 行　為　本罪の行為は，堕胎である。判例によると，「堕胎」とは自然の分娩期に先立って人為的に胎児を母体から分離・排出する行為をいう（前掲大判明42・10・19。通説）。これによると自然の分娩開始後に胎児に攻撃を加え殺害する行為は，堕胎にも殺人にもならないという不当な結論となる。それゆえ，堕胎とは，胎児に攻撃を加えて出生前または出生後に死亡させ，または胎児もしくは母体にとって具体的に危険な方法により，人工的に胎児を母体から分離ないし排出することをいうと定義すべきである。堕胎の結果として胎児が死亡することは必ずしも必要ではない（前掲大判昭2・6・17）。

本罪の保護法益は，第一次的に，胎児の生命・身体の安全であるから，堕胎は胎児を母体内において殺害する場合をも含む。流産およびすでに死亡した胎児を排出することは堕胎ではない。一方，自然の分娩期が到来したが，いまだ胎児が一部露出の状態に達する以前に人工的にこれを母体から分離して胎児の生命・身体を害した場合も堕胎である。堕胎の方法は，薬物，器具を用いるのが通常であるが特に制限はない。

堕胎行為は，母体内で殺害したときはその時点で，また，それ以外の場合には胎児を母体外に排出した時に完成し既遂となる（通説）。本罪を侵害犯とする説によれば，胎児が死亡した時に既遂となる。堕胎により胎児を排出したところ，その胎児が生命を保続できる状態にあったのでこれを殺害した場合，判例は堕胎罪と殺人罪の併合罪になるとしており（大判大11・11・28刑集1・705），通説はこれを支持しているが，その結果との間に一般的な結びつきが認められるから牽連犯とすべきである。胎児を母体外で殺す意思で堕胎し，その後にこれを殺害した場合にも牽連犯である。

堕胎の手術をしても堕胎の結果が生じなかったときは，未遂罪を罰する場合（215条2項）を除いて処罰されない。懐胎していないのに懐胎していると誤信して堕胎の施術をしたときには客体の不能が問題となるが，それが堕胎の実行行為といえる限り堕胎の罪の未遂となる（215条参照）。胎児が死亡しているのを知らずに堕胎の施術をしたときも同じである（前掲大判昭2・6・17）。

(3) 故 意　本罪は故意犯であるから，胎児の生命・身体または母体に危険をもたらすことを認識・予見したにかかわらず堕胎が行われることを必要とする。妊婦を殺害した場合または傷害して堕胎の結果を生じさせたときは，殺人罪または傷害罪と堕胎罪との観念的競合となる。妊婦が，先の認識・予見に基づいて自殺を実行し，胎児は死亡したが自殺未遂にとどまったときは堕胎罪に当たる。

4 堕胎罪

212条(堕胎)　妊娠中の女子が薬物を用い，又はその他の方法により，堕胎したときは，1年以下の懲役に処する。

本罪の主体は，妊娠中の女子すなわち妊婦である（身分犯)。堕胎の罪の各犯罪のうち堕胎罪が基本的な犯罪であり，業務上堕胎罪は同意堕胎罪の加重類型であるから，本罪の共犯関係については65条2項が適用される。行為の態様としては，①堕胎行為を女子みずから単独で行う場合，②他人に実施させる場合，③他人と共同して行う場合があり，いずれも堕胎である。すなわち，「その他の方法」による堕胎のなかには，他人に堕胎を実施させる場合および他人と共同で行う場合も含まれる。これらの行為は一種の自傷行為であるが，本罪の保護法益はもっぱら胎児の生命であるから処罰に値するのである。

5 同意堕胎罪・同意堕胎致死傷罪

213条(同意堕胎及び同致死傷)　女子の嘱託を受け，又はその承諾を得て堕胎させた者は，2年以下の懲役に処する。よって女子を死傷させた者は，3月以上5年以下の懲役に処する。

(1) 同意堕胎罪　同意堕胎とは，女子の嘱託を受けまたはその承諾を得て堕胎の施術を実施することをいう。「女子」とは，妊娠中の女性すなわち妊婦のことである。女子の嘱託・承諾は自由かつ真意に基づくものであることを要する。「堕胎させた」という文言は，妊婦自身の手で堕胎の施術を実施することを意味するのではなく，妊婦以外の行為者が堕胎を実施することをいう。本罪と業務上堕胎罪が「他人堕胎」とよばれるのはそのためである。それゆえ，妊婦に頼まれて堕胎薬を買い与える行為は，堕胎罪の幇助犯であって同意堕胎罪ではない。

(2)　**同意堕胎致死傷罪**　堕胎行為によって妊婦を死傷させたときは，同意堕胎致死傷罪となる。本罪は，同意堕胎罪の結果的加重犯であるから，堕胎行為によって死傷の結果が発生したことを要することは無論であるが，堕胎に通常随伴する創傷は堕胎行為のなかに含まれるから，ここにいう致傷ではない。同意堕胎が未遂にとどまったときも本罪が成立する（大判大13・4・28新聞2263・17）。堕胎行為は，母体にとって健康の損傷を随伴するものであり，その危険は堕胎自体が未遂にとどまったかどうかにかかわりなく存在するから，堕胎が未遂にとどまったにもかかわらず妊婦に死傷の結果が生じたときは，本罪に当たると解すべきである（前掲大判大13・4・28）。同意堕胎罪の未遂が不可罰となっていることを根拠として，堕胎が既遂に達したことを必要とする説も有力であるが，堕胎行為は，性質上傷害的なものである点に着目すべきである。

6　業務上堕胎罪・業務上堕胎致死傷罪

214条（業務上堕胎及び同致死傷）　医師，助産師，薬剤師又は医薬品販売業者が女子の嘱託を受け，又はその承諾を得て堕胎させたときは，3月以上5年以下の懲役に処する。よって女子を死傷させたときは，6月以上7年以下の懲役に処する。

本罪の主体は，医師，助産師，薬剤師または医薬品販売業者である。本罪は，同意堕胎罪の身分による加重類型であり，同意堕胎の施術を実施しやすい立場の者を業務者として類型化し，予防的な見地に立って法定刑を重くしたものである。ここにいう医師には歯科医師も含む。助産師とは，分娩を助け，産婦や新生児を助けることを業とする女子をいう（保健師助産師看護師法3条）。本罪は，業務者という身分によって刑を加重するものであるから，同意堕胎罪を基本犯とする加減的身分犯（不真正身分犯）である。

7　不同意堕胎罪

215条（不同意堕胎）**1項**　女子の嘱託を受けないで，又はその承諾を得ないで堕胎させた者は，6月以上7年以下の懲役に処する。
2項 前項の未遂は，罰する。

不同意堕胎罪は，妊婦の同意を得ないで堕胎させることを内容とする犯罪である。主体のいかんを問わない。「嘱託を受けないで，又はその承諾を得ないで」というのは，「嘱託も承諾もなしに」の意味である。また，妊婦を殺害・傷害することによって本罪を犯せば，殺人罪・傷害罪と本罪との観念的競合となる。

8 不同意堕胎致死傷罪

216条(不同意堕胎致死傷) 前条（215条）の罪を犯し，よって女子を死傷させた者は，傷害の罪と比較して，重い刑により処断する。

不同意堕胎致死傷罪は，不同意堕胎罪および同未遂罪の結果的加重犯であり，傷害の罪に比較して「重い刑により」処断される。したがって，不同意堕胎罪の法定刑（6月以上7年以下の懲役）と傷害罪（15年以下の懲役または50万円以下の罰金）および傷害致死罪（3年以上の有期懲役）の法定刑を比較し，法定刑の上限と下限のそれぞれ重い方に従って処断される。致傷の場合は6月以上15年以下の懲役（不同意堕胎罪の法定刑と傷害罪の法定刑），致死の場合は3年以上の有期懲役（傷害致死罪の法定刑）となる。

VII 遺棄の罪

1 総 説

(1) 犯罪類型 遺棄の罪とは，生命の危険に関し他人の保護が必要となる者を危険な場所に移転せしめること（移置），または，これに対して生存に必要な保護を与えない不保護によって，生命に危険を生じさせることを内容とする犯罪である。刑法は，本罪に当たるものとして，①単純遺棄罪（217条），②保護責任者遺棄罪（218条）および③遺棄致死傷罪（219条）を規定している。遺棄の罪の保護法益については，一種の社会法益に対する罪と考える立場もあるが，今日では個人法益に対する罪とする立場が有力となっており，そのなかで，ⓐ生命・身体の安全であるとする説（大判大4・5・21刑録21・670〔生命・身体に対して危険を発生せしむるおそれ〕），ⓑ生命の安全であるとする説とが対立している。

ⓐ説は，本罪の規定の位置が傷害の罪の後に配置されていることを主たる根拠とするのであるが，218条が「生存に必要な保護をしなかったとき」と規定していること，また，身体に対する危険を含むとすれば本罪の成立範囲がほとんど無限定になることから，生命の安全を保護法益とするものと解すべきである。それゆえ，精神的・経済的に保護が必要な者に対し，その保護をしない場合は遺棄ではない。また，法律上扶養義務のある者が，その義務を怠っただけで直ちに遺棄の罪が成立するのではなく，義務を怠ったことが生命に対し危険を生じさせる性質のものでなければならない。なお，尊属遺棄罪は，1995（平成7）年の刑法改正により削除された。

(2) 要扶助者　遺棄の罪の客体は，老年，幼年，身体障害，疾病のため扶助を必要とする者すなわち要扶助者である。「扶助を必要とする者」とは，他人の保護によらなければみずから日常生活を営む動作をすることが不可能もしくは著しく困難なため，自己の生命に生ずる危険を回避できない者のことである。扶助を要すべき状態は，老年，幼年，身体障害，疾病に基づく場合に限られる。したがって，老人，幼児であっても具体的に保護を要しない場合は遺棄の罪の客体ではない。また，本罪の客体は制限列挙的に規定されているから，老年，幼年，身体障害，疾病の者以外は，保護を必要とする場合でも遺棄の罪の客体にはならない。

ここで疾病とは，肉体的・精神的に健康が害されている状態をいう。その原因のいかんを問わない。飲酒（最決昭43・11・7裁判集刑169・355），麻薬の使用，催眠術の施術等によって正常な意識を失っている者，妊娠・飢餓・疲労・負傷によって身体的に日常生活上の動作をすることができない者も含むと解すべきである。なお，218条は「老年者，幼年者，身体障害者又は病者」と規定するのみで，「扶助を必要とする者」という要件は規定していないが，同じ遺棄罪である以上217条と同様に解すべきことは当然である。

(3) 遺棄の概念　遺棄とは，一般の語義によると，「捨てること，置き去りにすること」だとされている。

(ア) 刑法上の遺棄　刑法において遺棄というときは，①要扶助者をその従来の場所から生命に危険な他の場所に移転させる行為（移置），②要扶助者を生命の危険な場所に置いたまま立ち去る行為（作為による置き去り）および要扶助者が生命の危険な場所に行くのを放置する行為（不作為による置き去り），③要扶助者が保護者に接近するのを妨げる行為（接近の遮断）が問題となる。

(イ) 学　説　遺棄については，ⓐ遺棄を広狭二義に分け，217 条の遺棄は狭義の遺棄としての移置をいい，広義の遺棄は移置のほかに要扶助者を危険な場所に放置する場合を含み，218 条の遺棄は広義の遺棄をいうとする通説・判例（⑨最判昭 34・7・24 刑集 13・8・1163），ⓑ 217 条の遺棄は移置および接近の遮断のみを含むのに対し，218 条の遺棄はそれ以外に不作為による置き去りを含むと解する説，ⓒ 217 条，218 条いずれの「遺棄」も移置と解する説，ⓓ要扶助者の現在（従来）の保護状態を不良に変更し，生命・身体に新たな危険を生ぜしめる行為をいうとする説とが対立している。

218 条は遺棄と不保護を区別して規定しているから，遺棄のなかに不保護に当たる不作為による遺棄を含ませるⓐ説は妥当でない。一方，217 条と 218 条はいずれも「遺棄」と規定しており，両者を異ったものとして把握する各説には疑問がある。さらに，行為者と被遺棄者との間に場所的離隔を生じさせなくても遺棄となりうるとするⓑ説およびⓓ説によると，例えば，保護者を監禁し，あるいは殺害することも遺棄となって不当である。218 条が「遺棄」を不保護と区別して規定しているのは，作為による遺棄すなわち被遺棄者を場所的に移転し生命に危険を生ぜしめる移置のみを遺棄とし，それ以外の場所的離隔を伴う行為は不保護とする趣旨と解する。

(ウ) 遺棄とは　以上の検討から，遺棄とは，被遺棄者をその現在の場所から生命にとって危険な他の場所に移転させる行為をいう。㋑要扶助者を生命にとって危険な場所に置いたまま立ち去る行為，㋺要扶助者が生命にとって危険な場所に行くのを放置する不作為，㋩要扶助者が保護者に接近するのを妨げる行為，㊁場所的離隔を伴わず保護状態を不良に変更し危険を作り出す行為は，いずれも不保護に当たり，保護責任を有する者に限り不保護罪を構成するものと解する。

(4)　抽象的危険犯　遺棄といえるためには，被遺棄者を移置するだけでは足りず，それによって，被遺棄者の生命に危険を作り出すか，危険を増加させる性質を有する行為であることを要する。しかし，法文上具体的な危険の発生が明記されていないから，本罪は生命に対する抽象的危険犯と解する。ただし，遺棄の罪質上，何らかの程度の危険が生じうることを要すると考えられるから，他人の適切な救助が予想されるなど，社会通念上およそ生命の危険が発生しないとみられる場合には，本罪を構成しないと解すべきである。

2　遺棄罪

217条(遺棄)　老年，幼年，身体障害又は疾病のために扶助を必要とする者を遺棄した者は，1年以下の懲役に処する。

(1)　行　為　本罪の行為は，要扶助者（⇨45頁*1*(2)）を「遺棄」することである。遺棄とは，要扶助者を従来の場所から生命に危険な他の場所に移転させることをいう（大判明45・7・16刑録18・1083〔解雇した者の追い出し〕）。要扶助者を危険な場所に移転させる移置以外に，例えば，視力障害者が接近するのを見て橋を破壊するといった，作為による置き去りについて生命・身体を危険にする以上遺棄に当たるとする説が有力である。しかし，既述のとおり，218条は不保護と遺棄とを区別しており，遺棄は移置を意味し同じ文言を用いる本罪の遺棄も移置と解すべきであるから，作為か不作為かを問わず置き去りは不保護に当たり，本罪の行為には当たらないと解すべきである。

作為による置き去りと関連して，要扶助者が救助を求めて自宅に侵入しようとするのを阻止する接近の遮断は，行為者が要扶助者の生命に危険な状態を新たに作り出す行為ではなく従来の状態のまま放置したにすぎないから，生命に危険を生ぜしめる定型的行為とはいいがたいと解すべきである。なお，門口で通行人が急病で倒れているのを発見した場合において，その病者を危険な道路に移せば遺棄であるが，そのまま放置しておく行為は軽犯罪法1条18号の罪を構成するにすぎない。

(2) 故　意　本罪の故意は，要扶助者をその従来の場所から生命に危険な他の場所に移動することを認識して行為に出る意思である。危険な場所に移すことの認識がなければ故意があるとはいえない（東京高判昭60・12・10判時1201・148）。

3　保護責任者遺棄罪・不保護罪

218条（保護責任者遺棄等）　老年者，幼年者，身体障害者又は病者を保護する責任のある者がこれらの者を遺棄し，又はその生存に必要な保護をしなかったときは，3月以上5年以下の懲役に処する。

(1) 意　義　本罪は，行為者に「保護する責任」があるために遺棄罪よりも刑が加重される場合であり（不真正身分犯），保護責任者（保護者）についてのみ成立する。法は，要扶助者の生命の安全を図るために，要扶助者の生命の安全を支配できる立場にある者，すなわち保護責任者に対し，要扶助者の保護を特に義務づけ，この義務に違反して遺棄した者に対し重い責任非難を加える趣旨で法定刑を重くするものである。なお，保護責任者については，要扶助者の生存に必要な保護をしない不作為も処罰する。この犯罪を特に不保護罪という。不保護罪は，保護義務に反する不作為を構成要件的行為とするものであるから真正不作為犯であるとともに，保護責任を有する者についてのみ成立する犯罪であるから真正身分犯である。

(2) 主　体　本罪の主体は，老年者，幼年者，身体障害者または病者を保護すべき責任のある者である。保護責任者とは，老年者，幼年者，身体障害者または病者すなわち要扶助者の生命の安全を保護すべき法律上の義務を負う者をいう。いかなる場合に保護責任が発生するかについて刑法は明らかにしていないが，社会通念上，危険の防止が委ねられており，要扶助者の生命の安全を支配できる地位にあるとき，その者に保護義務が生ずると解すべきである。保護義務の根拠は，法令，契約，事務管理および慣習・条理である。

(ア) 法　令　法令に基づく保護責任としては，民法による親権者の監護義務（820条），親族の扶養義務（877条以下）などの私法上の保護義務，警察官職務執行法による警察官の保護義務（3条）などの公法上の保護義務がある。ただし，保護責任は要扶助者の生命をその危険から保護すべき現実の義務をいうのであるから，法令上の義務が直ちに保護責任の根拠となるのではない。したがって，例えば，民法上の先順位の扶養義務者であっても，後順位者が老人などの要扶助者を看護すべき状態にあるときは，その後順位者に保護責任が課されることとなる（大判大7・3・23刑録24・235）。

(イ) 契　約　例えば，介護契約を結んで，寝たきり老人の介護を開始した者が介護を怠って放置した場合が問題となる。保護ないし看護を内容とする契約には多様な形態があり，例えば，雇傭契約に基づく同居の場合には，被傭者が保護を要すべき状態に至ったときは保護する旨の契約が暗黙のうちに含まれていると解すべき場合もある（大判大8・8・30刑録25・963）。契約上の義務を怠っても，他の者によって要扶助者が保護を受けているときは保護責任は生じない。

(ウ) 事務管理　保護責任は，民法上の事務管理における管理者について生ずる。事務管理とは「義務なく他人のために事務の管理を始めた」（民697条）場合をいい，例えば，病者を引き取り自宅に同居させたときは，その引き取り主に引き取る義務がなくても，病人が保護を必要とする限り継続して保護すべき義務がある（大判大15・9・28刑集5・387）。

(エ) 慣習・条理　慣習に基づく保護義務は，例えば，雇主は雇人が病気になったときは適当な保護をなすのが一般の慣習であるような場合に発生する（前掲大判大8・8・30）。条理に基づく保護義務は，物事の道理から導かれるものであり，例えば，業務上堕胎を行った医師が排出した嬰児が生育可能性を有するのに放置して死亡させた事例（最決昭63・1・19刑集42・1・1），ホテルの一室で少女に覚せい剤を打ち，少女が錯乱状態になったのを置き去りにした事例（最決平元・12・15刑集43・13・879）は，先行行為に基づく条理を根拠として保護責任が課されたものである。

(3) 行　為　本罪の行為は，要扶助者を遺棄することである。「遺棄」とは，被遺棄者をその従来の場所から生命に危険な他の場所に移転させることをいう（⇨46頁 *1* (3)）。それゆえ，①被遺棄者の場所を動かさないで行為者みずからが立ち去る場合，②行為者が被遺棄者の接近を処断する場合，③行為者と被遺棄者との離隔を除去しない場合，④被遺棄者が任意に立ち去るのを放置する場合は，本罪の遺棄に当たるものでなく，いずれも不保護に当たると解すべきである。

本条は，保護責任を前提とする規定であるから，遺棄罪におけると異なり積極的に要扶助者を不良な保護状態に変更する移置の場合ばかりでなく，さらに「生存に必要な保護」をしないで，すなわち場所的離隔を伴わず，要扶助者の日常生活における行動にとって必要な援助・保護をしない不作為の場合にも成立する。この真正不作為犯としての保護責任者遺棄罪を不保護罪または保護義務懈怠罪という。何が生存に必要な保護であるかは，保護を要する原因の性質，程度などを考慮して具体的・個別的に決定すべきである（前掲最決平元・12・15）。

(4) 故 意　本罪の故意は，遺棄罪について述べたところのほかに（⇨ 48 頁 *2* (2)），行為者が自己と要保護者との間に保護責任を基礎づける事実の存在することを認識していることを要する。それゆえ，このような事実について錯誤があるときは，38 条 2 項により軽い遺棄罪の成立が問題となる。

4 遺棄等致死傷罪

219 条（遺棄等致死傷）　前 2 条（217 条，218 条）の罪を犯し，よって人を死傷させた者は，傷害の罪と比較して，重い刑により処断する。

本罪は，遺棄罪および保護責任者遺棄罪の結果的加重犯である。本罪は，行為者が上記の両罪いずれかの故意をもって行為し，致死傷の結果を発生させたときに成立する。例えば，殺意を抱いて要扶助者を置き去りにした場合でも，当該不作為が殺人の実行行為の程度に達していないときは殺人罪を構成せず，本罪に当たると解すべきである。すなわち結果的加重犯としての本罪は，致死の結果について故意ある場合も含むと解される。本罪は，傷害の罪に比較し，重きに従って処断される（⇨ 44 頁）。

◈【問　題】

(1)　X は，冬の午後 8 時頃，普通乗用車を運転して街路車道上を通行中，小便がしたくなったのでトイレをさがすのに気をとられ，前方を横断していた A に自動車を接触させ，歩行不能の重傷を負わせた。

① Xは歩行不能の重傷を負わせたことを確認しながら，犯行の発覚を恐れてそのまま運転を継続して逃げた場合，Xの罪責はどうか。

② Xは，Aを病院まで連れていってやると欺き，自分の自動車に乗せ，折りから降雪中の人通りの殆どない薄暗い車道上にAを下車させ，放置して立ち去った場合はどうか。

③ Xは，Aを下車させる時，被害者は死んでしまうかもしれないが，それもやむを得ないと考えていた場合はどうか。

⑵ Xは，高校時代の男友達との間に生まれた4歳の男の子甲をシングル・マザーとして育てていたが，職場の従業員Yと親しくなり，約3カ月前から3人での同棲生活を始めた。Yは，出来ればXと結婚したいと思っていたが，甲ははじめからYに反抗し，どうしても懐かないのに腹を立て，Xに別れ話を持ちかけたところ，Xは「分かれるのは絶対に嫌」といいい，旅行の際にどこかに甲を捨ててしまおうとYに相談したところ，それならと甲が寝たところを軽四輪車に乗せて連れ出し，名神高速道路停車場から約300メートルの路肩に甲を置き去りにして，自車に乗って自宅に戻った。甲は，約10分後に目を覚まして路上に飛び出し，Zの運転する乗用車に轢かれて即死した。XとYの罪責はどうか。

第2章　自由・私生活の平穏に対する罪

自由および私生活の平穏に対する罪は，自由および私生活の平穏を侵害し，もしくはそれを危険にすることを内容とする犯罪であって，①逮捕および監禁の罪（第2編第31章），②脅迫の罪（同第32章），③略取，誘拐および人身売買の罪（同第33章），④性的自由・感情に対する罪（同第22章のうち176条～182条），⑤住居を侵す罪（同第12章），⑥業務に対する罪（同第35章のうち233条後段～234条の2），⑦秘密を侵す罪（同第13章）の7種の罪から成っている。②は，昭和22年の改正により，法定刑が引き上げられた。また。加重類型として，集団的脅迫罪（暴力行為等処罰法1条），常習脅迫罪（同1条の3）がある。

I　逮捕・監禁の罪

1 総説

(1) 意義　逮捕および監禁の罪は，逮捕または監禁によって人の身体活動の自由すなわち行動の自由を奪う行為を内容とする犯罪である。逮捕罪と監禁罪とは行為の態様を異にするが，同じ条項に規定されており，法定刑も同一であるから，逮捕・監禁罪として一括して理解すべきである。

逮捕・監禁罪の保護法益は，人の身体活動の自由である。刑法は，身体活動の自由を保護するために逮捕・監禁罪（220条）を定めるほか，逮捕・監禁に随伴して生ずる致死傷を加重類型として独立の犯罪とし，逮捕・監禁致死傷罪（221条）を規定している。なお，悪質な長期監禁事件等を契機として（最判平15・7・10刑集57・7・903〔新潟少女監禁事件〕），2005（平成17）年の刑法一部改正において法定刑の上限が5年から7年に引き上げられている。また，尊属逮捕・監禁罪は，1995（平成7）年の刑法一部改正により削除された。

(2) 客　体　本罪の客体は，身体の活動能力を有する人である。本罪は，身体活動の自由を保護法益とするから，意思に基づく身体の活動能力を全く有しない嬰児や意識喪失状態の者については成立しない。したがって，本罪の客体は，自然人に限られる。しかし，意思に基づく身体活動の能力があれば足りるから，必ずしも意思能力があることを要しない。

(ア) 自由の意義　身体活動の「自由」の意義について，ⓐ可能的な自由とする説，ⓑ現実的な自由とする説が対立している。身体活動の自由は，その主体が行動したいときに行動できるということを意味するから，現実の行動の自由である必要はなく，潜在的または可能的な自由で足りると解すべきである。ⓐ説によると，現に熟睡中の者の部屋に鍵をかける行為も監禁となり不当であるとする批判もあるが，そもそも身体活動の自由とは行動したいときに行動できるという状態をいうと解すべきであるから，この批判は当たらない。したがって，睡眠中の者，泥酔者，偽計によって身体を拘束されている者も本罪の客体となる（京都地判昭45・10・12刑月2・10・1104〔生後1年7月の幼児も本罪の客体〕）。

(イ) 侵害の意識　客体となる被害者が身体活動の自由を侵害されていることについての意識を要するかについて，必要説と不要説が対立している。必要説は自由の意識を欠く者に対して身体活動の自由の侵害はありえないことを根拠とするが，身体活動の自由を可能的な自由で足りると解する以上は，その自由が侵害されている限り，本罪を構成するのは当然である（広島高判昭51・9・21刑月8・9＝10・380）。監禁されていることを意識していなくても，それが錯誤に基づく場合は監禁罪の成立を妨げない。例えば，強姦の意図であるのに家まで送ってやると欺いて女性を車に乗せて走行する行為は，監禁罪を構成するのである（最判昭33・3・19刑集12・4・636）。

(ウ) 継続犯　本罪は，身体活動の自由の拘束が継続する限り犯罪は継続する（継続犯）。また，本罪が成立するためには，その行為が確実に人の身体の自由を拘束したと認められる程度の時間的継続を要する。単に一時的に身体を拘束するにすぎないときは，暴行罪，脅迫罪等を構成するにとどまる（大判昭7・2・29刑集11・141）。しかし，身体活動の自由を完全に拘束したといえる程度に継続して行われる限り，その時間の長短を問わない。

2 逮捕・監禁罪

220条（逮捕及び監禁） 不法に人を逮捕し，又は監禁した者は，3月以上7年以下の懲役に処する。

(1) 逮捕罪 逮捕とは，人の身体を直接的に拘束してその身体活動の自由を奪うことをいう。その方法のいかんを問わない。身体を縄で縛るというような有形的方法（物理的方法）による場合は勿論のこと，例えば，ピストルを突きつけて一定の時間その場所から動けないようにする無形的方法（心理的方法）による場合も含む。ただし，偽計・脅迫等の方法によるときは，そのために被害者の自由意思が完全に奪われる程度のものであることを要する。被害者自身または第三者の行為を利用する間接正犯，さらに不作為によるときも逮捕となりうる。いずれも被害者の身体活動の自由が奪われた段階で既遂となる。

逮捕は，その行為によって身体活動の自由を確実に奪うものであることを要する。それゆえ，例えば，縄で両足を縛ったが直ちにこれを解き放ったとき，または，身体に抱きついたがすぐに解放した場合は，暴行罪にとどまる。本罪は故意犯であるから，人の身体活動の自由を奪うことについて認識があることを要する。それが「不法に」行われるものであることの意識を要するとする説もあるが，その意識は違法性の意識の問題であり，故意の要素ではないと解する。

(2) 監禁罪 監禁とは，人の身体を間接的（場所的）に拘束して，その身体活動の自由を奪うこと，すなわち，人が一定の区画された場所から脱出することを不能または著しく困難にすることをいう。その区画内で行動の自由が認められていても監禁である。拘束の手段・方法のいかんを問わない。不作為による場合，間接正犯による場合でもよい（大判昭14・11・4刑集18・497）。一室に閉じこめて施錠し脱出を不能にする有形的方法による場合は勿論（大判大4・11・5刑録21・1891），被害者ないし第三者の錯誤を利用する場合，さらに脅迫を手段とするなどの無形的方法によるときも監禁罪を構成する。

脅迫による場合は，被害者をして一定の場所から立ち去ることをできなくする程度のものであることを要する（最大判昭28・6・17刑集7・6・1289）。例えば，入浴中の者の衣類を奪い，羞恥心のためにその場所から脱出するのを著しく困難にする場合は，無形的方法による監禁である。脱出の方法があっても生命・身体の危険があるなど，社会通念上恐怖心のために一般に人が脱出するのに困難を感ずる方法で身体活動の自由を奪うときは，監禁となりうる。したがって，自動車を疾走させ人身に危険を生じさせて脱出を困難にすれば，脱出が絶対に不能でなくても監禁であるし（最決昭30・9・29刑集9・10・2098），脱出の方法があるのに，それを発見するのが客観的に困難であるときも同様である。監禁する場所は，いわゆる「囲い場所」であることを必要とせず，外囲いのない原動機付自転車から降りられないようにするのも監禁である（最決昭38・4・18刑集17・3・248〔偽計による監禁〕）。

(3)　違法性阻却事由　220条は，「不法に」と規定しているが，これは法令に基づき逮捕・監禁が適法に行われる場合があるところから，特に違法性を有するものが本罪に当たることを明らかにするため，注意的に付けられた文言である。したがって，違法性阻却事由はその一般原則によって決定される。親権者の懲戒権の行使として監禁すること（民822条），刑事訴訟法上の逮捕・勾留（199条，207条など），精神保健福祉法による措置入院・医療保護入院等（29条，29条の2，33条）は，法令に基づく適法な逮捕・監禁である。被害者の同意があるときにも違法性を阻却する。なお，例えば，入院中の母親のところまで送ってやると欺いてタクシーに乗せる行為については争いがあるが，同意は真意に基づくことを要するから，本当のことを知ったら同意しなかったといえる場合には，その同意は無効であり，違法性を阻却しない（前掲最決昭33・3・19）。

(4)　罪数・他罪との関連　逮捕罪と監禁罪とは同一性質の犯罪であるから，人を逮捕し，引きつづいて監禁したときは，単純な一罪が成立するにすぎない（前掲最大判昭28・6・17）。また，本罪の保護法益は一身専属的であるから，複数の者を同時に逮捕・監禁すれば，被害者各人について犯罪が成立し観念的競合となる。逮捕・監禁の手段となった暴行・脅迫は，逮捕・監禁行為自体に含まれているので逮捕・監禁罪に包括されるが，逮捕・監禁が未遂にとどまれば暴行罪，脅迫罪だけが成立する。

殺人・強盗・強制性交等の罪は，本罪を手段として行われる場合が多い。この種の事例では，当然本罪はそれらの罪と牽連関係に立つことになるが，例えば，不法監禁中に強制性交の犯意が生じた場合のように，牽連関係が認められないときは併合罪となる（最判昭24・7・12刑集3・8・1237，東京高判平24・11・1高刑集65・2・18）。

3　逮捕・監禁致死傷罪

221条（逮捕等致死傷）　前条（220条）の罪を犯し，よって人を死傷させた者は，傷害の罪と比較して，重い刑により処断する。

本罪は，逮捕・監禁によって被害者を死傷に至らしめた場合に成立する結果的加重犯である。傷害の罪に比較して重い方に従って処断されるから，致傷の場合は204条の法定刑と逮捕・監禁罪の法定刑とを比較し，また，致死のときは205条の法定刑と比較して，法定刑の上限および下限がともに重い方に従って処断される（⇨18，44頁）。なお，最高裁は，監禁後のPTSD（心的外傷後ストレス障害）につき本罪の成立を認めた（最大判平24・7・24刑集66・8・709）。なお，監禁中の被害者が飛び降り死亡した事案につき，本罪が成立するとした判例がある（東京高判昭55・10・7刑月12・10・1101）。

II　脅迫の罪

1　総　説

(1)　意　義　脅迫の罪とは，脅迫を手段として個人の私生活の平穏を侵害する罪，および脅迫・暴行を手段として個人の意思決定ないし身体活動の自由を侵害する罪をいう。前者が脅迫罪（222条）であり，後者は強要罪（223条）である。通説は，脅迫の罪の保護法益は個人の意思決定の自由および身体活動の自由であるとし，脅迫罪は意思決定の自由に対する罪であるのに対し，強要罪は意思決定の自由および身体活動の自由に対する罪であるとする。しかし，脅迫罪は，恐怖心を起こさせるに足りる行為を内容とするところにその本質があるから，保護法益は私生活の平穏であると解すべきである。ただし，恐怖心を生じさせることによって結果的に意思決定・行動の自由も制限されるから，副次的に自由も本罪の保護法益となっている。

強要罪は，文字どおり自由に対する侵害を犯罪の実質とするものであり，ただ，恐怖心を生じさせることによって自由を侵害する点で脅迫罪と共通する。

(2)　脅迫とは　脅迫の概念は刑法上多義的に用いられている。広義の脅迫は，単に害悪を告知すれば足り，害悪の内容・性質・程度のいかんを問わず，また告知の方法を問わない。例えば，公務執行妨害罪（95条1項）にいう「脅迫」がこれに当たる。狭義の脅迫は，脅迫の罪における「脅迫」であり，これは，相手方またはその親族の生命・身体・自由・名誉・財産に対し害悪を加えることを相手方に告知することである。最狭義の脅迫は，強制わいせつ・強制性交等罪（176条，177条）および強盗罪（236条）における「脅迫」であり，これは何らかの害悪を告知する行為でよいが，通常，相手方の反抗を抑圧する程度のものであることを要する。

(3)　法人に対する害悪の告知　法人に対する害悪の告知が脅迫罪に当たるかについて，ⓐ肯定説とⓑ否定説（通説。東京高判平8・1・25判時1571・148，大阪高判昭61・12・16高刑集39・4・592，高松高判平8・1・25判時1571・148）が対立している。ⓐ説は，意思決定の自由を保護法益と解する以上，害悪の告知は，法人の機関を媒介として意思決定の自由を侵害する危険があるということを根拠とするが，本罪の保護法益は私生活の平穏と解すべきであるから，被害者は自然人に限られるべきであり，ⓑ説が妥当である。これに対し，強要罪の保護法益は意思決定に基づく行動の自由であり，法人に対する害悪の告知は，強要罪における害悪の告知に当たると解する。

2　脅迫罪

222条（脅迫）**1項**　生命，身体，自由，名誉又は財産に対し害を加える旨を告知して人を脅迫した者は，2年以下の懲役又は30万円以下の罰金に処する。

2項　親族の生命，身体，自由，名誉又は財産に対し害を加える旨を告知して人を脅迫した者も，前項と同様とする。

(1)　行　為　本罪の行為は，生命，身体，自由，名誉又は財産に対する害悪を告知して「脅迫」することである。ここにいう脅迫は狭義の脅迫であり，相手方を畏怖させることができる程度の害悪の告知をいう。相手方がこの告知を認識することは必要であるが，現実に恐怖心を抱いたことを要しない（抽象的危険犯）。

(ア)　加害の対象　告知される加害の対象は，相手方またはその親族の生命，身体，自由，名誉または財産である。対象をこれらに限定すべきかについて，ⓐ制限的列挙規定説，ⓑ例示的列挙規定説が対立している。罪刑法定主義の観点からみて前者が妥当であろう。加害の対象となる親族の範囲は，原則として民法によって確定すべきである。保護法益の性質上，内縁関係にある者や法律上の手続を完了していない養子を含むとも解されるが，罪刑法定主義に則り民法上の親族に限るべきである。貞操に対する加害は，それが性的自由の侵害を意味する場合にのみ本罪の対象となる。また，職業や社会的信用に対する加害の告知は，それが名誉毀損ないし財産上の加害を直接に含んでいない限り本罪から除かれる。

問題となるのは村八分である。村八分とは，共同して特定の者との交際を断つ私的制裁（共同絶交）をいう。村八分の決議の通告は，名誉に対する加害の告知に当たるとするのが通説・判例（大判大9・12・10刑録26・912）である。

しかし，個人が他人と交際するかどうかは各人の自由であり，交際を共同して断つことも自由であるから，村八分を決定すること自体は違法ではなく，それが名誉毀損罪ないし侮辱罪に該当するときにのみ違法になると解すべきである。また，村八分の決定によって名誉が損なわれることは否定できないが，すでに「決定」によって相手方の社会的評価は低下しているのであるから，これを通告することは，「害を加うべき」ことの通告にはならないと考えられる。村八分は名誉毀損罪または侮辱罪の問題であって，これに脅迫罪を適用すべきではない。ただし，村八分が被通告者のその集団内での生存そのものを脅かすものであるときは，生命，身体，自由または財産に対する加害の通告といえる。加害の内容は，それが現実に行われれば犯罪となる性質のものであることを要しない（大判大2・11・29刑録19・1349）。

⑷ **害悪の告知**　告知される害悪の内容は，相手方の性質および四囲の状況から判断して，一般の人を畏怖させるに足りる程度のものでなければならない。また，加害の告知によって本罪は成立するから，現実に被告知者が恐怖心を抱いたかどうかを問わない。したがって，加害の内容が一般の人を畏怖させるに足りるものである以上は，加害の具体的内容・方法の告知がなくても脅迫となる。例えば，「半殺しにしてやる」と言えば足り，どのような方法で半殺しにするかについて告知する必要はない。

一般に人を畏怖させるに足りない程度の害悪の内容であっても，例えば，相手方が特別の臆病者であるなど特殊の心理状態において恐怖心を生ずるとみられる場合に，行為者がこれを知りつつ害悪を告知することについて，ⓐ脅迫となりうるとする主観説，ⓑ脅迫とならないとする客観説とが対立している。客観的にみて脅迫の性質を有しない行為であっても，相手方の性質を特に知って脅迫の意思で行為した以上，その相手方にとっては害悪の告知となるから脅迫とすべきであり，ⓐ説が妥当である。

相手方を畏怖させるためには，害悪の発生を告知者において現実に左右できると一般の人が感ずるものでなければならない。例えば，「天罰がくだる」と告知するような吉凶禍福を説き天変地異を予告する警告は，本罪を構成しない。害悪が脅迫者以外の第三者によって加えられるものとして告知した場合（間接脅迫）は，行為者の直接または間接の影響力によって客観的に加害が実現しうるようなものであることを要する。しかし，相手方が恐怖心をもつ性質を有する害悪の告知かどうかが重要なのだから，現実に害悪の発生を左右できる立場にある必要はなく，第三者は実在しない虚無人であってもよい。ただし，脅迫者は，相手方に対し，みずからその第三者を左右しうる地位にあることを明示的ないし黙示的に知らせる必要がある。告知された害悪は，現実に発生しているものではなく，将来に発生するものであることが必要である（最判昭35・3・18刑集14・4・416）。

⑸ **害悪内容の違法性**　害悪の内容は違法であることを要するかについて，特に犯罪の被害者が告訴すると申し向けて脅迫する場合に問題となるが，

告訴の告知が通常恐怖心を生じさせるものとして害悪の告知となる以上，脅迫に当たると解する。ただし，それが権利の行使として正当なものであるときは違法性を阻却すると解する（大判大3・12・1刑録20・2303）。

㈷　**告知の方法**　相手方が加害の告知を認識できればよいから，文書，口頭，態度のいずれでもよく，加害の告知方法のいかんを問わない。明示，黙示のいずれでもよい。また，相手方に脅迫内容が伝達できる手段を施せば告知となる。告知したが相手方に伝達されなかったときは未遂として不可罰である。相手が加害が行われるであろうということを認識しない限り，恐怖心をもつことはないからである。

(2)　故　意　本罪の故意は，加害の告知の認識をもって行為に出る意思である。相手方に恐怖心を抱かせる目的は必要でなく，また，右の認識があれば害悪を実現する意思がない場合や警告のつもりであっても故意となる（大判大6・11・12刑録23・1197）。

(3)　違法性阻却事由　自己の権利を行使するために脅迫した場合，その権利行使が権利の濫用と認められるときには，脅迫罪の違法性を阻却しない（前掲大判大3・12・1）。例えば，万引きした女性に性交に応じなければ告訴するといって脅す場合は，違法性を阻却しない。

3　強要罪

223条（強要）**1項**　生命，身体，自由，名誉若しくは財産に対し害を加える旨を告知して脅迫し，又は暴行を用いて，人に義務のないことを行わせ，又は権利の行使を妨害した者は，3年以下の懲役に処する。

2項　親族の生命，身体，自由，名誉又は財産に対し害を加える旨を告知して脅迫し，人に義務のないことを行わせ，又は権利の行使を妨害した者も，前項と同様とする。

3項　前2項の罪の未遂は，罰する。

(1)　意　義　強要罪は，生命，身体，自由，名誉または財産に対して害を加えるべきことをもって脅迫し，または暴行を用いることにより，一定の作為または不作為を強要することを内容とする犯罪である。本罪の保護法益は，私生活の平穏を保護するにとどまらず，行動の自由を保護する点にその本質がある。すなわち，本罪は一定の決意をした者にその決意の内容と異なる行為を強制する場合だけでなく，まだ意思決定をしていない者に決意を強制し，または一定の決意を不可能にする行為をも含む。したがって，本罪の保護法益は，意思実現の自由および意思決定の自由の2つであり，その性質は侵害犯である。

(2) 行　為　本罪の行為は，相手方またはその親族の生命，身体，自由，名誉，財産に対して，害悪を加えることを告知してて脅迫し，または暴行を用いて，人に義務のないことを行わせ，または権利の行使を妨害することである。脅迫のほかに暴行も含むのである。

(ア) 脅迫・暴行　「脅迫」は，脅迫罪における脅迫と同じ意味である。本罪は，恐怖心を生じさせることによって相手方の意思に瑕疵を生じさせ，その意思に基づいて作為・不作為をとらせる心理的強制力を使用する点に本質があるから，物理的強制力によって被害者を全く機械的に行動させたにすぎないときは，本罪を構成しない。したがって，本罪の「暴行」は，第1に，被害者が恐怖心を抱きそのため行動の自由が侵害されるに足りる程度の有形力の行使であることを要し，広義の暴行をその内容とする。被害者に対して直接に暴行が加えられる必要はなく，第三者ないし物に対して加えられる暴行（対物暴行）でも，それが被害者において感応し，恐怖心を抱くに足りるものであればよい。第2に，被害者を畏怖させる性質を有さない有形力の行使，例えば，一定の場所に留まる権利がある者をその意思を無視して身体を運び出す場合は，有形力の行使であっても本罪の「暴行」ではない（大判昭4・7・17刑集8・400）。

(イ) 強　要　脅迫・暴行を手段として人に義務のない行為をさせ，または行うべき権利を妨害することをいう。暴行・脅迫の相手方と，義務のないことを行わされ，または行うべき権利を妨害される者とは，必ずしも一致しなくてよい。それゆえ，本罪の被害者はその両者である。

「義務のないことを行わせ」とは，行為者において相手方に当該行為（作為・不作為）を行わせる権利ないし権限がなく，したがって，被害者はそれに従う義務がないのにこれを強制することをいう。例えば，謝罪文を要求する権利がないのに暴行・脅迫によってこれを作成・交付させる場合（大判大15・3・24刑集5・117），労働組合集会の視察に来ていた巡査部長に詫状を書かせて，参集者に読み上げさせる行為は強要に当たる（最判昭34・4・28刑集13・4・466）。ここにいう権利・義務は法律上のものであるから，謝罪をし自己批判するのが社会倫理上当然であっても，暴行・脅迫を用いてこれを強要するときは，義務のない行為をさせたことに当たる。

暴行・脅迫を用いて法律上の義務ある者にそれを履行させたときは，本罪の未遂ではなく暴行罪または脅迫罪が成立する。これに対し，労務を提供する義務のある者に暴行・脅迫を加えて契約外の労働を強制したときは，強要罪を構成する。強要された行為の一部が相手方の義務の範囲を超えるときは，義務なき行為を強要したことになる。

「権利の行使を妨害」するとは，公法上・私法上の権利行使を妨害することをいう。例えば，選挙権の行使を妨げ，告訴権者の告訴を中止させ（大判昭7・7・20刑集11・1104），あるいは契約の解除権を行使させない場合である。

(3) 故　意　本罪の故意は，暴行・脅迫をもって人をして義務なきことを行わせ，または行うべき権利を妨害することを認識して行為に出る意思である。

(4) 未　遂　本罪は実害犯であるから，暴行・脅迫を開始した時に実行の着手があり，先の結果を生じさせることができなかったときは，本罪の未遂罪（223条3項）となる。強要罪は，暴行または脅迫によって相手方が現実に恐怖心を抱き，その結果として義務のないことを行い，または行うべき権利を妨害されたという因果関係を要するから，例えば，人を畏怖させるに足りる暴行・脅迫を加えたが，相手方が恐怖心を抱かず，任意に義務のない行為をしたときは未遂罪となる（大判昭7・3・17刑集11・437）。暴行・脅迫そのものが未遂に終った場合は不可罰である。

(5) 罪数・他罪との関連　本罪は，自由に対する罪の基本的な犯罪類型であるから，自由を侵害する逮捕・監禁罪，略取・誘拐罪，強制性交等罪，強制わいせつ罪が成立するときは，法条競合により本罪は適用されない。しかし，人を不法に逮捕して交番に連行するような場合は，逮捕と連行が1個の行為と評価できても，強要罪と逮捕・監禁罪はそれぞれ独立に評価することができるから，観念的競合と解すべきである。1個の強要行為によって複数人の自由を侵害したときは，数罪が成立し観念的競合となる。

III　略取・誘拐および人身売買の罪

1　総　説

(1)　犯罪類型　略取および誘拐の罪は，人をそれまでの生活環境から引き離し，不法に自己または第三者の実力（事実）的な支配内に移す行為を内容とする犯罪であり，人身売買の罪は，人を物と同じように売買する犯罪である。刑法は，略取および誘拐の罪として，①未成年者略取・誘拐罪（224条），②営利目的等略取・誘拐罪（225条），③身の代金目的略取・誘拐罪（225条の2第1項），④身の代金要求罪（同条2項，227条4項後段），⑤所在国外移送目的略取・誘拐罪（226条），⑥被略取者引渡し等罪（227条）を定めている。また，各罪についての未遂罪（228条）が定められているほか，身の代金目的略取等予備罪（228条の3）が定められている。

一方，人身売買の罪は，「人身取引」の防止に関する国際的な取り組みと，わが国における人身取引に関連する反社会的行為の発生にかんがみ，2005（平成17）年の「刑法の一部改正」によって新設された犯罪であり，人身売買罪（226条の2）と被略取者等所在国外移送罪（226条の3）とが追加された。これらの新設された罪については全て未遂罪犯処罰規定が設けられ（228条），国外犯処罰規定（3条11号，3条の2第5号）が適用される。

(2)　保護法益　本罪は，嬰児のような行動の自由をもたない者をも客体とするところから，その保護法益を何に求めるかについて学説の対立がある。保護法益に関しては，ⓐ被拐取者の自由のみであるとする見解，ⓑ被拐取者の自由および被拐取者が要保護状態にある場合には親権者等の監護権であるとする見解，ⓒ人的保護関係の侵害であるとする見解，ⓓ被拐取者の自由および身体の安全であるとする見解などが対立している。

略取および誘拐の罪は，被拐取者を従来の生活環境から離脱させて，不法な実力的支配内に移すことを本質とする犯罪であるから，その保護法益が人の自由にあることは明らかである。他方，嬰児や無意識状態の者のごとく監護を要する者に対する略取または誘拐は，人の自由に対する侵害というよりも，監護されている本来の状態を不良に変更することによって生存ないし生活の安全を侵害するという性質を有していると解すべきであり，ⓓ説が妥当である。

保護法益を何に求めるかの問題は，本罪を継続犯として把握するか，または状態犯として把握するかの問題に関連してくる。自由に対する侵害の場合に継続犯とすべきことは当然であるが，保護状態が不良に変更されていれば，その間，生活の安全は侵害されていると解すべきであるから，この場合においても継続犯であるということになる。

(3) 略取・誘拐　略取および誘拐の罪の行為は，略取と誘拐である。両者を併せて拐取という。

(ア) 拐　取　拐取とは，他人をその生活環境から不法に離脱させ，自己または第三者の実力的支配内に移す行為をいう。ここで実力的支配というのは，身体を直接・間接に拘束することをしないで脱出を不可能または著しく困難にすることをいう。身体を拘束すれば逮捕・監禁罪が成立する。

略取と誘拐の違いは，その手段の点にある。略取は，暴行・脅迫を手段として，被拐取者または監護者の意思に反して行う場合であり，誘拐は，欺く行為・誘惑を手段とする場合である。略取における暴行・脅迫は，必ずしも被拐取者または監護者の反抗を抑圧する程度のものであることを要しないが，被拐取者を自己または第三者の実力的支配内に移すことができる程度のものでなければならない。誘拐における欺く行為は，虚偽の事実をもって相手方を錯誤に陥れることであり，誘惑とは，欺く行為の程度に至らないが，甘言を用い相手方の心を動かし，その判断の適正を誤らせることである（大判大7・10・16刑録24・1268）。それゆえ，誘拐の場合は，意思能力がある被誘拐者の形式的な同意があることを要する。

(イ) 事実的支配　拐取および人身売買の罪は，それぞれ被拐取者等を事実的（実力的）支配下に置くことが必要である。「事実的支配」とは，相手方に物理的または心理的に影響を及ぼし，その者の意思を左右できる状態下に置き，自己の影響下から離脱することを困難にすることをいう。事実的支配の有無は，拘束の状態，相手方の年齢，犯行の場所的状況，手段・方法を考慮し，社会通念によって決められる。被拐取者を自己または第三者の支配下に移せば足り，場所的に拘束した場合は拐取ではなく監禁となる。被拐取者を場所的に移転させることを要するかについて，必要説と不要説が対立している。従来の生活環境から不法に離脱させることは，例えば，監護者を立ち去らせて被拐取者に対し事実的支配を設定することによっても可能であるから，場所的移転は必ずしも必要でないと解する。

拐取は，被拐取者を保護された状態から離脱させることを要するかについて，ⓐ肯定する通説・判例（福岡高判昭31・4・14裁特3・8・409），ⓑ既に拐取された被拐取者をさらに拐取することも可能であるから，保護された状態からの離脱を要しないとする否定説とが対立している。本罪は，被拐取者をその現在の生活環境から不法に離脱させる点に本質があるから，保護された状態からの離脱という要素は必要ではないと解すべきである。ただし，本罪は一面において身体の安全の侵害を内容とする犯罪であるから，その場合には保護された状態から離脱させることが必要になる。

(4) 同意の効果　略取・誘拐の罪において被害者の同意が違法性を阻却するかについて，ⓐ略取・誘拐は公序良俗に反する行為であるから常に同意は違法性を阻却しないとする説，ⓑ被拐取者が成年者であるときは違法性を阻却するとする説，ⓒ自己の判断に従って適切な行動をなしうる能力がある限り未成年者の同意も違法性を阻却するとする説とが対立している。問題となるのは，被拐取者に監護者がおり，いずれか一方のみが同意している場合である。同意能力を有する成年者および未成年者は要監護状態になく，また，本罪の保護法益は被拐取者の自由および生存ないし身体の安全と解すべきであるから，同意が真意に基づく限り違法性を阻却すると解すべきであり，ⓒ説が妥当である。

◈**【問　題】**

Xは，別居中の妻Aが監護養育していた2人の間の3歳の長女を自宅に連れ戻す目的で，長女がAに付き添われて入院していた病院のベッドから，隙を見て長女を脇にかかえて自宅に連れ戻した。Xの罪責はどうか。

2　未成年者略取・誘拐罪

224条(未成年者略取及び誘拐)　未成年者を略取し，又は誘拐した者は，3月以上7年以下の懲役に処する（未遂は，罰する―228条)。

(1)　主　体　本罪の主体には制限がない。ただし，親権者等の監護権者の同意がある場合において，①監護権者は本罪の主体となりうるか，②被拐取者の同意がある場合に本罪が成立するかが問題となる。既述のように，本罪の保護法益は，被拐取者の自由および安全であり，また，その限りで監護権者は本罪の主体になりえないが，監護権は未成年者の利益のために行使されるべきであるから，それを濫用して未成年者等の自由・安全を害する行為については，本罪が適用される。したがって，未成年者の自由・安全を害する場合には，監護権者の同意は無効となり，本罪の主体となるのである(最決平15・3・15刑集57・3・371，最決平17・12・6刑集59・10・1901)。

(2)　客　体　本罪の客体は，未成年者である。未成年者は，心身の発育が不完全であり知識および経験が不足しているところから，本罪によって行動の自由または保護状態を保護するものである。「未成年者」とは，民法によって定められる20歳未満の者をいう（民4条)。意思能力の有無，体力・発育の程度，監護者の有無を問わず，嬰児も客体となる。既婚者は親権に服することがないから（民753条)，本罪の未成年者から除外すべきであるとする説もあるが，先に述べた趣旨にかんがみ本罪の客体に含ませるべきである。

(3)　行　為　本罪の行為は，拐取すなわち略取または誘拐である。略取とは，暴行・脅迫等を手段として，未成年者を現在の生活環境から離脱させ，自己または第三者の事実的支配下に置くことをいう。したがって，嬰児を監護者の知らない間に連れ出すのも略取である。暴行・脅迫等の行為は，被拐取者に対して加えたか，監護者に加えたかを問わない。誘拐とは，欺罔または誘惑を手段として，現在の生活環境から未成年者を誘い出し，自己または第三者の事実的支配下に置くことをいう。

監護者を欺き，承諾を得て未成年者を連れ出すのも誘拐である（大判大13・6・19刑集3・502)。未成年者が現実に監護下にあることは必ずしも要しないが，監護下にあるときは，保護されている状態から被監護者を自己または第三者の実力的支配に移すとき拐取となる。正常な保護関係があれば足りるから，親権者，後見人等の法定代理人，児童福祉施設の長による親権の代行者（児福47条）などによる保護のほか，事務管理，契約さらに事実上保護されているときにも保護関係が認められる。

(4)　故意・他罪との関連　本罪の故意は，客体が未成年者であることの認識および拐取の認識をもって行為に出る意思をその内容とする。未必的認識で足りる。ただし，営利・わいせつ・結婚の目的がある場合には，営利拐取罪が成立し，本罪はそれに吸収される。身の代金拐取罪などとも同様な関係に立つ。略取・誘拐の手段を講じたとき実行の着手があり，被拐取者を自己または第三者の実力的支配内に移したときに既遂となる。被拐取者の自由または保護状態が回復しない限り本罪は終了しないから，本罪は継続犯である（大判昭4・12・24刑集8・688）。

(5)　違法性阻却事由　未成年者を保護養育する目的であっても，本罪の罪責に影響はない。同意が本罪の違法性を阻却するかについて争いがあるが（⇨66頁*1*(4)），未成年者であっても同意能力がある者の真意に基づく同意がある限り，違法性を阻却すると解すべきである。本罪を監護権自体の侵害と考える立場を採れば，本人の同意があっても監護者の同意がない場合は違法性を阻却しないことになるが，女子高校生を甘言を弄して旅行に誘い出し，逃げられないように見張りをしていたとしても，本人がそれに同意している限り，違法性を阻却すると解すべきであろう。自己の判断で適切な行動をなしうる年齢に達した未成年者には同意能力を認め，その同意が真意に基づくものであれば違法性を阻却すると解する。

3　営利目的等略取・誘拐罪

225条（営利目的等略取及び誘拐）　営利，わいせつ，結婚又は生命若しくは身体に対する加害の目的で，人を略取し，又は誘拐した者は，1年以上10年以下の懲役に処する（未遂は，罰する―228条）。

(1)　客　体　本罪の客体は，人である。未成年者であるか成年者であるか，また，男性か女性かを問わない。未成年者である場合は，意思能力の有無を問わない（大判明44・3・31刑録17・497）。

(2) 目　的　本罪は目的犯であって，営利，わいせつ，結婚または生命・身体に対する加害の目的で人を拐取することを要する。本罪が未成年者拐取罪より重く処罰されるのは，その性質上，他の動機によるときよりも自由に対する侵害の程度が大きいためである（東京高判昭31・9・27高刑集9・9・1044）。なお，以下のいずれの目的も，人的関係である特殊の地位または状態を示すものであるから，この目的も一種の身分に当たる。

(ア) 営利の目的　拐取行為によってみずから財産上の利益を得，または第三者に得させる目的をいう（最決昭57・6・28刑集36・5・680，前掲大判大7・10・16〔未成年の女子に娼妓稼業をさせる目的〕）。必ずしも営業的であることを要しない。継続的または反復的に利益を得る目的であることは必要でなく，一時的に利益を得る目的であってもよい。必ずしも被拐取者自身の負担によって得られるものに限らない。取得すべき利益が不法なものか否かも問わない。例えば，サラリーマン金融の返済のために売春に従事させ債務を弁済させる目的であってもよい。身の代金目的も営利目的に入ると解すべきであるが（前掲東京高判昭31・9・27），225条の2の規定が適用されるから，本罪の目的には含まれない。被拐取者を利用し，その自由の侵害を手段として利益を得る目的であることは必要であるが，必ずしも拐取行為自体によって利益を得る場合に限らない。例えば，拐取行為後の他の行為によって利益を得る目的や拐取行為に対する第三者からの報酬を得る目的であってもよい（最決昭37・11・21刑集16・11・1570）。

(イ) わいせつの目的　姦淫その他の性的行為をする目的をいう。被拐取者をわいせつ行為の主体または客体とする目的の両者を含む。単なる同棲生活の目的もわいせつの目的と解すべきである。なお，ストリップ劇場でわいせつ行為をさせて働かせ利益を得る目的のときは，営利目的に当たる。

(ウ) 結婚の目的　行為者または第三者と結婚させる目的をいう。「結婚」は，法律上の婚姻のみならず事実上の結婚すなわち内縁をも含む。法律上の婚姻の意思がある場合に限るべきであるとする見解もあるが，内縁の場合も動機において法律上の結婚の目的と異ならないし，また，「婚姻」（184条，229条）とせずに「結婚」としているところから，規定の仕方として内縁をも含ませる趣旨と解すべきである。ただし，夫婦生活の実質を伴わない肉体関係の維持目的は，「わいせつの目的」に当たる（岡山地判昭43・5・6下刑集10・5・561）。

㈣ **生命・身体に対する加害の目的**　殺人・傷害・暴行を加える目的をいう。例えば，臓器摘出の目的で拐取するときは，営利性を伴わなくても，本罪の目的に含まれる。暴行または傷害の目的で拐取する場合もこれに当たる。

(3) 罪　数　営利等の目的で人を拐取し，被拐取者を利用して第三者に詐欺行為をしたときは，本罪と詐欺罪の併合罪である（大判昭17・1・30刑集21・1）。営利等の目的で同時に数人を拐取すれば本罪の観念的競合，わいせつの目的で被害者を拐取し強制わいせつ行為に至れば本罪と強制わいせつ罪との牽連犯となる。営利等の目的で未成年者を拐取したときは，未成年者拐取罪は本罪に吸収される。営利等の目的で拐取したが，わいせつ・結婚の目的で他の場所に移したときは，同一法益を侵害するにすぎないから包括的一罪である（大判大13・12・12刑集3・871）。

4　身の代金目的拐取罪

225条の2（身の代金目的略取等）**1項**　近親者その他略取され又は誘拐された者の安否を憂慮する者の憂慮に乗じてその財物を交付させる目的で，人を略取し，又は誘拐した者は，無期又は3年以上の懲役に処する（未遂は，罰する—228条）。

2項　人を略取し又は誘拐した者が近親者その他略取され又は誘拐された者の安否を憂慮する者の憂慮に乗じて，その財物を交付させ，又はこれを要求する行為をしたときも，前項と同様とする。

(1) 意　義　身代金に係る拐取罪と要求罪は，1964（昭39）年に追加されたものである。改正前は，この種の犯罪は，営利目的等拐取罪もしくは恐喝罪で処理されてきた。しかし，その伝播性・模倣性，といった犯罪社会学的類型を考慮し，一般予防的見地から新たに設けられた犯罪である。

(2) 身の代金目的拐取罪（1項）　本罪は，近親者その他の者が略取されまたは誘拐された者（被拐取者）の安否を憂慮することに乗じて，その財物を交付させる目的で，人を拐取することを内容とする犯罪であり，営利目的等拐取罪（225条）の加重類型である。

⑺ **要 件**　本罪は目的犯であり，近親者その他被拐取者の安否を憂慮する者の憂慮に乗じて，その財物を交付させる目的で拐取することが必要である。「安否を憂慮する者」の意義については，ⓐ近親その他親身になって被拐取者の安否を憂慮する者をいい，里子に対する里親，住込店員に対する店主を含むとする説，ⓑ事実上の保護関係にある者に限るとする説，ⓒ親族に限らず，知人その他の安否を憂慮する者すべてを含むとする説が対立している。

「安否を憂慮する者」とは，被拐取者との密接な人間関係があるため，被拐取者の安全について親身になって憂慮するのが社会通念上当然とみられる特別な関係にある者をいう（最決昭 62・3・24 刑集 41・2・173）。それゆえ，被拐取者と親族関係のない者も含む。被拐取者の自由または保護状態を回復するためには，いかなる財産的な犠牲をもいとわないと通常考えられる程度の特別な人間関係があればよい（大阪地判昭 51・10・25 刑月 8・9＝10・435〔パチンコ店経営者と従業員との関係について消極〕）。

「憂慮に乗じて」とは，安否を憂慮する者の心配を利用してその人の所有・管理している財物を交付させるという意味である。安否を憂慮する者の「憂慮に乗じて」というのは「憂慮」を利用してという意味であるから，心配を利用して財物を交付させ，または財物の交付を要求したと認められれば足りる。したがって，被拐取者と密接な人間関係にある者がいなかったとしても，また，その者がいて現実に被拐取者の安否について心配しなかったとしても本罪は成立する。

⑴ **目的の内容**　本罪は，金銭等の財物についてのみ規定されているから，その他の財産上不法の利益を得る目的の場合は含まれない。例えば，債務の弁済を免除させる目的で人を略取・誘拐したときは営利拐取罪が成立する。本罪の目的で未成年者を拐取したときは，本罪のみを構成する。営利目的による営利拐取罪と本罪とは吸収関係に立ち，本罪だけが成立する。これに対し，わいせつ・結婚の目的による営利拐取罪は，本罪とその罪質を異にするから，観念的競合になると解すべきである。本罪に関しては予備も罰せられる（228 条の 3。⇨ 79 頁 *11*）。本罪には解放減軽規定が適用される（228 条の 2。⇨ 78 頁 *10*）。

(3)　略取・誘拐者身の代金要求罪（2項）　本罪は，人を略取しまたは誘拐した者が近親者その他被拐取者の安否を憂慮する者の憂慮に乗じ，拐取後に身の代金などの財物を交付させ，またはこれを要求した場合に成立する。

(ア)　主　体　本罪の主体は，「略取し，又は誘拐した者」（拐取者）である。略取・誘拐者とは，未成年者拐取罪（224条），営利目的等拐取罪（225条），身の代金目的拐取罪（225条の2第1項），所在国外移送目的拐取罪（226条）の各罪を犯した者をいう（身分犯）。したがって，本罪の主体は拐取の実行行為者に限られ，行為者を教唆・幇助した者は除かれる。

(イ)　行　為　本罪の行為は，「安否を憂慮する者」の心配を利用して，その者の財物を交付させ，または要求することである。「財物を交付させ」とは，相手方に財物を提供させることをいい，相手方の提供する財物を受け取る場合のほか，相手方が黙認している状態のもとで財物を取得する場合も含む。「要求する行為をした」とは，財物の交付を求める意思表示をいう。要求の意思表示がなされた以上既遂に達し，要求の相手方がその意思表示を知りうる状態に達したことを要しない。「安否を憂慮する者」の憂慮に乗じたことが必要であるから，要求はしたが相手方が「安否を憂慮する者」でなかったときのように，現に被拐取者を憂慮している状況を利用していない場合，および「憂慮」と財物の交付との間に因果関係がないときは，本罪は成立しない。

(ウ)　罪　数　身の代金目的拐取者が本罪を犯した場合は，牽連犯になるとするのが判例（最決昭58・9・27刑集37・7・1078）であるが，両罪は連続して行われるものであるから，包括して225条の2の規定に当たる罪の一罪が成立する。未成年者を拐取後に身の代金を要求したときは，未成年者略取・誘拐罪と身の代金要求罪との牽連犯とすべきである（反対，最決昭57・11・29刑集36・11・988）。本罪にも解放減軽規定が適用される（228条の2。⇨78頁*10*）。

5　所在国外移送目的略取・誘拐罪

226条（所在国外移送目的略取及び誘拐）　所在国外に移送する目的で，人を略取し，又は誘拐した者は，2年以上の有期懲役に処する（未遂は，罰する—228条）。

本罪は，所在国外に移送する目的で人を拐取することを内容とする犯罪である（目的犯）。「所在国」とは，人が現に所在している国という意味である。居住しているかどうかは問わない。日本国を旅行中の外国人を日本国外に移送する目的の場合も含む。被拐取者が所在している国の領土，領海または領空外に移送する目的であれば足り，営利・結婚などの目的が競合しているときでも，およそ国外に移送する目的が認められる以上は本罪が適用される（大判昭12・9・30刑集16・1333）。現実に被拐取者を国外に移送したことを要しない（大判昭12・3・5刑集16・254）。親権者の1人が子供を国外に連れ去る事例が問題になっているが，2005（平成17）年の改正により，日本国外に移送する場合のみならず，日本国に移送する場合にも本罪は成立する。

6　人身売買の罪

226条の2(人身売買) **1項**　人を買い受けた者は，3月以上5年以下の懲役に処する。

2項　未成年者を買い受けた者は，3月以上7年以下の懲役に処する。

3項　営利，わいせつ，結婚又は生命若しくは身体に対する加害の目的で，人を買い受けた者は，1年以上10年以下の懲役に処する。

4項　人を売り渡した者も，前項と同様とする。

5項　所在国外に移送する目的で，人を売買した者は，2年以上の有期懲役に処する。

(未遂は，罰する—228条)。

(1)　意　義　人身取引議定書は，締約国に対し，「搾取の目的」で「他の者を支配下に置く者の同意を得る目的で行われる金銭若しくは利益の授受」の手段を用いて「人を獲得」する行為の処罰を義務づけている。これを受けて，2005（平成17）年に人身売買の罪が新設され，人身の売買行為および買受行為を広く犯罪としたうえ，目的，客体，行為に応じて法定刑を区別している。

(2)　人身買受け罪（226条の2第1項）　本罪は，人身売買の罪のうち，人身を買い受ける行為を犯罪とするものである。

(ア)　要　件　本罪の主体について制限はないが，客体は2項との関係で成人に限られる。「人を買い受けた」とは，対価を払って人身に対する不法な事実的支配の引き渡しを受けることをいう。被売者の労働やサービスの取得も「対価」に当たる。人身の交換が買い受けに当たるかについては疑問があるが，人身の提供も対象者の自由を拘束する動機となりうるから，これを肯定すべきであろう。「事実的支配の引き渡しを受ける」とは，単に支配の移転を意味するのではなく，物理的・心理的に対象者の意思を支配し，自己の影響下から離脱するのを困難にすることをいい，必ずしも自由を完全に拘束する必要はない。離脱するのを困難にする程度で足り，場所的移動は必ずしも要しない。「意思の支配」を取得したかどうかは，自由の拘束の程度，対象者の年齢，犯行場所等の具体的状況を考慮し，社会通念によって決せられる。例えば，パスポートを取り上げる行為は，情況によって意思の支配に当たることもありうる。

本罪が既遂となるためには，単に「買受け」の契約が成立しただけでは足りず，事実的支配の移転が必要となる。売買または交換の申し込みがあれば買受け行為の実行の着手があり，事実的支配の移転がなければ未遂となる。本罪は，226条の2第3項の罪と異なり，故意以外に主観的要件を必要としない。買受け行為が独立して処罰されるのは，常に営利目的が認められる同条4項の売渡し行為と必要的共犯の関係に立つだけでなく，対価を払って人に対する事実的支配を取得した点で，被買者の自由を侵害する危険が高くなるという理由による。

(イ) 被買者の同意　対象者が支配下に置かれることにつき同意した場合には，それが自由かつ真摯なものである以上，違法性を阻却する。ただし，搾取の目的や暴行・脅迫，欺罔，誘惑等の手段が認められ場合，実際上，真意に基づく同意があったとはいえないから，その場合の同意は，原則として無効と解される。

(3) 未成年者買受け罪（226条の2第2項）　本罪は，未成年者を保護する趣旨から，1項の罪を加重したものである。対象者が未成年者であることを除き，構成要件は，1項の罪と同じである。

(4) 営利目的等買受け罪（226条の2第3項）　本罪は，営利，わいせつ等の目的で買い受ける行為は，その性質上，自由に対する侵害の危険が大きいという理由で法定刑を加重するものである。既述の人身取引議定書において，搾取の目的で金銭の授受の手段を用いて，人を支配下に置くことを処罰することが求められているとともに，悪質な人身売買が行われている実態を考慮し，1年以上10年以下の懲役に処すものとされたのである。

(5)　人身売り渡し罪（226条の2第4項）　本罪は，人身買い受け罪と必要的共犯の関係に立つ人身売渡し行為を犯罪とするものである。「人を売り渡した」とは，対価を得て人身に対する事実的支配を相手方に引き渡すことをいう。事実的支配の移転があれば，必ずしも場所的移転は必要としない。売買または交換の申込みに対する同意があれば実行の着手となり，人身の受け渡しがあれば既遂となる。対価を受け取る目的があれば営利目的が認められるから，本罪については，営利目的等の特段の主観的要件を規定することなく，1年以上10年以下の懲役にすることとしたのである。

(6)　所在国外移送目的人身売買罪（226条の2第5項）　本罪は，所在国に移送する目的で人身売買をした者を重く罰する罪であり，法定刑を2年以上の有期懲役としたものである。人身の自由および生活の安全を侵害する度合いが大きいという理由で，「売渡し」および「買受け」の双方につき法定刑を加重したものである。実際に諸外国に移送したことは，本罪の要件ではない。また，所在国外移送目的とともに営利目的があっても本罪は成立する。本罪を犯した後，被売者を実際に所在国外に移送した時は，本罪と被拐取者等所在国移送罪との牽連犯となる。

7　被略取者等所在国外移送罪

226条の3（被略取者等所在国外移送）　略取され，誘拐され，又は売買された者を所在国外に移送した者は，2年以上の有期懲役に処する（未遂は，罰する―228条）。

本罪は，被拐取者および被売者を所在国外に移送することを内容とする犯罪である。従来の226条2項後段のうち「日本国外」を「所在国外」に拡張したものである。「略取され，誘拐され，又は売買された者」とは，拐取行為の被害者をいい，「売買された者」とは人身売買によって身体を授受された者をいう。所在国外移送は領空・領海の外に出たときに既遂となる。客体が略取されまたは誘拐された者，あるいは売買された者であれば足りるから，行為者が所在国外移送目的拐取罪または人身売買罪の犯人である必要はない。「移送」によって犯罪は終了し，客体が他国に入国したことは犯罪の成立要件ではない。本罪と人身売買罪は目的・手段の関係に立つから牽連犯になると解すべきである（前掲大判昭12・3・5刑集16・254）。

8　被略取者引渡し等罪

227条（被略取者収受等）**1項**　第224条，第225条又は前3条の罪を犯した者を幇助する目的で，略取され，誘拐され，又は売買された者を引き渡し，収受し，輸送し，蔵匿し，又は隠避させた者は，3月以上5年以下の懲役に処する。

2項　第225条の2第1項の罪を犯した者を幇助する目的で，略取され又は誘拐された者を引渡し，収受し，輸送し，蔵匿し，又は隠避させた者は，1年以上10年以下の懲役に処する。

3項　営利，わいせつ又は生命若しくは身体に対する加害の目的で，略取され，誘拐され，又は売買された者を引渡し，収受し，輸送し，又は蔵匿した者は，6月以上7年以下の懲役に処する。

4項　第225条の2第1項の目的で，略取され又は誘拐された者を収受した者は，2年以上の有期懲役に処する。略取され又は誘拐された者を収受した者が近親者その他略取され又は誘拐された者の安否を憂慮する者の憂慮に乗じて，その財物を交付させ，又はこれを要求する行為をしたときも，同様とする。

（4項後段の罪を除き，未遂は，罰する）。

(1)　被略取者引渡し等罪（227条1項，2項）　本罪は，略取・誘拐の罪の各罪の正犯者を幇助する目的で略取されまたは誘拐された者または売買された者を引き渡し，収受し，輸送し，蔵匿し，または隠避させることを内容とする犯罪であり，3月以上5年以下の懲役に処せれる。所定の犯罪が完了した後の幇助行為を独立の犯罪としたもので，いわゆる拐取罪，人身売買罪，所在国外移送罪の幇助犯または事後従犯となるものである。

(ア)　客　体　本罪の客体は，被拐取者または被売者である。前者は未成年者拐取，営利拐取，国外移送拐取および身の代金目的拐取の各罪の被害者をいい，後者は人身売買罪によって売買された者をいう。

(イ)　行　為　本罪の行為は，未成年者拐取，営利拐取，国外移送拐取，人身売買，所在国外移送，身代金目的拐取，被略取者所在国外移送の各罪を

犯した者を幇助する目的で，被拐取者または被売者を引渡し，収受し，輸送し，蔵匿し，または隠避させせることである（目的犯)。「引き渡」すとは，被拐取者等の支配を他人の支配下に移すことをいう。「収受」とは，有償・無償を問わず客体の交付を受けてこれをみずからの実力的支配下に置くことをいう。「輸送」とは，車等を用いて，所在した場所から他の場所に移すことをいう。「蔵匿」とは，被拐取者，被売者が保護者・官憲から発見されるのを妨げるために場所を提供することをいう。必ずしも自己の手許に置くことは必要でない。「隠避」とは，蔵匿以外の方法で発見を困難にさせる行為をいう。これらの行為が，本犯の実行行為がなされる前に本犯と意思を通じて行われたときは，本犯の共同正犯または幇助犯が成立する。227条1項の罪は，営利目的に出ない限り親告罪である（229条。⇨79頁*12*)。227条2項の罪を犯した者については解放減軽の規定が適用される（228条の2。⇨78頁*10*)。

(2)　営利目的等被拐取者引渡し等罪（227条3項，4項前段）　本罪は，被拐取者または被売者を収受する行為を内容とする犯罪であり，いずれも目的犯である。

(ア)　営利・わいせつ目的引渡し等罪（227条3項前段）　被拐取者・被売者を客体とし，営利またはわいせつの目的で収受し，輸送し，または蔵匿する行為を内容とする犯罪である。6月以上7年以下の懲役に処せられる。結婚の目的である場合は本罪は成立しない。本罪は，営利目的にでない場合に限って親告罪である（229条。⇨79頁*12*)。

(イ)　身の代金取得目的収受罪（227条4項前段）　被拐取者を客体として，近親者その他被拐取者の安否を憂慮する者の憂慮に乗じ，その財物を交付させる目的で収受することを内容とする犯罪であり，2年以上の有期懲役に処せられる。本罪にも解放減軽規定が適用される（228条の2。⇨78頁*10*)。

(3)　被拐取者収受者の身の代金要求罪（4項後段）　被拐取者を収受した者（⇨76頁**(1)**）が，近親その他の被拐取者の安否を憂慮する者の憂慮に乗じて，財物を交付せしめ，またはこれを要求することを内容とする犯罪である。

身の代金目的による被拐取者の収受者が本罪を犯した場合は，包括して227条4項の規定に当たる罪が成立し，その他の被拐取者収受罪と本罪とは牽連犯となる（前掲最決昭58・9・27)。本罪にも解放減軽規定が適用される

（228条の2。⇨78頁10）。

9　未遂罪

228条（未遂罪）　第224条，第225条，第225条の2第1項，第226条から第226条の3まで並びに前条第1項から第3項まで及び第4項前段の罪の未遂は，罰する。

略取・誘拐の罪の未遂罪は原則として処罰される。ただし，225条の2第2項，227条4項後段に規定する身の代金要求罪は未遂罪の規定を欠く。未遂の形態はありえないとする趣旨からである。

10　被拐取者の解放による刑の減軽（解放減軽）

228条の2（解放による刑の減軽）　第225条の2又は第227条第2項若しくは第4項の罪を犯した者が，公訴が提起される前に，略取され又は誘拐された者を安全な場所に解放したときは，その刑を減軽する。

(1)　趣　旨　身の代金目的の拐取罪あるいは身の代金目的の被拐取者収受等の罪を犯した者は，犯罪の性質上被拐取者を殺害するおそれがあるところから，犯人に犯罪からの後退の道を与え，被拐取者の生命の安全を図るという刑事政策的見地に立って，刑の必要的減軽の規定を設けたものである。「解放」とは，被拐取者に対する実力的支配を解くことをいう。しかし，単に実力的支配から解放するだけでは本条は適用されず，安全な場所に解放しなければならない。

(2)　安全な場所　被拐取者が安全に救出されると認められる場所をいい，その安全性は，被拐取者が近親者・官憲などによって救出されるまで生命・身体に具体的な危険が生じない程度を意味する（最決昭54・6・26刑集33・4・364）。本規定の趣旨にかんがみれば，少しでも安全な場所に解放することを促すことが必要だから「漠然とした抽象的危険」があっても，安全性に欠けるとすべきではない。解放が公訴の提起前に行われなければ本条の適用はなく，公訴提起後の解放は裁量的減軽の対象となるにすぎない。

11　身の代金目的略取・誘拐予備罪

228条の3(身の代金目的略取等予備)　第225条の2第1項の罪を犯す目的で，その予備をした者は，2年以下の懲役に処する。ただし，実行に着手する前に自首した者は，その刑を減軽し，又は免除する。

本罪も1964（昭和39）年の改正によって新設されたものであるが，これによって身の代金拐取罪の実行の着手が認められない場合にも処罰できることになった。同時に，他の予備罪と異なり実行の着手前に自首したときは，その刑が必要的に減免される。

12　親告罪

229条(親告罪)　第224条の罪及び同条の罪を幇助する目的で犯した第227条第1項の罪並びにこれら罪の未遂罪は，告訴がなければ公訴を提起することができない。

告訴とは，捜査機関に犯罪事実を申告し，その訴追を求める意思表示をいう。告訴権は被害者（刑訴230条），被害者の法定代理人（同231条1項）について認められる。事実上の監護者についても告訴権を認めるべきである。略取・誘拐の罪を監護権の侵害でもあるとする通説・判例の見地からは，監護者も被害者であるから告訴権を有することは当然ということになるが，この見地に立たなくても，被拐取者の利益を図る立場にある以上は，監護者も告訴権を有するものと解すべきである（前掲福岡高判昭31・4・14参照）。

◈【問　題】

Xは，覚せい剤の売人であるが，16歳の女子高校生Aが覚せい剤の常用者であることに目を付けて売春婦として働かせようと考え，覚せい剤を求めてやって来たAに，「スナックで働けばぜいたくができる」と申し向け，自宅に連れてきて売春をするよう命じたが，Aはこれを拒み，家に帰してくれと懇願した。しかし，Xは，「帰るなら，これから覚せい剤を売ってやらない」というので，Aは止むをえずX宅に滞留し，Xが命ずるままにホテルで売春をした。Xの罪責はどうか。

Ⅳ　性的自由・感情に対する罪

1　総　説

(1)　犯罪類型　性的自由および感情に対する罪は，暴行または脅迫を用いて行われるわいせつまたは性交等の行為およびこれに準ずる行為を内容とする犯罪である。刑法は，第2編第22章で「わいせつ，強制性交等及び重婚の罪」の下に性に関する犯罪を規定しているが，この中には，社会の健全な性風俗を保護法益とする社会法益に対する罪と，個人の性的自由および感情を保護法益とする個人法益に対する罪の2種類が含まれている。前者は，公然わいせつ罪（174条），わいせつ物頒布等罪（175条）および重婚罪（184条）であり，後者は，強制わいせつ罪（176条），強制性交等罪（177条），準強制わいせつ及び準強制性交等罪（178条），監護者わいせつ及び監護者性交等罪（179条），淫行勧誘罪（182条）である。ここでは，後者についてのみ述べる。

(2)　刑法改正　1907（明治40）年の現行刑法制定以来，性に関する犯罪は，「わいせつ，姦淫及び重婚の罪」として定められてきたが，近年における性犯罪被害者の声や性犯罪被害者支援団体の活動および男女共同参画基本計画等を背景として，2017（平成29）年に「わいせつ，強制性交等及び重婚の罪」として，個人の性的自由および感情に関する罰則が大幅に改正された。すなわち，①強姦罪を強制性交等罪と改めて構成要件を見直すとともに法定刑の引き上げを図り，②親の立場などに乗じて行う監護者性交等罪を新設し，さらに，③これまで親告罪とされていたものを非親告罪としたのである。これを要するに，今次の改正は，個人の性的自由を侵害する悪質・重大な行為の厳正な処罰を図ることを目的としたものである。

2　強制わいせつ罪

176条(強制わいせつ)　13歳以上の者に対し，暴行又は脅迫を用いてわいせつな行為をした者は，6月以上10年以下の懲役に処する。13歳未満の者に対し，わいせつな行為をした者も，同様とする(未遂は罰する―180条)。

(1) 意 義　強制わいせつ罪は，人にわいせつな行為をすることによって性的な自由および感情を侵害する犯罪であり，行為の相手方の年齢の差によって2つの構成要件が予定されている。行為の相手方が13歳以上の者であるときは，手段として暴行または脅迫を用いる必要があるが，13歳未満の者であるときは，相手方の同意に基づくわいせつ行為であっても本罪は成立する。

「わいせつな行為」とは，いたずらに性欲を興奮または刺激させ，かつ，普通人の正常な性的羞恥心を害し，善良な性的道義観念に反する行為をいう。わいせつの意義は，性的風俗を保護法益とする公然わいせつ罪（174条）およびわいせつ物頒布等罪（175条）における「わいせつ」と基本的には同じであるが（⇨334頁，336頁），本罪は個人の性的自由・感情を保護法益とする罪であるから，その重点を異にし，原則としてそれらの犯罪よりも広い概念となる。例えば，接吻や陰部に手を触れる行為など，単に人の正常な羞恥心を害するにすぎない行為であっても，わいせつな行為となる（新潟地判昭和63・8・26判時1299・152)。

(2) わいせつの傾向　本罪は，暴行・脅迫を用いてわいせつな行為を行えば完成する挙動犯である。通説は，本罪をもって，行為者自身の性的意図ないしわいせつな内心の傾向を必要とする傾向犯であるとし，性欲を興奮・刺激させるという性的意図ないし傾向がなければ本罪は成立しないと主張してきた（最判昭45・1・29刑集24・1・1)。

しかし，第1に，性的意図ないし傾向は，法文上構成要件の主観的要素とされていない。第2に，行為者の意図または傾向によって被害者の性的自由ないし羞恥感情が左右されるとは限らない。第3に，行為者の内心の傾向は漠然としたものであり，明確性が要求される構成要件に導入するのは適当でない。かくして，最高裁は判例を変更して，本罪が傾向犯であることを否定した（最判平29・11・29刑集7・9・467)。

(3) 行 為　本罪の行為は，①客体が13歳以上の者であるときは，暴行または脅迫を手段としてわいせつな行為をすること，② 13歳未満の者であるときは，単にわいせつな行為をすれば足りる。13歳以上の者を客体とするときには，手段としての暴行または脅迫が必要となるのに対し，13歳未満の者を客体とする場合は，手段としての暴行・脅迫は必要でなく，被害者が同意していても本罪は成立するのである。13歳未満の者は，わいせつな行為の意味を理解することが十分にできず，法律上有効に同意する能力がないという理由からである。

暴行または脅迫については，被害者の反抗を著しく困難にする程度のものが必要であるとするのが通説・判例である。たしかに，脅迫についてはこの解釈は正しいが，本罪は性的自由を保護法益とするものであるから，例えば，隙を見て相手方の陰部に自己の性器を押し当て，あるいは乳房をもてあそぶがごとき軽い暴行であっても，およそ相手方の任意性を害する形態でわいせつな行為をすれば，本罪を構成すると解すべきであろう。暴行自体がわいせつな行為となる場合も本罪を構成する（大判大14・12・1刑集4・743）。

(4) 故　意　本罪の故意は，上述の客観的要件に当たる事実を認識して行為に出る意思を内容とする。13歳未満の者を13歳以上と誤信して，その者の同意に基づきわいせつな行為をしたときは，事実の錯誤となり故意を阻却する。これに対し，相手方が12歳であっても本人の同意があれば許されると思った場合は，違法性の錯誤として処理される。

(5) 罪数・他罪との関連　13歳未満の者に対して暴行・脅迫を用いてわいせつな行為をしたときは，本罪一罪が成立する（最決昭44・7・25刑集23・8・1068）。本罪が公然と行われたときは，公然わいせつ罪（174条）の要件を満たす限り，本罪との観念的競合となる（54条1項。大判明43・11・17刑録16・2000）。性交の目的でわいせつな行為をしたときは，強制性交等罪の未遂が問題となる。

3　強制性交等罪

177条（強制性交等）　13歳以上の者に対し，暴行又は脅迫を用いて性交，肛門性交又は口腔性交（以下「性交等」という。）をした者は，強制性交等の罪とし，5年以上の有期懲役に処する。13歳未満の者に対し，性交等をした者も，同様とする（未遂は，罰する―180条）。

(1) 意　義　本罪は，13歳以上の者に対して，暴行または脅迫を用いて性交等の行為をすること，また，13歳未満の者に対して単に性交等の行為をすることを内容とする犯罪であり，その保護法益は個人の性的自由である。強制わいせつ罪の特別罪であり，強制わいせつ罪より刑を重くしたものである。改正前は，男子が女子を相手方として暴行・脅迫を用いて強制的に性交する行為を強姦罪とし，「3年以上の有期懲役に処する」としていたのである。しかし，性犯罪の実態に即して処罰の適正化を図り，主体および客体いずれも人すなわち男女とし，行為は「性交」すなわち男性性器を女性性器に挿入することとされていたが，これを「性交等」と改め，性交以外の性交疑似行為も重く処罰することとしたのである。なお，配偶者間で性交等の行為をするときも本罪は成立する（⇨88頁）。本罪は，強制わいせつ行為のうち最も重大な強制性交等を対象として，「5年以上の有期懲役に処する」こととされた。

(2) 行　為　本罪の行為は，① 13歳以上の者に対し，暴行または脅迫を用いて，性交，肛門性交，口腔性交（以下では，それらを併せて「性交等」という）をすること，② 13歳未満の者に対し，単に性交等をすることである。ここでは，相手方の同意があっても本罪は成立する。

(ア) 暴行・脅迫　①の暴行・脅迫については，ⓐ相手方の反抗を抑圧する程度の暴行・脅迫とする説，ⓑ程度の如何を問わないとする説，ⓒ相手方の反抗を困難にする程度のもので足りるとする説に分かれているが，本罪の保護法益は主として性的行動の自由であるから，反抗するのが困難な程度の暴行・脅迫を用いて性交等の行為に及んだ以上は，性的行動の自由が侵害されるから，ⓒ説が妥当である（最判昭24・5・10刑集3・6・711）。

(イ) 性交等　性交等における「性交」とは，男性性器（陰茎）を女性性器（膣）に挿入することをいう。少なくとも陰茎の一部を膣に挿入することが必要である（大判大2・11・19刑録19・1255）。陰茎以外の異物を挿入する行為は，わいせつ行為となる。行為者が被害者の陰茎を膣等に「挿入させる」行為が「性交する」に含まれるかについては議論があるが，重大な性的自由の侵害という点で「挿入する」行為と変わりがないから，間接正犯としてこれを肯定すべきである。陰茎を膣に挿入しない限り，未遂にとどまる。

「肛門性交」とは，肛門に陰茎を挿入する疑似的性行為であり，陰茎の挿入がなければ未遂である。「口腔性交」とは口腔内に陰茎を挿入することをいい，陰茎を口に含んで愛撫するフェラチオ，同時に相互の陰茎を口に含んで愛撫するシックスナインなどがあるが，疑似的性交として口腔内に陰茎を挿入しない限り，わいせつな行為にとどまる。したがって，膣を舌などで舐めて性的刺激を与えるクンニリングスは，わいせつな行為であって性交等には当たらない。なお，被加虐などの暴行・脅迫を伴う性交等であっても，相手方の同意に基づいて行われるときは，強制性交等には当たらない。

(ウ) **故　意**　13歳未満の者を相手方として性交等をしたときは，強制わいせつ罪の場合と同じように，暴行・脅迫を用いなくても本罪は成立する。13歳未満の者に対し，暴行・脅迫を用いて性交等をしたときも，強制性交等罪が成立するにとどまる（大判大2・11・19刑録19・1255）。なお，故意および錯誤の取り扱いは，強制わいせつ罪の場合と同様である。

(3)　罪　数　同じ相手方に対し，同一機会になされた一連の性交等の行為は一罪であり，機会を異にすれば併合罪となる。

4　準強制わいせつ罪・準強制性交等罪

178条1項（準強制わいせつ）　人の心神喪失若しくは抗拒不能に乗じ，又は心神を喪失させ，若しくは抗拒不能にさせて，わいせつな行為をした者は，第176条の例による（未遂は，罰する—180条）。

2項（準強制性交等）　人の心神喪失若しくは抗拒不能に乗じ，又は心神を喪失させ，若しくは抗拒不能にさせて，性交等をした者は，前条の例による（未遂は，罰する—180条）

(1)意　義　本条は，性的自由を保護する見地から，抵抗困難な状態を利用してわいせつ・性交等を行う者を処罰するものであり，人の心神喪失または抗拒不能の状態を利用してわいせつ・性交等をした者を，強制わいせつ罪・強制性交等罪と同じように罰するための規定である。その意味で本罪は，強制わいせつ罪または強制性交等罪の補充類型であり，また，拡張類型である。

(ア) **心神喪失**　「心神喪失」とは，精神または意識の障害のために性的行為について正常な判断ができない状態にあることをいう。例えば，泥酔状態，重篤な精神障害の状態などにより，自己の性的自由が侵害されていることの認識を欠いている場合がこれに当たる。したがって，責任無能力における心神喪失（39条1項）と同じものと解すべきではなく，例えば，重度の精神薄弱者が性交等の意味を理解することができる場合には，責任無能力としての心神喪失状態にあっても，ここにいう心神喪失ではない。

(イ) **抗拒不能**　「抗拒不能」とは，心神喪失以外の理由で物理的・心理的に抵抗できないか，または抵抗するのが著しく困難な状態にあることをいう。原因の如何を問わない。例えば，手足を縛られているために身体の自由が奪われている状態にある場合（物理的抗拒不能），または，熟睡（仙台高判昭32・4・18高刑集10・6・491），錯覚（大判大15・6・25刑集5・285），無知（東京地判昭62・4・15判時1304・147）などから行為の意味を理解できないために心理的に抵抗できない状態にある場合（心理的抗拒不能）がこれに当たる。雇用関係，身分関係に基づく従属的地位にあるため抗拒不能とみられ場合もありうる（なお，監護者わいせつおよび監護者性交等罪［⇨88頁］）。

(2) 行　為　人の心神喪失もしくは抗拒不能に乗じ，または心神を喪失させもしくは抗拒不能にさせてわいせつな行為をした場合が準強制わいせつ罪（178条1項），性交等の行為をした場合が準強制性交等罪（同条2項）である。心神喪失もしくは抗拒不能に「乗じ」とは，精神障害または意識障害により性的行為につき正常な判断ができない状態または心神喪失以外の事由で違法な性的行為に抵抗できない状態にあることを「利用して」という意味である。被害者が半睡半醒の状態のため行為者を夫と誤信した状態を利用して性交した場合は，準強制性交等罪に当たる（広島高判昭33・12・24高刑集11・10・701）のである。

「心神を喪失させ」，「抗拒不能にさせ」るとは，暴行・脅迫以外の手段を用いて抵抗が困難な状態を作り出すことである。催眠術の施用や多量に飲酒させて泥酔状態に陥れる場合が「心神を喪失させ」る行為の例であり，自分を信頼しているのを利用して，医師が治療のためであると信じさせて抵抗できない心理状態にさせるのが「抗拒不能にさせ」る行為の例である。強制わいせつ罪および強制性交等罪と同じ法定刑で処罰されるのであるから，実質上暴行・脅迫を用いたのと同程度に相手方の自由意思を侵害してわいせつ・性交等の行為をすることが必要である。したがって，単に治療のためと偽っただけでは本罪は成立しない（東京地判昭58・3・1判時1096・145。なお，名古屋地判昭55・7・28刑月12・7・709〔にせ医師が治療のためとだまして性交した例〕）。しかし，性交等の行為を拒むことにより被ると予想される危難を避けるため，その行為を受け入れるほかないとの心理状態に追い込んだときは，本罪が成立する。暴行・脅迫のために畏怖または困惑して抵抗できない心理状態に至ったときは，本罪ではなく176条または177条が適用される。

(3) 故　意　本罪の故意が成立するためには，相手方が抵抗困難な心理状態にあることを認識して行為に出る必要がある。強制性交等の故意で性交したが，客観的には準強制性交等罪となる場合（津地判平4・12・14判タ822・281），例えば，睡眠剤を多量に飲んで寝ている者を縛り上げて性交した場合は，行為者は強制性交等罪を認識して行為したのであるから，準強制性交等罪の故意は成立しないとも考えられるが，強制性交等罪と準強制性交等罪とは性的自由を侵害する点で構成要件的に重なり合い，また法定刑も同じあるから，発生した結果を基準に処理すべきであり，準強制性交等罪の限度で故意ないし犯罪が成立すると解すべきである。

5　監護者わいせつおよび監護者性交等罪

179条1項(監護者わいせつ)　18歳未満の者に対し，その者を現に監護する者であることによる影響力があることに乗じてわいせつな行為をした者は，第176条の例による(未遂は，罰する―180条)。

2項(監護者性交等)　18歳未満の者に対し，その者を現に監護する者であることによる影響力があることに乗じて性交等をした者は，第177条の例による(未遂は，罰する―180条)。

(1) 意　義　強制わいせつ，強制性交等罪は，個人の性的自由を保護するための罪であるが，一定の地位や人的関係を利用して，従属的立場にある者と性的行為を行う場合にも，暴行・脅迫を用いて行い，または，心神喪失や抗拒不能を利用して行った場合と同じように，抵抗困難な状態を利用している点で性的自由を侵害していることは明らかである。そこで，性犯罪処罰の適正化の見地から，監護者わいせつおよび監護者性交等の構成要件を創設して処罰範囲を拡張し，176条および177条と同じように処罰することとしたものである。

(2) 主 体　本罪の主体は，18歳未満の者を「現に監護する者」すなわち監護者である。監護者とは，民法（820条）に由来する用語であるが，実質上は，未成年者を監督および保護する立場にある者をいう。親，養父母，雇用主，教師などが考えられるが，要は，18歳未満の者が性的行為に対し抵抗できない地位または関係にある者ということであり，典型的には同居している父母，養父母などがこれに当たるであろう。なお，「18歳未満の者」とされているのは，児童福祉法4条に基づく。児童保護の観点からである。

(3) 行 為　行為の客体である相手方は，18歳未満の者であることを要する。行為は，「影響力があることに乗じて」わいせつな行為または性交等をすることである。「乗じて」とは，18歳未満の者が抵抗できない心理状態にあることを「利用して」という意味である。しかし，積極的に利用する意思がなくても，客観的に支配・従属関係があり，相手方において性的行為に抵抗するのが困難な状況が認められる限り，それを認識してわいせつまたは性交等の行為に及んだ以上，本罪を構成すると解すべきであろう。

(4) 故 意　本罪は故意犯であるから，構成要件に該当する事実についての認識が必要である。問題は，監護者性交等の故意で性交したが，被害者が同意していた場合の取り扱いである。相手方が13歳未満の者であるときは強制性交等罪を構成するが，14歳以上の者であるときは，児童福祉法等における罪は別として本罪は構成しない。

6　各罪の未遂

180条（未遂罪）　第176条から前条までの罪の未遂は，罰する。

強制わいせつ罪（176条），強制性交等罪（177条），準強制わいせつ・準強制性交等罪（178条），監護者わいせつ・監護者性交等罪（179条）の未遂は罰せられるが，予備は罰せられない。したがって，予備と未遂は厳格に区別する必要があるが，区別の基準は，各罪の実行の着手の有無である。

各罪の実行の着手時点は，ほぼ共通している。手段としての暴行・脅迫または心神喪失・抗拒不能を作り出す行為を必要とする場合は，それぞれの罪を犯す意思で手段たる行為を開始すればその時点で実行の着手が認められる。暴行・脅迫がわいせつ・性交等の行為と直接に結びついていない場合，例えば，自動車内で性交等を実行する目的でダンプカー内に女子を引きずり込もうとしたが失敗した場合，強制性交等罪の未遂といえるかが問題になったことがある。引きずり込まれたらもうおしまいといえるから，性交等のための暴行・脅迫の着手以前の段階であっても，「強制性交等に至る客観的危険」が認められる場合には，実行の着手を認めてよいのである（最決昭45・7・28刑集24・7・585）。

176条から179条の罪においては，男性性器が女性性器に挿入されない限り未遂にとどまり，既遂とはならない。すなわち，本来の性交である陰茎と膣による性交においては，陰茎が膣に挿入されることが必要であるが，完全に挿入される必要はない。また，肛門性交は疑似性交であるから，少なくとも陰茎が肛門に挿入されることが必要であろう。口腔性交も疑似性交であり，多様な形で行われるが，性交というためには，口腔に陰茎が挿入される必要があり，単に唇や舌を使って行う愛撫だけではわいせつな行為にとどまると解すべきであろう。

7　違法性阻却事由

夫が妻に暴行・脅迫を用いてわいせつまたは性交等の行為をした場合は，違法性阻却が問題となる。改正法の規定では，それぞれ客体は「13歳以上の者」と規定され，行為の客体について限定していないから，配偶者も客体となることは明らかである（札幌高判昭30・9・15高刑集8・6・201）。婚姻関係が実質的に破綻しているか否かは関係がない（広島高判松江支判昭62・6・18高刑集40・1・71）。したがって，例えば，妻に対し強制わいせつまたは強制性交等の行為に及べば，各罪の構成要件に該当するから，犯罪成立が問題になるとすれば，違法性阻却事由となるか否かである。

この点について，婚姻中は夫婦が互いに性交の求めに応ずべき法律上の義務があるから，妻に対し強制性交の行為に及んでも，暴行罪，脅迫罪の成立はともかく，強制性交等罪は成立しないとする見解があり，上記の広島高裁判例もこの立場を採るようである。しかし，配偶者間といえども暴行・脅迫を手段とする性交に応ずべき法律上の義務があるとは考えられない。問題は，配偶者間の性交として社会的相当性の範囲内にあるか否かに帰着するように思われる。

8 強制わいせつ等致死傷罪

第181条(強制わいせつ等致死傷)第1項　第176条，第178条第1項若しくは179条第1項の罪又はこれらの罪の未遂罪を犯し，よって人を死傷させた者は，無期又は3年以上の懲役に処する。

第2項　第177条，第178条第2項若しくは第179条第2項の罪又はこれらの罪の未遂罪を犯し，よって人を死傷させた者は，無期または6年以上の懲役に処する。

(1) 意　義　本罪は，結果的加重犯である。基本となる行為は，①強制わいせつ・準強制わいせつ・監護者わいせつおよびそれらの未遂罪，②強制性交等・準強制性交等・監護者性交等およびそれ等の未遂罪である。①が強制わいせつ等致死傷罪であり，②が強制性交等致死傷罪である。基本行為は，わいせつ，性交等の行為ばかりでなく，その手段としての暴行または脅迫等をも含む（大判大4・9・11刑録31・1292，最決昭43・9・17刑集22・9・862）。本罪が，1項と2項に分かれているのは，わいせつに関する罪と性交等に関する罪の法定刑に差を設ける趣旨からである。なお，本罪の事件は，裁判員裁判で扱われる（裁判員2条1項1号）。

(2) 行　為　本罪の基本行為に関しては，ⓐわいせつおよび性交等の行為またはその手段となる暴行・脅迫に限るべきであるとする説，ⓑそれらの行為に密接に関連する行為も基本行為に含ませるべきであるとする説に分かれる。本罪を設けて重い法定刑で処罰する趣旨は，強制性交等の行為に随伴して死傷結果の生ずる可能性が高いため，特に生命・身体の保護を図ることにあるから，基本となる行為を強制わいせつ・強制性交等の実行行為に限定するⓐ説が妥当である。なお，本罪の基本となる犯罪は，強制わいせつ・強制性交等の罪ばかりでなく，その未遂罪をも含む。

判例は，男性性器の挿入によって処女膜を裂傷させた場合（最大判昭 25・3・15 刑集 4・3・355），病気を感染させること，キスマークを付けること（東京高判昭 46・2・2 高刑集 24・1・75）なども傷害に当たるとしている。しかし，法定刑が「無期または 3 年」と非常に重い点に照らし，キスマークやかすり傷といった軽微な傷害は本罪に含まれせるべきでないと解する。

(3) 因果関係　わいせつ・性交等の行為または手段となる暴行・脅迫行為と死傷の結果との間には，因果関係が存在することを要する。強制性交の目的で暴行を加えたところ，被害者が救いを求めて二階から飛び降りて負傷した場合は，因果関係が認められて強制わいせつ等致傷罪を構成する（最決昭 35・2・11 裁判集刑 132・201）。屍姦が本罪を構成するものでないことは勿論であるが，強制性交の目的で暴行を加え死亡させた直後に性交すれば，本罪を構成する（最判昭 36・8・17 刑集 15・7・1244）。強制わいせつ・強制性交等罪の被害者が羞恥心により精神に異常をきたして自殺した場合は，特別の事情がない限り因果関係は認められないとするがの判例であり（最判昭 38・4・18 刑集 17・3・249），妥当である。これに対し，強制性交をしようとして相手方の下半身を裸にしたところ，寒さと異常体質のためにショック状態に陥ったため，被害者が死亡した者と誤信し，被害者をそのまま放置して凍死させたときは，本罪が成立する（最決昭 36・1・25 刑集 15・1・260）。

判例は，基本犯に随伴する行為から死傷結果が生じた場合においても本罪の成立を肯定する立場から，犯行後逃走のために被害者に傷害を負わせた場合，本罪の成立を肯定しているが（最決平 20・1・22 刑集 62・1・1），逃走する行為は基本行為に当たらないから，犯行後の行為から死傷の結果が生じた場合，本罪は原則として成立しないと考える。

(4) 死傷の結果の認識　本罪は結果的加重犯あるから，いやしくも死傷の結果について認識がある以上は本罪は成立せず，強制わいせつ等致死罪と傷害罪または殺人罪との観念的競合を認めるのが判例である（大判大 4・12・11 刑録 21・2088，最判昭 31・10・25 刑集 10・10・1455）。しかし，致傷の結果についてみると，強制わいせつ・強制性交等の実行行為は傷害の結果を伴う場合が多く，また，強制わいせつ・強制性交等は，通常，暴行または傷害の未必的認識をもって行われるのであるから，行為者が致傷の結果を予見している場合は，本罪を適用しなければ不合理な結果となる。また，これを認めないとすれば，単に強制わいせつ・強制性交等罪と傷害罪との観念的競合となって，刑は強制わいせつ・強制性交等罪の刑にとどまり，強制わいせつ等致死傷より軽くなって，刑の均衡を失することになる。したがって，強制わいせつ等致傷罪においては，故意の結果的加重犯を認めるべきである。

一方，強制わいせつ・強制性交等致死罪についてみると，通説・判例は，致死の結果について認識がある場合についても強制性交等致死罪と殺人罪の観念的競合を認める（前掲大判大4・12・11）。しかし，強制わいせつ等致死罪と殺人罪の観念的競合とすると，死の結果について二重に評価することになるから，端的に，強制わいせつまたは強制性交等罪と殺人罪の観念的競合とすべきである。この解決によれば，結局殺人罪の刑が適用されることになるから，刑の不均衡は生じない。

(5)　罪　数　強制性交等の行為終了後，その現場付近において，被害者に内密にするよう迫り，暴行を加えて負傷させた場合，強制性交等罪と傷害罪の併合罪となる（大判大15・5・14刑集5・175）。発覚を恐れて強制性交終了後に被害者を殺害したときも，併合罪となる（大判昭7・2・22刑集11・107）。強制性交行為によって傷害を負わせ，さらに死に至らせたときは，傷害の事実は致死の結果に吸収され，強制わいせつ等致死罪のみが成立する（最判昭23・11・16刑集2・12・1535）。

9　淫行勧誘罪

182条（淫行勧誘）　営利の目的で，淫行の常習のない女子を勧誘して姦淫させた者は，3年以下の懲役又は30万円以下の罰金に処する。

(1)　保護法益　本罪は，売春婦のように不特定人を相手にみだらな性行為をする習癖のない者を，勧誘して性交させる行為を内容とする犯罪である。その保護法益については，風俗犯の一種と解する立場があるが，女性は被害者として処罰されないのであるから，性的自由ないし貞操が保護法益であると解すべきである。なお，売春防止法の制定により，実際上本罪が適用される例はほとんどなく，本条の実質的意味は乏しくなった（売防1条，7条など）。ちなみに，児童福祉法34条1項6号は，「淫行させる行為」を処罰する規定を置いており，その限りで存在理由があろう。

(2) 要件　本罪の客体は，淫行の常習のない女子である。「淫行の常習のない女子」とは，貞操観念に乏しく不特定人を相手に性交する習癖のない女性をいう。本罪の行為は，女子を勧誘して姦淫させることである。「勧誘」とは，女子に姦淫の決意をさせる行為をいう。欺く行為を手段とする場合も含む。みずからが姦淫の相手方になる場合であると第三者と性交させる場合であるとを問わない。ただし，売春の斡旋は本罪には当たらない。

「営利の目的」とは，みずからが財産上の利益を得る目的または第三者に得させる目的をいう。この目的をもって「淫行の常習のない女子」を勧誘することが実行行為であり，当該女子が相手方と姦淫行為を開始することによって既遂に達する（目的犯）。暴行・脅迫を手段として本罪を犯したときは，暴行罪または脅迫罪と本罪との観念的競合となる。

◈【問　題】

(1) Xは，自分の内妻がY女（当時23歳）の手引きで東京方面に逃げたものと信じ，これを詰問するためにYを自室に呼び出し，同所において「良くも俺を騙したな。俺は，何もかも捨ててあんたに仕返しに来た。お前の顔に硫酸をかけて醜くしてやる」などと申し向けて脅迫し，同女が許しを請うのを聞き入れず，同女の裸体写真を撮ってその仕返しをしようと考え，畏怖している同女を無理矢理裸体にさせ，これを写真撮影した。Xの罪はどうか（前掲最判昭45・1・29，前掲最判平29・11・29参照）。

(2) 甲は，乙女を強制性交しようと企て，乙に対し「家まで送ってやる」と申し向け，自分の運転する原動機付自転車の後部に乗せ，時速60kmで疾走したところ，乙は甲の意図を察し，「降ろして」と叫んだが甲はこれを聞き入れず約5km疾走した地点で時速30kmにスピードを落とした時，乙は飛び降り，頭部を打って全治2週間を要する怪我をした。甲は，意識を失っている乙を草むらに引きずり込み姦淫したが，乙は辱めを受けたことを苦にして，翌朝自殺した。甲の罪責はどうか。

V　住居を侵す罪

1 総　説

(1) 意　義　住居を侵す罪は，住居または人の看守する邸宅・建造物・艦船の住居権ないし管理支配権を侵害する犯罪であり，行為の態様に従って，①住居侵入罪（130条前段）と②不退去罪（同条後段）とに分かれる。本罪の性格については，立法上一致していない。古い立法例では本罪を社会法益に対する罪の一種とするものが多く，わが旧刑法も本罪を社会法益に対する罪の章に規定していた。また，現行刑法の立法者も，その刑法典における位置からみて，本罪を社会法益に対する罪として理解していたと解される。これらの立法は，住居の侵害は家族全体または近隣に不安を与えるという観点に立脚するものであるが，今日においては，住居を侵す罪を個人法益に対する罪の一種として理解する個人法益説が通説となっている。

(2) 保護法益　個人法益のうち，住居侵入罪はいかなる法益を保護するかについて，ⓐ家父長の住居権であるとする旧住居権説（大判大7・12・6刑録24・1506），ⓑ事実上の住居の平穏であるとする平穏説（最判昭49・5・31裁判集刑192・571〔保護すべき法律上の利益は住居などの事実上の平穏である〕），ⓒ住居に誰を立入らせ誰の滞留を許すかを決める自由であるとする新住居権説（最判昭58・4・8刑集37・3・215）とが対立している。住居を侵す罪は，人が現に住居などを平穏に管理支配している状態を権利として保護する犯罪であると解すべきであり，住居等の一定の場所を管理支配する権利――管理支配権または住居権が本罪の保護法益であり，ⓒ説が妥当である。

2 住居侵入罪・不退去罪

130条（住居侵入等）　正当な理由がないのに，人の住居若しくは人の看守する邸宅，建造物若しくは艦船に侵入し，又は要求を受けたにもかかわらずこれらの場所から退去しなかった者は，3年以下の懲役又は10万円以下の罰金に処する（未遂は，罰する―132条）。

(1) 住居侵入罪　人の住居等に侵入することを内容とする犯罪である。

(ア) 客　体　本罪の客体は，他人の住居，看守している邸宅・建造物・艦船である。

(a) 住居　「住居」とは，人が日常生活に使用するため同意なしには他人の立ち入りを認めない場所すなわち「占拠する場所」である。起臥寝食の場所ばかりでなく，実験室，研究室，事務室なども住居となりうる（最判昭42・2・7刑集21・1・19）。日常生活に使用する場所であれば足りるから，一時的滞在の場所としてのホテルの一室，テント舎，キャンピングカー，入院中の病室（東京高判平11・7・16高検速報3094）も住居になりうるし，必ずしも房室たることを要しない（東京高判昭54・5・21高刑集32・2・134）。住居は建物全体である必要はなく，区画された一部であってもよい。建物の周辺部分ないし居室の共用部分（アパートの出入口，エレベーター，階段・通路，屋上等）も住居である（最判平20・4・11刑集62・5・1217，最判平21・11・30刑集63・9・1765）。また，住居は現に日常生活の用に供されている限り，住居者が常に現在している必要はなく，一時不在の場所または一定の期間だけ使用する住居ないし別荘も住居である。野外の土管の中，橋の下，寺院の床下などは，日常生活に堪えうる設備を有していない場所であることが普通であるから，原則として住居には該当しない。

問題となるのは，住居に使用される建造物のほかに囲繞地は住居の一部となるかである。囲繞地とは，垣根，塀，門のような建物の周囲をかこむ土地の境界を画する設備が施され，建物の付属地として建物利用に供されることが明示されている土地をいう（最判昭51・3・4刑集30・2・79）。130条の法文からみると「住居」が囲繞地をも含むとすることについては疑問もあるが，住居の管理支配権つまり住居権の保護という観点からすれば，住居と不可分の囲繞地の管理支配も保護する必要があるから，これを住居の一部としても不当ではないであろう（最大判昭25・9・27刑集4・9・1783）。

住居権は，現に住居を平穏に管理支配しているという事実を基礎とするものであるから，住居は必ずしも適法に占拠されたものであることを要しない（最決昭28・5・14刑集7・5・1042）。例えば，賃貸借契約が消滅した後に，家主が立退きを求めて賃借人の意思に反してその住居に立ち入れば，住居侵入罪を構成しうる（大判大9・2・26刑録26・82，名古屋高金沢支判昭26・5・9判特30・55）。「人の住居」とは他人の住居をいい，「他人」とは当該住居に対して住居権を有する者のことであるから，以前には住居権を有して他人と同居していた者が，その住居から離脱後にその住居に侵入すれば，その者は，すでに住居権を失っているから，その行為は住居侵入に該当するのである（最判昭23・11・25刑集2・12・1649）。別居中の夫が，妻の不貞の現場の写真を撮りに侵入した行為は住居侵入に当たる（東京高判昭58・1・20判時1088・147）。

(b) **人の看守している邸宅・建造物・艦船**　看守とは，人が事実上管理支配することをいう。管理支配する主体を看守者という。事実上管理支配するとは，一定の場所に，他人の侵入を防止する人的・物的設備を施すことをいい，管理人または監視人を置くこと，施錠することなど，その方法のいかんを問わない（最判昭59・12・18刑集38・12・3026〔駅構内への立ち入り〕）。ただし，立ち入り禁止の立て札を立てるのみでは，侵入防止の設備とはいえないから看守していることにはならない。

邸宅とは，住居用に造られた建造物とこれに付属する囲繞地をいう。現に住居に使用されていれば「住居」に当たるから，空き家または閉鎖された別荘がこれに当たる。敷地出入口に門塀等が設置されていないアパート2階の外側共用通路部分も「人の看守する邸宅」に当たる（広島高判昭63・12・15判タ709・269，最判平20・4・11刑集62・5・1217）。

建造物とは，屋根を有し支柱などによって支えられた土地の定着物で，人が出入りすることのできる構造のものをいう。例えば，官公署，学校，事務所，工場などである。囲繞地も含まれると解すべきである（前掲最大判昭25・9・27）。広島の原爆ドームは区画されておらず，生活の場として予定されていないから建造物でないとした判例がある（広島地判昭51・12・1刑月8・11＝12・517）。例えば，建造物の周辺に臨時の囲壁を設置して外部との通行を遮断したにすぎない場合でも，それによって囲まれた建物の周囲の地域は建造物の一部である（東京高判平5・7・7判時1484・140，最決平21・7・13刑集6・36・59〔警察署のコンクリート塀〕）。建造物の一部である事務室や会議室でも「建造物」となることは，住居の場合と同じである。

艦船とは，軍艦および船舶のことであり，大小を問わないが人が侵入できる構造のものであることを要する。

(イ) **行　為**　本罪の行為は，正当な理由なしに侵入する行為である。

(a) **侵入とは**　侵入の意義については，ⓐ住居権者の意思に反して立ち入ることとする説，ⓑ平穏を害する態様で立ち入ることとする説が対立している。すでに述べたように，本罪の保護法益は「住居権」と解すべきであるから，「侵入」とは，居住者または看守者の意思または推定的意思に反して立ち入る行為をいうと解すべきである（最決平19・7・2刑集61・5・379）。現実に管理支配権が侵害されることを要するから，侵入があったというためには，身体の全部が客体に入ることを要する。管理支配権の侵害があったというためには，一定時間管理支配権を継続して侵害する必要がある。侵入されている限り管理支配権の侵害が継続するから，本罪は継続犯である（最決昭31・8・22刑集10・8・1237）。

(b) **同意**　居住者・看守者の意思ないし推定的意思に反していることが構成要件要素の1つとなっているから，無断で住居等に立ち入っても同意がある限り構成要件に該当しない（最判昭25・11・24刑集4・11・2393。なお，最判昭23・5・20刑集2・5・489〔違法性阻却とする〕）。同意は，任意かつ真意に基づいたものであることを要する。居住者または看守者の意思は，明示の意思であると推定的意思であるとを問わない。推定的意思ないし同意は，四囲の状況から合理的に認識しうれば足りる（最判昭58・4・8刑集37・3・215）。例えば，日本刀を携えて勝手口から侵入する場合（大判昭9・12・20刑集13・1767），家人が知らない間に錠を開けて侵入する場合，入場券なしに入場する場合などについては，推定的同意は認められない。意思または推定的意思に反して侵入する限り，暴力的に侵入したか否か，公然か非公然かを問わない。

(c) **違法目的と同意**　違法な目的で立ち入った場合，例えば，詐欺ないし強盗目的で他人の家へ立ち入った場合，立ち入りについては同意があっても，それは錯誤に基づくものであって真意に基づく同意がないから，「侵入」に当たると解すべきである（最判昭23・5・20刑集2・5・489〔強盗目的で店に入れば侵入となる〕）。違法な目的で被害者の住居に立ち入っても，居住者の有効な同意ないし推定的同意がある限り，「侵入」には当たらない。これに対し，強盗の意図を隠して「今晩は」と挨拶し，家人が「おはいり」と答えた場合は，「外見上家人の承諾があったように見えても，真実においてはその承諾を欠く」(最大判昭24・7・22刑集3・8・1363)から，侵入に当たる。錯誤に基づく同意について，住居等への立ち入りについては同意しているのでその同意は有効であり，「侵入」には当たらないとする「法益関係的錯誤論」と呼ばれる学説が有力である。しかし，行為者の意図・目的を知ったならば通常同意しないといえる限り，それを隠して同意を得た以上，その同意は無効と解する。

(d) **同意権**　住居権は，住居に対する平穏な管理支配という事実に基づく権利であるから，住居権は居住者のすべてが平等に享有するものであって，家父長的な立場の者がこれを独占する（大判昭14・12・22刑集18・565）といった性質のものではない。同意能力が認められる限り，未成年者であっても独立して有効な同意を与えることができる。ただし，幼児や児童等，住居等を事実上管理する能力を有しない者は除かれる。住居権の行使が他の居住者の住居権を侵害する場合には，その範囲で同意の効力が制約を受けることは勿論である。例えば，現に住居を占居している他の居住者が立入り拒否の意思を示している場合には，その者の住居権を侵害することになるから，同意は無効である。

妻の同意を得て姦通の目的で姦夫がその住居に立ち入る行為は侵入に当たるかについて，かつて判例はこれを肯定したが，妻も独立の住居権を有しているのであるから，夫の推定的同意が得られるかどうかにかかわりなく有効な同意を与えうるとすべきである（尼崎簡判昭43・2・29下刑集10・2・211)。しかし，その同意が夫の住居権を侵害する場合，例えば，夫の居る住居に，夫の意思に反して妻が姦夫を引き入れるような場合には，夫の住居権の侵害となるから侵入に当たる。

(ウ) **既　遂**　本罪の実行の着手は，住居等への侵入の開始であるが，本罪は管理支配権の侵害を必要とするから，例えば，侵入者が住居等内に入り込んでも，それだけでは侵入は完成せず，一定時間の滞留があって初めて既遂に達すると解すべきである。侵入している間管理支配権の侵害が継続するから，そのまま滞留することが別に不退去罪を構成するものではない（前掲最決昭31・8・22)。

㈤　**違法性阻却事由**　住居侵入罪における「侵入」は，住居者・看守者の意思に反していることを構成要件要素の1つとするものであり，同意があるときは構成要件に該当しないのであって，違法性を阻却するものではない。法文において「正当な理由がないのに」の文言が用いられているが，「適法に」という意味であって，単に修飾語として用いられたものにすぎない。なお，住居侵入は，法令行為（刑訴102条，218条，220条，税犯2条，3条など），その他の正当行為として違法性を阻却する場合が多い。

㈥　**罪数・他罪との関連**　本罪の個数は，住居権または管理支配権を基準として決まるが，実際上は住居・建造物等の個数によって決まるであろう（東京高判昭27・4・16判特29・138）。住居侵入罪は，他の犯罪を実現する手段として犯される場合が多く，例えば，窃盗罪における「侵入」は，いわば窃盗罪の手段ないし未遂に相当する性格をもっている。このように，他の犯罪と住居侵入罪が客観的に手段・目的の関係にあると認められるときは牽連犯となる。それゆえ，窃盗，強盗，強盗致死傷，傷害，殺人，放火の各罪との間には牽連関係がある。強盗予備の目的で住居に侵入した場合は，強盗予備罪と住居侵入罪との観念的競合になる（東京高判昭25・4・17判特12・14）。殺人予備の目的であるときも同じである。面会を強要する目的で被害者宅の玄関のガラス戸を手拳で破り室内に入り込んだときは，器物損壊罪は牽連犯になる（東京高判昭63・10・5判時1305・148）。

(2)　不退去罪　本罪は，要求を受けたにもかかわらずこれらの場所から退去しない不作為を内容とする犯罪である。「不退去」とは，住居，人が看守している邸宅・建造物・艦船に適法にまたは過失で立ち入った者が，退去の要求を受けたのに正当な理由がなくその場から立ち退かないことをいう。退去しないという不作為が構成要件の内容となるものであるから，不退去罪は典型的な真正不作為犯である。なお，退去を求めても立ち退かないときに本罪が成立するが，住居権または管理支配権に対する侵害は退去しない限り継続しているから，不退去罪は継続犯である（前掲最決昭31・8・22）。

退去要求権者の退去要求があったのに退去しない不作為が本罪の実行行為である。退去の要求は，言語または動作によって相手方が明確に了知しうる方法でなされなければならない。要求があることを認識し，退去に必要な合理的な時間が経過した後に立ち退かないとき，本罪は既遂に達する。したがって，適法に，または過失で立ち入った者の滞留が住居権者の意思に反する状態になっても，退去の要求をしない限り不退去罪とはならない。

3 未遂罪

132条(未遂罪) 第130条の罪の未遂は，罰する。

住居侵入罪は，住居権者の意思に反して住居権ないし管理支配権を侵害したとき，すなわち侵入の場所に立ち入ることによって成立する。したがって，身体を住居等に侵入させる行為を開始したときに実行の着手となる。例えば，侵入するために侵入を妨害する居住者を突き飛ばすとか，施錠を壊す行為をしたが立ち入ることができなかった場合に未遂罪となる。

132条は不退去罪の未遂も規定しているが，理論的にはともかくとして，実際上は考慮に値しないであろう。退去を要求された者が，退去するのに必要な時間が経過する前に，家人によって突き出された場合などが本罪の未遂になるとする見解もあるが，この場合は退去義務が生じていない予備の段階であると解する。

Ⅵ 業務に対する罪

1 意 義

業務妨害罪は，虚偽の風説を流布し，または偽計を用い，もしくは威力を用いて人の業務を妨害する行為を内容とする犯罪である。その保護法益は，人の社会生活上の地位における人格的活動（社会的活動）の自由である。刑法は，第2編第35章「信用及び業務に対する罪」として，①信用毀損罪（233条前段），②業務妨害罪（同条後段，234条），③電子計算機損壊等業務妨害罪（234条の2）を規定している。しかし，信用毀損罪は個人の経済的信用を保護法益とする犯罪であり（最判平15・3・11刑集57・3・293），個人の社会的活動を保護法益とする業務妨害罪とは罪質を異にするので，ここでは信用毀損罪をこれと類似する名誉に対する罪の一種として分類し取扱う。

2 業務妨害罪

233条(業務妨害)**後段** 虚偽の風説を流布し，又は偽計を用いて，人の業務を妨害した者は，3年以下の懲役又は50万円以下の罰金に処する。
234条(威力業務妨害) 威力を用いて人の業務を妨害した者も，前条の例による。

(1) 客 体 本罪の客体は，人の業務である。

(ア) 業 務 「業務」とは，自然人，法人その他の団体が職業その他社会生活上の地位に基づいて継続して従事する事務（仕事）をいう（大判大15・2・15刑集5・30）。本罪は人の社会的活動の自由を保護するものであるから，娯楽として行う行為や日常の家庭生活上の仕事は除外される。事務は，文化的活動であると経済的活動であるとを問わず，また，報酬の有無とも関係がない（大判大10・10・24刑録27・643〔会社創立事業〕）。例えば，宗教団体の社会奉仕活動も，業務となりうる。

業務といえるためには，刑法上保護に値するもので（最決平14・9・30刑集56・7・395），反復的または継続的な事務であることを要する（継続性の要件）。例えば，団体の結成式のごとき一回的な行事は含まない（東京高判昭30・8・30高刑集8・6・860）。継続的性質を有する業務であり，それが平穏に行われている限り刑法上保護に値する。例えば，行政法規に違反している営業活動であっても，常に業務性が否定されるわけではなく，耕作権を有しない者が行う農業（東京高判昭24・10・15高刑集2・2・171），知事の許可を得ていない者の浴場営業（東京高判昭27・7・3高刑集5・7・1134），パチンコの景品交換の仕事（横浜地判昭61・2・18判時1200・161）も「業務」である。しかし，地下室で麻薬を製造するような平穏に行われていない営業は，もとより保護すべき業務ではない。なお，業務妨害罪にいう業務は，業務上過失致死傷罪にいう業務のように，人の生命・身体に対する危険を含むものに限定されない。

(イ) 公務と業務 公務の執行を暴行・脅迫によって妨害した場合は，公務執行妨害罪が成立する（95条1項）。しかし，妨害の手段が，威力，偽計にとどまった場合，公務も業務に含まれるとして業務妨害罪の成立を認めるべきかについて，ⓐ積極説，ⓑ消極説，ⓒ身分振分け説（公務区分説），ⓓ公務振分け説（限定積極説）などが対立している。

刑法は，特に業務について限定を加えていないこと，および公務執行妨害罪における公務についても何ら限定を加えていないことから，立法論としてはともかく，現行法の解釈としては公務を業務から除外するのは適当でない。それゆえ，本罪における業務から公務を除くとする消極説，非公務員の行う公務に限り本罪によって保護されるとする身分振分け説，公務のうち非権力的公務とくに私企業的性格をもつ公務だけが業務に含まれるとする公務振分け説は，いずれも刑法上の根拠を欠くと考える。業務妨害罪は個人の社会的活動の自由を保護法益とするものであるが，公務も公務員としての個人の社会的活動にほかならないから，公務の性質いかんにかかわりなく本罪によって保護されると解する積極説が妥当である。

戦後の判例は，初め公務は業務に含まれないと解したが（最大判昭26・7・18刑集5・8・1491），最大判昭和41年11月30日刑集20巻9号1076頁は，旧国鉄職員の業務が公務とされるのは，その事業等が権力的ないし支配的作用を伴うことによるのではなく，その実態は民営鉄道のそれと同じであることを理由に業務妨害罪が成立するとし，公務振り分け説に立つことを明らかにした。さらに，最決昭和62年3月12日刑集41巻2号140頁は，強制力を行使する権力的公務である場合を除き公務は「業務」に当たるとして，警察官の公務など物理的強制力を伴う公務に限って業務に含まれないという解釈を示した。公務振分けの基準を「強制力を行使する権力的な公務」か否かに求めるものである（最決平12・2・17刑集54・2・38）。ただし，2011（平成23）年の刑法一部改正により，強制執行行為妨害罪（96条の3第1項）により，偽計・威力を手段とした公務執行妨害は，広く処罰されるようになっている。

(2) 行　為　本罪の行為は，①虚偽の風説を流布し，②偽計を用い，または，③威力を用いて，人の業務を妨害することの3個の態様を含んでいる。①と②を併せた罪名として偽計業務妨害罪，③を威力業務妨害罪と呼ぶ。

(ア) 妨　害　妨害行為は，単に業務の執行自体を妨害することだけでなく，広く業務の運営を阻害する一切の行為を含む（大判昭8・4・12刑集12・413）。現実に「妨害した」ことを要するかについて，判例は，本罪を具体的危険犯と解し，業務の安全を保護する見地から，妨害の結果を発生させるおそれのある行為で足りるとしている（大判昭11・5・7刑集15・573）。しかし，明文で「業務を妨害した」とされているほか，本罪は自由に対する罪であるから，たとえば，いやがらせ電話のために通常の営業に支障が生じたというように，業務の運営が実際に害されるという結果の発生が必要になるところから，本罪は侵害犯である。

(イ) **虚偽の風説の流布**　虚偽の事項を内容とする噂を，不特定または多数の者に知れわたるような態様において伝達することをいう（大判大5・12・18刑録22・1909）。虚偽とは，客観的事実に反することをいい，その事実について科学上争われている段階でも虚偽となる。虚偽は，行為者が確実な資料・根拠を有しないで述べた事実も含むものであり，その資料・根拠の確実性は，社会通念に照らし客観的に判定すべきであるとする判例（東京地判昭49・4・25刑月6・4・475）があるが，行為時の水準を基準にして真実か否かを判断すべきである。風説とは，噂・評判をいう。必ずしも悪事醜行を含まなくてもよい（大判明44・2・9刑録17・52）。行為者が創作したものかどうかを問わない。流布は，行為者がみずから公然と文書・口頭で伝達するほか，口伝えに噂として伝播する場合を含む。

(ウ) **偽　計**　「偽計を用い」るとは，人を欺き・誘惑し，または他人の無知，錯誤を利用することである。人への働きかけを必ずしも要しない（最決昭59・4・27刑集38・6・2584）。他人の適正な判断または業務の円滑な実施を誤らせるに足りる程度の手段・方法であることを要する。詐欺罪における「欺く」行為よりは広く解すべきである。例えば，商品の品質等について事実を歪曲して誹謗する怪文書を頒布する場合，人を錯誤に陥れる行為ばかりでなく錯誤に陥っている者を利用する場合，さらに繰り返し電話をかける場合も，その態様のいかんによっては業務の実施を誤らせるものとして偽計となる（東京高判昭48・8・7高刑集26・3・322）。

(エ) **威　力**　威力を用いるとは，人の意思を制圧するに足りる勢力を示すことをいう（最判昭28・1・30刑集7・1・128〔役員室に侵入して団体交渉を強要〕）。必ずしも直接現に業務に従事している他人に対して行使されることを要しない（最判昭32・2・21刑集11・2・877〔貨車に積載された石炭の落下〕）。暴行・脅迫を用いるだけでなく，社会的地位や経済的優越による権勢を利用する場合も含まれる（前掲最判昭 28・1・30）。営業中の商家の表側ほとんどに強制的に板囲いをして営業不能にした場合（前掲大判大 9・2・26），電車の運転手を殴打して電車の操縦を妨げた場合（大判大 14・2・18 刑集 4・54），満員の営業食堂にしま蛇 20 匹を撒き散らした場合（大判昭 7・10・10 刑集 11・1519），競馬場に釘を撒き散らして競馬挙行を妨害した場合（大判昭 12・2・27 新聞 4100・4），弁護士の鞄を力づくで奪取した場合（最決昭 59・3・23 刑集 38・5・2030），事務机に猫の死骸を入れる場合（最判平 4・11・27 刑集 46・8・623），卒業式開始直前に保護者らに大声で呼びかける行為（最決平 23・7・7 刑集 65・5・619）などは，いずれも威力業務妨害罪に当たる。

偽計と威力の区別については，偽計の態様で行われる場合であっても，行為の結果として人の意思を制圧するものであるときは威力と解すべきである。例えば，自動車の進行を妨害する目的で相手方に障害の存在を示す態様で釘などを公然と撒き散らしたときは，危険な障害物の存在は相手方の自由意思を制圧するものとなるから威力となる。

(3) 違法性阻却事由　威力業務妨害罪は労働争議行為との関連で問題となる。争議行為特に同盟罷業（ストライキ）は，使用者側に経済的圧力を加え正常な業務の遂行を妨害する争議手段であるから，威力業務妨害罪の構成要件に該当することは明らかである。しかし，憲法により争議権が保障され（憲 28 条），その一態様として同盟罷業が是認されている以上は，労働力の給付を停止するという加害行為は，労働組合法 1 条 1 項によって正当行為となる（最大判昭 33・5・28 刑集 12・8・1694）。

(4) 罪数・他罪との関連　偽計および威力を用いて他人の業務を妨害したときは，233 条と 234 条とに当たる単純一罪である。信用を毀損すると同時に業務を妨害するときは，観念的競合を認めるべきである。同一の行為が業務を妨害するとともに背任となるときは，業務妨害罪と背任罪の観念的競合である（大判大 5・6・26 刑録 22・1153）。公務執行妨害罪と威力業務妨害罪とが同時に成立するときは，法条競合により公務執行妨害罪のみが成立すると解する説が有力であるが，両罪は罪質を異にするから観念的競合になると解される。

3　電子計算機損壊等業務妨害罪

234条の2(電子計算機損壊等業務妨害)**1項**　人の業務に使用する電子計算機若しくはその用に供する電磁的記録を損壊し，若しくは人の業務に使用する電子計算機に虚偽の情報若しくは不正な指令を与え，又はその他の方法により，電子計算機に使用目的に沿うべき動作をさせず，又は使用目的に反する動作をさせて，人の業務を妨害した者は，5年以下の懲役又は100万円以下の罰金に処する。

2項　前項の未遂は，罰する。

(1)　意　義　本罪は，電子計算機（コンピュータ）に関する加害行為を手段とする業務妨害を，新たに業務妨害の一類型として捉え，偽計・威力業務妨害罪より重く処罰するものとして1987（昭和62）年の刑法一部改正によって追加されたものである。元来，偽計・威力業務妨害罪は，自然人を対象とする犯罪であるが，コンピュータの普及により，電子情報処理組織による大量迅速な情報処理（情報の保存・検索・分析・伝達）に基づく事務処理の範囲が拡大し，これまで人間の手によって行われていた業務の多くが，コンピュータによって代替され，それに伴ってコンピュータに対する加害行為を手段とする業務妨害が問題となってきた。

コンピュータの事務処理の特質は，大量性・迅速性にあるが，同時に複数の事務を処理することが可能となり，ひとたびその事務が侵害されると，重大かつ広範な被害の発生が予想されるところから，コンピュータに関する加害行為を手段とする業務妨害を新たな業務妨害罪として類型化し，偽計・威力による業務妨害罪の法定刑よりも重く処罰し，未遂も処罰対象にするとしたものである。したがって，本罪の保護法益は，電子計算機による業務の円滑な遂行である。

(2)　客　体　本罪の客体は，電子計算機によって遂行される人の業務である。ここにいう業務も233条後段および234条の「業務」と同じであり，自然人，法人その他の団体が，職業その他の社会生活上の地位に基づいて，継続して従事することを必要とする事務をいう。ただし，特に電子計算機を使用して行われているものに限られる。

234条の2は,「人の業務に使用する電子計算機」と定め，これに加害して「人の業務を妨害した」場合を本罪に当たるとしている。しかし，本罪の趣旨からも明らかなように，コンピュータによる業務が従前の人の業務に代わりつつあるために本罪が設けられたのであるから，ここにいう電子計算機は，人に代わって業務遂行に使用されているものであることを要する。すなわち,「人の業務に使用する電子計算機」とは，他人の業務において，それ自体が一定の独立性をもって，あたかも人が行う業務であるかのように自動的に情報処理を行うものとして用いられる電子計算機をいう。それゆえ，情報処理を行わないで，他の機器（自動販売機，自動改札機など）に組み込まれて，その構成部品となっているようなコンピュータ，例えばマイクロプロセッサーなどは,「電子計算機」に該当しない。例えば，パチンコ遊技台の電子計算機部分は，ここにいう「電子計算機」には当たらない（福岡高判平12・9・21判時173・131)。問題となるのはワードプロセッサーであるが，それ自体が独立して情報の保存，検索等の情報処理能力を有する装置である限り,「電子計算機」に当たると解される。公務に使用される電子計算機も含まれる。

(3) 行　為　本罪の行為は，加害行為，動作障害の結果発生および業務妨害の3つの要素から構成されている。

(ア) 加害行為　加害の手段は，①人の業務に使用する電子計算機もしくはその用に供する電磁的記録を損壊する行為，②人の業務に使用する電子計算機に虚偽の情報もしくは不正の指令を与える行為，③その他の方法である。電子計算機・電磁的記録の「損壊」とは，それらの物自体を物理的に毀損すること，磁気ディスクなどに記録されているデータを消去することなど，その効用を喪失させる一切の行為をいう（大阪地判平9・10・3判タ980・285〔天気予報画像の消去〕，京都地峰山支判平2・3・26刑事裁判資料273・218〔作業用プログラムの消去〕)。「虚偽の情報」とは，その内容が真実に反する情報をいう。「不正の指令」とは，当該事務処理の過程において与えられるべきでない指令をいう。「与え」るとは，これらの情報または指令を電子計算機に入力することである。事情を知らないプログラマーまたはオペレーターを利用して，虚偽の情報または不正の指令を電子計算機に入力させる行為は，間接正犯としての加害行為となる。

「その他の方法」とは，①②以外の電子計算機に向けられた加害手段であって，その動作に直接影響を及ぼすような性質のものをいう。例えば，電子計算機の電源の切断，温度・湿度等の動作環境の破壊，通信回線の切断，入出力装置等の付属設備の損壊，処理不能データの入力などがこれに当たる。電子計算機に向けられたものであることを要するから，コンピュータルームの占拠やオペレーターの拘束は含まない。

⑷ **動作阻害の結果発生**　本罪が成立するためには，加害行為により，電子計算機をして使用目的に沿うべき動作をさせないこと，または使用目的に反する動作をさせたという動作阻害の結果の発生を必要とする。

使用目的とは，電子計算機を使用している者が，具体的な業務遂行の過程において，電子計算機による情報処理によって実現を目指している目的をいう。「動作」とは，電子計算機の機械としての動き，すなわち電子計算機が情報処理のために行う入力・出力・検索・演算等の動きをいう。「使用目的に沿うべき動作」とは，右の使用目的に適合した動作をいい，したがって，「使用目的に沿うべき動作をさせず」とは，このような電子計算機の使用目的に適合する動きを停止することをいう。現実に「使用目的に沿うべき動作」をさせなかったか，「使用目的に反する動作」をさせたことが必要である。加害行為とこれらの結果との間には因果関係が必要となる。

⑸ **業務妨害**　加害行為によって電子計算機の機能障害を生じさせ，その結果として「人の業務を妨害した」ことを要する。「妨害した」とは，電子計算機の動作阻害によって電子計算機による業務の遂行に混乱を生じさせることをいう。実質上は偽計・威力業務妨害罪におけると同一の意味であり，侵害犯と解すべきであるが，判例のように具体的危険犯と解する場合でも，具体的危険の発生と，その前提となる加害行為および機能障害との間には因果関係が存在することを要する。

⑹ **故意と未遂**　本罪の故意は，上記⑴⑷⑸に当たる事実を認識して行為に出る意思である。未必の故意で足りる。本罪を侵害犯と解する場合は，妨害の結果についての認識を，具体的危険犯を解する場合は，危険の発生についての認識を必要とする。

本罪の未遂は，2011（平成23）年の情報処理の高度化等に対処するための刑法の一部改正により処罰されることになった（234条の2第2項）。未遂となるのは，加害行為が行われたが，動作阻害の結果が現実に発生しなかった場合，および業務妨害の結果が発生しなかった場合である。

(4) 罪数・他罪との関連　本罪の罪数は，加害行為と業務妨害の結果を中心に確定すべきであるから，加害行為が複数であっても1個の業務妨害を生じさせるときは単純一罪である。電子計算機を損壊して業務を妨害したときは，器物損壊罪と本罪との観念的競合になると解すべきである。爆発物取締罰則違反の罪を犯して本罪を犯したときは，観念的競合になるであろう。電磁的記録を消去して本罪を犯したときは，電磁的記録毀棄罪（258条，259条）と本罪との観念的競合である。

Ⅶ　秘密を侵す罪

1　意　義

秘密は，国家・地方公共団体の機密，企業の秘密，個人の秘密に分かれ，それぞれ法的保護が必要であり，2013（平成25）年12月6日には「特定秘密の保護に関する法律」が成立し，国家機密の保護が図られた。しかし，刑法典は個人の秘密の侵害のみを犯罪としており，その保護法益は，個人の秘密である。それゆえ，国家・公共団体の秘密は含まないが，法人のほか法人格のない団体の秘密も保護の対象となる。刑法は，秘密を侵す罪として，①信書開封罪（133条），②秘密漏示罪（134条）を定めてその保護を図っている。なお，個人情報保護法や不正アクセス行為の禁止等に関する法律等においても一定の個人の秘密（プライバシー情報）を保護している。

2　信書開封罪

133条（信書開封）　正当な理由がないのに，封をしてある信書を開けた者は，1年以下の懲役又は20万円以下の罰金に処する。

(1) **客 体**　本罪の客体は，封をした信書である。「信書」とは，特定の人から特定の人に対して宛てた，意思の伝達を媒介する文書をいう。特定の人は，自然人であると法人，法人格を有しない団体であるとを問わない。国または公共団体に宛てた場合について，「信書」に当たらないとする説があるが，この場合の信書にも個人的秘密が記載されることが少なくないから，信書に当たると解する。ただし，発信人，受信人のいずれもが国または公共団体である場合は除かれる。

信書は意思を伝達する文書に限られるかについて，判例および多数説はこれを肯定するが（大判明40・9・26刑録13・1002），意思の伝達を内容とするものであれば足りるから，特定の意思を表示する文書のみならず，単なる事実の記載，感情の表現，図画，写真，原稿なども事情によっては信書といえる。内容物が空虚である封筒なども，封をして特定人に宛てている以上は，意思を伝達する手段であるというべきである。

信書は封がされている限り本罪の客体となり，発送前であるかどうかを問わない。「封」とは，外包を破るか壊さない限り内容が認識できないように，信書と一体となるような態様で信書に施す外包装置のことである。封筒に入れて糊で封ずる場合が典型例である。封筒をクリップで留めるとか，小包に縄ひもをかけるような場合は封に当たらない。信書を机の引き出しに入れて施錠しておくときも，その装置が信書と一体となったものではないから封とはいえない。受信者が開けた後に再度封をした文書は，信書に当たると解すべきである。

(2) **行 為**　本罪の行為は，封をした文書を故意に開封することである。「開けた」とは封を破棄して開くことをいい，それによって信書の内容が知りうる状態になれば既遂となる。したがって，本罪は抽象的危険犯であり，信書の内容が作成者にとって秘密事項であるかどうかを問わない。封を破棄して開く行為が必要であるから，それ以外の方法で信書の内容を知っても開封ではない。なお，日本郵政公社の取扱中に係る信書を開く行為は，郵便法77条によって3年以下の懲役または50万円以下の罰金に処せられる。

(3) **違法性阻却事由**　信書の開封は「正当な理由がないのに」なされたものでなければならない。正当な理由がない場合にのみ違法となるから，正当な事由による開封は違法性を阻却する。信書の開封が法令上認められている場合（郵便41条2項，54条1項　刑訴111条など），権利者が開封に同意している場合などがこれに当たる。親権の行使（民820条）として子に宛てられた信書を開封する場合において，それが親権行使の範囲内にあると認められる限り違法性を阻却する。

3　秘密漏示罪

134条（秘密漏示）**1項**　医師，薬剤師，医薬品販売業者，助産師，弁護士，弁護人，公証人又はこれらの職にあった者が，正当な理由がないのに，その業務上取り扱ったことについて知り得た人の秘密を漏らしたときは，6月以下の懲役又は10万円以下の罰金に処する。

2項　宗教，祈禱（とう）若しくは祭祀（し）の職にある者又はこれらの職にあった者が，正当な理由がないのに，その業務上取り扱ったことについて知り得た人の秘密を漏らしたときも，前項と同様とする。

(1)　主　体　本罪は，依頼者との信頼関係に基づいて，人の秘密に接する機会の多い職業に従事する者に対してのみ成立する身分犯である。134条で定められている者のうち「医薬品販売業者」とは，許可を受けて医薬品の販売業を営む者をいい（薬事法29条），「助産師」とは，分娩を助け，産婦や新生児を助けることを業とする女子をいう（保健師助産師看護師法3条）。「弁護人」とは弁護士でない者が弁護人となった場合をいい，刑事訴訟法上の特別弁護人のことである（刑訴31条2項）。「宗教の職にある者」とは，神官，僧侶，牧師などをいい，「祈禱の職にある者」とは，祈禱師のことである。

(2)　客　体　本罪の客体は，人の秘密である。「秘密」は，本罪の主体が業務上取り扱った人の秘密であることを要する。秘密とは，特定の小範囲の者にだけ知られている事実であって，本人が他の者に知られたくないという意思をもっており，さらに他人に知られることが客観的にみて本人の不利益になると認められるものをいう。鑑定を命ぜられた医師が鑑定の過程で知りえた人の秘密は，本罪にいう秘密に当たる（最決平24・2・13刑集66・4・405）。

秘密は，「人の秘密」である。人の秘密とは，死者を除く自然人の秘密であると，法人などの団体の秘密であるとを問わない。秘密は，私生活上の秘密に限るべきであるとする見解と公生活上の秘密も含むとする見解とが対立しているが，本罪は個人法益を保護するためのものであるから，私生活上の秘密に限るべきである。それゆえ，秘密の主体が国家または地方公共団体である場合の秘密は，本罪の客体ではない。秘密は，秘密にする利益と意思を必要とするかについて，学説は，①本人が秘密にする意思を有すれば足りるとする主観説，②一般人からみて本人にとって秘密として保護に値するものであることを要するとする客観説，③客観的に秘密とする利益があり，かつ，本人も秘密としたいものであることを要する折衷説が対立している。本罪の趣旨は，本人が秘密にしておきたいという意思の保護にあるとともに，秘密の内容が客観的に保護に値するものを保護することにあるから，折衷説が妥当である。また，秘密は，それぞれの身分者が業務を遂行する過程で知ったものでなければならない。例えば，酒場等で偶然見聞した事柄は，秘密ではない。

(3) 行　為　本罪の行為は，秘密を「漏ら」すことである。秘密を侵害する行為には探知と漏示とがあるが，現行法は探知行為を信書の開封に限って処罰し，私的な会話の盗聴などは罰しない。「漏ら」すとは，秘密を知らない他人に当該の事項を知らせる行為，すなわち漏示をいう。1人に対してであろうと多数の者に対してであるとを問わず，その方法のいかんも問わない。他言を禁じて秘密を教えたとき，さらに秘密を記載した書面を放置して他人が読むのにまかせていた場合のように，不作為の場合も含む。漏示行為は，告知が相手方に到達すれば完了し既遂に達し，相手方が現に秘密を知ったことを要しない。その意味で，本罪は抽象的危険犯である。なお，本罪の主体が業務上知り得た人の秘密を公然と漏示して人の名誉を毀損したときは，本罪と名誉毀損罪との観念的競合となる。

(4) 違法性阻却事由　本罪は「正当な理由がないのに」漏示したことを要件として成立する。「正当な理由がないのに」とは，正当な事由がないのにという意味である。違法性が阻却される場合としては，以下のものが考えられる。第1に，法令上告知義務を負う者が人の秘密を告知したときには，違法性を阻却する。例えば，感染症予防法12条などでは，医師が患者を保健所長・都道府県知事等に届け出る義務が定められており，これに基づく告知は法令上の正当行為である。第2に，秘密の主体である本人が同意しているときには，秘密とする意思が失われるから，構成要件該当性を阻却する。第3に，医師・弁護士などが業務上知りえた秘密について第三者の利益を保護するために他人の秘密を漏示する場合は，緊急避難また社会的相当性を基準に違法性阻却を認めるべきである。なお，医師が鑑定を命じられた場合には，その医師が鑑定の過程で知り得た人の秘密を正当な理由がなく漏らす行為は，秘密漏示罪に該当する（前掲最決平24・2・13）。

4　親告罪

135条（親告罪）　この章の罪は，告訴がなければ公訴を提起することができない。

(1)　信書開封の場合　本罪が親告罪とされるのは，訴追がなされることによって発信者または受信者の秘密が公になり，被害者にとってかえって不利益になるとする配慮からである。告訴権者は被害者であるが，誰が告訴権を有するかについて，発信者は常に告訴権を有するが信書の到着後は受信者も告訴権を有するとするのが判例（大判昭11・3・24刑集15・307）である。しかし，信書における秘密は，発信者のみならず受信者にも共通するのが通常であるから，発信または到達によって区別する実益はなく，発信者，受信者ともに常に告訴権を有すると解する。

(2)　秘密漏示の場合　本罪も親告罪である。告訴権者については，犯罪によって被害を受けた者が告訴権を有すると解すべきであるから，秘密の漏示によって直接被害を受けた者を告訴権者とすべきである。

第3章　名誉・信用に対する罪

①名誉に対する罪と②信用に対する罪とは，いずれも人に対する社会的評価を保護法益とする犯罪である。しかし，名誉は人の人格に対する社会の評価をその内容とするものであるのに対し，信用は人の経済的側面に対する社会の信頼をその内容とするものであるから，信用に対する罪は後述する財産に対する罪と近接する罪である。なお，昭和22年の刑法一部改正により，①の法定刑が引き上げられ，同時に真実の証明に係る230条の2が新設された。

I　名誉に対する罪

1 総　説

(1) 意　義　名誉に対する罪は，人の名誉を保護するために公然と他人の名誉を毀損し，または侮辱する行為を犯罪とするものである。人は，社会的生活関係を維持するうえで一定の名誉を保持しており，名誉を侵害されることによって，個人的生活ばかりでなく社会的生活関係が破壊され，社会生活上重大な不利益をこうむる可能性がある。現代の社会では，個人の尊重が重視されるにつれて，名誉・信用の価値が重要なものとなってきている。ことに，ネット社会では名誉の侵害が深刻となってきており（東京地判平9・5・26判時1610・22），プライバシー保護の必要性が増大している。こうして名誉は，憲法13条の個人の尊重における人格権として保障されるとともに，刑法は，人の名誉を傷つけた場合は，事実の有無を問うことなしに，現に社会で通用している名誉（事実的名誉）を保護するために犯罪として処罰することにしているのである。刑法は，名誉に対する罪として，①名誉毀損罪（230条1項），②死者の名誉毀損罪（230条2項），③侮辱罪（231条）を規定している。

一方，憲法で保障されている表現の自由（憲21条）は，情報化社会において益々重要性を増しており，真実を表現・報道する自由は国民の知る権利とともに十分に保障されなければならない。人の名誉についても，本来あるべき社会的評価を表現する自由は，積極的に保障されなければならないのである。刑法は，名誉の保護と表現の自由・知る権利との調和を図る趣旨のもとに，1947（昭和22）年の刑法の一部改正の際に，事実証明に関する規定（230条の2）を設けたのである。

(2)　保護法益　名誉に対する罪の保護法益は人の名誉である。人の名誉は，①自己または他人がくだす評価とは独立の正当な評価としての規範的名誉，②人に対して社会が与える評価（評判）としての外部的名誉（社会的名誉），③本人がもっている自己に対する価値意識・感情としての名誉感情（主観的名誉）とに分かれる。

しかし，刑法が名誉毀損罪と侮辱罪の成立要件としてともに「公然」という要件を入れているのは，名誉毀損が人の社会的評価を低下させるという点に着眼しているからであり，仮に，規範的名誉ないし個人の名誉感情が法益であると考えるのであれば，侮辱罪においては「公然」の要件が不要になるであろう。したがって，本罪の保護法益は，個人の外部的名誉すなわち人の価値に対して社会が与えるところの評価（評判または世評）であると解すべきであり，判例もこの立場に従っている（大判大15・7・5刑集5・303）。

名誉に対する罪は，外部的名誉が現実に侵害されたことをその成立要件とせず，また，その危険が現実に発生することも必要としない。その意味で，本罪は抽象的危険犯である（大判昭13・2・28刑集17・141参照）。ただし，本罪が抽象的危険犯であると解されているのは，裁判所が侵害の発生の有無を認定するのが困難であるという訴訟法的要請に基づくものであり，一般の危険犯のような法益の重大性に基づくものではない。それゆえ，単なる挙動犯と解すべきでなく，一般的にみて，名誉を毀損する何らかの危険が生じたといえるときに初めて本罪を構成すると解する（準抽象的危険犯）。

2　名誉毀損罪

230条(名誉毀損)**1項**　公然と事実を摘示し，人の名誉を毀損した者は，その事実の有無にかかわらず，3年以下の懲役若しくは禁錮又は50万円以下の罰金に処する。

(1)　客　体　人の名誉である。名誉の主体としての「人」は，自然人，法人および法人格のない団体を含む。社会的活動の主体である以上，その名誉は保護されるべきだからである。ただし，単一の評価が成立しうる団体を対象とするものでなければその名誉が毀損されることはないから，例えば「東北人」とか家族というような漠然とした集団の名義で名誉を侵害する場合は除かれる（大判大15・3・24刑集5・117。侮辱につき，最決昭58・11・1刑集37・9・1341)。

名誉とは，人に対する社会的評価をいう（大判昭8・9・6刑集12・1590)。名誉の内容は，第1に，人の行為・人格にかかわる倫理的価値だけでなく，政治的・社会的・学問的・芸術的能力に対する名誉，身体的・精神的健全さに関する名誉も，それが人の社会的評価に関連する限り保護の対象となる。ただし，人の経済的な支払能力および支払意思に対する社会的評価は，信用毀損罪において保護されるから，本罪の客体ではない。第2に，世評と現実の価値とが一致していない仮定的名誉も保護の対象となる。例えば，過去において犯罪等の違法行為をなした者（大判大5・12・13刑録22・1822)，反倫理的な行為をした者や悪人も，社会一般によって普通その人に加えられる評価の限度で名誉が保護される。また，社会的に不当に高い尊敬を受けているいわゆる虚名も，それが事実として社会的に通用している以上保護されるべきであり，虚名を剝ぐ行為も名誉毀損となりうる。第3に，名誉は現在の人に対する社会的評価であるが，現在の名誉は，人の過去および将来にも関連するから，例えば，幼児の将来に対する社会的評価も含む。

(2)　行　為　本罪の行為は，公然と事実を摘示して人の名誉を毀損することである。

(ア)　公　然　公然とは秘密でないことをいい，不特定または多数の者が直接に認識できる状態をいう。「公然」の要件は，名誉を低下させる事実が他の者に伝わり，広く社会に流布される危険を類型化し，私的・個人的に，すなわち特定かつ少数人に対して情報を伝達する行為を除外するためのものであるから，不特定または多数人の認識しうる状態であれば足りる（大判昭6・6・19刑集10・287，最判昭36・10・13刑集5・9・1586）。ただし，現に認識したことを要しない（大判明45・6・27刑録18・927）。

不特定の者とは，相手方が特殊な関係によって限定された者ではないことをいう（大判大12・6・4刑集2・486）。例えば，公道上の通行人，公開の場における参集者などである。多数人とは，社会一般に知れわたる程度の員数という意味であるから，単に複数というだけでは足りず相当の員数であることを要する。行為が同時に多数人に対して行われることは必要でなく，文書の郵送（大判大5・5・25刑録22・816），個々の面接などによって順次連続して多数人に対して行われた場合も公然である。多数人であっても，人数または集会の性質からみてよく秘密が保たれて絶対に伝播のおそれがない場合には公然性はない（大判昭12・11・19刑集16・1513，東京高判昭58・4・27高刑集36・1・27）。名誉を毀損する事実をホームページなどに掲載し，不特定多数の利用者が順次アクセスしうる状態であれば，公然性は認められる（東京高判平21・1・30刑集64・2・93）。

問題は，不特定または多数人が知ることを期待して，特定かつ少数人に摘示した場合をいかに扱うべきかである。判例（大判昭3・12・13刑集7・766，最判昭34・5・7刑集13・5・641）は，公然とは，不特定または多数の者の「視聴に達せしめ得る状態」（最判昭34・5・7刑集13・5・641）にあるとの立場から，伝播して不特定または多数人が認識しうる可能性があれば公然性を認めうると解している（いわゆる伝播性の理論）。

しかし，「公然と事実を摘示し」とは，一般の人が直接に認識できるように摘示することを意味すると解すべきであり，摘示の結果として伝播の可能性が生じたかどうかは関係がないと考えられる。したがって，特定かつ少数の者に情報を伝達しただけでは足りず，当該の行為それ自体で情報が社会一般に流布される可能性があることが必要であると解する。個人的な噂話なども公然と事実を摘示したことになってしまうおそれがあるからである。

⑷ **事実の摘示**　本罪が成立するためには，特定人の社会的評価を害す

るに足りる事実の摘示が必要である。モデル小説のように事実の摘示の対象が誰であるかが明示的に示されていない場合が問題となるが，総合的に判断して特定人を推知できるときは，これを認めてよい（最判昭28・12・15刑集7・12・2436）。事実の内容は真実であると虚偽であるとを問わず，また非公知の事実であると公知の事実であるとを問わない（大判昭9・5・11刑集13・598）。なお，公知の事実で，その事実を摘示しても人の社会的評価を低下させるおそれが全くないときは，不能犯と解すべきである。悪事醜行はもちろん，その他人の社会上の地位または価値を侵害するに足りる事実を含み（大判大7・3・1刑録24・116），身体上の欠陥も含まれる。人が巨額の借金をしたという事実は，直ちに社会上の地位または価値を侵害するものではない（前掲大判大7・3・1）。将来の予想事実について学説は，積極説と消極説とに分かれるが，予想を述べる基礎となった過去または現在の事実との関連において名誉を毀損することになると解すべきである。

事実は，特定人の名誉に関するものであることを要する。ただし，被害者の氏名を明示する必要はなく，被害者が誰であるかを特定できれば足りるが，特定人の名誉が害される可能性をもつ程度に具体的であることを要する（東京高判昭33・7・15高刑集11・7・394）。なお，夢物語的事実は，ここにいう事実ではなく，また，「馬鹿者」というような評価が核心となっている場合は侮辱罪の問題となる。

摘示の方法・手段には制限がない。姿態・身振りによっても可能である。事実は行為者が直接見聞したものとして摘示される場合であろうと，風聞，噂，伝聞の形で摘示される場合であるとを問わない（最決昭43・1・18刑集22・1・7）。摘示の際にその事実が真実であることを特に主張することも必要でない。ただし，事実の摘示は，特定人の名誉が害される可能性をもつ程度に具体的であることが必要である（前掲東京高判昭33・7・15）。インターネット上の事実の摘示も含む。

(ウ) **名誉毀損**　「名誉を毀損した」とは，社会的評価を害するおそれのある状態を生じさせたということであり，現実に社会的評価が低下したことは必要でない（大判昭13・2・28刑集17・141）。人の社会的評価を低下させるような事実を公然と摘示すれば，その時点で既遂に達するのである。その意味で本罪は抽象的危険犯であるが，準抽象的危険犯として，摘示された事実が不特定または多数の者によって現実に認識されたか，あるいは認識される可能性が生じたことを要すると解する（大阪高判平16・4・22判タ1169・316参照）。なお，新聞紙に名誉毀損記事を掲載した場合には，新聞紙の配布によって名誉毀損罪の既遂に達する（大判大12・5・24刑集2・437）。

3 真実の証明による不処罰

230条の2（公共の利害に関する場合の特例）**1項**　前条第1項の行為が公共の利害に関する事実に係り，かつ，その目的が専ら公益を図ることにあったと認める場合には，事実の真否を判断し，真実であることの証明があったときは，これを罰しない。

2項　前項の規定の適用について，公訴が提起されるに至っていない人の犯罪行為に関する事実は，公共の利害に関する事実とみなす。

3項　前条第1項の行為が公務員又は公選による公務員の候補者に関する事実に係る場合には，事実の真否を判断し，真実であることの証明があったときは，これを罰しない。

(1)　意　義　名誉毀損罪は，摘示された事実の真否とかかわりなく成立するのが原則であり，たとえ虚名であっても一応刑法的保護に値すると考えるのが現行法の立場である。他方，民主主義社会においては，虚名を保護する以上にそれを剝ぐ行為に公共的利益が認められることも少なくないのであって，その意味で「真実を述べる権利」は保障されなければならない。そこで憲法の保障する表現の自由（憲21条）と名誉の保護との調和を図るため，「事実の摘示」を不可罰とする230条の2が設けられたのである。日本国憲法の制定に伴なう1947（昭和22）年の刑法一部改正により本条が追加され，以下に述べるように広く真実の証明が認められるようになり，不処罰の範囲が拡大されたのである。

(2)　不処罰の要件　230条1項の名誉毀損行為が不処罰となるためには，①摘示された事実が公共の利害に関するものであること（事実の公共性），②摘示の目的がもっぱら公益を図るためのものであること（目的の公益性），③事実の真実性が証明できたこと（事実の真実性の証明），以上の三つの要件を満たす必要がある。

(ア)　**事実の公共性**　当該行為によって摘示された事実は，「公共の利害に関する事実」に係るものでなければならない。「公共の利害に関する」とは，その事実の摘示が公共の利益増進に役立つという意味である。したがって，「事実」とは，公衆の批判にさらすことが公共の利益増進に役立つと認められる事実をいう。事実は，私生活の行状に関するものであってもよい（最判昭56・4・16刑集35・3・84〔月刊ペン事件〕）。公共の利益は，国家または社会全体（全体社会）の利益であることを必ずしも要せず，一地域ないし小範囲の社会（部分社会）の利益をも含む（大阪地判平4・3・25判タ829・260）。ただし，事実の公共性は，事実を公表する相手方の範囲との関連において決まるから，その地方の住民ないし小範囲の社会の構成員に対して公表する場合に限られ，これと無関係な社会一般に公表するときは，表現の自由の濫用として事実の公共性を失うものと解する。

事実の公共性は，正当な言論の行使にかかわるものであるから，公共の利害に結びつく事実であっても，その公表が表現の自由の濫用にわたるときは，事実の公共性を認めることはできないと解すべきである。それゆえ，「公共の利害に関する」といえるためには，その事実を公表することが公共の利益増進にとって必要なものでなければならない（必要性）。また，その事実が公共の利害に関するものであることが，ある程度明白でなければならない（明白性）であろう（東京高判昭28・2・21高刑集6・4・367）。なお，「公共の利害に関する事実」に当たるか否かは，摘示された事実自体の内容・性質に照らして客観的に判断されなければならない（最判昭56・4・16刑集35・3・84）。

(イ)　**目的の公益性**　230条の2が適用されるためには，「その目的が専ら公益を図ることにあったと認める場合」でなければならない。「目的」とは動機のことであり，名誉毀損の違法性を阻却するための主観的要件である。「専ら」，公共の利益を増進させることが動機となって公然事実を摘示したことを必要とするから，恐喝の目的，被害の弁償を受ける目的，さらに読者の好奇心を満足させる目的であるときは（東京高判昭30・6・27東時6・7・211），目的の公益性に当たらない。また「専ら」というときは，他の動機を排斥することを意味するが，唯一の動機のみによって行動するということを人間に期待することは実際上困難であるから，主たる動機が公益を図るものであればよい（東京地判昭49・6・27刑月6・6・724）。公共の利害に関する事実かどうかについて明白性を欠き，しかも，公衆の批判にさらす必要性が明確でない場合は，目的の公益性ではなく事実の公共性の問題となる。

(ウ) **特　例**　230条の2第1項については，2つの特例が定められている。

(a) **犯罪行為に関する特例**　本特例の趣旨は，第1に，捜査について一般国民の協力を容易にし，第2に，犯罪事実を世論の監視下に置くことによって捜査の怠慢または不当に対する批判の自由を保障するためである。「公訴が提起されるに至っていない」というのは，捜査開始前のもの，不起訴処分のものをも含む趣旨である。

(b) **公務員等についての特例**　公務員を選定・罷免することは国民固有の権利であることに由来するものである。それゆえ，公務員に関する事実については，私行に関する事実のみならず，単に私怨を晴らす目的に出たものであっても，常に真実性の証明が許されることになる（大阪高判昭30・3・25裁特2・6・180）。ただし，公務員にもプライバシーの権利は認められるべきであるから，事実が公務員としての資質・能力と全く関係がない場合には真実性の証明を許すべきでない。判例も，片腕のない議員に対し，「肉体の片手落は精神の片手落に通じる」と発言した事例につき，公務員の職務と関係のない身体的不具の事実の摘示は許されないとしている（前掲最判昭28・12・15）。

(3)　真実性の証明　名誉毀損罪について公訴の提起があった場合において，裁判所は，被告人の行為が先の2つの要件を満たしていると認めたときには，被告人側の申立の有無にかかわらず摘示事実の真否を判断しなければならない。真実なものと判断するに足りる証拠があり，真実であるとの心証を得たときに，初めて被告人を無罪とすることができる。

(ア) **要　件**　第1に，①事実の公共性と②目的の公共性の要件を満たしていると認めるときは，裁判所は事実の真否の判断をしなければならない。逆に，これら2つの要件が満たされない限り，プライバシー保護の見地から摘示事実の真否について判断することは許されないと解すべきである。したがって，①②の要件は，被告人を無罪にするための実体法上の要件であるとともに，裁判所が真実性について審理を開始するための手続上の要件でもある。

第2に，真実性の立証は，被告人側がこれを行わなければならない。すなわち，事実の真否に関する挙証責任は被告人側にある（挙証責任の転換）。このような手続的要件が設けられた趣旨については学説上の対立があるが，被害者の名誉の保護と真実を表現する自由の保護との調和という観点から，被告人の真実の証明を要件として違法性を阻却するものと解すべきである（⇨(イ)）。

第3に，事実の真否の判断の結果，摘示事実が真実であることの証明があったことを必要とする。真実性の証明については，ⓐ証拠の優越の程度に真実であることの証明がなされれば足りるとする説，ⓑ合理的な疑いをいれない程度に真実であることの証明が必要であるとする説（東京地判昭49・10・5判時785・116。なお，最決昭30・12・9刑集30・2・229）が対立している。被告人側は検察官に比べ証拠の収集能力において著しく劣ることにかんがみ，また，公益のための表現（言論）の自由を保障するためには被告人の負担を軽減すべきであるから，ⓐ説が妥当である。

事実の真実性については，摘示事実の全部について証明する必要はなく，その主要な点について証明すれば足りる。事実の真否が審理の結果不明に終ったときには，証明があったことにはならない（前掲東京高判昭28・2・21）。真実性の証明については自由な証明で足りるとする見解もあるが，刑事訴訟法上の例外を認める理由はないから，厳格な証明によって合理的な疑いをいれない程度になされなければならない（東京地判昭49・11・5判時785・116）。

(イ) 真実性の証明の法的効果　真実性の証明がなされれば処罰されない。その法的効果に関して，学説は，ⓐ処罰阻却事由説，ⓑ違法性阻却事由説，ⓒ構成要件該当性阻却事由説に分かれている。わが国の刑法は，230条において真実を述べることも許さないという建前をとっており，また，事実の証明という訴訟法上の要件をもって不可罰としているのであるから，文理解釈のみによると，名誉毀損罪は成立するけれども表現の自由を保障するために処罰しないだけであるとするⓐ説が明快である。

しかし，230条の2は，個人の名誉の保護と表現の自由の保障の調和を図った規定であり，事実の公共性と目的の公益性を前提として要求したうえで，真実を述べることを正当な表現の自由の行使として保護する趣旨に基づくものと解すべきである。このように考えると，真実性の証明の効果は，構成要件に該当するが真実の表現を正当なものとして評価し，違法性を阻却すると解すべきである。この観点からは，いい加減な調査・資料に基づいたものであっても，結果的に真実であることが証明された以上は，その表現を違法とすべきではない。

(4) 真実性の誤信　それでは，行為者が事実を真実と思ったが，裁判所で真実性の証明に失敗した場合は，常に犯罪の成立を認めるべきであろうか。これが真実性の誤信の問題である。

(ア) 学　説　真実性の誤信については，真実性の証明の法的効果に関する学説の対立を反映して，学説は多岐に分かれている。

(a) 違法性阻却説　これには，2つの説が含まれている。ⓐ違法性阻却説の立場から，確実な資料・根拠に基づいて真実と信じた場合にも，表現の自由の正当な行使と評価すべきであるから，35条によって違法性を阻却すると考える説，および，ⓑ処罰阻却説から，230条の2は正当な言論の行使でなくても不可罰となるが，摘示された事実の資料・根拠の確実性などを考慮して，実質的判断から違法性を阻却すべきであるとする説である。

(b) 故意阻却説　違法性阻却説の立場から，真実性の証明ができなかった以上は，違法性を阻却することはないが，証明可能な程度の資料・根拠に基づいて事実を真実と信じた場合は，故意または責任故意を阻却するとする説である。最高裁判所は，「個人の名誉の保護と正当な言論の保障との調和を図る本条の趣旨を考慮すると，たとえ真実性の証明がない場合でも，行為者がその誤信したことについて確実な資料・根拠に照らし相当の理由があるときは，犯罪の故意がなく，名誉毀損罪は成立しない」と判示している（最大判昭44・6・25刑集23・7・975）。

(c) 責任阻却説　違法性阻却説の立場から，厳格責任説に従って，真実性の誤信は違法性阻却事由の錯誤として故意を阻却しないが，誤信したことにつき相当の理由があるときは責任を阻却するとする説である。

(d) 過失名誉毀損罪説　ⓐ処罰阻却事由説の立場から，真実性の誤信はいかなる事情があれ違法性を阻却せず，230 条の 2 は，事実を真実であると誤信したことにつき過失がある場合には，過失名誉毀損罪として処罰することを定めた特別の規定（38 条 1 項但書）であると解する説，ⓑ違法性阻却説の立場から，ⓐと同様に解する説である。

(イ) 真実性の誤信の取扱い　これらの学説のいずれが妥当であろうか。厳格責任説を採る私見からすると，責任阻却説を支持することになりそうである。しかし，事実の公共性および目的の公益性が認められる場合には，真実を述べることはむしろ奨励すべきことであるから，真実であることが証明できる程度の確実な資料・根拠に基づいて事実を摘示した場合にも，正当な言論の行使として，真実を表現したのと同様の価値を認めるべきであり，社会的相当性を有すると解すべきである。また，証言してくれれば確実に証明できるはずの者が，突如死亡して証言できなかったような場合にも違法性を阻却しないとするのは不合理であろう。結論として，証明可能な程度の確実な資料ないし根拠に基づいて事実を摘示したが，立証に失敗した場合には，35 条の正当行為として違法性を阻却すると解する。

(ウ) 230 条の 2 と 35 条との関係　問題は，230 条の 2 と 35 条との関係をどう捉えるかにある。この点につき，処罰阻却事由説を採りつつ 35 条による違法性阻却を認める説は，35 条が原則であり，230 条の 2 は不当な言論の行使につき特別の不処罰を認める例外規定と解している。そして，35 条を適用するに当たっては，①名誉侵害の程度，②事実の公共性の程度，③摘示事実に関する資料・根拠の確実性，④表現方法の通常性，⑤表現活動の必要性の程度などを考慮して，正当性を判断すべきであると主張している。

しかし，現行法は「初めに名誉あり」という観点から名誉を厚く保護する建前に立っており，公共性を有する言論であっても真実性の証明がない限り違法性を阻却しないとする立場から，230 条の 2 を設けて，一種の法令行為として厳格な要件のもとに違法性を阻却するとしたものと解される。この観点からすると，35 条を適用するにしても，事実の公共性および目的の公益性の要件はそのまま維持し，もっぱら真実性の証明ができなかったことについて，証明可能な程度に確実な資料・根拠に基づいていたかどうかを検討すべきである。その意味で，230 条の 2 が原則であり，それが適用できない場合に初めて35条の適用が問題となり，例外的に230条の2に準じて違法性を阻却するものと考えるべきであろう。

(5) その他の違法性阻却事由　名誉毀損行為は，230条の2において違法性が阻却されるが，それ以外にも違法性阻却の一般原理に従って違法性が阻却される。例えば，被害者の同意，正当な弁護権の行使（前掲最決昭51・3・23），芸術的・学術的業績に対する「公正な評価」，議員の議会における論議，正当な労働組合活動などである。

4　死者の名誉毀損

230条(名誉毀損)**2項**　死者の名誉を毀損した者は，虚偽の事実を摘示することによってした場合でなければ，罰しない。

(1) 保護法益　本罪の法益が何かについては，ⓐ死者自体の名誉とする説，ⓑ遺族の名誉とする説，ⓒ遺族が死者に抱く敬虔感情とする説，ⓓ死者に対する社会的評価としての公共的法益とする説などが主張されている。

刑法が「死者の名誉」として規定しているばかりでなく，死者も歴史的存在者としてそれ自体の名誉を有しているのであるから，本罪の法益の中核をなすものは，ⓐ死者自体の名誉であると考えられる。すなわち，本罪は，生存中に有していた名誉に対して，その保護を死後にまで及ぼしたものと解すべきである。このように解しても，本罪が遺族の名誉ないし名誉感情を侵害するものであり，また，死者に対する社会的評価としての公共的法益の侵害を含むものであることを否定するわけではないから，副次的にはⓑ説およびⓒ説が主張する法益を認めてさしつかえない。死者を法益の主体とするのは法体系全体の構造と調和しないとする批判があるが，本罪は，死者に人格や権利の主体としての地位を認めるわけではないから，この批判は不当である。

(2) 行　為　虚偽の事実を公然と摘示して死者の名誉を毀損することである。虚偽の事実は，行為者自身が虚構したか否かを問わない。結果として真実であるときは，本罪を構成しない。虚偽の事実を真実と誤信して摘示した場合は，たとえ誤信することにつき過失があっても，虚偽の事実の認識はないから，死者の名誉毀損には当たらない。

(3) 故　意　本罪が「虚偽の事実」の摘示を要件とする以上，死者の名誉を毀損する意思があり，虚偽の事実であることを確定的に認識していることを必要とし，未必の故意では足りないと解すべきである。死者と信じて名誉毀損行為に出たところ，実は，相手方が生存していたときは，場合を分けて考える必要がある。①虚偽の事実を確定的に認識して摘示したときは，名誉毀損罪が成立するであろう。②死者と信じて真実を摘示したときは，事実の錯誤として故意を阻却する。

5　侮辱罪

231条（侮辱）　事実を摘示しなくても，公然と人を侮辱した者は，拘留又は科料に処する。

(1)　意　義　本罪は，外部的名誉を保護する点で名誉毀損罪と異ならないが，事実の摘示を要件としない点でこれと異なる。事実の摘示がない場合の方が名誉侵害の程度が小さいところから，名誉毀損罪よりも軽い法定刑になっているにすぎないものと解される。

(2)　客　体　本罪の客体は，人の名誉である。外部的名誉が保護法益であると解すべきであるから，侮辱を感じえない幼者，精神病者は無論のこと，法人，法人格を有しない団体に対しても本罪は成立する（前掲大判大15・3・24，最決昭58・11・1刑集37・9・1341〔火災保険会社を侮辱〕）。

(3)　行　為　本罪の行為は，事実を摘示しないで公然と人を侮辱することである。「事実を摘示しなくても」という文言は，230条1項の「事実を摘示し」を受けたものであるから，名誉毀損に当たる事実を摘示しないで侮辱することが本罪の行為である。

「侮辱」とは，他人の人格を蔑視する価値判断を表示することである。その態様のいかんを問わない。不作為も情況によっては侮辱となりうる。抽象的な事実（「何々でしくじった」，「選挙ブローカー」といってけなす場合など）を示すことによって軽蔑するのは侮辱である。罵言や嘲笑を浴びせかけるのが通常の行為であるが，動作や態度によって侮辱することもありうる。身体的欠陥それ自体を摘示して嘲笑したような場合は侮辱罪に当たる（前掲大判大15・7・5）。

6　親告罪

232条(親告罪)**1項**　この章の罪は，告訴がなければ公訴を提起することができない。

2項　告訴をすることができる者が天皇，皇后，太皇太后，皇太后又は皇嗣であるときは内閣総理大臣が，外国の君主又は大統領であるときはその国の代表者がそれぞれ代わって告訴を行う。

これらの罪が親告罪とされているのは，訴追することによって，かえって被害者の名誉を侵害するおそれがあることを考慮したためである。告訴権者は，刑事訴訟法（230条以下）の定めるところによるが，死者の名誉を毀損した罪については，死者の親族または子孫も告訴権を有する（同233条1項）。

7　罪数・他罪との関連

名誉毀損罪の罪数は，被害者の数を基準にして決定される。例えば，1通の文書で2人以上の者の名誉を毀損すれば本罪の観念的競合となり（東京高判昭35・8・25下刑集2・7=8・1023），また，新聞紙上に同一人の名誉を侵害すべき記事を連載したときは包括的一罪となる（前掲大判明45・6・27）。これらの取扱いは，侮辱罪においても同様である。

名誉毀損罪と侮辱罪との罪数関係については，侮辱罪の保護法益との関連で見解の対立がある。第1に，両者を事実の摘示の有無による行為態様の相違と解する通説・判例の立場によれば，例えば，1個の文章をもって事実を摘示し侮辱的言辞を用いても，名誉毀損罪のみが成立するにすぎない。要するに，両者は，法条競合の関係に立つと解するのであるが，侮辱罪を名誉感情に対する罪であるとする立場によれば観念的競合になるであろう。第2に，通説・判例の立場によれば，230条の2の適用を受けて名誉毀損罪が成立しなければ侮辱罪が成立することはありえないが（大判大5・11・1刑録22・1644），侮辱罪を名誉感情に対する罪と考えれば，被害者の名誉感情を害している以上は侮辱罪の成立を否定できない。

II　信用に対する罪

1　保護法益

信用に対する罪を業務妨害罪と併せて叙述する立場が有力であるが，この罪は，元来人の社会的地位における経済的信用を保護法益とする罪であり（大判大5・6・26刑録22・1153），業務妨害罪は，人の社会的地位における活動の自由ないし安全を害する罪であるから，むしろ，自由・私生活の平穏に対する罪として把握すべきである。本罪は，人の経済的側面における社会的評価を害する罪であり，名誉に対する罪が人の人格的側面における社会的評価を害する罪である点で共通する。したがって，両者は，いずれも人の社会的評価を害する罪として統一して認識されるべきものであるが，実生活の面では人格的に評価の低い人でも経済的信用のある者がおり，これを独立の法益として保護する必要があると認められたものである。

2　信用毀損罪

233条(信用毀損)**前段**　虚偽の風説を流布し，又は偽計を用いて，人の信用を毀損した者は，3年以下の懲役又は50万円以下の罰金に処する。

(1)　客　体　人の信用である。信用とは，経済生活面における信用（大判明44・2・9刑録17・52）すなわち人の支払能力または支払意思に対する社会的信頼である（大判大5・6・1刑録22・854）。最高裁は判例を変更して「販売される商品の品質に対する社会的信用を含む」（最決平15・3・11刑集57・3・293）としたが，「信用」は人の業務に対応するもので，広げすぎると考える。支払意思を含ませるのは，たとえ支払能力があっても支払意思がなければ信用されないという意味からである。経済生活面における信用の主体は，自然人ばかりでなく，経済生活において取引の主体となる法人，法人格を有しない団体をも含む。

(2)　行　為　虚偽の風説を流布し，または偽計を用いて人の信用を毀損することである。信用毀損の手段は，これら2種類に限る。「虚偽の風説の流布」とは，真実でない事実を不特定または多数の者に伝播させることをいう。「虚偽」とは，客観的真実に反することをいう。「風説」とは噂のことである。行為者みずからが創作したものかどうかを問わない（大判大2・1・27刑録19・85）。「流布」とは，不特定または多数の者に伝播させることである。行為者がみずから公衆に告知しなくても，不特定または多数のものに伝播する可能性があることを認識して行為した以上は，流布に当たる（大判大5・12・18刑録22・1909）。「偽計」とは，人を欺き・誘惑し，あるいは人の錯誤・不知を利用することをいう。

「毀損する」とは，人の経済面における社会の信頼を低下させるおそれのある状態を作り出すことである。現実に低下させたこと（例えば，取引停止・取付けなど）は必要でない（大判大2・1・27刑録19・85）。しかし，単なる挙動犯と解すべきではなく，ある程度の他人の信用が低下する危険が生ずることを要する具体的危険犯と解すべきである。それゆえ，少なくとも不特定または多数人が，虚偽の風説を認識したことが必要となる。

(3)　罪数・他罪との関連　本罪と名誉毀損罪および侮辱罪との関係については，公然と虚偽の事実を流布し名誉毀損罪および信用毀損罪の2つの構成要件に該当した場合が問題となる。学説は法条競合説と観念的競合説とに分かれるが，信用毀損も名誉毀損の一態様と考えられるところから，法条競合の特別関係と解する。

◈**【問　題】**

甲は，地方新聞を発行・編集していた者であるが，町議会議員の乙が自治体警察の廃止論から存置論に転換したのを批判し，同紙上に「〇〇放談」と題する記事を執筆・掲載して頒布した。この記事中に乙が片手を喪失した身体障害者であることを結び付けた次のような文章があった。「公約を無視し，関係当局に廃止の資料の提出を求めておきながら，わずか2，3日後に至って存置派に急変したヌエ的町議もあるとか。君子は豹変するという。しかも，2，3日のわずかの期間内での朝令暮改の無節操振り，片手落ちの町議でなくては，よもや実行の勇気はあるまじく。肉体的な片手落ちは精神的な片手落ちに通ずるとか?石田一松ではないが，ハハ　呑気だねとの祝辞を申し上げておく」。

甲の罪責はどうか（前掲最判昭28・12・15参照）。

第 4 章　財産に対する罪

財産に対する罪は，財産罪または財産犯という。財産罪とは，個人の財産を保護法益とする犯罪をいい，刑法第 2 編第 36 章ないし第 40 章において定められている①窃盗および強盗の罪（第 2 編第 36 章），②詐欺および恐喝の罪（同第 37 章），③横領の罪（同第 38 章），④盗品等に関する罪（同第 39 章），⑤毀棄および隠匿の罪（同第 40 章）を総称するものである。わが国は，私有財産制度を原則として採用しており，私有財産制度は財産を不法な侵害から保護するのでなければ成立しえないから，個人の財産の保護は刑法の重要な任務となる。日本国憲法第 29 条 1 項は「財産権は，これを侵してはならない」と規定しているところである。なお，特別法として無体財産権の侵害に係る特許法 196 条，著作権法 119 条・121 条など多くの罰則が設けられている。

I　財産罪総論

1　財産罪の分類

(1)　財物罪と利得罪　財産罪は，客体の相違によって財物罪と利得（利益）罪とに分かれる。財物罪とは，財物（動産・不動産）を客体とする罪をいう。窃盗罪，強盗罪，遺失物等横領罪は動産のみを客体とする財物罪であり，不動産侵奪罪および建造物損壊罪は不動産のみを客体とする財物罪である。これに対し，詐欺罪，恐喝罪，横領罪，盗品等関与罪および器物損壊罪は，動産・不動産いずれをも客体とする財物罪である。利得罪とは，財産上の利益（債権・無体財産など）を客体とする犯罪をいい，刑法各本条の 2 項に定められている2項強盗，2項詐欺，2項恐喝の各罪（いわゆる2項犯罪）および背任罪がある。

(2) 領得罪と毀棄罪 財産罪は，行為態様の相違によって領得罪と毀棄罪に分かれる。領得罪とは，その物の本権および経済的価値を取得する意思すなわち不法領得の意思（⇨136頁）をもって財産を侵害する犯罪をいい，①占有移転を伴う奪取罪（占有移転罪）としての窃盗罪，不動産侵奪罪，強盗罪，詐欺罪および恐喝罪，②占有移転を伴わない横領罪がある。毀棄罪とは，財産の効用を滅却・減少させる犯罪をいい，毀棄罪および背任罪の一部がこれに当たる。

(3) 個別財産に対する罪と全体財産に対する罪 財産罪は，保護の対象による分類によって，個別財産に対する罪と全体財産に対する罪とに分かれる。個別財産に対する罪とは，被害者の個々の財産権，すなわち財物の所有・占有およびそれ以外の個々の財産権（債権・無体財産など）を侵害する犯罪をいう。全体財産に対する罪とは，被害者の財産状態全体に対して侵害が加えられ，その損害が発生した場合に成立する犯罪をいう。背任罪がこれに当たり，それ以外の財産罪はすべて個別財産の罪に属すると解すべきである。

2 財産罪の客体

245条（電気） この章（第36章）の罪については，電気は，財物とみなす。

(1) 財 物 財物を客体とする財産罪においては，客体を「財物」とする場合（235条，236条1項，246条1項，249条1項），および単に「物」とする場合とがあるが（252条，261条），「電気は，財物とみなす」とする245条を準用する犯罪（251条）の客体は「財物」とされ，準用しない犯罪は「物」とされているというものの，両者は同じ意味と解される。

(ア) 有体物と電気 有体物とは，「空間の一部を占める有形的存在」すなわち固体，液体および気体をいう。民法85条は，「『物』とは，有体物をいう」と規定している。財物の意義をめぐっては，ⓐ財物とは有体物をいうとする有体性説，ⓑ管理可能な限り無体物も財物であるとする管理可能性説が対立している。有体性説によるとガスや蒸気は財物となしうるが，電気その他のエネルギーは無体物であるから電気窃盗などを処罰できない。こうして電気の盗用をいかに取締まるかが論議をよんだが，大審院は，「財物とは，有体物である必要はなく可動性と管理可能性を有し，これを所持し，その所持を継続，移転することを得るものであればよい。電流も容器に収容して，これを所持し移転することができる以上財物に当たる」と判示したのである（大判明 36・5・21 刑録・9・874）。この判例を契機として，財物を管理可能性を有するものとする管理可能性説が有力となった。ただし，財物を管理可能なものとすると，牛馬や人の労働力，債権も含むことになり「財物」という観念から程遠くなるところから，電気と性質上同視される熱気や冷気などのエネルギーといった自然界にある物質性を備えたものに限るとする物理的管理可能性説が有力となった。

このような背景から，刑法は，「電気は，財物とみなす」という立法的解決をしたのである。この解釈をめぐって，ⓒ電気以外のエネルギーは財物でないとする説，ⓓ注意的規定であるから，管理可能なもの一般が財物に当たるとする説に分かれている。

思うに，刑法が「みなす」としているのは，元来，財物でないものを刑法上の保護の必要性，処罰の妥当性の見地から財物として擬制しているものである。したがって，245 条の趣旨は，財物を原則として有体物に限るものとし，ただ，例外的に電気を財物として取扱うものとしたにすぎないと解すべきである。それゆえ，電気と同様に物理的に管理可能であっても，熱気や冷気などのエネルギーは財物に含まれないことになる。245 条は横領の罪，盗品等に関する罪および毀棄の罪には準用されないから，これら各罪について，電気はその客体とはならないと解する。

㈠　**情報の財物性**　財産的価値を有する企業の秘密については，ノウ・ハウ自体は，いずれの立場を採っても財物ではないが，それを記録した文書，磁気テープ，フロッピー，フォト・コピー等は情報が化体したものとしての財物である（東京地判昭 40・6・26 下刑集 7・6・13・19，東京地判平 9・12・5 判時 1634・155）。

㈡　**動産・不動産**　財物は動産と不動産（民 86 条 1 項）に分かれる。不動産は，窃盗罪，強盗罪の客体にはならない。これらの罪では「占有を侵して持ち去る」点に本質があり，その客体は性質上可動性が必要であるとともに，不動産は，その占有を侵害されても，その位置が変わるものではなく，被害回復の点で動産とは著しく異なるからである。学説上はかつて，不動産に対する占有侵害においても動産と同様の可罰性が認められるとの理由から，不動産窃盗の成立を肯定する見解が有力であった。しかし，1960（昭和35）年の刑法一部改正に際して不動産侵奪罪（235条の2）の規定が創設されたため，他人の不動産に対する侵奪行為が処罰されることになり，右の見解は立法的に解決されたのである。

㈤ **財産的価値**　財産罪の客体である以上，財物は財産的価値があることを要する。物の財産的価値については，ⓐ主観的・感情的な価値でも社会観念上刑法的保護に値するものであれば財物に当たるとする通説・判例（最判昭25・8・29刑集4・9・1585），ⓑその物が人の物質的，精神的な欲望を満足させうる性質のもので，その使用価値を金銭的に評価しうることをいうと解する説が対立している。

その物が客観的にみて売買等の交換価値を有するものでなくても，所有者・占有者にとって価値のある主観的価値があれば，財物として保護する必要があるから，恋人の手紙や写真も所有者にとって精神的欲望を満足させる価値を有する限り，不法な侵害から保護される必要があり，ⓐ説が妥当である。支払期日を10日経過した小切手法上無効の小切手であっても財物に当たる（最判昭29・6・1刑集8・6・787）。しかし，その価値が極めて低く，類型的に刑罰をもって保護する程度に達しないと判断されるときは，財産罪の客体とはならない。ポケットから汚れたちり紙13枚を窃取した事案について窃盗未遂とした判決は（東京高判昭45・4・6東時21・4・152），極めて微小な価値を有するにすぎない物は財物とならないとする趣旨を示したものといえるであろう。

㈥ **所有権の対象としての財物**　財物というためには，所有権の対象となりうるものでなければならない。

(a) **無主物**　有体物であっても，空気，自然水，海中の魚，鳥獣保護区域内の鳥獣，河川敷内の砂利（最判昭32・10・15刑集11・10・2597）などは，所有権の対象となっていないから財物ではない。しかし，それらが採取などの行為によって人の所有に帰属したときは，財産罪の客体となる。人間の生体または死体それ自体は，所有権の対象とはなりえない。ただし，例えば，髪を切り取った場合など，生体・死体からその一部を分離した物が誰かの所有に帰属した以上は財物となる。精子・卵子，受精卵（胚），血液，組織，臓器も財物となりうる。また，死体を埋葬した後に，文化財として保存されるような場合，あるいは医学上の標本としての死体やミイラなどのように葬祭・礼拝の対象としての性質を失い，何人かの所有に属するに至ったときは，財物となりうる。

(b) **葬祭対象物**　葬祭対象物としての死体，遺髪，遺骨または棺内収納物は，客観的に財産的価値を有している物であっても，財産罪の客体にはならないと解すべきである（大判大4・6・24刑録21・886，東京高判昭27・6・3高刑集5・6・938）。学説上は，葬祭対象物，特に棺内収納物を窃取したときは，190条の罪と窃盗罪との観念的競合になるとする見解が有力である。埋葬に供された「物」はすでに実質上所有権が放棄されていると解すべきであり，死体等は190条によって保護されれば足りる。ただし，他人所有の墳墓に埋納された物であって棺内蔵置物に当たらないものは，財物であるとする判例がある（大判大8・3・6新聞1547・19）。

(c) **禁制品**（＝法禁物）　覚せい剤，麻薬，阿片，銃砲刀剣類のように，法令上私人による所有・占有が禁止されている物をいう。法禁物も，その没収には一定の手続を必要とするから，法律上の没収手続によらなければ没収されないという限度で，その財物性を認めるべきである（最判昭24・2・15刑集3・2・175）。

(2) 財産上の利益　財物以外の財産上の利益の一切をいい，積極的財産の増加であると，消極的財産の減少であるとを問わず，また一時的利益であってもよい。行為者が財産上の利益を侵害し，利益を取得する態様としては，およそ次の3つの場合がある。

第1は，相手方に一定の財産上の処分をさせる場合であり，例えば，債権者を欺いてみずから負担している債務を免除させたり，債務の履行期限を延期させる場合である。第2は，相手方に対して一定の労務（役務）を提供させる場合であって，例えば，タクシーや列車に乗車して運行させる場合である。第3は，相手方に一定の財産上の意思表示をさせる場合であり，例えば，暴行・脅迫を加えて土地所有権移転の意思表示をさせるとか，あるいは被害者に債務の負担を約束させる場合である。

3　財産罪の保護法益

(1)　財産の意義　財産罪の保護法益は，個人の財産である。財産とは，個人に帰属する経済的に価値のあるものの総称であるが，刑法上の財産の意義をめぐっては，法律財産説，経済財産説および法律・経済財産説の対立がある。ⓐ法律財産説は，法律上保護される利益すなわち民事法上の個々の権利――財産権をもって刑法上の財産とする説であり，民事法上正当な所有物・占有物または法律関係（債権・債務関係）に基づく財産上の利益のみが刑法上の財産であるとする。ⓑ経済財産説は，経済的利益それ自体をもって刑法上の財産とする説であり，事実上の所有物・占有物または財産上の利益も刑法上の財産であるとする。ⓒ法律・経済財産説は，一応民事法上適法な外観を有する所有物・占有物または経済的利益を刑法上の財産であるとする。

刑法の目的が法益保護を通じて社会秩序を維持することにある以上，法秩序によって承認される利益，すなわち民事法上保護される利益のみを保護すべきであるとする法律財産説が基本的に正しい。しかし，取引関係が複雑化した現代社会においては，行為時点での権利・義務関係の確定は必ずしも容易でなく，もし，刑法が民事法上保護される利益のみを保護するというのであれば，かえって，民事法上正当な利益を保護しえない事態を招くであろう。したがって，事実上法の直接の非難を受けずに存在している利益，すなわち一応適法な経済的利益が存在すると認められる限り，その利益は保護する必要が生ずるから，法律・経済財産説をもって妥当と考える。

(2)　財物罪の場合　財物罪は，既述のように，財物を客体とする財産罪をいうが，そのうち占有の移転を伴う窃盗・不動産侵奪，強盗，詐欺および恐喝が奪取罪である。この奪取罪における占有とは，個々の物に対する事実上の支配（所持）をいうとするのが判例の立場である（最判昭32・11・8刑集11・12・3061）。

㋐　学　説　奪取罪の保護法益については，ⓐ所有権その他の本権（賃借権，質権など）であるとする本権説，ⓑ事実上の占有（所持）であるとする占有説，ⓒ一応適法な占有とする平穏占有説とが対立している。問題となるのは，被害者の所持が違法である場合にも奪取罪が成立するか否かにある。例えば，窃盗犯人が不法に占有している盗品を被害者ないし第三者が窃取した場合，窃盗罪が成立するかどうかである。私見の従う法律・経済財産説によれば，民事法上正当な権限に基づくものかどうかはともかく，一応，適法な外観を有する所持（いわゆる「平穏な占有」）が奪取罪の保護法益となる。

刑法 242 条は，自己の財物であっても「他人が占有」しているときには，「他人の財物とみなす」と定めている。ここでいう「占有」が事実上の占有であるとすると，窃盗犯人を誰何し追跡する被害者が犯人から盗品を取り戻す行為は，奪取罪の構成要件に該当することになり，明らかに不法な占有を保護することになるであろう。刑法 242 条の「占有」は，「平穏な占有」と解すべきなのである。

(イ) 判　例　大審院は，本権説の立場を採っていたが（大判大 7・9・25 刑録 24・1219），最高裁は，社会の法的秩序維持という観点から，隠匿物資である元軍用アルコールを騙取した事案につき，刑法上所持を禁じられている場合でも「社会の法的秩序を維持する必要上物の所持という事実上の状態それ自体が保護され」なければならないとして，詐欺罪の成立を認めた（最判昭 24・2・15 刑集 3・2・175）。そして，最判昭 34・8・28（刑集 13・10・2906）は，本権説に立つ判例の立場を明示的に変更して，法令上禁止されている年金証書を借金の担保として差し入れ，それを欺罔して取り戻した事案につき，証書の所持自体は保護されなければならないとして詐欺罪の成立を認めた。こうした占有説に立つ最高裁の立場は，今日まで維持されているのである（最決平成元・7・7 刑集 43・7・607）。

(ウ) 私　見　平穏占有説に従えば，例えば，窃盗犯人が平穏に所持する盗品も「他人の占有」する財物に当たるから，本権者が窃盗等の手段を用いてそれを取り戻す行為，あるいは第三者がさらに盗品等を窃取する行為は，窃盗罪の構成要件に該当する（前掲最判昭 34・8・28）。しかし，奪取罪の保護法益は，元来所有権その他の本権であるから，事後的に本権の存在が明らかになり，権利行使として占有を取り戻すための行為の必要性・緊急性，手段の相当性などが認められるときは，自救行為ないし社会的相当性の見地から，違法性が阻却されると解する（前掲最決平元 7・7）。

(3) 利得罪の場合　利得罪においても，被害者の側に違法な事情がある場合の利得罪の成立が問題となる。例えば，覚せい剤の代金の支払いを免れるために売人を殺害した場合（最決昭 61・11・18 刑集 40・7・528），あるいは，詐欺賭博により金銭の支払い債務を負わせた場合などである（最決昭 43・10・24 刑集 22・10・946）。法律財産説によれば，いずれの場合も被害者の財産は保護されないから，強盗利得罪，詐欺利得罪は成立しないことになろう。これに対し，経済財産説に立てば，双方とも経済的利益の侵害は明らかであるから，利得罪の成立は論を待たない。一方，法律・経済財産説においては，先の覚せい剤の取引や賭博による債務の負担は，いずれも当事者の意思に基づく経済的利益として，民事法上一応理由のある利益と考えられる。

判例は，おそらく経済財産説にたって，経済的利益が認められる限り法の保護に値すると考えているようであるが，詐欺的手段を用いて売春させ，約束した売春代金の支払いを免れた例について，詐欺利得罪の成立を否定するもの（広島高判昭 43・12・24 判タ 229・264，札幌高判昭 27・11・20 高刑集 5・11・2018）と肯定するもの（名古屋高判昭 30・12・13 裁特 2・24・1276）とが対立している。法律・経済財産説に立てば，民法上の取引に基づく利益であるから，売春代金についての債権は保護に値する利益とすることができ，肯定説が妥当である。

4　不法領得の意思

(1) 意　義　財物罪においては，その成立に不法領得の意思が必要である。不法領得の意思とは，権利者を排除して，他人の物を自己の所有物として，その経済的用法に従い，利用処分する意思をいう（大判大 4・5・21 刑録 21・663）。不法領得の意思は，①権利者を排除して処分する意思（処分する意思），②経済的用法に従って利用する意思（利用する意思）に分かれる。財物罪は故意犯であるから，構成要件の要素として故意を必要とするのは当然である。しかし，故意以外に主観的構成要件要素として，このような不法領得の意思を必要とするかについて，①窃盗罪等の領得罪の主観的要素としてこれを必要であるとする必要説，②主観的要素としては故意で足りるとする不要説が対立している。わが刑法は，ドイツ刑法（242 条，249 条）のように不法領得の意思を明文で認めていないから，解釈論としてはいずれも可能であるが，次の2つの根拠により，必要説が妥当である。

第1に，財物罪の本質が究極において所有権その他の本権の侵害にある以上，所有権を侵害する態様で行われる必要があるから，その主観的要件としては単なる占有侵害の意思では足りず，それに伴って所有権者（本権者）として処分する意思が必要になる。したがって，このような領得の意思を欠く占有侵害（いわゆる使用窃盗）は，窃盗罪にはならないのである。本権者として処分する意思は，所有権その他の本権に対する侵害または危険性を基礎づける主観的要件（超過的内心傾向）として領得罪の構成要件要素となるものであり，この意思がなければ，一時的な占有侵害は本権に対する侵害の危険を生ぜしめないという意味で，その法的性格は主観的違法要素である。

第2に，窃盗罪と器物損壊罪とは，財物の占有ないし所有権の侵害という点では同一（ないし後者のほうが大）であるにかかわらず，現行法が窃盗罪の方を重く罰しているのは，毀棄・隠匿の意思で占有を侵害する場合よりも，財物を利用処分する意思で侵害する場合の方が，類型的に責任が重いという根拠に基づいていると考えられる。利用する意思は，領得罪の利欲犯的性質のために類型的に責任を重くする事由として構成要件に入れられたものであり，その法的性質は責任要素である。

利用する意思は，領得罪と毀棄・隠匿の罪との区別に必要な主観的要素であるから，必ずしも経済的利得の意思であることは必要でなく，専ら財物を毀棄・隠匿する意思以外の意思，すなわち財物から生ずる何らかの効用を享受する意思があれば足りる。

(2)　一時使用と不法領得の意思　一時使用とは，他人の財物を一時使用した後に返還する意思でその占有を侵害することをいう。例えば，返還する意思で自動車を無断で乗り廻す場合がこれに当たる。一時使用については，使用窃盗として窃盗罪の成否が問題となるが，理論的には強盗罪などの窃盗罪以外の奪取罪についても問題となる。

(ア)　学　説　一時使用については，ⓐ占有取得が認められる以上奪取罪の成立を認めるべきであるとする説，ⓑ可罰的な占有侵害が認められない限り不可罰であるとする説，ⓒ占有侵害が認められても利用する意思が認められない限り奪取罪は成立しないとする説（大判大9・2・4刑録26・26，最判昭32・3・19裁判集刑118・367）などが主張されている。

一時使用目的による占有の取得も，それが所有権その他の本権の侵害を伴う態様において行われた場合は単なる一時使用ではないから，必要説に立っても奪取罪の成立が認められる。なぜなら，本権の侵害を伴う態様の財物の一時使用目的による占有侵害には，権利者を排除して，自己の所有物として占有を取得する意思すなわち不法領得の意思を認めうる場合があるからである。問題は，不法領得の意思の内容いかんにあるが，所有権またはその他の本権を有する者でなければ使用できないような態様において利用する意思，具体的には，当該財物を利用する場合には，社会通念上使用貸借または賃貸借によらなければ使用できないような形態において財物を利用する意思が認められるときは，不法領得の意思があると解してよい。

不要説は，例えば，広場に置いてある他人の自転車に乗ってその広場を1周する無断一時使用の場合は可罰的な占有侵害に当たらないから不可罰であり，「どれだけの財物の利用が客観的に妨げられたか」によって判断すべきであるとするが，この場合にも占有が侵害されていることは否定できないであろう。また，無断一時使用の可罰性の程度の判断も，窃盗罪が状態犯である以上は，占有の奪取時になされる必要があるから，その時点での意思の内容で判断せざるをえないのであり，使用窃盗を一定の範囲で不可罰とする限り，主観的違法要素としての不法領得の意思を否定することはできないのである。

(イ) **判　例**　判例は，窃盗罪の成立には，故意の外に不法領得の意思を必要するが，「領得の意思とは，権利者を排除して他人の物を自己の所有物としてその経済的用法に従いこれを利用若しくは処分する意思をいう」としている。そして，返還意思がある場合は不法領得の意思がないとして，使用窃盗の可罰性を否定してきた。しかし，最決昭和43年9月17日（判時534・85）は，自動車を夜間無断で使用し，これを翌朝までに元の位置に戻しておく行為を反復した事案につき「窃盗品の運搬に使用したり，あるいは，その目的をもって，相当長時間にわたって乗り廻しているのであるから，たとえ，無断使用した後に，これを元の位置に戻しておいたにしても，被告人らに不正領得の意思を肯認することができる」として窃盗罪の成立を認めている。なお,「元の場所に戻しておくつもりで」約四時間余り他人の自動車を無断で乗り廻した場合に不法領得の意思を認めたものとして最決昭和55年10月30日(刑集34・5・357)がある。

一方,東京地判昭和55年2月14日(刑月12・1=2・47)は,会社の機密資料を社外に持ち出してコピーを作成し,約2時間後に原本を元の保管場所に戻した事案につき,右資料の経済的価値である記載内容自体をコピーして転職後の会社に譲り渡す意図で利用することに不法領得の意思を認めて窃盗罪が成立するとした。札幌地判平成5年6月28日(判タ838・268)は,住民基本台帳閲覧用マイクロフィルムを借り出し,区役所外に短時間持ち出してフィルムを複製したうえ返却した行為を窃盗罪としている。

(3) 領得罪と毀棄・隠匿の罪との区別　利用処分する意思は,領得罪(⇨130頁 *1* (2))と毀棄・隠匿の罪とを区別するために必要となるものである。それゆえ,専ら毀棄・隠匿の意思で占有を侵害する場合を除き,利用処分する意思を認めて差し支えない。市議会議員の選挙の投票用紙を投票に利用する目的である場合(最判昭33・4・17刑集12・6・1079),趣味を満足させるための下着の窃盗の場合(最判昭37・6・26裁判集刑143・201),いずれも不法領得のの意思を認めてよい。これに対し,犯行の発覚を防ぐため腕時計等を投棄しようとしてこれらを死体から取りはずした場合(東京地判昭62・10・6判時1259・137),自己に覚せい剤事犯の累が及ぶのを恐れ,廃棄する意思で覚せい剤を取り上げた場合(福岡地小倉支判昭62・8・26判時1251・143),何らかの目的をもってその財物の占有ないし所有を侵害しても,専ら毀棄・隠匿する意思であるときは,不法領得の意思は認められない(最決平16・11・30刑集58・8・1005)。

(ア) 不要説からの批判　利用処分する意思が領得罪の成立にとって必要であるとする説に対しては,毀棄・隠匿の意思で他人の財物の占有を取得した者が,毀棄・隠匿の行為に出なかった場合は不可罰とせざるをえず,被害者の保護に欠けるから妥当ではないとする批判がある。隠匿の場合は財物の占有を取得した段階で隠匿の実行の着手があり,これを領得しても隠匿の罪の成立を認めうるから実際の処理上不都合はないが,毀棄の場合には,①毀棄の故意で，例えば絵画を奪取したが毀棄せずに放置しておく行為，②毀棄の故意で絵画を奪取したが後に領得の意思を生じそれを売却する行為については，奪取の段階で毀棄の実行の着手を認めることができず，不可罰とせざるをえないのではないかというのである。

①の場合，毀棄せずに放置していたにすぎない以上は不可罰とせざるをえないというが，隠匿も損壊に含まれるとするのが通説・判例であり，隠匿の故意がある以上は器物損壊罪で処罰しうるのであるから，上の批判は誤解に基づくといってよいであろう。一方，奪取後に利用する意思を生じた②の場合も，すでに器物損壊罪が成立しているのであり，また，委託に基づかずに占有している他人の物を領得する行為に当たるから，遺失物等横領罪の成立も免れないと解すべきであり，処罰の間隙は大きくない。そして，㋑占有侵害とその認識がある以上窃盗罪が成立するものとすれば，毀棄・隠匿の成立範囲が不当に狭くなること，㋺領得罪と毀棄・隠匿の罪とを分ける要素は利用・処分する意思のみであること，㋩不要説を採ると，信書隠匿罪においては占有を侵害して隠匿するのが普通であるから常に奪取罪が成立することとなり，同罪の成立する場合がほとんどなくなることなどから，利用処分する意思によって領得罪と毀棄・隠匿の罪とを分ける説が妥当である。

(イ) 判　例　利用処分する意思に関するリーディング・ケースは前掲大判大正4年5月21日であり，校長を困らせる意図で教育勅語を学校の天井裏に隠匿した行為は「単に物を毀壊又は隠匿する意思」が認められるにすぎないから窃盗罪にはならないと判示した（なお，前掲最決平16・11・30参照）。判例は，その後一貫してこの立場を採っている。例えば，広島地判昭和50年6月24日（刑月7・6・692）は，刑務所に入る目的で音楽テープを盗んだ事案につき「経済的用法に従って利用・処分する意思は全く認められない」とし，前掲福岡地小倉支判昭和62年8月26日は，自己に覚せい剤事犯の累が及ぶのを恐れ，覚せい剤を取り上げ廃棄する意思で暴行を加え傷害を負わせた事案につき，「領得後自己らの用に供し，あるいは他に譲渡することなく廃棄するとの意思は，不法領得の意思には含まれない」と判示して，強盗罪の成立を否定した。また，前掲東京地判昭和62年10月6日は，「被告人らが腕時計の占有を約2時間にわたり継続したのも専ら死体と一緒に運ぶためであった」と判示して，窃盗罪の成立を否定している。いずれも妥当な判断といってよいであろう。

◈【問　題】

(1) Xは，午前0時頃，エンジンキー付きで駐車場に駐車してあった甲所有の普通乗用車（時価300万円相当）を，午前5時30分頃迄には元の場所に戻しておくつもりで，甲に無断で乗り出し，市内を乗り回していたところ，午前4時頃，無免許運転で検挙された。Xの罪責はどうか（前掲最判昭55・10・30参照）。

(2) ホームレスのXは，寒さに耐え切れなくなったので，正月を留置場で過ごそうと考え，Aカメラ店から店員に気付かれるように高級カメラを持ち出したが，店員に捕まらなかったので，近くの交番に盗んだカメラを持って出頭し，逮捕された。Xの罪責はどうか。

II　窃盗の罪

1　総　説

窃盗の罪は，他人の財物を窃取する犯罪である。本罪は，財物罪に属するものであり，他人の動産を盗み取る場合が窃盗罪（235条）であり，他人の不動産を奪う場合が不動産侵奪罪（235条の2）である。刑法は，第2編第36章「窃盗及び強盗の罪」として窃盗罪と強盗罪とを同じ章に規定している。これは，両者とも他人の所有する物を盗み取る点で共通するからであるが，本書では窃盗の罪と強盗の罪を分けて述べる。

2　窃盗罪

235条（窃盗）　他人の財物を窃取した者は，窃盗の罪とし，10年以下の懲役又は50万円以下の罰金に処する（未遂は，罰する―243条）。

(1)　客　体　財物のうち不動産は不動産侵奪罪の客体となるから，窃盗罪の客体は，他人の占有する他人所有の動産である。自己の動産であっても，他人が占有し，または公務所の命により看守するものであるときは，本罪の客体となる（刑242条）。

(ア) 占有の意義　窃盗罪は，他人の意思に反して，その財物の占有を奪う点に特質があるから，被害者に占有がなければ成立しない。したがって，窃盗罪の客体は，他人の占有する財物でなければならない。盗取罪にいう「占有」は，財物に対する事実上の支配を意味する。事実上の支配が認められるためには，客観的には他人の支配を排除する状態すなわち排他的支配を必要とし（大判大4・3・18刑録21・309），主観的には，排他的支配の意思すなわち占有の意思を必要とする。

財物の占有については，①占有の有無・限界，②占有の帰属が問題となる。①は，財物を不法に領得した場合に，占有の有無によって窃盗罪になるか遺失物等横領罪になるかが決まるから，占有は両者を区別するものとして重要となる。②は，例えば，財物の共有者が他の共有者に無断で領得したというように，財物の占有に複数の者が関与している場合に，その財物の占有が誰に帰属しているかによって，窃盗罪になるか委託物横領罪（252条）になるかが決まるから，占有の帰属は両者を区別するものとして重要となる。

(a) 事実上の支配――占有の有無　奪取罪における占有が認められるためには，①客観的な要件として財物に対する事実上の支配，②主観的な要件としての財物を支配する意思が必要である。占有の主体が存在しないところに占有はありえないから，占有の要素として占有意思が必要なことは当然である。しかし，窃盗罪で要求される占有は，他人が支配しようとするものを排除する状態にあることを意味するから，原則的には客観的に定められるものであって，占有者の個別的な支配意思は，事実上の支配が明確にならないときに，補充的に考慮すべきものである。したがって，「占有」とは，占有の意思を考慮して，社会的観点から誰かの支配に属していると見られる状態，すなわち社会通念上財物が人の事実上の支配に属している状態をいう。

(i) 支配領域内にある場合　事実上の支配は，典型的には，占有者の物理的支配力の及ぶ場所すなわち排他的支配領域において認められる。排他的支配領域内にある財物は，握持または監視されていなくても，その者の占有に属する。例えば，自宅に置いてある財物は，その者が留守であり，また，たとえその所在を忘れていても占有は認められる（大判大15・10・8刑集5・440）。他人が置き忘れていった財物，留守中に配達された郵便物でも自宅内にある以上は，それを第三者が領得すれば窃盗罪になるのである。

ある者が占有を失っても，その財物が建物等の管理者など第三者の占有に移る場合には，その者の支配領域内にあるから事実上の支配を認めて差し支えない。例えば，旅館内の風呂場に置き忘れた物の占有は旅館の主人の占有に属し（大判大8・4・4刑録25・382），ゴルフ場内の池の中のロストボールはゴルフ場の管理者の占有に属するのである（最決昭62・4・10刑集41・3・221）。しかし，列車内の忘れ物のように，乗客の乗降が激しく，車掌の実力的支配が及ばないような場所に在るときは，事実上の支配を認めることはできず，それを領得しても遺失物等横領罪が成立するにとどまる（大判大10・6・8刑録27・545）。

支配領域内にあっても，物理的支配力が及ばない物については，事実上の支配を認めることはできない。たとえば，河川の砂利（最判昭32・10・15刑集11・10・2597），海中の岩石に付着する海草（大判大11・11・3刑集1・622）は，「動く物」であるため占有の対象にならない。これに対し，支配領域外にあっても，所有者の支配領域内の場所に帰って来る習性を有する動物は，物理的支配力が及ぶ物としてよいであろう。判例は，放し飼いにしているが夕方には家に帰る習性を有する犬につき，支配を及ぼしうべき地域外に出ていても所持を離れていないとして占有を認めているが（最判昭32・7・16刑集11・7・1829），むしろ物理的支配力内にあるものとして占有を認めるべきであろう。また，最高裁は，バスの改札口で行列しているうちにカメラを置き忘れたが，すぐに気付いて引き返したところすでに持ち去られており，その距離は約20メートル，時間にして5分であったという事案につき占有を認めて窃盗罪としたが，行列の移動中に置き忘れたという状況のもとでは，排他的支配が継続していたとみて差し支えないであろう（最判昭32・11・8刑集11・12・3061。なお，東京高判昭和30・3・31裁特2・7・242〔電報を打つため約10分間離れた事例〕）。

これに対し，駅の窓口に財布を置き忘れ，1～2分後に15～16メートルのところで引き返した事例につき，被害者の占有があるとした判例（東京高判昭 54・4・12 刑月 11・4・277）は，疑問である。いったんはその場を離れたのであるから，支配の継続は認められないと考える。公園のベンチ上に置き忘れられたポシェットを持主が 27 メートル離れたところで取得した場合を窃盗に当たるとした判例（最決平 16・8・25 刑集 58・6・515）も，妥当でない。単に時間的・場所的接着だけを根拠とするのではなく，排他的支配が継続していたかどうかを問題とすべきなのである。その意味で，スーパーの 6 階ベンチに置き忘れた財布を地下 1 階で思い出して取りに帰った事案（その間 10 分）につき，占有を否定した判例のほうが妥当である（東京高判平成 3・4・1 判時 1400・128）。排他的な支配領域内にあれば事実上の支配は当然認められるから，主観的な占有の意思は考慮に値しない。

(ii) 支配領域外にある場合　排他的な支配領域の外にある物であっても，事実上の支配を認めるべき場合がある。①自宅前の道路に置いてある自転車（福岡高判昭 30・4・25 高刑集 8・3・418），②見張りの人のいない堂のなかに置いてある仏像（大判大 3・10・21 刑録 20・1898），③公設または事実上の自転車置場に置いてある自転車（福岡高判昭 58・2・28 判時 1083・156），④関東大震災の際に，公道に布団などの荷物を一時おいて避難した場合（大判大 13・6・10 刑集 3・473）は，具体的状況に照らし，社会通念上誰かの支配に属していると推認できるから，占有を認めてよいであろう。ただし，この推認は，そのような場合は誰かがその場所に意識して置いていたという占有の意思を前提とするものであるから，所有者が放置しておいたにすぎないというように，被害者に占有の意思がないときは，事実上の支配を認めることはできない。

(b) 占有の意思　占有が認められるためには，事実上の支配と支配意思すなわち占有の意思とが必要となる。占有の意思とは，財物を事実上支配する意欲または意思である。この意思は，法律上の効果を発生させる意思ではないから，幼児または心神喪失者も事情によっては占有者となりうる。必ずしも個々の財物に対する個別的かつ具体的な支配意思であることを要しない。例えば，家屋の敷地内にあるすべての物に対するように包括的または抽象的な意思で足りる。占有者において，必ずしも不断に意識されていることも必要としない。財物に対する事実的支配が明確であれば，睡眠中であっても占有の意思は認められる。これに対し，公園のベンチに置いてあるカメラのように，事実的支配が不明瞭である場合には，その所有者が事態を認識していたというような積極的意思の存在を必要とする。

(c) **占有の主体**　自然人であると法人であるとを問わない。自然人の場合には，いやしくも財物を事実上支配する意思を有するものである以上，すべて占有の主体となりうる。意思能力のない者ないし責任無能力者であってもよい。死者の占有をいかに取扱うべきかについて，①人を殺害した後に財物奪取の意思を生じて財物を奪った場合，②人の死亡とは無関係の者がその者の生前占有していた財物を領得した場合が問題となる。

①について，ⓐ占有離脱物横領罪説，ⓑ窃盗罪説，ⓒ強盗罪説が対立し，ⓑ説においては，㋑死者の占有それ自体を保護するという説，㋺被害者を死に致した犯人との関係では時間的・場所的に近接した範囲内において生前の占有を保護するという説，㋩死亡後もその物が社会観念上他人の支配を排除する状態に置かれていると認められる限り窃盗として保護されるとする説が対立している。

思うに，占有の主体が死亡して存在しなくなった以上は，財物の占有は消失したのであり，殺害直後に生前の占有物を取り去る場合であると，時間を経過した後にその財物を取り去る場合であるとを問わず，占有の侵害はないと解する。また，死者が生前住居として使用していた場所から物を不法に持ち出した場合においても，それが他の者によって現に占有されているという事実がない限り，遺失物等横領罪が成立するにすぎない。判例は，強制性交の後に殺害し，さらにその犯行を隠すため穴を掘って死体を埋める際に死体から腕時計を取得した事案につき，「被害者からその財物の占有を離脱させた自己の行為を利用して右財物を奪取した一連の被告人の行為は，これを全体的に考察して，他人の財物に対する所持を侵害したものというべきである」（最判昭41・4・8刑集20・4・207）としているが，妥当でない。

(d) **占有の帰属**　財物の占有に複数人が関与している場合，そのうちの誰に占有が帰属するかによって，委託物横領罪と窃盗罪のいずれが成立するかの区別がつけられる。

(i) **複数の者が占有している場合**　典型的なものは，共同占有の場合である。共有物を共同で保管している場合には，占有は共同者全員に帰属するから，その一部の者が他の共有者の同意を得ないで領得した場合は，窃盗罪が成立するのである（大判大8・4・5刑録25・489）。上下主従関係の場合，例えば，店舗で物品を販売する店員が店主に無断で商品を領得する行為（大判大7・2・6刑録24・32，大判大3・3・6新聞929・29〔雇人による領得〕），倉庫係員が倉庫に保管されている他人の財物を領得する行為（大判昭21・11・26刑集25・50）は，店員や倉庫係員は単なる占有補助者ないし監視者にほかならないから，横領罪ではなくて窃盗罪に当たるのである。ただし，下位者が現実に財物を支配し，かつ，ある程度の処分権を有する場合は，下位者に占有が認められる。

(ii) 封緘委託物の場合　封緘をした包装物の占有が委託者・受託者のいずれに属するかについては争いがある。例えば，施錠してあるトランクを委託された者が鍵をあけてその内容物を領得する場合，郵便集配人が集配中の封書から現金を抜き取る場合について，学説は，ⓐ包装物全体の占有は受託者に帰属しているが中身は委託者に帰属するとする説，ⓑ包装物全体と中身とを分けずに全体につきその占有は委託者に属するとする説，ⓒ包装物の中身も含め占有は受託者に属するとする説に分かれる。

判例は，トランクないし郵便物自体の占有は受託者・郵便集配人にあるが，在中物の占有は鍵や封が施されている以上，委託者ないし発送人にあり，在中物の抜き取り行為は窃盗であるとし（大判明45・4・26刑録18・536。なお，最決昭32・4・25刑集11・4・1427），封を切らずに配達中の郵便物を着服した場合には業務上横領罪が成立する（大判大7・11・19刑録24・1365，東京地判昭41・11・25判タ200・177）としている。その趣旨は，封や鍵が施してある以上，在中物の占有は委託者にあるが，トランク，郵便物自体の占有は現実にそれを支配している者にあるとする点にある。封緘により内容を披見することが禁じられている以上，内容に対する事実上の支配は，受託者を手段として委託者側に留保されているとみるべきである（東京高判昭59・10・30刑月16・9＝10・679）。

(2) 行　為　本罪の行為は，窃取である。窃取とは，占有者の意思に反して財物に対する占有を排除し，目的物を自己または第三者の占有に移すことをいう。自己または第三者の支配内に目的物を移すことを要するから，例えば，他人の占有する池の鯉を川に逃がす場合のように，占有を移す行為がなければ窃取行為ではない。窃取は，必ずしも「ひそかに取る」ことを要しない（最決昭32・9・5刑集11・9・2143）。

窃取の方法・手段には制限がなく，間接正犯として，例えば，是非弁別能力のない幼児を機械のように使って窃取してもよい（大判明37・12・20刑録10・2415，最決昭58・9・21刑集37・7・1070）。また，顧客を装い商品の衣類を試着したまま便所に行くといって逃走した場合，自動販売機に金属の破片を入れて商品を取り出した場合のように詐欺行為を手段とする場合でも，被害者の意思に反して財物の占有を取得すれば窃盗罪を構成するのである。（広島高判昭30・9・6高刑集8・8・1021）。磁石を用いてパチンコ機械から玉を取る行為も窃取である（最決昭31・8・22刑集10・8・1260）。キャッシュカード・電磁的記録部分を不正に作出して，現金自動預払機（ATM）に挿入して現金を引き出す行為も窃盗である（東京地判平元・2・22判時1308・161）。

(3)　着手時期　窃盗罪の未遂は罰せられ（243条），予備は罰せられないから，特に実行の着手時期が重要となる。窃取行為の着手時期は，形式的には占有侵害行為の開始時期をいう。どの時点で侵害行為があったとみるべきかの判断には若干の困難が伴うが，財物の性質，形状および行為の態様を考慮して，特別の障害がない限り他人の財物を自己の占有下に移すことが経験則上一般に可能となる時点，すなわち結果発生の現実的危険が発生したと認められる時点をもって実行の着手とすべきである。

判例は「他人の財物に対する事実上の支配を侵すに付き密接なる行為」をしたときに窃取行為の開始があったと解している（大判昭9・10・19刑集13・1473，最判昭23・4・17刑集2・4・399。なお，最判昭40・3・9刑集19・2・69）。この判断基準は，実質上結果発生の現実的危険が発生した時点をもって実行の着手に当たると解する見解と同じである。それゆえ，財物の物色行為やすりが金品の存在を知ってポケットの外側に手を触れる行為（いわゆる「あたり行為」）も，場合によっては実行の着手となりうる（最決昭29・5・6刑集8・5・634）。土蔵など内部に財物があるにすぎないような場所では，侵入行為があれば着手があるといってよい（名古屋高判昭25・11・14高刑集3・4・748）。同様に，車両内の金員を窃取する目的で，施錠されていた乗用車のドアガラスを破壊した時点で実行の着手が認められる（東京地判平 2・11・15 判時 1373・145）。これに対し，窃盗目的で住居に侵入しても，家人がその場所に居住している場合には，その時点では直ちに占有侵害の現実的危険は生じないから，窃盗の予備段階にすぎず，住居侵入罪のみが成立するにすぎない。

(4) 既遂時期　窃盗罪の既遂時期に関して，かつて学説は分かれていたが，先の窃取の定義に従う以上は，窃盗は占有を取得したときに既遂に達するとする取得説が妥当である（最判昭 23・10・23 刑集 2・11・1396）。既遂時期の判断においても，実行の着手におけると同様に，財物の性質・形状，財物に対するそれまでの他人の占有状況，さらに窃取行為の態様を考慮して具体的に判断する必要がある。例えば，住居・店内からの窃取の場合は，財物に対する占有者の支配力は強いから，目的物が小さい場合でも，容易に占有を設定できる物であるときを除き，原則として屋外への搬出が必要となる。これに対し，支配力の弱い留守宅のような場合には搬出の準備があれば既遂となる。倉庫の場合でも監視の程度によって同じように考えられる。

(5) 共罰的事後行為　窃取行為が既遂に達した後に，犯人が被害者に窃取した財物を返還しても犯罪の成立には関係がない。また，窃盗罪は状態犯であるから，既遂に達しても違法状態がつづくのであり，犯人が目的物を使用・処分しても，それが窃盗罪によって評価される範囲にあるときは別罪を構成しない。それゆえ，窃盗による領得物は刑法 256 条の「盗品等」となるが，窃盗犯人が盗品を保管したり運搬するなどの行為は処罰されず，それらはいわゆる共罰的事後行為（不可罰的事後行為）となる。

しかし，例えば，預金通帳と印鑑を盗んだ後に，これらを用いて銀行等を欺いて金銭の払戻しを受けたときは，新たに銀行等の法益を侵害し，窃盗罪によって評価される範囲を逸脱する行為となるから詐欺罪となるのである。なお，この場合の罪数関係につき，窃盗罪と詐欺罪とは牽連犯になるとする見解もあるが，2 つの罪は必ずしも牽連関係にあるとはいいがたく，両罪は併合罪である（最判昭 25・2・24 刑集 4・2・255）。

(6) 罪数・他罪との関連　財産罪の保護法益は，生命・身体等の罪のように一身専属的ではないから，罪数は被害法益の数を基準とするのではなく占有侵害の個数を基準として確定される。例えば，数人の所有物である数個の財物を1人が占有している場合において，1回の行為でこれを全部窃取したとしても一罪の窃盗罪である。また，これを時間的に接続して数回にわたって窃取しても包括して一罪になる。これに対し，マンションに侵入して数個の家庭から同一機会に財物を窃取すれば，占有侵害は各家庭の財物ごとに行われるから，数罪が成立して併合罪の関係に立つ。

侵入窃盗と住居侵入罪との関係は典型的な牽連犯の事例となっているものである。窃取した財物を自己の物のように欺いて第三者から金員を交付させたときは，詐欺罪と窃盗罪との牽連犯になるとする見解もあるが，行為と結果との間に一般的な関係は認められないから，併合罪とすべきである（前掲最判昭25・2・24）。

3　不動産侵奪罪

235条の2（不動産侵奪）　他人の不動産を侵奪した者は，10年以下の懲役に処する（未遂は，罰する—243条）。

(1)　客　体　本罪の客体は，他人の占有する他人所有の不動産である。「他人」は，自然人であると法人であるとを問わない。本罪にも242条の適用があり，他人の占有に属し，または公務所の命令によって他人が看守している不動産は他人の不動産とみなされる。

不動産とは土地およびその定着物をいう（民86条1項）。土地は単に地面だけでなく，境界によって区切られた地上の空間および地下をも含む。定着物を動産化して領得すれば窃盗罪が成立する（最判昭25・4・13刑集4・4・544）。工場抵当法（14条）その他の法令によって不動産とみなされるものは，民法上の不動産規定を準用するためのものであるから，本罪の不動産には当たらない。法律上正当な権原に基づかなくても事実上他人が占有している限り，その不動産は本罪の客体となる。

(2)　行　為　本罪の行為は，侵奪である。侵奪とは，占有者の意思に反して他人の不動産の占有を排除し，その不動産に自己または第三者の占有を設定することをいう。「侵奪」という語は，不動産に対する占有の取得をいうのであり（民200条1項，201条3項），可動物件に関する「窃取」に対応する概念である。侵奪はその態様のいかんを問わず，占有の設定行為があれば足りる。土地の占有侵害の例としては，土地の上に恒久的建造物を構築する行為（大阪高判昭31・12・11高刑集9・12・1263），囲壁を設置して監視する行為，境界線を移動させて隣地を取り込む行為などがある。

建物の侵奪は，居住者を排除して立ち入りを不可能にするような方法で占有を設定する必要がある。ただし，他人の占有下にある土地・建物の全体に占有を及ぼす必要はなく（最決平11・12・9刑集53・9・1117），例えば，アパートの一室を占拠するのも侵奪である。自己の支配下に置かず，他人に占有を設定させるのも侵奪であり，例えば，他人の土地を自分の土地であると偽って第三者に売却または賃貸して，その土地に住居を建てさせる行為も侵奪である。侵奪は，他人の占有を排除することを必要とするので，例えば，賃貸期間が経過した後に，所有者の立ち退き要求に応じないで目的物である店舗を継続して占有しても，本罪を構成しない。

実行の着手時期は，権利者の占有を排除するための行為を開始した時である。例えば，境界線を移動させる行為や他人の土地内に建物を建設する行為が開始されれば実行の着手があったといってよく，それらの行為によって占有の設定が終了したとき既遂となる（最決昭42・11・2刑集21・9・1179）。

(3)　故意・不法領得の意思　本罪においても故意のほかに不法領得の意思が必要である。本罪の故意は，他人の占有する他人の不動産につきその占有を排除して自己または第三者の占有を設定することを認識し，行為に出る意思である。不法領得の意思は，所有権者もしくは賃借権・使用貸借権者として振舞う意思および利用処分する意思である。したがって，「空地を排水口として一時的に利用させてもらう意思」（大阪高判昭40・12・17高刑集18・7・877）では足りず，「或程度継続的に占有を奪う意思がなければ不法領得の意思があるとはいえない」（大阪高判昭41・8・9高刑集19・5・535）。他人の空き家で一夜をすごす意思，2，3日無断で他人の土地に天幕を張って演劇活動をする意思のように一時使用の目的に基づくときは（使用侵奪），不法領得の意思は認められない。

(4)　罪数・他罪との関連　他人の土地内の建物を侵奪した場合，建物とその敷地である土地双方の侵奪が問題となるが，占有関係は全体に及んでいると考えられるから1個の占有侵害であり，包括的一罪となる。不動産侵奪のために住居に侵入した場合は，不動産侵奪罪と住居侵入罪は目的・手段の関係にあるとは必ずしもいえないから，観念的競合である。

4　親族間の犯罪に関する特例

244条(親族間の犯罪に関する特例)**1項**　配偶者，直系血族又は同居の親族との間で第235条の罪，第235条の2の罪又はこれらの罪の未遂罪を犯した者は，その刑を免除する。

2項　前項に規定する親族以外の親族との間で犯した同項に規定する罪は，告訴がなければ公訴を提起することができない。

3項　前2項の規定は，親族でない共犯については，適用しない。

(1)　意　義　本条は，親族間の窃盗罪および不動産侵奪罪に関して特例を定めたものであり，この特例を親族間の犯罪に関する特例（親族相盗例）という。本特例は，詐欺および恐喝の罪（246条～250条），横領の罪（252条～254条）に準用されるが（251条，255条），強盗罪と毀棄罪には準用されない。この特例の趣旨は，親族における財産の管理・消費が共同体的な態様で行われることに着目して，親族間の財産秩序は親子や夫婦間など親族内部において維持させる方が適当であるという政策的配慮から，国の刑罰による干渉を差し控えることにある（最決平20・2・18刑集62・2・37)。「法は家庭に入らず」という法諺は，この点を端的に示したものである。したがって，本特例は，その趣旨に即さない生命，身体，自由，名誉等に関する罪および強盗の罪等には適用されないのである。

本特例の法的性格について，ⓐ一身的刑罰阻却事由説，ⓑ可罰的違法性阻却事由説，ⓒ責任阻却事由説がある。

親族間の特例は，一面においてⓑ説およびⓒ説の趣旨を含んでいるというものの，それを超えて「法は家庭に入らず」との趣旨から形式的に枠づけをして，親族の範囲内で一身的に刑罰を阻却すると解する。ただし，同じく親族といっても，その親密の程度に差があるから，刑法は，配偶者，直系血族または同居の親族に関しては刑を免除し（本来の一身的刑罰阻却事由)，それ以外の親族については親告罪とする。なお，親族でない共犯者には特例の適用を認めないと規定しているが，これは「法は家庭に入らず」という観点から当然のことを注意的に明言したにすぎない。なお，親族であっても成年後見人には，本特例は適用されない（最決平24・10・9家月65・2・88）。

(2) 要 件　本特例が適用されるためには，窃盗等の財産罪の被害者と行為者との間に親族関係があることを要する。

(ア) 親 族　配偶者，直系血族または同居の親族との間で犯した者であることを要する。判例は，「配偶者」は法律上のもので内縁関係の者を含まないとしているが，本特例の趣旨に基づき内縁にも準用すべきである（東京高判昭60・9・30判例体系（第2期版）刑法(9)7461〔内縁は含まない〕）。ただし最高裁は，「免除を受ける者の範囲は明確に定める必要がある」として，類推適用を否定した（最決平18・8・30刑集60・6・479）。「同居の親族」とは，同一の住居で日常生活を共同して営んでいる親族をいい，一時宿泊したにすぎない者，例えば，下宿人として家屋の一室を借りて生活しているにすぎない親族はこれに当たらない。親族関係は犯行のときに存在していれば足り，その後消滅しても，本特例の適用を妨げない（大判大13・12・24刑集3・904）。

(イ) 目的物との関係　目的物と行為者との関係については，ⓐ目的物の占有者と行為者との間に親族関係があれば足りるとする説（最判昭24・5・21刑集3・6・858），ⓑ目的物の占有者または所有者のどちらかに親族関係があれば足りるとする説，ⓒ目的物の所有者および占有者の両者と行為者との間に親族関係があることを要するとする説（大判昭12・4・8刑集16・485，最決平6・7・19刑集48・5・190）が対立している。

親族間の特例の趣旨を「法は家庭に入らず」という格言に求め，親族間の財産秩序は親族内部において維持すべきであると解する以上は，本特例は，被害を処理することが親族内部において可能な範囲にのみ及ぶと解すべきである。それゆえ，①親族以外の者が親族の所有物を占有している場合（大判明43・6・7刑録16・1103），②親族が親族以外の者の所有物を占有している場合（前掲大判昭12・4・8），本特例の適用はないと解すべきであり，ⓒ説が妥当である。いずれも親族以外の者が被害者となるゆえ，親族内部で処理することが不可能となるからである。なお，被害者が複数であるときは，その全員について親族関係が認められない限り，本特例は適用されない（大判昭

11・3・5刑集15・251)。

(3) 効 果 親族間の特例が適用されれば，配偶者，直系血族，同居の親族間においては刑が免除され（244条1項），その他の親族間でこれらの罪を犯したときは親告罪となる（同条2項）。

(ア) 刑の免除と親告罪 配偶者，直系血族，同居の親族間で窃盗罪等が行われた場合は，刑が免除される。「刑を免除する」とは，有罪であるけれども刑を科さないとする趣旨である。「その他の親族」の場合は，告訴がなければ処罰されない。すなわち，この場合には告訴がなければ有罪にもならないことになる。そうすると直系血族などの近親間で犯された場合には刑の免除という有罪判決を受けるのに対し（刑訴333条〜335条），その他の親族間で犯された場合は，告訴がない限り訴追はされず，誤って訴追されても公訴棄却となり（刑訴338条4号），近親間の場合よりもこの場合の方が犯人に有利になるであろう。ここにおいて，両者の取扱いについての不均衡が認められるところから，ⓐ近親間の場合については，刑の免除ではなく免訴の言渡をすべきであるとする説，ⓑ公訴棄却（刑訴339条1項2号）の決定または無罪（刑訴336条）を言渡すべきであるとする説，ⓒ公訴の提起に際して行われる検察官の配慮に従うほかないとする説，ⓓ親告罪として扱うべきであるとする説がある。

思うに，ⓐ説およびⓑ説は，刑法ないし刑事訴訟法の条項に必ずしも即した解釈とはいえず，また，ⓒ説およびⓓ説は実際上法の解釈を放棄するものとして支持できない。結局，根本的には立法によって解決するほかないが（草案334条），近親については必ず刑が免除されるのであるから，この場合に公訴を提起しても実質的意味がないこととなり，近親間の場合は国が刑罰権を放棄していると考え，刑事訴訟法339条1項2号に準じた公訴棄却の決定によって，両者間の不均衡を是正すべきである。

(イ) 親族関係の錯誤 本特例を適用する場合には，行為者が親族関係を認識していたか否かを問わない。それゆえ，親族関係がないのにあると誤信しても本特例の適用はない。例えば，子が父親の占有する他人の物を父親の所有物であると誤信して窃取したときについては，ⓐ違法性阻却事由の錯誤として故意を阻却すると解する説，ⓑ責任を阻却すると解する説，ⓒ 38条

2項の趣旨に準じて親族間の特例を適用すべきであるとする説が対立しているが，むしろこの場合は情状の問題である。

◈【問　題】

⑴　Aは，バス待合所においてバスを待つ行列に並んだ際，その身辺から約30センチ離れたコンクリート台の上にカメラを置き，行列の移動に連れて約5分後，カメラから20メートル離れた所で置き忘れに気が付き引き返したが，すでにXによって持ちさられていた。Xは，本件カメラは占有離脱物であり，落とし物を拾ったにすぎないと主張した。Xの行為は占有離脱物横領罪か窃盗罪のいずれを構成するか。

⑵　Xは，A銅器製造会社の資材係員として，原料の銅材の管理を担当していた者であるが，出入りの業者Yと共謀し，自己の管理している銅材を会社に無断で売り飛ばそうと決意し，倉庫に収納してあった銅板約500キログラムを1週間かけて10回に分けて搬出し，倉庫の裏側に隠しておいた。犯行当日，Xはいったん会社から帰宅した後，深夜2時頃，自分の小型トラックにYを乗せてA会社に赴き，Xが塀を越えて構内に侵入し，隠匿した銅板を塀越しに順次Yに手渡して塀の外に搬出し，XとYが共同してトラックに積み始めた頃，ガードマンに発見され，Yは逃げたが，Xは取り押さえられた。X・Yの罪責はどうなるか。

⑶　Xは，甲方において，そこに駐車中の自動車から甲が保管していた乙株式会社所有の現金10万円を窃取したが，Xと甲とは従兄弟関係にあった。Xの罪責について論ぜよ。

III　強盗の罪

1　総　説

強盗の罪は，暴行または脅迫をもって他人の財物を強取すること，または財産上不法の利益を得，もしくは他人にこれを得させること，およびこれに準ずる行為を内容とする犯罪である。強盗の罪には，①強盗罪（236条1項），②強盗利得罪（同条2項），③事後強盗罪（238条），④昏酔強盗罪（239条），⑤

強盗致死傷罪（240条），⑥強盗・強制性交等罪・同致死罪（241条），および⑦これらの罪の未遂罪（243条），⑧強盗予備罪（237条）がある。これらのうち事後強盗罪と昏酔強盗罪をあわせて準強盗罪という。

2　強盗罪

236条（強盗）**1項**　暴行又は脅迫を用いて他人の財物を強取した者は，強盗の罪とし，5年以上の有期懲役に処する（未遂は，罰する―243条）。

(1)　客　体　本罪の客体は，他人の占有する他人所有の財物である。なお，不動産は，財産上の利益として強盗利得罪の客体となる。

(2)　行　為　本罪の行為は，強盗である。強盗とは，①暴行または脅迫により，②相手方の反抗を抑圧し，③その意思に反して他人の財物を自己または第三者の占有に移すことをいう。

(ア)　暴行・脅迫　強盗罪における暴行・脅迫は，最狭義の暴行・脅迫を意味し，客観的性質において相手方の反抗を抑圧するに足りる程度のものでなければならない（最判昭24・2・8刑集3・2・75）。その程度に至らない脅迫を加えて相手方を畏怖させ，財物を交付させるのは恐喝罪（249条）である。

(a)　判断の方法・基準　相手方の反抗を抑圧する程度の暴行・脅迫は，実際に抵抗してきた場合にそれを抑圧するに足りる暴行・脅迫ばかりでなく，予想される反抗を不可能もしくは著しく困難にする程度のものをも含む。反抗を抑圧するに足りる暴行・脅迫か否かは，被害者の年齢，性別，犯行の状況，凶器の有無など，行為当時の具体的状況を考慮して客観的に判断すべきである（前掲最判昭24・2・8）。したがって，一般人を標準として，被害者が反抗すれば直ちにそれを抑圧して財物を奪取すると感じられる程度の強度の暴行・脅迫であることを要する（最判昭23・11・18刑集2・12・1614）。

「相手方の反抗を抑圧する程度」について，ⓐ相手方が反抗が抑圧されていることを知って行為していることで足りるとする主観説，ⓑ客観的に強盗の手段といえることが必要であるとする客観説が対立している。例えば，被害者が極めて豪胆な人物で暴行・脅迫を気にしなかった場合でも，強盗の実行行為になる（最判昭23・6・26刑集2・7・748）から，その意味では客観説が正しい。しかし，強盗の意思で反抗を抑圧するに足りる程度に達しない暴行・脅迫を手段として用いたのに，被害者が特別の臆病者であったために反抗を抑圧された場合について，犯人がそのことを特に知って暴行・脅迫を加えた以上強盗になると解すべきであり，主観説が妥当である。

客観的に反抗を抑圧するに足りない程度の暴行・脅迫である以上，犯人がそのことを知っていたとしても強盗罪の実行行為はないとする説がある。しかし，実行行為は結果発生の現実的危険性によって判断されるべきであり，その危険性は，行為の当時において行為者が特に認識していた事情および一般人が認識しえた事情を基礎として，そのような事情のもとに行為がなされたならば構成要件の実現が類型的に可能であったことを内容とすべきである。したがって，行為者が被害者の臆病な性質を知って暴行または脅迫を加えれば相手方の反抗を抑圧することは類型的に可能となるから，この場合には，強盗の手段としての暴行・脅迫に当たると解する。

(b) 「暴行」の特殊性　強盗罪における暴行は，相手方の反抗を不可能もしくは著しく困難にする有形力の行使であれば足りるから，必ずしも人の身体に対して加えられることを要しない。物に対して加えられた有形力の行使であっても，相手方の意思，行動の自由を抑圧するに足りるものであれば本罪の暴行である。相手方を殺害する行為も，その反抗を完全に抑圧するものであるから本罪の暴行に当たる（大判大3・6・24刑録20・1333――実際上は強盗殺人罪となる）。暴行が反抗を抑圧するためではなく専ら財物奪取の手段として加えられた場合について，ⓐ単に被害者の虚に乗じたにすぎず反抗を抑圧する手段を講じたのではないから窃盗罪であるとする説，ⓑ人の反抗を抑圧するに足りる暴行が加えられた以上は強盗罪の成立を認めるべきであるとする説が対立しているが，ⓑ説が妥当である（最決昭45・12・22刑集24・13・1882）。

暴行・脅迫の相手方は，財物の強取について障害となる者であれば足り，必ずしも財物の所有者または占有者であることを要しない（大判大元・9・6刑録18・1211）。十分な意思能力を有しない留守番をしていた10歳の少年に暴行を加えた場合であってもよい（最判昭22・11・26刑集1・28）。

(イ) ひったくりと強盗　不意打ちによる財物奪取の場合，行為の状況から判断し，相手方の反抗を抑圧するに足りる程度に達していたかどうかが窃盗罪か強盗罪かの分岐点となる(札幌地判平4・10・30判タ817・215)。スリが他人の財物を窃取する手段として相手に突きあたった程度の暴行は，反抗抑圧のためではないから窃盗罪であり，「不意に相手を後方から突き倒して財物を奪取するのは，反抗抑圧の暴行があるから」強盗罪と考えるべきである(東京高判昭38・6・28高刑集16・4・377)。その意味で，犯人が屋内に侵入して家人にピストルを突きつけ反抗を抑圧した以上，その奪取行為がたまたま被害者の気付かない間になされたものであっても強盗罪が成立するのである(最判昭23・12・24刑集2・14・1883，前掲最決昭45・12・22)。

㈦ **強取** 「強取」とは，暴行・脅迫をもって相手方の反抗を抑圧し，その意思によらずに財物を自己または第三者に占有移転させることをいう。

(a) **因果関係** 強盗は，暴行・脅迫を手段とする財産罪であるから，その暴行・脅迫と財物奪取との間に因果関係がなければならない。財物を奪取し，次いで暴行・脅迫を加えた場合も強盗である(最判昭24・2・15刑集3・2・164。なお，最決昭61・11・18刑集40・7・523)。行為者みずからが被害者から財物を奪取する必要はなく，被害者が手渡すのを受け取るのも強取であり，反抗を抑圧されている状態のもとで被害者が知らない間に占有を移す場合でも，知らなかったことが暴行・脅迫に基づく限り強取となる(前掲最判昭23・12・24)。ただし，強取しようとして脅迫したところ，被害者が恐れて逃走した際に落とした物を領得する場合は，脅迫と財物奪取との間に相当な因果関係がないから強盗に当たらない(名古屋高判昭30・5・4裁特2・11・501)。暴行・脅迫を加えたが，憐れみなどの動機で相手方が任意に財物を交付したときは，強盗未遂罪が成立すると解すべきである。判例は，この場合に強盗既遂罪の成立を認めるが(前掲最判昭24・2・8)，上記の因果関係を必要とする限り既遂とはなりえないと解する。

(b) **強取の意思** 強盗は故意犯であるから，暴行・脅迫の行為の段階で財物強取の意思がなければ成立しない(なお，大阪高判平元・3・3判タ712・248)。暴行・脅迫は財物強取の手段として行われることを要する。単なる暴行・脅迫の意思でこれを行ったが，その結果として相手方が反抗できない状態になった後に財物奪取の意思を生じて財物を奪った場合には，暴行罪または脅迫罪と窃盗罪との併合罪になる(東京高判昭48・3・26高刑集26・185)。暴行・脅迫の意思で暴行・脅迫を加えた後に財物奪取の意思を生じ，さらに新たな暴行・脅迫を加えて相手方の反抗を抑圧している状態を持続させ，その財物を奪った場合には，暴行罪・脅迫罪と強盗罪の併合罪になる（前掲東京高判昭48・3・26，前掲大阪高判平元・3・3）。

強制性交等の相手方の畏怖に乗じて財物を奪取する行為について，ⓐ窃盗罪説（大判昭8・7・17刑集12・1314），ⓑ強盗罪説（大判昭19・11・24刑集23・252，東京高判昭57・8・6判時1083・150，なお，東京高判平20・3・19判タ1274・342）が対立している。強盗の実行行為としての暴行・脅迫による財物奪取とはいえないから，強制性交等罪と窃盗罪との併合罪とすべきであろう。

強盗の故意をもって財物を奪取した後に被害者に暴行・脅迫を加えて反抗を抑圧した場合において，完全な占有の取得と暴行・脅迫との間に因果関係が認められる限り強盗罪に当たり，後述する事後強盗罪と解すべきではない（前掲最判昭24・2・15）。暴行・脅迫の犯人がいなくなった後に，倒れている被害者から財物を領得すれば窃盗罪となる。

(2)　未遂・既遂　　強制の目的で暴行・脅迫を加えた以上は，強盗の実行の着手がある。暴行・脅迫行為がなければ着手にはならないから，単に強盗の目的で住居に侵入したにすぎないときは，強盗予備罪と住居侵入罪との観念的競合である。強盗の目的はあったが暴行・脅迫を用いずに財物を奪取したときは，強盗予備罪を認むべき場合を除き窃盗罪が成立するにすぎない。

窃盗の実行に着手した者が居直って財物奪取のために暴行・脅迫を行った場合には（居直り強盗），暴行・脅迫を開始した時点が強盗の実行の着手時期である。この場合には，初めの窃盗罪と後の強盗罪が成立し，重い強盗罪に吸収される（前掲最判昭24・2・15）。窃盗犯人が財物奪取後に居直って暴行・脅迫を加えた場合は，暴行・脅迫が財物奪取の手段となっていないから，2項強盗罪または事後強盗罪が成立することはあっても1項強盗にはならない（前掲最決昭61・11・18）。

既遂時期は，被害者の財物に対する占有を排除し，行為者または第三者が占有を取得した時である（最判昭24・6・14刑集3・7・1066）。強盗の故意で奪取した財物の確保のために暴行・脅迫を加えた場合は，全体として強盗既遂罪とすべきである（前掲最判昭24・2・15，広島高判昭32・9・25高刑集10・9・701）。

本罪も状態犯であるから，既遂に達した以後の盗品の処分行為は，別の法益を侵害しない限り共罰的事後行為になると解する。

3　強盗利得罪

236条(強盗)**2項**　暴行又は脅迫を用いて財産上不法の利益を得，又は他人にこれを得させた者は，5年以上の有期懲役に処する(未遂は，罰する—243条)。

(1)　客　体　本罪の客体は，財産上の利益である（⇨133頁）。「財産上不法の利益を得」るとは，「不法な利益」を得ることではなく，利益を得る方法が不法であることを意味する。例えば，債権者に暴行・脅迫を加えて支払いの請求を不能にし金銭債務の支払いを免れる場合（最判昭32・9・13刑集11・9・2263），飲食代金の支払いを免れる場合（大阪地判昭57・7・9判時1083・158）などがある。不動産に対する占有も財産上の利益となるから，暴行・脅迫により不動産を侵奪した場合も本罪に当たる。利益自体が不法なものであっても，本罪の客体となりうる。法律上禁止されている行為に基づく財産上の利益も，民事法上，一応適法とみられる利益であれば，財物罪において平穏な占有が保護されるのと同様に保護に値するからである。盗品等の対価であることを明らかにして現金の消費寄託を受けた者が，その返還を免れる目的で寄託者を殺害した場合（大阪高判昭36・3・28下刑集3・3=4・208），いわゆる白タクの乗客が運転手に暴行・脅迫を加えてタクシー料金を免れる場合は（名古屋高判昭35・12・26高刑集13・10・781），本罪に当たる。不法原因寄託物である覚せい剤の返還を免れる目的で殺害した場合については，委託者に民法上の物権的請求権が認められる限り本罪を適用すべきである（前掲最判昭61・11・18参照）。売春代金の支払いを暴行・脅迫により免れた場合については争いがあるが，公序良俗に反することが明らかな債務である以上は，刑法上保護に値しないと解する（広島地判昭43・12・24判タ229・264）。

労役の提供が対価を支払うべき場合は財産上の利益となるが，いわゆる無対価労働も，それが社会通念上対価を支払うべき質・量のものであるときは，財産上の利益になると解すべきである。したがって，タクシーの運転手に凶器を突きつけ走行させる場合には，対価の支払いが前提となる労役であるから本罪に当たるが，窃盗犯人が逃走中に自家用車を停止させて一時的に運転させるといった通常対価が支払われないようなときは，強要罪であって強盗罪ではないと解すべきである。判例は，①旅館の宿泊，②列車の輸送役務，③キャッシュカードの暗証番号などについて財産上の利益を認めている（最決昭 30・7・7 刑集 9・9・1856）。売春婦に暴行を加えて性交に応じさせるのは強制性交等罪に当たる。

(2) 行　為　本罪の行為は，相手方の反抗を抑圧するに足りる程度の暴行・脅迫を加えて財産上の利益を取得することである。

(ア) 財産上の処分行為　詐欺利得罪や恐喝利得罪においては，財産上の処分行為が必要であるが，強盗利得罪は，もともと被害者の意思に反して財産上の利益を移転させるものであるから，被害者の任意性を要件とする処分行為は，反抗を抑圧することを要件とする本罪には必要でない（大判昭 6・5・8 刑集 10・205，最判昭 32・9・13 刑集 11・9・2263）。タクシー運転手の首を絞めて運賃支払の請求を不能にさせた場合，債権者を殺して債務不履行または債務免脱の目的を達成した場合につき（大阪高判昭 59・11・28 高刑集 37・3・438〔サラ金の取立てに来た者を殺害した事案〕），被害者の処分行為がなくても本罪を構成する。

しかし，2 項強盗における利益の移転を抽象的に考えると，債権者や共同相続人を殺した場合には直ちに犯罪が成立することになり，処罰範囲が不当に広がることになる。そこで，強盗利得罪が成立するためには，暴行・脅迫によって現実に財産上の利益を取得するか，少なくとも利益の取得を現実に可能にするものであることを要する。単に財産上の利益を得る目的で殺害したにすぎないときは，本罪に当たらない。それゆえ，相続分を独占しようとして法律上の推定相続人が他の推定相続人を殺害したとしても，その行為は，財産上の利益の取得を現実のものとするわけではないから，強盗利得罪の構成要件に該当しない。

(イ) 相続の場合―利益移転の具体性―　相続を開始させて財産上の利益を得ようと企て，推定相続人である子がその親を殺す行為について，相続の対象となる財産上の利益は被害者が任意に処分できるものではないから 2 項強盗に当たらないとする判例（東京高平元・2・27 高刑集 42・1・87〔両親の殺害〕）がある。しかし，任意に処分できるかどうかが重要なのではない。単なる相続人としての地位を取得するにすぎない場合は，財産上の利益の取得が現実のものとならないから，強盗の実行行為には当たらないのである。したがって，強盗利得罪が成立するためには，現実に財産上の利益を取得するか，少なくとも利益の取得を現実に可能とすること，利益移転の具体性・現実性が必要となる。

(ウ) **利益の移転**　殺害によって個々の財物ないし財産上の利益が現実に行為者に移転するときは，強盗殺人罪を構成する。それゆえ本罪が既遂となるためには，現実に行為者または第三者が，事実上または法律上，財産上の利益を取得した結果が生ずることを要する（東京高判昭37・8・7東時13・8・207）。例えば，暴行を加えてタクシー代金の支払いを免れて逃走するとか，飲食代金を支払わずに逃走する行為は，被害者が後に請求するのを事実上不能にするから，財産上の利益を現実に取得したものと考えてよい。被害者を殺害することによって会社の経営権を取得することも「財産上の利益」の取得と評価できる（神戸地判平17・4・26判時1904・152）。キャッシュカードの窃取直後に脅迫して暗証番号を聞き出す行為は，強盗利得罪を構成する（東京高判平21・11・16判時2103・158）。

(3)　罪数・他罪との関連　例えば，タクシー運転手に暴行を加え料金の支払いを免れたうえ売上金を強奪した場合について，1項強盗罪と2項強盗罪の観念的競合を認めるべきであるとする見解があるが，被害者が同一人であり，しかも1個の暴行・脅迫行為によるのであるから，両者を包括して強盗罪一罪が成立する。

詐取した財物について代金支払い債務を免れるために被害者に暴行・脅迫を加えてその反抗を抑圧した場合については，①1項詐欺罪と2項強盗罪が成立すると解する判例（札幌高判昭32・6・25高刑集10・5・423），②2項強盗罪が成立し，詐欺罪はこれに吸収されると解する判例（前掲大阪地判昭57・7・9），③1項詐欺罪と暴行罪との併合罪と解する判例（神戸地判昭34・9・25下刑集1・9・2069）がある。すでに詐欺罪が成立している以上，さらに財産上の利益について罪責を論ずることは，同一の法益について二重の刑法的評価を加えるものであるから，①の判例は妥当でない。また，代金支払いの段階で強盗の意思を生じた場合は強盗利得罪が成立するから，これとの均衡上③の判例も妥当でない。結局，2項強盗罪の成立を認め，同一財産に対する詐欺罪は，これに吸収されると解する②の判例が妥当である。

4　事後強盗罪

238条(事後強盗)　窃盗が，財物を得てこれを取り返されることを防ぎ，逮捕を免れ，又は罪跡を隠滅するために，暴行又は脅迫をしたときは，強盗として論ずる(未遂は，罰する—243条)。

(1)　意　義　本罪は，窃盗犯人が犯行を終了し，あるいは窃盗の意思を放棄して現場を離れる際に暴行・脅迫を加えることが多いという犯罪学上の実態に着目し，人身の安全の保護の観点から，暴行・脅迫の加重類型を設け，強盗罪に準ずる犯罪としたものである。昏酔強盗罪と併せて準強盗罪と呼ばれる。法文において「強盗として論ずる」としているのは，刑および他の罰条の適用上すべて強盗として取扱うという意味である。

(2)　主　体　本罪の主体は，「窃盗」である。「窃盗」とは，窃盗の実行に着手した者すなわち窃盗犯人のことであり，未遂犯人，既遂犯人のいずれをも含むとするのが通説・判例である。窃盗未遂犯人を含むとすれば，その者が逮捕免脱の目的で暴行すれば，それだけで本条に当たることになって不当であるとする見解もあるが，「財物を得て」は，「取り返されることを防ぎ」にのみかかるという規定の仕方から見て，「逮捕を免れ」，「罪跡を隠滅する」目的の場合は，未遂犯人も含むと解すべきである。ただし，強盗犯人は含まない。強盗犯人が逮捕を免れる目的等で暴行を加え人を傷害した場合は，傷害罪が別個に成立することになる。

本罪の性質について，ⓐ窃盗は実行行為の一部であるとして，結合犯であるとする説，ⓑ財産犯的側面を強調して，真正身分犯であるとする説，ⓒ人身犯的側面を強調して，不真正身分犯とする説が対立している。本罪は，暴行罪，脅迫罪に窃盗犯人たる身分が加わって刑が加重される罪であるから，不真正身分犯であるとするⓒ説が妥当である(東京地判昭60・3・19判時1172・155〔不真正身分犯〕。大阪高判昭62・7・17判時1253・141〔真正身分犯〕)。

(3)　行　為　本罪の行為は，①窃盗犯人が財物を得てこれを取り返されることを防ぐ目的，②逮捕を免れる目的，③罪跡を隠滅する目的で，暴行・脅迫を加えることである（目的犯)。暴行・脅迫の相手方は，必ずしも窃盗の被害者であることを要せず，犯行を目撃して追跡した者，現行犯人として逮捕するために追跡してきた警察官などもこれに含まれる。本罪は強盗として扱われるものであるから，暴行・脅迫が相手方の反抗を不能もしくは著しく困難にする程度のものであることを要するとして，強盗罪の暴行・脅迫より強度なものであることを要するとする判例（東京高判昭 61・4・17 高刑集 39・1・30〔強度な暴行・脅迫を必要とする〕，大阪高判平 7・6・6 判時 1554・160。なお，大阪高判平 16・2・19 判タ 1164・285 参照）もあるが，特に強盗罪の場合と区別すべき理由はないように思われる。反抗を抑圧する程度の暴行・脅迫が加えられて財物が取得された以上は本罪の既遂に達し，それによって現実に「取り返されることを防」いだか，「逮捕を免れ，罪跡を隠滅」したかは本罪の成否とは関係がないのである（最判昭 22・11・29 刑集 1・40)。

本罪の暴行・脅迫は，財物が取り返されることを防ぎ，逮捕を免れるために行われるものであるから，窃盗の機会に，すなわち，窃盗の現場またはこれに引き続いて財物を取り返しまたは犯人を逮捕しうる状況が存在する場合において行われることを要する（最決平 14・2・14 刑集 56・2・86)。ただし，窃盗の現場で暴行・脅迫が加えられる必要はなく，「現場の継続的延長とみられる場所」（広島高松江支判昭 25・9・27 裁特 12・106）ないし「現場またはその機会の継続中」（福岡高判昭 29・5・29 高刑集 7・6・866。なお，名古屋高金沢支判平 3・7・18 判時 1403・125）に行われれば足りる。

(4)　未遂・既遂　238 条の文理上は，本罪の主体は窃盗犯人であれば足り，窃盗につき未遂・既遂を問わず本罪の既遂犯が成立すると解することができる。しかも本条と共通する類型を定めている 240 条においては，強盗致死傷罪の既遂・未遂につき強盗の既遂・未遂を問わないと解すべきであるから，本罪においても同様に解しうる余地がある（大判昭 7・12・12 刑集 11・1839 は，この趣旨であった)。しかし，本罪と同様に暴行・脅迫を手段とする強盗罪では，財物の取得によって既遂となるのであるから，「強盗として論ずる」べき本罪において，窃盗未遂の場合をも本罪の既遂とするのであれば，強盗罪の場合に比べ著しく均衡を欠くことになる。それゆえ，本罪の未遂（243 条）は財物奪取について未遂の場合である（最判昭 24・7・9 刑集 3・8・

1188)。

(5) 共 犯 窃盗犯人でない者が，暴行・脅迫に関与した場合，本罪の性質を結合犯とする見解によると承継的共犯の問題として解決することになる。しかし，本罪は窃盗の機会に行われる暴行・脅迫を抑止する趣旨で設けられたのであり，人身犯罪としての性質を有するから，暴行・脅迫罪を加重する不真正身分犯であると解すべきである。したがって，その身分を有しない者が，本罪の目的をもって，窃盗犯人と共同して暴行・脅迫を行った場合には，刑法65条2項により暴行罪または脅迫罪が成立する。

5 昏酔強盗罪

239条(昏酔強盗) 人を昏酔させてその財物を盗取した者は，強盗として論ずる(未遂は，罰する—243条)。

(1) 行 為 本罪の行為は，人を昏酔させてその財物を盗取することである。「昏酔させる」とは，意識作用に障害を生じさせて，財物に対する支配をなしえない状態に陥れることをいう。完全に意識を喪失させることは必要でない（横浜地判昭60・2・8刑月17・1=2・11)。昏酔の方法には制限がないが，犯人みずから被害者を昏酔させることを要し，他人の行為によって生じた昏酔状態を利用して財物を奪取する行為は窃盗罪である。昏酔以外の方法で昏倒させ財物を奪取した場合は，強盗罪である。「盗取」とは財物の占有を奪取することをいい，「強取」の語が用いられていないのは，反抗しえない状態を利用する点に着眼したためである。

(2) 故 意 本罪の故意は，昏酔させること，および財物を奪取することを認識して行為に出る意思である。昏酔させる際に財物を奪取する故意が必要か否かが問題となるが，積極に解すべきである。強盗罪においても，単純な暴行・脅迫行為が相手方の抵抗不能の状態を作り出した以後に，財物奪取の犯意を抱きこれを奪取したときは窃盗になるから，不法に相手方の意識作用を害した後に盗取の意思が生じた場合には，窃盗罪が問題となるにすぎない。

6　強盗致死傷罪

240条(強盗致死傷)　強盗が，人を負傷させたときは無期又は6年以上の懲役に処し，死亡させたときは死刑又は無期懲役に処する(未遂は，罰する―243条)。

(1)　意　義　強盗致死傷罪は，犯罪の実態からみて強盗の機会に犯人が死傷の結果を生じさせる場合が多いところから，特に生命・身体の安全を保護する趣旨で，強盗罪の加重類型として定められたものである（大判昭6・10・29刑集10・511)。それゆえ，傷害を負わせた後に強盗の故意を生じた場合は，本条は適用されない（新潟地判昭45・12・11刑月2・12・1321)。本罪は，結果的加重犯としての強盗致傷罪・強盗致死罪のほかに，故意犯としての強盗傷人罪・強盗殺人罪の4つの犯罪類型を含む。

(2)　主　体　本罪の主体は，「強盗」である。「強盗」とは，強盗の実行に着手した者すなわち強盗犯人をいい，強盗未遂犯人であると強盗既遂犯人であるとを問わない。事後強盗罪・昏酔強盗罪の犯人も含む。窃盗犯人が逮捕を免れるため追跡者に暴行を加え死傷の結果を生じたときは，238条に基づき本罪が適用される。

(3)　行　為　本罪の行為は，人を負傷させ，または，人を死亡させることである。「人」は，必ずしも強盗行為の被害者である必要はない。

(ア)　強盗致傷罪・強盗傷人罪　「人を負傷させ」とは，他人に傷害を加えるという意味であり，強盗の手段としての暴行・脅迫の結果的加重犯として傷害を生じさせた場合が強盗致傷罪であり，故意に傷害を加えた場合が強盗傷人罪である。

「負傷」の意義については，傷害罪（204条）にいう傷害と同じものと解すべきであるとする説があり，判例もかつてはこの立場をとっていた（大判大4・5・24刑録21・661)。しかし，2004（平成16）年の改正前では本罪の法定刑の下限は7年以上の懲役であったため，酌量減軽しても法律上の減軽事由がない限り執行猶予を付すことができなかったことから，もし発赤程度の軽微な傷害も本罪に含まれると解すると，不当に刑が重くなり妥当でないという理由で，本罪における傷害は，傷害罪におけるものよりも重いものであり，一般に医師の治療を要する程度のものでなければならないと解されてきた（東京地判昭31・7・27判時83・27，名古屋高金沢支判昭40・10・14高刑集18・6・691）。しかし，改正により下限が「6年」とされた以上，執行猶予を付すことが可能であるから，傷害罪におけると同じ解釈を採ってもよいであろう。軽微な傷害は暴行に含まれて強盗罪のみが成立するとする見解（広島地判昭52・7・13判時880・111）もあるが，傷害の結果が発生した以上は傷害罪に当たると解し，強盗罪と傷害罪との観念的競合となる。

⑷ **強盗致死罪・強盗殺人罪**　「死亡させた」とは，強取行為前（大判昭8・10・11新聞3616・13）または強取行為後に他人を死亡させたことをいう。結果的加重犯として致死の結果を生じさせる場合が強盗致死罪であり，故意に人を殺した場合が強盗殺人罪である。

強盗致死傷罪においては，致死傷の事実が，財物強取の前に発生するか後に発生するかは重要でない。しかし，人の殺害を手段として財物を奪取する強盗殺人の場合には，財物奪取の時点で既に被害者が死亡しているのであるから，死者の占有が問題となる。殺害を手段として財物を奪取する場合は，殺害によって占有を侵害することになるから，現に生命を奪われようとしている生前の人の占有を侵害するものと解すべきである（大判大2・10・21刑録19・982）。したがって，人を殺害してその財物を強取する意思で被害者を殺害した場合には，殺害の時点で強盗の実行の着手があり，死者の懐中等から財物を引き出したとき，または，死後に財物を完全に取得したときは強盗罪の既遂となる。

⑸ **強盗の機会**　死傷の結果は，ⓐ強盗の手段としての暴行・脅迫から生じたことが必要であるとする手段説，ⓑ強盗の機会に行われた行為により生じたものであることを必要とする機会説（最判昭24・5・28刑集3・6・873），ⓒ場所的，時間的に近接していること，被害者が同一であること，犯罪意思が継続していることなど，強盗行為と密接な関連性を有する必要があるとする密接関連性説が対立している。本罪は，犯罪学上強盗の機会に生じがちな致死傷の結果を防止するために設けられた犯罪であるから，死傷の結果は，強盗の手段としての暴行・脅迫から生じたことを必ずしも要せず，強盗の実行に着手後，その強盗の機会に行われた行為によって生じたものであればよ

いから，ⓒ説が妥当である（最判昭23・3・9刑集2・3・140，東京高判平23・1・25高刑集64・1・1）。強盗の機会という場合，およそ強盗行為を契機として生じた死傷のすべてを含むとする趣旨と解すべきでなく，240条の立法趣旨に沿って，その原因行為が性質上強盗に付随してなされるものと通常予想しうる程度に，強盗行為と密接な関連性を有する場合に限られる（最決昭34・5・22刑集13・5・801）。

(4) 既遂・未遂　強盗致死傷罪，強盗殺人・傷人罪は，死傷の結果を生ぜしめることによって既遂に達する。財物強取の点が未遂か既遂かを問わない。それゆえ，強盗犯人が人を殺害後に財物を奪うのを止めて逃走しても本罪の成立を妨げない（最判昭23・6・12刑集2・7・676，最決昭32・6・25裁判集刑119・357）。

本罪の未遂について，ⓐ強盗自体が未遂に終った場合とする説，ⓑ殺意をもってした強盗殺人罪において，殺人の点が未遂に終った場合とする説（通説）が対立している。ⓐ説は，強盗致死傷罪を結果的加重犯と解する立場から，財物の奪取について未遂の場合が未遂であると主張するのであるが，強盗致死傷罪は第一次的に生命・身体を法益とするものであるから，本罪の未遂は殺傷の点について未遂の場合をいうものと解すべきである。一方，傷害の意思で暴行を加えたところ暴行にとどまった場合は，単に強盗の手段としての暴行を加えたにすぎないから強盗罪にほかならず，強盗致傷罪の未遂はありえない。結局，強盗殺人罪について殺人が未遂に終ったときのみが本罪の未遂罪であると解する（大判昭4・5・16刑集8・251）。

(5) 主観的要件　結果的加重犯としての強盗致死傷罪においては，死傷についての認識を要しない。ただし，暴行ないし傷害の故意があるときは強盗傷害罪となる。「負傷させた」という以上は少なくとも暴行の意思が必要であるとする見解もあるが，強盗の機会になされた過失による死傷の結果も重く罰する根拠があると解すべきである。また，「負傷させた」という文言が暴行の故意を前提とするものであるとする必然性も認めがたい。なお，脅迫行為によって死傷の結果を生じても本罪に当たる（最判昭24・3・24刑集3・3・376）。強盗殺人罪においては殺人についての故意を必要とする。

7　強盗・強制性交等および同致死罪

第241条（強盗・強制性交等及び同致死）　強盗の罪若しくはその未遂罪を犯した者が強制性交等の罪（第179条第2項の罪を除く。以下この項において同じ。）若しくはその未遂罪をも犯したときは，又は強制性交等の罪若しくはその未遂罪を犯した者が強盗の罪若しくはその未遂罪をも犯したときは，無期または7年以上の懲役に処する。

2項　前項の場合のうち，その犯した罪がいずれも未遂罪であるときは，人を死傷させたときを除き，その刑を減軽することができる。ただし，自己の意思によりいずれかの犯罪を中止したときは，その刑を減軽し，又は免除する。

3項　第1項の罪に当たる行為により人を死亡させた者は，死刑又は無期懲役に処する。

(1)　強盗・強制性交等罪　本罪は，犯罪学上，強盗犯人が強盗の機会に強制性交等の行為に及ぶ場合が多いこと，また，強制性交等の機会に強盗行為に及ぶことが多い犯罪の実態を踏まえ，そのような行為の抑止と犯罪の重大性・悪質性に即した処罰の適正を図るため，強盗罪と強制性交等を結合させて独立の構成要件を設け，重い刑を科すこととしたものである。

(ア)　行　為　本罪が成立するためには，強盗罪（もしくはその未遂罪）および強制性交等罪（もしくはその未遂罪）が，同一の機会に行われることが必要である。同一の機会に当たるか否かは，時間的・場所的な近接の程度と強盗または強制性交等の暴行・脅迫による反抗抑圧状態の継続性を基準に判断すべきである。

本罪における「強盗の罪」には，狭義の強盗罪（236条），事後強盗罪（238条）および昏酔強盗罪（239条）が含まれる。また，「強制性交等の罪」には，狭義の強制性交等罪（177条）および準強制性交等罪（178条2項）が含まれる。なお，監護者性交等罪については，18歳未満の被害者を監督する者が，そのことによる影響力に乗じて性交等に及ぶ場合において，その性交等の行為と同一の機会に，暴行・脅迫を用いて財物を奪取するといったことは，実際上考えられないところから，「強制性交等の罪」から除かれたのである。

(イ)　未遂の取り扱い　本罪は，「強盗の罪若しくはその未遂罪」と「強制性交等の罪若しくはその未遂罪」とが同一の機会に行われた場合を処罰の対象としている。したがって，強盗行為と強制性交等の行為のいずれもが未遂に終わっても成立する。ただし，それらの未遂行為が人を死傷させない限り，裁量的に刑の減軽が認められる（241条2項）。また，2項が適用される場合のうち，行為者が「自己の意思によりいずれかの犯罪」を中止したときは，刑が必要的に減軽または免除される（同項ただし書）。たとえば，強制性交等の行為に着手したが自己の意思で中止し，その後，さらに強盗に着手し障害未遂に終わった場合であっても，必要的に刑が減免される。

(2)　強盗・強制性交等致死罪　本罪は，強盗・強制性交等罪に当たる行為により「人を死亡させた」行為を処罰するものであり，「死刑又は無期懲役」という極めて重い法定刑を定めるものである。

同一の機会に強盗の行為と強制性交等の行為とがなされ場合に死の結果が生ずるものとしては，①強盗の行為を原因として死の結果が生じた場合，②強制性交等の行為を原因として死の結果が生じた場合，③強盗の行為および強制性交等の行為が競合して死の結果が生じた場合がありうるが，いずれも悪質・重大な犯罪として重罰に値するところから，これらを包括する構成要件として強盗・強制性交等致死罪が新設されたのである。

こうして，同一の機会に強盗行為と強制性交等の行為とがなされ，その結果として死亡した場合に本罪が成立するのだから，本罪の成立にとって殺意の有無は関係がない。強盗犯人が被害者と強制性交した後，殺意をもって被害者を殺害した場合は，強盗・強制性交等罪と強盗殺人罪の観念的競合となるのではなく，強盗・強制性交等致死（殺人）罪の一罪のみが成立するのである（松田＝今井「刑法の一部を改正する法律について」法曹時報69巻11号211頁以下参照）。

なお，本条は，強盗・強制性交等致傷の場合については規定していない。強盗・強制性交等罪の法定刑は「無期又は7年以上の懲役」であるところから，致傷の結果は同罪に織り込まれているという趣旨で，敢えて条文に入れなかったものと考えられる。

8　強盗予備罪

237条（強盗予備）　強盗の罪を犯す目的で，その予備をした者は，2年以下の懲役に処する。

(1) 意　義　強盗予備罪は，自ら強盗の目的でその準備をする行為を犯罪とするものである。いわゆる自己予備罪に当たる。予備は，目的の存在を客観的に認識できる外形的動作があり，その行為が強盗の実行に直接役に立つかどうかを基準に判断される。

(2) 行　為　強盗の目的をもって，その実行の準備をすることである。殺人予備罪（201条），放火予備罪（113条）と異なり，情状による刑の免除規定がない点に特色がある。本罪も自己予備罪であるから（⇨12頁(1)），みずから強盗する目的で準備する行為が必要である。準備行為を定型化することは殺人予備罪の場合と同様に困難であるが，決意の存在を客観的に認識できる外形的動作があり，かつその行為が強盗の実行に直接役立つかどうかを基準に判断される。例えば，金品の強奪を企て，それに使用するため出刀包丁等の凶器や懐中電燈を買い求め，これを携えて徘徊する行為は，予備に当たる（最判昭24・12・24刑集3・12・2088）。凶器の用意，侵入のための準備などの本来の準備行為も，目的の強固さによっては予備となる。

(3) 目　的　本罪は目的犯であり，暴行・脅迫を手段として財物を強取する意図を内容とする。予備行為の範囲は曖昧であり，目的によって限定する必要があるから，未必的目的では足りず確定的なものでなければならない。

準強盗の目的は本罪の目的に含まれるかについて，学説上は，強盗予備罪が準強盗の規定の前に置かれていること，事後強盗は窃盗を前提とするものであるから，窃盗の予備を罰していないのに事後強盗の予備を認めるのは妥当でないことなどを理由とする消極説が有力である。しかし，①発見される可能性が高い場所で窃盗を働く目的で凶器を準備する場合，②発見されたら暴行・脅迫を加えるという確定的目的で凶器を用意する場合のように，準強盗の目的であっても，その意図が強固である場合には強盗行為に至る可能性が高いから，強盗予備罪に当たると解すべきである（最決昭54・11・19刑集33・7・710）。また，昏酔強盗（239条）の目的で睡眠薬を準備するのも本罪に当たるから，条文の位置から事後強盗の予備を否定することはできない。なお，事後強盗罪は身分犯であるが，その予備は身分がなくても実現しうるから，予備罪の成立を肯定してよい。

◈【問　題】

(1) XとYは，往来で肩が触れ合った被害者甲に対し，共同で暴行を加えて傷害を生じさせたが，甲がほとんど抵抗しない状態にあることに乗じて，共謀のうえ，さらに顔面を殴打して，反抗を抑圧された状態の甲から，現金の入ったポーチを奪った。XとYの罪責を論ぜよ。

(2) Xは，日頃甲が大金を持ち歩いているのに目を付け，殺して金を奪う意図で，人どおりの少ない路上を歩行中の甲に向けてピストルを発射したところ，弾丸は甲の右腕を貫通して加療2ケ月を要する傷害を負わせるとともに，たまたま自転車に乗って犯行の現場付近を通過しようとした乙の胸元にも当たって，同人を死亡させた。Xは，予想しなかった結果が発生したことに驚き，甲から金銭を奪うことをあきらめ，逃走した。Xの罪責はどうか。

(3) Xは，甲宅に侵入し財布を盗んだ後，誰からも発見されることなく，約1㎞離れた公園のトイレの中で財布の現金を数えたが余り少額だったので，再度盗みに入ることにして引き返し，30分後に被害者甲宅の玄関の扉を開けたところ，被害者甲に発見され，逮捕を免れようとしてナイフを取り出し，甲を脅迫して逃走した。Xの罪責を論じなさい。

(4) Xは，深夜，窃盗目的で顔見知りの甲女宅に侵入し押入等を物色中，甲が目を覚まして騒ぎ出し，自分の名前を呼んだので殺してしまおうと暴行を加えたところ，甲があお向けに倒れたので，にわかに欲情をもよおし，姦淫行為に着手した。しかし，倒れた甲が死んでいるのに気付き，目的を果たさず逃走した。Xの罪責はどうか。

Ⅳ　詐欺の罪

1　総　説

(1)　意　義　詐欺の罪は，人を欺いて財物を交付させ，または財産上の不法の利益を得，もしくは他人に得させる行為およびこれに準ずる行為を内容とする犯罪である。具体的には，①詐欺罪（246条1項），②詐欺利得罪（同条2項），③準詐欺罪（248条），④電子計算機使用詐欺罪（246条の2），⑤これらの罪の未遂罪（250条）が規定されている。

(2) 保護法益　詐欺の罪の保護法益は，個人の財産である。本罪の保護法益については，取引の安全の保障という社会法益を含むとする見解がある。しかし，取引の安全自体が保護法益となっているわけではなく，取引の安全を害する詐欺手段によって他人の財産を取得することに詐欺の本質があると解すべきである。したがって，財産以外の利益が詐欺手段によって害される場合，例えば，結婚すると偽って女性の貞操を奪うような場合，あるいは詐欺的手段による結婚すなわち詐欺結婚は本罪を構成しない。

(3) 国家等の財産的利益に対する詐欺　国家・地方公共団体等の国家的利益に対する詐欺的行為は，詐欺罪を構成するかについて，否定説は，国家的法益に向けられた詐欺的行為は，詐欺罪の定型性を欠くと主張する。しかし，国または地方公共団体自体も財産権の主体となりうる以上，その財産的利益も財産罪によって保護されるべきである。したがって，例えば，生活保護費の不正受給などは，国家の統制作用を対象として行われる詐欺行為であるが，同時に国・地方公共団体の財産的利益も侵害するから詐欺罪を構成するのである（最大判昭23・6・9刑集2・7・653）。判例は，国民健康保険証（最決平18・8・21判タ1227・184）や，簡易生命保険証書の不正取得等（最決平12・3・27刑集54・3・402）について詐欺罪の成立を肯定している。これに対し，脱税（大判大4・10・28刑録21・1745），旅券（最判昭27・12・25刑集6・12・1387），運転免許証（高松地丸亀支判昭38・9・16下刑集15・9＝10・867）および印鑑証明書の詐取（大判大12・7・14刑集2・650）については，詐欺罪の成立を否定している。税法等の各種特別法が存在するために脱税については詐欺罪の適用が排除されること，および旅券等の文書の発行は資格や事実の証明に関するものにすぎず，財物性または財産上の利益に結びつくものではないとの理由からである。

(4) 親族間の特例の準用（251条）　詐欺の罪には，親族間の特例（244条）が準用される。犯人との間に親族関係を必要とする被害者は，詐欺の罪によって財産上の損害を受けた被害者であることを要する（大判大13・8・4刑集3・608）。

2　詐欺罪

246条(詐欺) **1項**　人を欺いて財物を交付させた者は，10年以下の懲役に処する(未遂は，罰する―250条)。

(1)　客　体　本罪の客体は，他人（自然人・法人）の占有する他人の動産および不動産である。窃盗罪および強盗罪においては，「財物」は動産に限られるが，本罪の場合は，詐欺行為の相手方の任意の処分行為に基づいて不動産の占有を移転することが可能であるから，不動産も本罪の客体となるのである（大判大12・11・12刑集2・784)。他人の占有にかかる自己の財物に関する規定（刑242条)，電気を財物とみなす規定（刑245条）は，刑法251条によって詐欺罪にも適用される。

(2)　行　為　本罪の行為は，人を欺いて財物を交付させることである。詐欺罪の構成要件は，①詐欺行為，②相手方の錯誤，③交付･処分行為，④財物の移転という因果の系列を有することが必要である。したがって，第1に，欺く行為，すなわち，人に対する財産上の処分行為に向けられた詐欺行為が必要となる。機械を相手とする詐欺行為は，詐欺罪を構成しない（機械は錯誤に陥らない)。第2に，その行為によって相手方が現実に錯誤に陥ることが必要であり，相手方が錯誤に陥らなければ未遂である。第3に，錯誤に基づいて財物を処分する行為がなければならない。瑕疵ある意思ではあるが，相手方の意思に基づく交付ないし処分行為が必要となるのである。第4に，その処分行為によって財物が交付され，行為者または第三者の手許に財物が移転するのでなければならない。要するに，詐欺行為➡相手方の錯誤➡交付➡財物の移転が，それぞれ相当な因果関係にあるときに詐欺罪は既遂に達する。

(ア)　詐欺行為　「欺」く行為が必要である。「人を欺」くとは，財物交付に向けて人を錯誤に陥らせる行為をいう。言語によると動作によると，また，直接的であると間接的であるとを問わない。過去・現在の事実に関するものに限らず，将来の事実に関して欺く場合も含む。

(a)　不作為による詐欺　詐欺行為は，不作為によっても可能である。不作為による詐欺は，すでに相手方が錯誤に陥っていることを知りつつ，真実を告知しないことを内容とする。例えば，相手方が誤って余分の釣銭を手渡すのを認識しながら，その事実を告知しないで交付を受ける場合（いわゆる釣銭詐欺），事実を告知しなければ不当な釣銭を領得することが確実に可能となるのであるから，信義誠実上，「釣銭が余分である」という事実の告知義務があり，この告知義務を怠り釣銭を受け取れば，相手方の錯誤を利用して財物を領得したことになるのである。

告知義務は，法令，契約，慣習，条理を根拠とするが（大判大13・3・18刑集3・230，大判昭8・5・4刑集12・538），単に告知義務が認められるだけでは足りず，不真正不作為犯成立の一般原則に従って，告知すべき保障人的義務があるといえるときにのみ詐欺罪が問題となる。それゆえ，不作為による詐欺といえるためには，真実の秘匿によって相手方の錯覚を利用し，経験則上一般に財物を詐取できる性質をもつことが必要となる。準禁治産者（被保佐人）がその事実を黙秘して相手方から金銭を借り受けた事例（大判大7・7・17刑録24・939），生命保険契約締結の際に疾患を黙秘した事例（大判昭7・2・19刑集11・85），不動産取引において担保に供してある事実を黙秘した事例（大判昭4・3・7刑集8・107）などについては，告知義務が認められる。ゴルフ場において暴力団排除活動が徹底されていない場合，暴力団関係者であることを申告せず，氏名等も偽りなく記入して施設利用を申込む行為は，欺く行為に当たらない（最判平26・3・28刑集68・3・582）。これに対し，最判平成26年3月28日（刑集68・3・646）は，ゴルフ倶楽部が約款で暴力団員の施設利用を禁止しているような場合に，暴力団関係者が申告せずに入場した場合は，人を欺く行為であるとしている。

(b) 詐欺行為の性質　詐欺行為は，一般人をして財物・財産上の利益を処分せしめるような錯誤に陥れる行為すなわち処分に向けられた行為であることを要する。被害者が特に騙されやすいことを知っている場合は，一般人では欺かれないような場合でも詐欺行為となりうる。被害者の側に過失があっても，欺く手段が人を錯誤に陥れる性質をもつ限り詐欺行為となる。取引上一般に用いられる「かけひき」の範囲内において，多少の誇張や事実の歪曲があっても，通常，相手方が錯誤に陥ることがない程度のものであれば詐欺行為とはいえない（最決平4・2・18刑集46・2・1〔客殺し商法による先物取引において委託証拠金を詐取〕）。「誇大広告」も，上のような性質のものである限り，詐欺行為とはいえない。

(c) **詐欺行為の相手方**　詐欺罪が成立するためには，詐欺行為による相手方の錯誤，その錯誤に基づく財産上の処分行為（以下，「処分行為」と略す）を必要とするから，詐欺行為の相手方すなわち被詐欺者は，事実上または法律上被害財産の処分をなしうる権限ないし地位を有する者（処分権者）でなければならない（最判昭45・3・26刑集24・3・55）。すなわち，詐欺行為の相手方と処分権者とは，常に一致していなければならない（前掲大判大12・11・12）。ただし，処分権者が当該財物の占有者・所有者であることは必要でない。それゆえ，被詐欺者すなわち処分権者と被害者とは通常の場合一致しているのであるが，必ずしも両者が一致していなくてもよい。

(イ) **錯　誤**　詐欺行為により相手方が錯誤に陥らなければならない。詐欺行為はあったが，相手方が錯誤に陥らなければ未遂にとどまる。相手方の錯誤がいかなる点において生じたかは重要でない。法律行為として民法上無効となる場合に限らず，単に取消し得べきものである場合（民96条）でもよい。例えば，金銭を借りるためにその使途を偽った場合のように，法律行為の動機に関して錯誤に陥らせる場合でも，事情によっては詐欺罪を構成する（大判大12・11・2刑集2・744）。要するに，詐欺行為とは，相手方が真実を知ったならば，財物の交付をしないであろうというべき重要な事項につき偽ることである。それゆえ，相手方がすでに錯誤に陥っている状態を継続させ，これを利用する場合も詐欺行為となるのである（大判大6・11・29刑録23・1449）。

(ウ) **交付行為**　相手方が錯誤に陥り，その瑕疵ある意思に基づいて財産上の処分行為がなされなければならない。1項詐欺では，処分行為を特に「交付」という。交付は，相手方の錯誤に基づくものでなければならないから，交付の意思に基づく交付の事実が必要である。交付の意思を欠く幼児や高度の精神障害者を欺いて財物を奪う行為は，窃盗罪を構成する。財物交付の相手方は，通常は行為者であるが，行為者以外の第三者に財物を交付させても占有の移転となる（最判昭26・12・14刑集5・13・2518）。第三者の範囲は，行為者の道具として行動する者など，行為者との間に特別な事情が存在する者に限られる（大判大5・9・28刑録22・1467）。

㈤ **財物の占有の移転**　交付と財物の占有の移転との間に因果関係がなければならない。人を欺いてその財物を放棄させ，これを拾得する行為について，ⓐ窃盗罪説，ⓑ占有離脱物横領罪説，ⓒ詐欺罪説があるが，放棄させることによって行為者が直ちに拾得できる場合には，相手方の意思に基づいて占有が移転したといえるから，ⓒ説が妥当である。

交付があったというためには，財物の占有が行為者側に移転しなければならない。商品を購入するように装って，品定めをすると偽り商品を手渡させ，店員の不注意に乗じてこれを持ち逃げした場合は，商品を手渡した段階では商品の占有は商店にあったのであり，その占有を持ち逃げによって取得したのであるから，窃盗罪であって詐欺罪ではないのである（広島高判昭30・9・6高刑集8・8・1021）。

詐欺罪において財物の交付が必要となるのは，行為者の行為によってではなく，相手方の処分行為に基づいて財物の占有が行為者に移転することが必要だからである。それゆえ，交付によって財物の占有の移転があったというためには，被詐欺者の処分行為によって直接に財物の占有が行為者側に移転することを要し（直接性の要件），行為者みずからの行為によって占有が行為者に移転したときは窃盗罪に当たる（東京地八王子支判平3・8・28判タ768・249）。

(3)　実行の着手・既遂　実行の着手時期は，行為者が詐欺の意思で人に対し詐欺行為を開始した時である。保険金を詐取する目的で保険の目的物である家屋に放火したり船舶を転覆させた場合は，人に対して詐欺行為を行っていないから，それだけでは実行の着手とはいえない。失火や不可抗力による沈没を装って保険会社に保険金の支払いを請求したときに，はじめて実行の着手となる（大判昭7・6・15刑集11・859，最判昭26・5・8刑集5・6・1004）。

既遂は，相手方が財物を交付し，それによって財物の占有が行為者の側に移転した時である。詐欺行為はあったが被詐欺者がそれを見破り，あるいは，憐愍の情から独自の意思で財物を交付した場合は，詐欺未遂罪を構成するにすぎない（大判大11・12・22刑集1・821）。交付による財物の占有移転は，動産の場合には引渡しのあった時点，不動産においては現実に占有を移転するか，または，所有権取得の移転登記が終了した時に完了し，既遂となる（大判大12・11・12刑集2・784）。

(4) 財産的損害　詐欺罪は財産罪の一類型であるから，被害者における財産的損害の発生が必要となる（否定例――前掲大判大12・7・14〔欺いて印鑑証明書の交付を受ける行為〕，前掲最判昭27・12・25〔欺いて旅券の交付を受ける行為〕）。

(ア) 相当対価の支払い　損害の有無は詐取の対象となった財物それ自体について判断される（最判昭34・8・28刑集13・10・2906）。したがって，損害の内容は財物の交付による占有ないし本権であり，相当な対価を支払ったことは本罪の成立に影響しない（最決昭34・9・28刑集13・11・2993）。欺かれなければ財物は交付しなかったといえる以上，その財物の価格に相当する金銭，またはそれに相当する以上の対価を給付しても詐欺罪を構成する（形式的個別財産説）。対価の支払いは，詐欺の手段にほかならないからである。それゆえ，受給資格を偽って配給を受ける行為（前掲最大判昭23・6・9），営農意思を偽って国有地の払下げを受ける行為（最決昭51・4・1刑集30・3・425），他人に譲渡する目的を匿して銀行で自己の預金通帳の交付を受ける行為（最決平19・7・17刑集61・5・521），他人を航空機に搭乗させる意図を隠して自分が搭乗するように装って搭乗券の交付を受ける行為（最決平22・7・29刑集64・5・829）も，詐欺罪を構成する。

財産的損害を考慮せずに，「交付自体」を損害であると解すると，18歳未満の者が18歳と偽ってポルノ雑誌を購入しても詐欺罪になってしまうとする批判がある（実質的個別財産説）。しかし，そのような行為は財物の交付に向けた詐欺行為とはいえないであろう。本当のこと（17歳）を知っても，通常相手方は販売したであろうからである。それゆえ，医師の処方箋を偽造して要処方薬を購入しても，詐欺罪は成立しないのである（東京地判昭37・11・29判タ140・117）。

(イ) 各種証明書　各種証明書の詐取について，判例は，印鑑証明書（前掲大判大12・7・14），旅券（前掲最判昭27・12・25）等について詐欺罪の成立を否定している。その根拠について，ⓐ詐欺罪の定型性を欠くとする見解，ⓑ財物性を欠くとする見解，ⓒ免状等不実記載罪（157条2項）との均衡上不可罰とされるとする見解が対立している。免状，旅券は間接無形偽造として処罰され，財産的価値の低いものとして詐欺罪としては処罰されないのであるから，それらに準ずる証明書の詐取は詐欺罪を構成しないと解する。しかし，当該証明書の詐取が財産権を侵害するような社会生活上重要な経済的価値を有する場合，例えば，健康保険証（大阪高判昭59・5・23高刑集37・2・328），簡易生命保険証書（前掲最決平12・3・27）などの詐取は，詐欺罪を構成する。

(ウ) **正当な権利と損害額**　人を欺いて財物の交付を受けた場合において，行為者がその中の一部について正当に受領しうる権利があっても，財物を詐取した以上は，その全体が損害額である。判例は，初め全額につき詐欺罪の成立を認め（大判明43・2・17刑録16・267），次いで超過部分についてのみ損害額としたが（大判大2・12・23刑録19・1502），その後の判例は，財物全体について詐欺罪の成立を認めている。例えば，パチンコ遊戯において，正当な玉約43個と不正な玉約700個とを一緒にして景品と交換した場合について，全体につき詐欺罪の成立を認めている（最判昭29・4・27刑集8・4・546）。

(5) **主観的要件**　本罪の故意は，他人の財物を詐取することの認識であり，詐欺行為，相手方の錯誤，錯誤に基づく処分行為，および，それらと財物の領得の間の因果関係についての認識も必要となる。本罪においても，故意のほかに不法領得の意思が必要である。

(6) **違法性阻却事由**　権利を実行する手段として詐欺行為を行い財物の占有を取得する場合，奪取罪の保護法益は平穏な占有であるが，事実上の支配が行われている以上は平穏な占有を推定してよいから，これを詐欺的手段によって不法に侵害するときは，詐欺罪の構成要件に該当すると解すべきである。また，債務者を欺いて弁済期の到来した債務の弁済のために相当額の金銭を詐取したときには，債権者は，単に，弁済するように債務者を義務づける権利をもつにすぎないから，権利行使の範囲内での行為ということはありえない。かつて判例は，被害者に対し財産上の権利を有する場合には，その権利の範囲外で領得した部分についてのみ詐欺罪が成立するとしたが（前掲大判大2・12・23），むしろ，権利部分を含む全部が被害額というべきである（東京高判昭54・6・13東時30・6・81）。ただし，詐欺行為によって財物の交付を受ける行為が社会的相当性を有する場合には，違法性が阻却される。

(7) **罪数・他罪との関連**　①窃取または詐取した郵便貯金通帳を利用して，郵便局係員を欺いて貯金払戻を受けた場合について，通帳自体の領得罪のほかに詐欺罪が成立し牽連犯になるとする有力な見解があるが，両罪は必ずしも一般的な結びつきを有するとはいえないから，併合罪になると解すべきである（最判昭25・2・24刑集4・2・255）。②保険金詐取の目的で保険の目的家屋に放火し，保険金を保険会社から詐取したときも，放火罪と詐欺罪は必ずしも一般的に結合するとはいえないから，併合罪になると解すべきである。③文書偽造罪または偽造文書行使罪と詐欺罪とは牽連犯となる。訴訟詐欺と偽証罪との関係も同様である。④公務員が職務に関し他人を欺いて財物を提供させた場合は，収賄罪との観念的競合である。なお，不特定多数の通行人に対する街頭募金詐欺は，包括一罪となる（最決平22・3・17刑集64・2・111）。

(8) 詐欺罪の成否が問題となる場合

(ア) 訴訟詐欺　既述のように，詐欺行為の相手方（被詐欺者）は，事実上または法律上被害財産を処分する権限ないし地位を有する者つまり処分権者でなければならない。したがって，詐欺行為の相手方と処分権者とは常に一致していなければならないのである。ただし被詐欺者すなわち処分権者と被害者とは一致していなくてもよい。被詐欺者と被害者が異なる場合の詐欺行為を「三角詐欺」いう。これと関連して問題となるのは，訴訟詐欺である。

訴訟詐欺とは，例えば，債権がないのにあるように偽って請求訴訟を提起するというように，裁判所を欺いて勝訴判決を得，敗訴者から財物または財産上の利益を交付ないし処分させることをいう。訴訟詐欺については，詐欺罪の成立を否定する見解がある。しかし，判例・通説はこれを肯定する（大判明44・11・14刑録17・1981）。①民事裁判においても証拠の評価は自由心証によるのであるから，詐欺行為によって，裁判所を錯誤に陥れることは十分に可能であること，②訴訟詐欺においては，敗訴者が被害者であるが，裁判所は被害者であると同時に判決によって強制執行をすることができるのであるから処分権者でもあると解され，被詐欺者と処分権者は一致し，詐欺罪の構成要件を充足することになる。

訴訟詐欺は，被詐欺者＝処分行為者と被害者とが異なる三角詐欺の一つの形態である。したがって，訴訟詐欺が詐欺罪となりうることに問題はないが，強制執行を担当する裁判所書記官等が被害者の財産上の処分権を有しているときは，詐欺罪は成立しない（最判昭45・3・26刑集24・3・55）。

(イ) クレジットカードの不正使用　クレジットカードの不正使用が問題に

なる場合として，自己名義のカードを使用する場合と他人名義のクレジットカードを使用する場合がある。

(a) **自己名義のクレジットカードの不正使用**　クレジット会員が代金支払いの意思または能力がないのに，自己名義のクレジットカードを使用して，加盟店から物品を購入する場合をいう。この場合，加盟店は，カードが有効であることと，カードの利用者がカード会員本人であることさえ確認すれば，信販会社から確実に立替払いを受けられる。そこで，実質的に財産的な損害を受けているのは信販会社であるとして，被詐欺者と処分行為者を加盟店，被害者を信販会社とする「三角詐欺」という構成を採る学説が有力となっている。信販会社は代金債務の負担という財産的損害を被ったとして，詐欺利得罪（2項詐欺）が成立するとするのである。しかし，下級審の判例の主流は，1項詐欺罪の成立を認めており，学説上もこれを支持する見解が有力である。加盟店は，客に支払の意思や能力がないことを知っていれば商品を提供しないのであるから，商品の交付自体を財産的損害に当たるとするのである。

思うに，代金支払いの意思も能力もない者が，その意思または能力があるように装って，クレジットカードによる物品の購入手続きを行うことは，加盟店に対する詐欺行為に当たる。また，加盟店は，顧客が代金の支払い意思または能力がないことが判れば，信義則上当然に取引を拒否するのであるから，クレジットカードの呈示行為がなければ商品を引き渡すことはなく，結局，代金支払いの意思も能力もないものがあるように装ってクレジットカードを提示して商品を購入する行為は，加盟店に対する詐欺行為によって財物を交付させたことに当たり，加盟店の商品の占有を侵害した詐欺罪を構成すると解すべきである（東京高判昭59・11・19判タ544・251）。

(b) **他人名義のクレジットカードの不正使用**　他人名義のクレジットカードを名義人の承諾なしに使用した場合は，問題なく詐欺罪に当たる。カード利用者がカード会員本人であるかどうかという事実は，加盟店にとって商品の交付を判断する重要な事実であり，その点を偽って商品の購入を申し込む行為は，詐欺行為に当たる。一方，カード名義人がその使用に同意している場合は，若干の問題がある。判例は，クレジットカード規約上，名義人以外のカード使用は許されていないから，カードの利用者が名義人を偽る行為は，名義人が利用について同意していても詐欺に当たると解している（最決平16・2・9刑集58・2・89）。カードの利用代金の支払いに同意していても，カード利用者は他人名義のカードを自分名義のカードと偽って加盟店に呈示しているのであるから，詐欺行為に当たる。

3 詐欺利得罪

246条（詐欺）**2項** 前項の方法（人を欺いて）により，財産上不法の利益を得，又は他人にこれを得させた者も，同項と同様（10年以下の懲役）とする（未遂は，罰する―250条）。

(1) 意 義　「財産上不法の利益を得」るとは，詐欺行為に基づく相手方の処分行為によって，行為者または第三者が財産上不法の利益を取得することをいう。「不法の」とは，不法な手段という意味であって，財産自体が不法性を有するという意味ではない。

(ア) 客 体　本罪の客体は，財産上の利益である。財産上の利益とは，財物以外の財産上の利益の一切をいい（⇨133頁），例えば，詐欺手段によって債務の免除を承諾させるような場合である。債務の弁済の猶予，役務の提供などを受け，あるいは担保物権を取得することも財産上の利益である。利益は単に一時的なものであってもよい（大判大4・3・5刑録21・254）。

(イ) 行 為　本罪の行為は，人を欺いて，不法の利益を得，または，他人にこれを得させることである。そのためには，詐欺行為→相手方の錯誤→処分行為→利益の移転が，それぞれ相当な因果関係を有していることが必要である。本罪は，財産上の利益を行為の客体とするため，現実に財産上の利益が行為者に移転したか否かが明確でない場合が多いこと，現行法上不可罰となっている利益窃盗との区別を明確にする必要があることなどのために，特に被詐欺者の処分行為の意義が問題となる。

処分行為とは，財産上の利益を移転させる行為をいう。例えば，債務の免除を得る目的で債権者を欺いたところ，その債権者が錯誤に陥り，債権放棄の意思表示をしたために行為者はその目的を遂げたような場合である。処分行為は，処分意思に基づくものであることを要し，作為の場合ばかりでなく，不作為の処分行為であってもよい。

処分行為というためには，処分の意思に基づく処分の事実が必要である。処分意思の内容については，ⓐ被害者が利益の移転につき完全に認識している必要があるとする説，ⓑ利益の移転につき，その外形的事実を認識していれば足りるとする説が対立している。判例（最判昭30・4・8刑集9・4・827，最判昭30・7・7刑集9・9・1856）はⓐ説を採るが，利益移転が相手方の意思に基づいている以上は処分行為があったといってよいから，必ずしも財産上の利益について意識する必要はなく，無意識的な処分行為で足りると解すべきであり（東京高判昭33・7・7裁特5・8・313），ⓑ説が妥当である。

本罪の「利得」は，被詐欺者の瑕疵ある意思に基づいて財産上の利益が行為者側に移転すれば足りるから，詐欺行為がなかったならば相手方が必要な作為をすると認められる事情がある場合には，被詐欺者が法律上の効果について無意識であっても処分行為を認めてよいと解すべきである。例えば，宿泊代の支払を免れるために「散歩に出かけてくる」といって外出を認めさせた場合において，利益移転を生ぜしめる「外出を認める」事実について処分意思および処分行為が認められる限り，その行為が作為であるか不作為であるかを問わず，それによって直接に財産上の利益が行為者側に移転する限り処分行為となる。

(2)　無銭飲食・宿泊　無銭飲食・宿泊とは，代金を支払わずに飲食・宿泊することをいい，2つの場合がある。

第1は，代金を支払う意思がないのに飲食の注文または宿泊の申込をする場合であり，このときは注文・申込自体が作為（挙動）による詐欺行為となり，錯誤に基づく飲食物等の提供が財物の交付に当たるから，1項詐欺罪が成立する（大判大9・5・8刑録26・348）。

第2は，当初支払いの意思があって飲食・宿泊した者が，事後に代金支払いの意思を放棄し相手方を欺いて支払いを免れるか，または相手方の不注意に乗じて逃走する場合である。逃走した場合には相手方の処分行為を欠くからいわゆる利益窃盗として不可罰となる。係員の隙をみて無断観劇し，あるいは改札口を通過しないで列車に無賃乗車する場合も同様である。

問題となるのは，例えば，旅館に宿泊した者が宿泊料清算の際に所持金が不足しているのに気付き，偽計を用いて支払いを免れた場合である。判例は，無銭飲食・宿泊した後に，自動車で帰宅する知人を見送ると偽って店先に出て逃走した事案につき，処分意思がないから詐欺に当たらないとした（前掲最決昭30・7・7）。しかし，知人を見送ることについて認めたことが，支払いを免れさせる結果となったのであるから，処分行為すなわち無意識的処分行為を認めることができると解すべきである。

(3) キセル乗車　キセル乗車とは，例えば，甲駅から丁駅まで乗車する目的で，甲駅から乙駅間の乗車券を購入し，甲駅の係員Aに呈示して電車に乗り，あらかじめ購入してあった丙丁間の定期券を丁駅の係員Bに呈示して改札口を通過し，乙駅から丙駅間の乗車運賃の支払いを免れることをいう。

(ア) 学　説　キセル乗車が詐欺利得罪を構成するかについて，ⓐ詐欺利得罪の成立を肯定する肯定説，ⓑこれを否定して鉄道営業法の無賃乗車罪（29条〔2万円以下の罰金・科料〕）のみが成立すると解する否定説（東京高判昭35・2・22東時11・2・43）とに分かれる。肯定説は，さらに，乗車駅基準説と下車駅基準説とに分かれている。

初めからキセル乗車の意図で甲駅から最寄りの乙駅までの乗車券を呈示する場合，改札係員が改札口の通過を許すのは，乗客が乗車券どおりに乗車すること，または，後に正規の運賃を支払うであろうことを信ずるからであり，もしキセル乗車の意図であることが分かれば改札係員が構内への入場を拒否することは明らかであるから，例えば，偽造の乗車券または期限切れの定期券を呈示して乗車する場合と同じく，上記の行為は，正常な乗客であることを装った作為による詐欺行為に当たる（大阪高判昭44・8・7刑月1・8・795）。

(イ) 乗車時　この詐欺行為によって改札係員が駅構内に入場することを許諾すれば，行為者は全区間の乗車という利益を直接に取得するのが通常である。したがって，改札係員の行為は単に駅構内への入場を許したにすぎないと解すべきではなく，列車への乗車および途中区間を含む全区間の乗車を許容したとみられるから，上記の許諾は，役務の提供という財産上の利益を供与する処分行為に当たると解すべきである。行為者は，甲駅から丁駅までの有償でなければ受けられない鉄道会社の運送労務の提供を取得したことになり，行為者の乗車した列車が甲駅を出発した段階で既遂に達し，その後の不正乗車行為は共罰的事後行為となる。そして，被害者は鉄道営業者であるから三角詐欺となり，その被害額は乗車した全区間の相当額である。

(ウ) **下車時**　次に，乗車中または下車後に途中区間の運賃不払の意思を生じ，丙駅から丁駅までの乗車券または定期券を呈示して集札口を通過した場合，行為者は，乗車中または下車後に乗車券なしに乗車した区間について所定の運賃を支払う義務があり，下車駅の係員はその運賃を請求する権利がある。そして，行為者は部分区間の定期券等を呈示することによって集札係員を欺いて運賃の支払を免れるのであるから，詐欺利得罪について必要な処分行為の内容は，運賃支払い債務の免除である。また，集札係員は，錯誤によって請求すべき運賃の支払を請求しないで集札口の通過を許諾するのであるから，その許諾は不作為による処分行為である。かくして，乗車中または下車後に運賃不払の意思を生じた場合は，運賃支払債務を客体とする詐欺利得罪が成立すると解すべきである。なお，乗車駅，下車駅それぞれの改札が自動設備によって機械化されているときは，利益窃盗として不可罰となる。

(4)　誤振込みの場合　誤振込みとは，あやまって銀行の口座に振込・振替送金をしたことをいう。誤振込から生ずる法律問題としては，これを奇貨としたXが，①銀行の窓口から引き出す場合，②ATM機からカードで引き出す場合，③他人名義の口座に振替送金する場合がある。預金による金銭の占有という考え方をとる判例（東京地判昭47・10・19研修337・69）によれば，いずれについても占有離脱物横領罪が成立することになろう。しかし，預金に対する事実上・法律上の支配は銀行にあるとすべきであるから，誤振込された金銭の占有は銀行にあり，①では詐欺罪（札幌高判昭51・11・11判タ347・300，最決平15・3・12刑集57・2・321），②では窃盗罪，③では電磁的記録使用詐欺罪が成立することになる。

(5)　詐欺罪と詐欺利得罪との関係　両者はともに保護法益を共通にし，ただ客体において異なるにすぎず，詐欺罪が成立するときは詐欺利得罪の成立する余地はない。例えば，財物詐取の目的で欺いて財物交付の意思表示をさせたときは詐欺罪が成立し，その意思表示によって行為者が財産上の利益を取得したとしても詐欺利得罪は成立しない。詐欺罪が成立するか詐欺利得罪が成立するかは，その行為の態様において，財物または財産上の利益のいずれを究極の目的としていたかによって決まる（最決昭43・10・24刑集22・10・946）。

(6) 不法原因給付と詐欺罪　判例は，紙幣を偽造する資金として金員を詐取した場合（大判明42・6・21刑録15・812），闇米を買ってやると欺いて代金を詐取した場合（最判昭25・12・5刑集4・12・2475），売春するといつわって前借金を詐取した場合（最決昭33・9・1刑集12・13・2833），いずれも詐欺罪の成立を認めている。「欺罔手段によって相手方の財物に対する支配権を侵害した以上，たとい相手方の財物交付が不法の原因に基づいたものであって民法上其返還又は損害賠償を請求することができない場合であっても詐欺罪の成立をさまたげるものでない」という理由からである（最判昭25・7・4刑集7・4・1168）。被害者は欺かれなければ財物を交付しなかったのであるから，詐欺行為によって不法原因給付がなされたと解すべきであり，民法708条ただし書を適用して詐欺罪の成立を認めるべきである。

詐欺手段を用いて売春をさせ，「売淫料」の支払を免れたような場合に詐欺利得罪が成立するかについて，ⓐ否定説（札幌高判昭27・11・20高刑集5・11・2018）とⓑ肯定説（名古屋高判昭30・12・13裁特2・24・1276）が対立している。この場合も，欺かれなければ，公序良俗に反する売春行為や犯罪行為を行わなかった点では先の場合と同じであり，刑法上保護に値すると解する肯定説が妥当である。この場合の詐欺利得罪の客体は，売春行為や犯罪行為としての労務の提供である。その結論は，妾契約に基づく生活費の提供，あるいは売春契約に基づく売淫料の支払などを詐欺行為によって免れるときにも当てはまるであろう。この場合の詐欺利得罪の客体は生活費または売淫料の支払という財産上の利益である。

4　準詐欺罪

248条（準詐欺）　未成年者の知慮浅薄又は人の心神耗弱に乗じて，その財物を交付させ，又は財産上不法の利益を得，若しくは他人にこれを得させた者は，10年以下の懲役に処する（未遂は，罰する—250条）。

(1) 意　義　本罪は，未成年者の知慮浅薄または心神耗弱者を利用して財物を交付させ，または，財産上の利益を得，もしくは他人にこれを得させせる行為を詐欺罪に準じて処罰することを内容とする犯罪である。未成年者とは，民法により満20歳未満の者（民4条）をいう。未成年者の知慮浅薄を利用する行為が本罪の行為であるから，単に未成年者であるというだけでは足りず，当該の具体的事項について相手方の知識が乏しく思慮が足りないことを必要とする。実質的には，詐欺的手段を用いるまでもなく，単なる誘惑的手段によって財産上の処分行為をしてしまう程度の判断力しかない者をいう。

心神耗弱者とは，精神の障害により通常の判断能力を有しない者をいう（大判明45・7・16刑録18・1087）。相手方が誘惑的手段に乗ずるような性質を有することが核心となるから，限定責任能力者（39条2項）とは必ずしも一致する必要はなく，また，心神喪失者であってもよい。現行法は，単に「心神耗弱」と規定しているにすぎないが，心神耗弱に乗ずる行為をも準詐欺罪としているところから，その当然の帰結として著しい精神障害のある心神喪失者に対する行為も含む。しかし，意思能力を全く欠く者であるときは窃盗罪を構成する。

(2)　行　為　本罪の行為は，誘惑にかかりやすい状態を利用して，財物を交付させ，または財産上の利益を得，もしくは他人にこれを得させることである。「乗じて」とは，そのような状態を利用することである。積極的に利用する場合のほか，未成年者が任意に財産的処分行為を行うのを放置しておく場合でもよい。詐欺的手段を用いるときは，ここにいう未成年者などに対する場合でも詐欺罪を構成する。

5　電子計算機使用詐欺罪

246条の2（電子計算機使用詐欺）　前条に規定するもののほか，人の事務処理に使用する電子計算機に虚偽の情報若しくは不正な指令を与えて財産権の得喪若しくは変更に係る不実の電磁的記録を作り，又は財産権の得喪若しくは変更に係る虚偽の電磁的記録を人の事務処理の用に供して，財産上不法の利益を得，又は他人にこれを得させた者は，10年以下の懲役に処する（未遂は，罰する—250条）。

(1)　意　義　電子計算機の普及に伴って，銀行業務を初め種々の取引分野において，財産権の得喪・変更に係る事務が人の介入を経ずに電磁的記録に基づいて自動的に処理される取引形態が一般化しつつある。このような取引形態を悪用して財産上不法の利益を得る行為は，詐欺罪の構成要件である人に対する詐欺行為がなく，また，窃盗罪の構成要件である財物の占有移転を伴わないため処罰の間隙が生じたことから，1987（昭62）年の改正により，コンピュータに係る詐欺的行為に適切に対処するため，本罪が新たに設けられた。本罪が詐欺罪の一類型として構成されているのは，行為の態様が外形上人を欺いて財産上不法の利益を得る詐欺罪に類似しているからである。

(2) 行　為　本罪の行為は，①不法利得の手段としての加害行為，および②不法利得の結果から構成される。

(ア) 加害行為　不法利得の手段としての加害行為については，2つの行為類型が定められている。

(a) 不実の電磁的記録の作出　人の事務処理に使用する電子計算機に虚偽の情報若しくは不正な指令を与えて，財産権の得喪・変更に係る不実の電磁的記録を作ることである。人の事務処理に使用する電子計算機とは，他人がその事務を処理するために使用する電子計算機である。「虚偽の情報」もしくは「不正な指令」を与えてというのは，真実に反する内容の情報を電子計算機に入力することである。例えば，銀行が業務用に使用している電子計算機に，入金がないのに入金があったように入力するとか，預金の引出しがあったのにそのデータを入力しない場合がこれに当たる。

財産権の得喪・変更に係る電磁的記録とは，財産権の得喪・変更が存在したという事実，またはその得喪・変更を生じさせるべき事実を記録した電磁的記録であって，一定の取引場面において，その作出によって財産権の得喪・変更が行われるものをいう。例えば，オンラインシステムにおける銀行の元帳ファイルの預金残高の記録，プリペイドカード（テレホンカードなど）における残度数の記録などは「電磁的記録」に当たる。「不実の電磁的記録を作」るとは，人の事務処理の用に供されている電磁的記録に虚偽のデータを入力して，真実に反する内容の電磁的記録を作ることである。

(b) 電磁的記録の供用　「虚偽の電磁的記録を人の事務処理の用に供」するとは，行為者がその所持する内容虚偽の電磁的記録を他人の事務処理用の電子計算機に差し入れて使用することをいう。「虚偽の電磁的記録」とは，内容が虚偽の電磁的記録をいい，行為者自身が作出したものかどうかを問わない。「事務処理の用に供」するとは，自己の所持する電磁的記録を，他人の事務処理用の電子計算機において使用することをいう。例えば，内容虚偽の記録を正規のものと差し替えて誤った検索・演算をさせるとか，不正作出したプリペイドカードを使用する場合がこれに当たる。

(イ) **不法利得**　本罪は，財産上不法の利益を得るという結果の発生を必要とする。「不法の利益を得」るとは，財物以外の財産上の利益を不法に取得することをいう。例えば，不実の電磁的記録を使用して銀行の預金元帳ファイルに一定の預金債権があるものとして作出し，その預金の引き出し，または振替を行うことができる地位を得るなど，事実上財産を自由に処分できるという利益を得る場合はこれに当たる（大阪地判昭63・10・7判時1295・151）。預金残高を増額する行為も利得に当たる（東京地八王子支判平2・4・23判時1351・158）。

(3)　罪数，他罪との関連　時間的に接着して数回にわたって他人の電子計算機に虚偽の情報を入力し，財産上不法の利益を得た場合は，包括一罪となる。また，本罪は詐欺罪の補充規定であるから，事務処理の過程で人の手が介在しており，これを被詐欺者とする詐欺罪が認められる場合は，本罪ではなく，通常の詐欺罪が成立する。本罪の手段となる行為が電磁的記録不正作出罪や不正作出電磁的記録供用罪に該当するときは，本罪との観念的競合または牽連犯となる。

◈【問　題】

(1) Xは，タクシー強盗をする目的で登山ナイフを携帯し，Aの運転するタクシーを呼び止めて乗車したが，Aの売上金が少なそうだったので強盗を諦め，「タバコを買って来るからちょっと停めてくれ」と言ってタバコ店の前で停車させ，下車してそのまま逃走した。Xの罪責について論ぜよ。

(2) Xは，自己の普通預金口座に誤って100万円振り込まれていたのを奇貨として，A銀行B支店の窓口業務を担当していた甲に指示して，C銀行に設けられていた乙の普通預金口座に50万円を振込み入金する電子計算機の処理をさせた。Xの罪責を検討せよ。

V　恐喝の罪

1　総　説

恐喝の罪は，恐喝を手段として人に恐怖心を生じさせ，その意思決定，行動の自由を侵害して財物または財産上の利益を取得する罪であり，自由に対する侵害を伴う。それゆえ，本罪の保護法益は財産のほかに自由も含むが，その本質は財産罪である。本罪は，被害者の瑕疵ある意思に基づいて財物等を領得する点で詐欺の罪と共通する。そして，手段の点を除き，詐欺の罪における論点は本罪においても問題となるので，重複を避けるために，詐欺の罪と共通する論点については言及しないことにする。なお，恐喝の罪と強盗の罪とは，客体が共通するだけでなく脅迫を手段とする点で行為態様においても類似するが，恐喝罪は，暴行・脅迫の程度が相手方の反抗を抑圧する程度に達しない行為をその内容としている点で，強盗罪から区別される。

2　恐喝罪

249条(恐喝) **1項**　人を恐喝して財物を交付させた者は，10年以下の懲役に処する(未遂は，罰する―250条)。

(1)　客　体　本罪の客体は，他人の占有する他人の財物である。自己の財物であっても他人の占有に属し，または公務所の命令によって他人が看守している場合は，他人の財物とみなされる (251条，242条)。また，電気も本罪の客体となりうる (251条，245条)。

(2)　行　為　本罪の行為は，人を恐喝して財物を交付させることである。恐喝罪が成立するためには，脅迫または暴行により相手方が畏怖状態に陥り，その結果，財物を交付し，行為者側に財物が移転したことを要する。恐喝行為→畏怖→交付→財物の移転には，相当の因果関係がなければならない。脅迫行為が行われても，被害者が全く恐れずに同情から財物を交付したときは，未遂にとどまる。

(ア) **恐　喝**　恐喝とは，財物交付に向けて行われる脅迫または暴行であって，その反抗を抑圧するに至らない程度の行為をいう。

(a) **脅　迫**　脅迫とは，人を畏怖させるに足りる害悪の告知である。ただし，強盗罪における脅迫と異なり，相手方の反抗を抑圧する程度に達しないものであることを要する。単に人に威圧感を与え，または困惑させるにとどまる場合は恐喝に当たらない（東京高判平 7・9・21 判時 1561・138，大阪高判平 9・2・25 判時 1625・133）。告知されるべき害悪の種類には制限がない。脅迫罪（222 条）における「脅迫」と異なり，相手方またはその親族の生命，身体，自由，名誉または財産に対するものに限らず，一家の平和を乱すとか，信用を害するといったものであってもよい（大判明 44・2・28 刑録 17・230）。

人の秘密に関する事項を暴露するというのも恐喝に当たる（大判明 45・3・14 刑録 18・337）。また，天変地異や吉凶禍福の告知のような警告のたぐいは，原則として脅迫とはならない。ただし，自分の力で吉凶禍福を左右できると信じさせうる立場にあるときは，脅迫となる（最判昭 29・4・6 刑集 8・4・407）。害悪の告知がそれだけでは人を畏怖させるに足りない場合でも，例えば，名誉の失墜など他の事情と相まって畏怖の結果を生じさせるような行為は，恐喝に当たる（大判昭 8・10・16 刑集 12・1807）。「告訴する」というように権利行使を通告した場合でも，それが不当な財物取得の手段として用いられるときは脅迫に当たる（前掲最判昭 29・4・6）。

害悪の告知の方法・手段には制限がない。必ずしも明示の方法で行うことを要せず，言語・文章によるほか挙動・動作による場合も含む。黙示の場合であってもよい（最決昭 43・12・11 刑集 22・12・1469）。自己の経歴・性行および職業上の不法な威勢を利用する行為も恐喝に当たる（大判大 5・5・24 刑録 22・753）。害悪の告知に詐欺行為が含まれている場合，例えば，「あなたの息子に自分の娘が強姦された」と偽って慰藉料を支払うよう申し向け，支払いを拒否する場合は告訴すると脅迫して財物を交付させたときは，相手方の処分行為の原因において錯誤と畏怖との競合が認められるから，詐欺罪と恐喝罪の観念的競合となる（大判昭 5・5・17 刑集 9・303）。これに対し，究極において畏怖の結果として財物を交付したと認められるときは，恐喝罪のみを構成する（最判昭 24・2・8 刑集 3・2・83）。

(b) **暴　行**　恐喝の方法には暴行も含まれる。暴行を加え，さらにそれが反復されるであろうことを示せば相手方は畏怖するからである（前掲最判昭24・2・8）。相手方を畏怖させる性質の暴行で足りるから，広義の暴行がここにいう暴行である。ただし，相手方の反抗を抑圧するに至らない程度のものであることを要する。

(イ) **交付行為**　本罪が成立するためには，詐欺罪と同様に，恐喝の手段により相手方を畏怖させた結果として，相手方の意思に基づいて財物の占有を移転させる交付行為により，財物が行為者またはそれと一定の関係にある第三者に移転することが必要である。

交付とは，畏怖した状態で財物の占有を移転する行為をいう。交付には，交付の意思と交付の事実とが必要である。脅して注意をそらし，隙を見て財物を奪った場合は窃盗である。みずから交付する場合のみならず，畏怖して黙認しているのに乗じて行為者が財物を取得する場合のごとく，不作為による交付も認められる（最判昭24・1・11刑集3・1・1）。恐喝の相手方は財物について処分する権限または地位を有する者でなければならない。それゆえ，被恐喝者と処分行為者とは一致することを要する。被害者と被恐喝者が異なる場合においては，被害者に恐怖心が生じることは必要でなく，恐喝行為と交付との間に因果関係があれば足りる。恐喝では脅されているのであるから，詐欺罪の場合とは異なり，無意識的な不作為による処分行為では足りず，少なくとも財物の交付を意識していることを要する。

(3) **主観的要件**　故意のほかに不法領得の意思が必要である。本罪の故意は，相手方を畏怖させ，それに基づく財産的処分行為によって財物の占有を取得することについての認識が必要である。

3　恐喝利得罪

249条(恐喝) **2項**　人を恐喝して財産上不法の利益を得，又は他人に得させた者は，10年以下の懲役に処する(未遂は，罰する—250条)。

本罪は，人を恐喝して財産上の利益を不法に取得することを内容とする犯罪である。例えば，家主を恐喝して家賃の支払および借家の返還請求を躊躇させて一時その義務履行を免れた場合（大判明45・4・22刑録18・496），不動産に関する恐喝について，単に所有権移転の意思表示をなさしめた場合（大判明44・12・4刑録17・2095）などがこれに当たる。本罪においても処分意思に基づいて財産上の利益を移転する行為，すなわち財産上の処分行為が必要である（前掲最判昭43・12・11）。それゆえ，畏怖に基づく処分行為によって，行為者または行為者と一定の関係を有する第三者に財産上の利益を移転することを要する。処分行為は作為によると不作為によるとを問わない。恐喝行為と財産上の利益の取得との間には因果関係が存在することを要する。患者が医師を脅迫して麻薬の注射をさせた場合は，財産上の処分行為とはいえないから強要罪を構成するにすぎない（高松高判昭46・11・30高刑集24・4・769）。

4　権利行使と恐喝罪

債権者が債務者を脅して債権を取り立てる場合，すなわち相手方から財物ないし財産上の利益を取得する権利を有する者が，その権利実行の手段として恐喝行為を行った場合について，ⓐ犯罪を構成しないとする説，ⓑ債権の行使として許される範囲を超えるときは脅迫罪を構成すると解する説，ⓒ原則として恐喝罪を構成すると解する説がある（大判昭9・8・2刑集13・1011，㊻最判昭30・10・14刑集9・11・2173）。自己の財物といえども，他人が平穏に占有している以上は，その占有は一応保護さるべきであるから，これを恐喝手段に訴えて侵害するときは，これまで述べてきた各種の奪取罪におけると同様に，恐喝罪の構成要件に該当し，自救行為，正当防衛などの違法性阻却事由が存在しない限り恐喝罪を構成すると解すべきであり，ⓒ説が妥当である。ただし，①権利の行使という正当な目的があり，②権利の範囲内であって，③その手段が社会的相当性の範囲内にあると認められるときは，違法性が阻却される（前掲大判昭9・8・2，東京高判昭57・6・28刑月14・5＝6・324〔ユーザーユニオン事件〕）。

5　罪　数

恐喝の手段として監禁が行われた場合，両罪は犯罪の通常の形態として手段または結果の関係にあるとは認められないから，牽連犯ではなく併合罪である（最決平17・4・14刑集59・3・283）。

◈【問　題】

Xは，乗用自動車をAに200万円で売り，Aは，その内金として50万円を小切手で支払い，残金を1週間後に支払う約束で同自動車に乗って自宅に帰ったが，期限がきても残金を支払わないめ，Xは「支払わなければ，ただではおかないぞ」と脅したので，Aは恐れて友人から借金をしてXに残金を支払った。Xの罪責はどうか。

Ⅵ　横領の罪

1　総　説

(1)　意　義　横領の罪は，自己の占有する他人の財物もしくは他人の占有に属しない他人の財物，または公務所より保管を命ぜられている自己の財物を不法に領得する犯罪であり，窃盗罪，強盗罪，詐欺罪および恐喝罪と同じく領得罪の一種であるが，他人の占有を侵害しない点において，これらの罪とは性質を異にする。刑法典第2編第38章「横領の罪」は，横領罪（252条），業務上横領罪（253条）および遺失物等横領罪（254条）とに分かれる。

本罪は，他人の占有を侵害しないで他人の財物を領得する点に本質があるから，①遺失物のごとき何人の占有にも属していない場合，②たまたま他人の財物が自己の占有に帰属した場合，③委託に基づいて自己が占有している場合の3つの態様があり，①と②は遺失物等横領罪，③は横領罪または業務上横領罪に当たる。横領罪および業務上の横領罪いずれも，委託に基づいて占有している他人の物を領得する点に本質があるから，委託物横領ともいう。

(2)　保護法益　横領の罪の保護法益は，窃盗罪等の奪取罪の場合と異なり，物に対する所有権である。委託物横領罪においては，物の占有は委託に基づいて行為者に帰属しているから，その物を領得しても占有の侵害は生じない。また，遺失物等横領罪の場合は，他人の占有から離れた物を領得するのであるから，それを領得しても直接の占有侵害とはならない。なお，公務所から保管を命ぜられた自己の物の横領も処罰されるが（252条2項），この場合の保護法益は，物の保管の安全である。

2　横領罪

252条（横領）1項　自己の占有する他人の物を横領した者は，5年以下の懲役に処する。

2項　自己の物であっても，公務所から保管を命ぜられた場合において，これを横領した者も，前項と同様とする。

(1)　主　体　本罪の主体は，他人の物を占有する者または公務所の命令によって物を保管する者である。したがって，本罪は65条1項の真正身分犯である（最判昭27・9・19刑集6・8・1083）。

(2)　客　体　本罪の客体は，自己の占有する他人の物（1項）または公務所から保管を命ぜられた物である（2項）。

(ア)　物　「物」とは，財物をいう。動産・不動産を含む。金銭その他種類・品質・数量において他の物と代替しうる物（代替物）も，本罪の客体となりうる。電気その他のエネルギー等の管理可能なものが本罪の客体となるかについて，学説は肯定説と否定説に分かれる。本罪には245条の規定が準用されていないから，電気は客体にならないとする否定説が妥当である。

(イ)　自己の占有　本罪の客体は，自己の「占有する」他人の物である。他人の占有する物を領得する場合は，窃盗罪が成立する。

(a)　占　有　「占有」とは，物に対して事実上または法律上支配力を有する状態をいう。窃盗罪における占有は，物に対する事実上の支配であるのに対し，本罪においては，物に対する法律上の支配も「占有」である（大判大4・4・9刑録21・457，最判昭30・12・26刑集9・14・3053）。占有の内容が窃盗の場合と異なるのは，窃盗罪では他人の占有の侵害が特徴となる領得罪であるため，物に対する支配の排他性が重要となるのに対し，横領罪においては，法律上自己が容易に他人の物を処分しうる状態にあり（処分の可能性），処分の濫用のおそれのある支配力が重要となるからである。例えば，不動産に関する登記簿上の名義人は，上の意味での支配力を有するから占有者となるのである（最決昭32・12・19刑集11・13・3316）。

他人から預った金銭を自己の口座に保管している場合や他人名義の口座の

預金について払戻権限が与えられている場合は，いつでも金銭を口座から引き出して自由に処分できるので法律上の支配が認められ，その預金を不正に引き出せば横領罪となる。窃取した他人の通帳と印鑑を所持しているなど，他人名義の口座の預金について正当な権限を有していない場合は，預金について銀行等に法律上の支配は認められるから，この場合は，預金を引き出しても横領にはならない。

(b) **誤振込みの場合**　例えば，振込依頼人が振込先をあやまって振り込み，受取人がこれに気付きながら，そのことを告げずに銀行の窓口で払戻しを受けた場合，何罪が成立するであろうか。学説上は遺失物横領罪になるとする見解もあるが，銀行は預金された金銭を事実上支配しているのだから「占有」は銀行にあると解され，払戻し手続をとり，銀行を欺き金銭を交付させたのであるから，詐欺罪が成立すると解される（最決平15・3・12刑集57・3・322）。なお，誤振込みされた金銭をATMで引き出せば窃盗となり，ATMで他人口座に振替送金すれば電子計算機使用詐欺罪となる。

(ウ) **委託信任関係**　本罪が成立するためには，以上のように事実上または法律上の占有が必要となるが，他人の物を占有するに至った原因については法律上明文の規定がない。しかし，遺失物等を横領する場合については特別の規定があるから，何人の占有にも属していない他人の物，および偶然に自己の占有に帰属した物は本罪から除外される。窃盗，強盗，詐欺，恐喝などの奪取罪によって占有を取得した物を領得する場合は，奪取後にその物を処分するのは共（不可）罰的事後行為であるから横領罪を構成することはありえない。結局，他人の物を占有するに至った原因は委託信任関係のある場合に限られ，委託によって占有している他人の物を領得したときに限り横領罪を構成することとなる。

委託信任関係の発生原因は，使用貸借（民593条以下），賃貸借（民601条以下），委任（民643条以下），寄託（民657条以下），雇傭（民623条以下）などの契約を基礎とする場合が一般であるが，これらによる場合に限らない。取引における信義誠実の原則上，物の占有について委託信任関係が認められ，他人の物を有効に処分しうる状態があれば足りる。例えば，他人の依頼を受けて売却した物品の代金は，受領と同時に委託物となるし，物の売主が売買契約成立後，買主にその物を引き渡すまでの間保管している状態は，委託信任関係に基づく占有となる。

㈣ **物の他人性**　委託信任関係に基づいて占有する「物」は，公務所より保管を命ぜられている場合を除き（252条2項）「他人の」物でなければならない。他人の物とは，行為者以外の自然人または法人の所有に属するとの趣旨である。当該の物が他人の所有に属するかどうかは，民法上の所有権を基礎にして，刑法的な立場から，法律的・経済的な見地に立ってその保護の必要性を考慮し決定すべきである。

(a) **売買の目的物**　動産および不動産の売買においては，売買契約の締結によって目的物の所有権は買主に移転する（民176条）。それゆえ，売買契約を締結したが，いまだ引渡し，または所有権移転登記を完了していない場合は，売主にとって当該目的物は他人の物となる（前掲最判昭30・12・26⇨(5)）。割賦販売の場合には，原則として代金完済に至るまでは売主に所有権が留保される（割賦販売法7条，最決昭55・7・15判時972・129）。譲渡担保の場合には，目的物の所有権が債権者に移転するとみられる類型について（大連判大13・12・24民集3・555），債務者がこれを占有中に債権者に同意なくして他に売却するなどの領得行為をすれば横領罪を構成する。

(b) **金銭の他人性**　相手方のために金銭等の保管を約束する際にその費消を許さないことが委託の趣旨である場合は（民657条以下），保管だけを委託されたにすぎないから，その委託の趣旨に従って寄託者の所有権は保護されなければならない。例えば，特定物として寄託した封金または供託金などは，それを占有する者にとっては他人の物である。消費寄託すなわち受託者が契約によって受託物を消費することができる場合（民666条）は，所有権は受託者に移転する。不特定物として委託された金銭等の所有権は，金銭の性質上委託と同時に受託者に移転する（最判昭29・11・5刑集8・11・1675）。

使途を定めて寄託された金銭については，寄託者の意思を尊重し，受託者が予定された使途に用いることを法的に保障することが必要であるから，寄託された金銭の所有権は寄託者にあるとするのが妥当である。また，使途を定めて寄託された金額が通貨としては特定していなくても，金額が特定している限り，その金額を特定の財物とみることは可能であり，金額自体が所有権の対象になる。

委託者の委託の趣旨に反することなく，必要なときには他の通貨で確実に代替させることができる状態のもとで，代替させる意思でその金銭を一時他に流用した場合（金銭の一時流用）は，流用された時点において受託者に所有権が移転するとする見解もある（前掲最判昭 29・11・5）。しかし，使途を定めて寄託されたものである以上，所有権は寄託者にあると解すべきであり，むしろ，不法領得の意思を欠くものとして本罪を構成しないと解すべきである（最判昭 26・5・25 刑集 5・6・1186）。

委任者のために受け取った金銭は，委任者に帰属する。債権の取立てを依頼された者が取り立てた金銭の所有権は依頼者にあり（大判昭 8・9・11 刑集 12・1599），集金人が集金した売掛代金の所有権は主人にある（大判大 11・1・17 刑集 1・1）。使途を限定して委託された財物の所有権も，特約ないし特段の事情がない限り，その所有権は委託者にある（最判昭 36・10・31 刑集 5・9・1622）。洋服の仕立業者が客の注文を受けて預かった洋服生地を仕立てた場合，その所有権は注文者に帰属する（最決昭 45・4・8 判時 590・91）。

(c)　**不法原因給付・寄託物**　　民法 708 条本文は「不法の原因のために給付をした者は，その給付したものの返還を請求することができない」と定め，不法の原因によって給付した者は，その不法の原因を理由に給付行為の無効を主張して不当利得の返還請求ができない旨を規定している。したがって，例えば，妾関係を継続するため A 男が B 女に建物を贈与した場合，A は B に不当利得の返還ができないのは当然である（最大判昭 45・10・21 民集 24・11・1560）。不法原因給付物の所有権は，不法の原因を理由として返還を請求することはできないのであり，その反射的効果として，贈与者ないし売渡人の手を離れて，受贈者ないし買受人に帰属すると見るのが妥当である。

これに対し，不法原因寄託物の場合には横領罪の客体となる。これは，相手方に対し不法な原因で単に占有だけを移転したにすぎず所有権を与える意思がない場合であり，給付物の場合と異なり民法 708 条の適用がない。例えば，覚せい剤を購入してもらうため金銭を委託した場合，あるいは贈賄を依頼して贈賄金を寄託した場合などがこれに当たる。

この点について学説は，ⓐ不法原因寄託物についても民法 708 条の適用があるという前提に立ち，寄託者は，民法上返還請求権を認められないだけであって所有権は失っていないから「他人の物」に当たるとする肯定説，ⓑ不法原因給付物と不法原因寄託物とを分けずに，「他人の物」に当たらないとする否定説に分かれる。

たしかに，不法な原因に基づいて物を委託したのであるから，委託自体が不法なものとして法の保護を受けられないと解することも不可能ではない。しかし，不法な原因に基づくにせよ，財物の委託信任関係自体は保護する必要があり，この点で委託信任関係のない不法原因給付物の場合とは決定的に異なる。また，不法原因委託物について，寄託者にその返還請求権を認めるということは，不法な目的の実現（覚せい剤の購入，贈賄など）を未然に防止するのに有益であるばかりでなく，受託者に不法な原因に基づく利益を与えないためにも必要なことである。民法上必ずしも委託者の返還請求権が否定されるものでない以上，不法原因寄託物は横領罪の客体になると解するのが妥当である（最判昭23・6・5刑集2・7・641）。

(d) **盗品等処分の代金**　預かった盗品を勝手に処分した場合，あるいは盗品等の処分を依頼された者がその処分代金を着服した場合については，判例は，横領罪の成立を肯定するもの（大判昭13・9・1刑集17・648）と否定するもの（最判昭36・10・10刑集15・9・1580）とに分かれる。財物の所有権は民法上その本来の所有者にあると解すべきであり，行為者は窃盗犯人からとはいえその委託を受けて自己以外の者のために占有しているのであるから，受託者にとってその財物は自己の占有する「他人の物」である。したがって，窃盗犯人から盗品の処分を委託された者がその盗品または処分した代金を領得すれば，本犯の被害者との関係で盗品関与罪（256条）が成立するとともに，別に窃盗犯人との関係において横領罪を構成し，両罪は観念的競合になると解する。

受託者が，寄託を受ける際に盗品であることを知らずに財物を受け取り，後に盗品であることに気付いて事情を知らない第三者にそれを売却し代金を着服した場合の擬律について，ⓐ横領罪とする説，ⓑ盗品等関与罪とする説，ⓒ遺失物等横領罪とする説が対立している。上に述べたごとく委託信任関係を保護すべきである以上は，盗品と知って売却した点につき盗品等関与罪が成立し，同時に代金を着服した点につき横領罪が成立して，両罪は観念的競合となる（前掲大判昭13・9・1，大判大6・10・23刑録23・1091）。

(e) **公務所から保管を命ぜられた自己の物**　自己の物であっても，公務所から保管を命ぜられた場合には，本罪の客体になる。公務員が差押をしたうえ保管を命じた物は公務員の占有に属するのであり，これを領得すれば窃盗罪が成立するから，横領罪で問題となるのは差押に係らない自己の物について，保管を命ぜられた場合に限られる。

(3) 行　為　本罪の行為は，横領することである。「横領」とは，自己の占有する他人の物を不法に領得すること，すなわち他人の物の占有者が委託の趣旨に反して，権限を逸脱して他人の物を領得することをいう。

(ア) **横領の意義**　横領の意義については，越権行為説と領得行為説とが対立している。越権行為説は，横領をもって委託信任関係の破棄と解し，行為者が委託に基づき占有している他人の物に対し，委託の趣旨に反し，占有物に対して権限を越えた行為すなわち権限を逸脱した行為をすることが横領であり，占有物を毀棄・隠匿する行為も横領となる。領得行為説は，横領をもって自己の占有する他人の物を不法に領得することであり，いわゆる不法領得の意思を実現するすべての行為を意味する。

領得罪の観念は，財物罪の保護法益を考えるうえで不可欠であるとする立場からみれば，横領罪においても不法領得の意思をその主観的な成立要件とすべきである。この立場からは，物の占有という委託の任務に反して，所有権者でなければできない処分すなわち権限を越えて占有物を処分することが必要であり，その意味では越権行為説が妥当である。しかし，横領罪は領得罪であり，その主観的要件として，不法領得の意思を必要とすると解すべきであるから，その限りで領得行為説が妥当である。判例も領得行為説を採っていると解されるのであり，権限を越えた占有物の処分であっても，それが委託者本人のためにする意思である場合は，横領罪は成立しないとしている（大判大15・4・20刑集5・136，最判昭28・12・25刑集7・13・2721）。このようにして，横領行為といえるためには，客観的には権限を逸脱する行為，主観的には不法領得の意思が必要となる。

(イ) **権限逸脱**　横領行為は，委託の任務に反して，すなわち権限を逸脱して自己の占有する他人の物を処分することをいう。判例は，横領行為を定義して，自己の占有する他人の物について不法領得の意思を実現する一切の行為をいうとしたが（大判大6・7・14刑録23・886，最判昭24・3・8刑集3・3・276），横領罪は委託信任関係に違背して財物を領得する点にその本質があるから，単に不法領得の意思を実現する行為としただけでは足りず，その前提として，所有者でなければできない処分，すなわち委託の趣旨に反して権限を逸脱した占有物に対する客観的な処分行為がなければならない。

権限逸脱行為は，一般的な権限を越える行為であればよく，事実上の処分行為（費消・着服・拐帯・隠匿・返還の拒絶など）であると法律上の処分行為（売却・入質・貸与・贈与など）であるとを問わない。権限を越えた転質（最決昭45・3・27刑集24・3・76）または抵当権の設定も横領である。違法目的の処分も横領となりうる（東京高判平8・2・26判時1575・131）。処分行為は作為であると不作為であるとを問わない。

権限を逸脱する行為に着手した以上は，処分行為が完了しなくても既遂となる。売却代金を遊興費に当てようとして高飛びすれば，ただちに横領の既遂犯となり，現実にその金銭を費消したかどうかを問わない。横領罪には未遂を処罰する規定がなく，権限を逸脱する処分行為に着手すればただちに既遂となり，原則として未遂の観念は認められない。本罪の未遂罪規定がないのもそのためである。

(ウ) **実行行為の性質**　本罪の実行行為は権限を逸脱する行為があれば足りる。例えば，建物の真の所有者を相手としてその占有者が虚偽の所有権を主張して民事訴訟を提起すれば，それだけで横領罪の既遂に達する（最判昭25・9・22刑集4・9・1757）。詐欺手段は，横領行為に吸収される。例えば，預かった物の返還を求められた際に，「預かった覚えはない」と欺いた場合，領得後に詐欺手段を用いて財物を確保する行為は，共罰的事後行為である。

横領罪は所有権を保護法益とする罪であるから，実行行為の結果，他人の所有権に対して事実上または法律上の侵害を伴うものでなければならない。例えば，質権者から質物の保管を委託された者が，これをその所有者に交付しても所有権の侵害に当たらないから，背任罪はともかく横領罪は構成しないのである（大判明44・10・13刑録17・1698）。

(4)　故意・不法領得の意思　本罪の故意は，自己の占有する他人の物を，権限を逸脱して処分することについての認識を必要とする。本罪は領得罪であるから，故意のほかに不法領得の意思も必要である。本罪にいう不法領得の意思は，他人の物の占有者が委託の任務に背いて，その物につき権限がないのに，その物の経済的用法に従って，所有者でなければできないような処分をする意思と解すべきである（前掲最判昭24・3・8）。したがって，自己の占有する他人の物を毀棄・隠匿する行為は，権限を逸脱する行為ではあるが，不法領得の意思を欠くので本罪には当たらない。一時使用の目的をもって占有物を処分する意思であるときは（使用横領），不法領得の意思は認められないが，本権を有する者でなければ使用できない態様において利用する意思を有する場合は，不法領得の意思を認めてよい。自己の保管する会社の秘密資料をコピーのため一時社外に持ち出し，その後返還する行為（東京地判昭60・2・13刑月17・1＝2・22〔一時横領〕）は，たとえ返還する意思があっても本罪に当たる。

不法領得の意思は，占有者みずからが利得する意思であることを必ずしも要するものではなく，行為者と特殊の関係を有する第三者に利得させる意思（第三者横領）であってもよい（大判大12・12・1刑録2・895）。専ら委託者本人のためにする意思に基づく場合は，それが権限を逸脱した他人の物に対する処分行為であっても，不法領得の意思を認めることはできないから横領罪を構成しない。村長が村のためにする意思で村の公金を指定外の村の経費に流用する場合（大判大3・6・27刑録20・1350），農業協同組合長が組合の機関の議決を経ることなく，定款に違反して，組合資金を独断で組合名義で経営する事業に支出した場合（前掲最判昭28・12・25）などは，背任罪の問題であり横領罪を構成するものではない。これに対し，不実の抵当権設定仮登記をする場合は，不法領得の意思が認められる（最決平21・3・26刑集63・3・291）。一時流用する場合において，後日に返済しまたは弁償・補償する意思があっても，相当期間流用し経済的損失を与えるものであるときは，不法領得の意思を認めてよい（前掲最判昭24・3・8）。

(5)　二重売買　二重売買とは，物をいったん売却した後（第1の売買），目的物を引渡す前，あるいは所有権移転登記を完了する前に，売主がその物の占有を保持していることを奇貨として，これをさらに第三者に売却する（第2の売買）ことをいう。

(ア) **判例**　二重売買においては，売買契約の成立によって所有権は買主に移転するから（民176条），契約成立後の売主の占有は他人の物の占有となり，売主がこれをさらに第三者に売却する行為は原則として領得行為に当たり，動産については引渡し前に売主が第三者に売却すれば横領罪を構成し，登記済不動産を目的物とするときは，所有権移転登記前に第三者に売却し，その登記を完了すれば横領罪に当たるとするのが通説・判例である（前掲最判昭30・12・26）。

(イ) **意思表示にとどまっている場合**　しかし，第1の売買が単なる意思表示にとどまっており，金銭の授受もなく，また登記手続に必要な書類の交付もなされていない場合（最判昭34・3・13刑集13・3・310，福岡高判昭47・11・22刑月4・11・1803），形式的には他人の不動産を領得したといえるが，単に売買の意思表示があったといえるにすぎないときは，買主の売主に対する信頼も弱く，刑法上処罰に値する程度の所有権の実質を備えていないと解する。

第1の売買について買主甲との間に金銭の授受があったが，第2の売買においては売主Xが買主乙に対して単に売買の意思表示をしたにすぎず，甲に対する所有権移転登記を完了する余地が残されている場合は，登記を完了して初めて横領罪を構成する。

(ウ) **悪意者の場合**　登記を経た第2の買主乙が契約の時点で二重売買の事実を認識していたとき，すなわち乙に悪意がある場合は，民法上悪意者であっても登記を経ることによって完全な所有権を取得し第三者に対抗できるのであるから（民177条），乙について横領罪は成立しないと解される（最判昭31・6・26刑集10・6・874）。しかし，民法上保護される正常な取引の範囲を逸脱する信義則違反の行為者，すなわち乙が背信的悪意者であるときは，Xとの間で横領罪の共同正犯または教唆犯が成立するであろう（前掲福岡高判昭47・11・22）。単なる悪意者は，民法上保護されるという理由から処罰されないのに対し，背信的悪意者の場合は，登記を経たとしても所有権の取得を第三者に対抗できないとされ（最判昭36・4・27民集15・4・901），民事上も重大な違法行為として保護を受けないのであるから，刑法上も可罰的違法性を有すると解する。

(6) 横領後の横領　横領罪は状態犯であるから，横領行為の完了後に行われた財物の処分行為は，その横領行為によって評価し尽くされている限り，共罰的事後行為として横領罪を構成しないとするのが従来の判例の立場であった（前掲最判昭31・6・26）。しかし，最高裁は，従来の判例の立場を変更して，他人の物への抵当権設定による横領の後にその物を他人に売却することによって重ねて横領が行われた事案につき，横領罪の成立を認めた。前の抵当権設定による横領行為では評価し尽くせない売却等による所有権移転行為は，共罰的事後行為に当たらないと解されるから，この判例は支持すべきである（最大判平15・4・23刑集57・4・467）。

3　業務上横領罪

253条（業務上横領）　業務上自己の占有する他人の物を横領した者は，10年以下の懲役に処する。

(1) 主　体　本罪の主体は，業務上他人の物を占有する者である。横領罪は，他人の物の占有者についてのみ成立するから真正身分犯（構成的身分犯）であるのに対し，本罪は，さらに身分によって刑を加重するのであるから，占有者たる身分と業務者たる身分とが複合した身分犯である（いわゆる二重の意味の身分犯）。

(2) 業　務　本罪における業務とは，社会生活上の地位に基づいて反復または継続して行われる事務をいう。必ずしも営業または職業として自己の生活を維持するものであることを要しない（大判大3・6・17刑録20・1245）。本罪の業務者は，委託を受けて他人の物を占有・保管する事務を反復または継続的に行う者であることを要する。業務の根拠は，法令によると契約または慣習によるとを問わない。自己の事務として行うか他人の事務として行うか，また，公務として行うかも関係がない。他人の事務については，その事務を処理するための裁量権を有するか否かを問わない。また，特定人の委託を受けて占有・保管する者でも，継続的または反復的にこれを行えば業務者である。継続的に行うことは必要でなく，業務の性質として占有・保管が反復的になされるものであれば足りる。

業務は，本務ばかりでなく兼務としてなされる場合でもよく，他人に代わって事実上行う事務でもよい。自己の業務に関連して他人の物を保管する者は，すべて業務上の占有者であり，本務に付随してなされる事務も業務である。無免許による事務のように，手続上不適法な点があっても，事務自体が違法でない限り業務としての性質を失わない。業務上の地位を失った後でも，業務の引継ぎを終わるまではなお保管者としての保管責任を免れないから，本罪の主体となるのである。

本罪の業務は，他人の委託に基づき他人の物を継続または反復して保管・占有する事務であれば足りる。その典型的なものは，質屋，倉庫業者，運送業者，修繕業者，一時預り業者，クリーニング業者などであるが，例えば，職務上公金を保管する公務員，会社・団体等の金銭を保管する会社員・団体役員・銀行員なども業務者である。弁護士が交渉相手から示談金等の金銭を預かるのも業務上の占有である（大判昭6・11・18刑集10・609）。

4　罪数・他罪との関連

(1)　罪　数　横領罪の罪数は，委託信任関係の個数を標準として確定される（大判大5・10・7刑録22・1505）。横領罪は，委託信任関係に背いて財物を領得する点に本質があるからである。寄託物の所有者が複数であっても，その占有が1個の委託信任関係に基づいているときは，一罪が成立するにすぎない。単一の委託信任関係に基づく占有物を時間的に接続して領得するときは，その目的物がそれぞれ異なっていても包括して一罪となる。横領罪も状態犯であるから，横領行為の後に同一目的物に関して行為者がなした処分行為は，新たに法益侵害を伴わない限り共罰的事後行為となる（大判明43・10・25刑録16・1747）。

これに対し，横領した預金通帳を用いて郵便局員を欺いて預金を引き出したときは，新たに詐欺罪を構成する。また，横領罪成立後にその犯跡を隠蔽するために文書を偽造・行使したときは，その行為は横領行為とまったく別の行為であり，併合罪となる。業務上の占有物と非業務上の占有物とを1個の行為によって横領したときは，横領罪は吸収されて業務上横領罪のみが成立する（最判昭24・2・15刑集3・2・179）。

(2) 他罪との関連　横領罪と背任罪との区別が重要であるが，この点は後述するところに委ねる（⇨214頁）。詐欺罪との関係では，詐欺罪は詐欺行為によって行為者が財物を取得するのに対し，横領罪では財物をすでに行為者が占有しているものを領得するのであり，横領の手段として詐言を用いても処分行為に基づく占有の移転はなく，詐欺罪を構成しない（大判明44・4・17刑録17・587）。一説によると，委託物の返還を免れる目的で委託者を欺いた場合に，委託者が事実上委託物の返還をあきらめたときは処分行為がないから詐欺罪は成立しないが，委託者が返還請求権の放棄等の意思表示をすれば2項詐欺罪が成立し，横領罪との観念的競合になるとされる。委託物について返還義務がある場合において，それを欺いて免れた以上は2項詐欺罪が問題となりうるが，この場合の欺く手段は横領物を確保するための共罰的事後行為と解する。

5　遺失物等横領罪

> **254条**（遺失物等横領）　遺失物，漂流物その他占有を離れた他人の物を横領した者は，1年以下の懲役又は10万円以下の罰金若しくは科料に処する。

(1) 客　体　本罪の客体は，遺失物，漂流物，その他占有を離れた他人の物（占有離脱物）である。遺失物とは，占有者の意思によらないでその占有を離れ，何人の占有にも属していない物をいう。漂流物とは，遺失物が水中にある場合をいう。「その他占有を離れた物」とは，遺失物法2条にいう「誤て占有した他人の物」をいい，例えば，郵便集配人が誤って配達した郵便物（大判大6・10・15刑録23・1113），電車，バス，食堂等に遺留した「他人の置去りたる物件」（大判大15・11・2刑集5・491），占有者の支配から脱出した家畜，偶然自己の支配下に入ってきた家畜，さらに風で飛んできた隣家の洗濯物などである。養殖業者のいけすから湖沼中に逸出した鯉であっても，天然のものと区別できる以上は本罪の客体となる（最決昭56・2・20刑集35・1・15）。その物の所有者が誰であるかが判明しなくてもよい（最判昭25・6・27刑集4・6・1090）。無主物であるときは，それが財産的価値の高い物であっても本罪の客体にはならない。文化財的なもので所有関係が不明な場合，例えば，昔墳墓であった古塚に納蔵された物で1500年ないし1600年以上経過した宝石鏡剣の類も，埋葬者の権利はその子孫その他の者によって承継される関係にあるから，本罪の客体に当たる（大判昭8・3・9刑集12・232）。

(2) 行　為　本罪の行為も横領である。横領とは，物の経済的用法に従って，所有権者でなければできない処分をすることをいう。主観的要件として客体が遺失物等であることの認識（故意）以外に不法領得の意思が必要となる。当初から不法領得の意思があって，所有権者でなければできない処分をすれば，その時点で既遂となる。例えば，警察に届け出るつもりで拾得したが，後に不法領得の意思を生じたときは，その意思が外部的に実現した時点において本罪が成立する。被害者の占有に属する物を遺失物であると誤認して領得したときは，刑法38条2項の適用を受け，遺失物等横領罪が成立する（東京高判昭35・7・15下刑集2・7=8・989）。本罪も状態犯であるから，例えば，遺失物である乗車券を横領した者が，これを精算所に提示して払戻を受ける行為は，遺失物等横領罪の共罰的事後行為であり，別に詐欺罪を構成しない（東京地判昭36・6・14判時268・32）。無記名乗車券は，それが有効なものである限り，鉄道企業体はその所持者が正当な権利者であるかどうかを調査する義務はなく，これに対して輸送または払戻しをすれば免責されるからである。

◈【問　題】

(1) Xは，Aに対して自己所有の宅地を3,000万円で売却する契約をして移転登記に必要な書類をAに手渡し，代金3,000万円を受け取ったが，その後Aが登記を完了していなかったため，これに乗じて情を知らないBに右宅地を2,000万円で売却し，Bへの所有権移転登記を完了した。①Xの罪責はどうか。②BがXとAとの間の売買契約を知っていた場合はどうか。③BがXA間の売買を知りながら，土地の値上がりを見込んでXに執ように働きかけて契約を成立させた場合，Bの罪責はどうか。

(2) Xは，時価100万円のワインをデパート売り場から盗み，Yに事情を打ち明けて保管を依頼した。Yは，自宅の居間に保管していたが，高価なワインはどんな味がするのかと思い味見がしたくなり，一晩の内にそのワインを全部飲んでしまい，Aには何者かに盗まれたと嘘を言った。XとYの罪責はどうか。

Ⅶ　背任の罪

1 総 説

(1) 意 義　背任の罪は，①他人のためその事務を処理する者（事務処理者）が，②自己もしくは第三者の利益を図り，または本人に損害を加える目的で，③その任務に背く行為をし，④本人に財産上の損害を加えることを内容とする犯罪である。

刑法は，背任の罪を「詐欺及び恐喝の罪」（第2編第37章）の章下に規定しているが，この罪は，本人と事務処理者との間に法的に認められる信任関係があるにかかわらず，その信任関係を侵害して財産上の損害を加える点に本質がある。信任関係に違背する点で委託物横領罪と類似する犯罪であり，背任罪はいわば2項横領罪としての性格を有するから，詐欺および恐喝の罪が相手方の瑕疵ある財産的処分行為を要素とする犯罪であるのと本質的に異なる。したがって，委託物横領罪と本罪とを併せて認識し体系化すべきであるとする見解が今日では一般的となり，刑法改正作業においても，委託物横領罪と並べて規定する方法が一貫して採用されているところである。なお，背任罪は，専ら本人に損害を加える目的で行為する場合も含むから，毀棄罪としての一面も認められる。

(2) 罪 質　本罪の罪質については，ⓐ本罪をもって信義誠実義務に違反して本人に財産上の損害を加えるところに本質があるとする背信説（通説。大判大3・6・20刑録20・1313），ⓑ代理権を有する者が，その権限を濫用して本人に財産上の損害を加えるところに背任罪の本質があると説く権限濫用説，ⓒ背信説の基礎となっている信義誠実義務に限定を加え，本人の事務を処理するについて，社会観念上付与されているとみられる権限を濫用して行われる背信的義務違反の行為のみを背信行為とすべきであると説く背信的権限濫用説，ⓓ事務処理者を本人の財産処分についての意思決定を委託された者と解し，事実行為についての信任関係を破る場合を背信行為から排除すべきであると説く意思内容決定説がある。

他人の事務を処理する者が，その任務に違背して本人に損害を加える場合において，その事務が法律行為でなく事実行為であっても，本人に重大な財産上の損害を加えることがあり，その当罰性は代理権濫用におけると異ならない場合もありうる。したがって，背任行為を代理権の濫用に限定する権限濫用説は妥当でない。しかし，従来の背信説においては，背任行為の範囲が必ずしも明確にならないところから，本人との関係において財産上の権限が認められる場合に限定し，その権限を濫用ないし逸脱して行われた信義誠実義務違反により財産上の損害を加えることが背任罪の本質であると解すべきであり，ⓒ説が妥当である。

本罪は，委託者と事務処理者との間に成立した信任関係に背く点で委託物横領罪と似ているが，本罪が信任関係に基づく財産上の任務の違背一切を対象とするのに対し，横領罪は物の占有という委託事務の違背を対象とする点でその範囲を異にする。それゆえ，背任罪と横領罪とは一般法と特別法の関係にある。

背任罪が成立するためには，背任行為によって「財産上の損害」を加えたことを要する。本罪は，個別財産に対する侵害ではなく被害者の財産状態を全体としてみて損害があったときに成立するところの全体財産に対する罪である。

2　背任罪

247条(背任)　他人のためにその事務を処理する者が，自己若しくは第三者の利益を図り又は本人に損害を加える目的で，その任務に背く行為をし，本人に財産上の損害を加えたときは，5年以下の懲役又は50万円以下の罰金に処する(未遂は，罰する―250条)。

(1)　主　体　　本罪の主体は，他人のためにその事務を処理する者に限られる。事務処理者のみが犯しうる真正身分犯である。「他人のためにその事務を処理する者」とは，他人の事務をその本人のために行う者をいう。「他人」とは，行為者以外の者，すなわち本条にいう「本人」の意味であり，自然人のほか法人または法人格のない団体をも含む。国または地方公共団体も「他人」となる。

(ア) 事務の範囲 事務の範囲については，ⓐ財産上の事務に限るべきであるとする限定説，ⓑ限るべきではないとする無限定説とが対立している。①背任罪が財産罪として現行刑法上位置づけられていること，②法文上背任行為は本人に財産的損害を加える定型的行為として規定されているとみられることにかんがみ，他人の事務は財産管理上の事務と解すべきであり，限定説が妥当である。

(イ) 他人の事務 事務処理者は，「他人の事務」を処理する者でなければならない。他人の事務を処理するとは，他人すなわち本人の事務をその本人に代わって行うことをいう（大判大3・10・12新聞974・30）。他人の利益のためであっても，自己の事務を処理する場合は事務処理者ではない。例えば，売買契約に基づき売主が買主に目的物を引き渡す事務は，買主のためのものであっても自己の事務であるから，これを怠っても単なる債務不履行となるにすぎず，背任罪には当たらない。

(ウ) 信任関係 事務処理者といえるためには，本人との間に法律上の信任関係がなければならない。すなわち，本人に対してその事務を誠実に処理すべき義務――信義誠実義務を負担する者であることを要する。信任関係の発生原因が何であるかは重要でない。法令（親権者・後見人・会社の取締役）による者，代理権授権のような法律行為（委任・雇傭・請負・寄託）に基づく者，慣習によって事務を処理する者，さらに事務管理（民697条）によって事務を処理する者がこれに当たる。

(エ) 権　限 信義誠実義務に反して本人に財産上の損害を加えることに背任罪の本質があるから，事務処理者は，代理権を有する者など本人の権利・義務を左右できる権限に基づいて他人の事務を処理する者に限るべきである。したがって，事務は包括的なものでなければならず，監視などの機械的事務は含まないと解すべきである。包括的事務である限り，行為者が単独で処分しうるものばかりでなく，他の者の決裁に従って行われる事務（最決昭60・4・3刑集39・3・131），運送業者の雇人のような補助者として行う事務でもよい。情報の管理者も事務処理者である（東京地判昭60・3・6判時1147・162）。事務処理者としての身分は，実行行為の時に存在することを要する

（大判昭8・12・18刑集12・2360）。

(2) 行　為　本罪の行為は，背任行為すなわち任務に背く行為である。「任務」とは，その事務の処理者として当該具体的事情のもとで当然になすべきものと法的に期待される行為をいう。「背く」とは，信任関係に違背することをいう。例えば，銀行員が回収の見込がないのに不良貸付をしたり，質屋の雇人が普通の質取価格より多額の金銭を貸出すような場合である。

背任行為は，法律行為として行われる必要はなく，事実行為としてであってもよい。売掛代金を受け取るべき事務処理者が商品の取戻を受けた旨の虚偽の事実を帳簿に記載した場合も背任である（前掲大判大3・6・20）。債権取立の事務を委任されている者が，取立を怠って債権を消滅時効にかからせた場合のように不作為の背任行為を含む。保管物の毀損，秘密の漏示も背任である。

信任関係に違背したといえるかどうかは，信義誠実の原則に従い，社会通念に照らして，通常の事務処理の範囲（事務処理の通常性）を逸脱していたかどうかによって決まる（最決平21・11・9刑集63・9・1117）。事務処理の通常性は，具体的状況に照らして当該事務について定める法令，官公署における通達・内規，一般の組織体においては業務執行に関する規定・定款，業務内容，さらに法律行為においては委任の趣旨などを検討したうえで，信義則に基づき社会通念に照らして決定される。自己が管理するデータを外部に流したり無断使用する行為（神戸地判昭56・3・27判時1012・35），コンピュータープログラムの不正入力（前掲東京地判昭60・3・6）も背任となりうる。当該事務処理が通常性を逸脱していないと認められる限り，いわゆる冒険的取引によって本人に財産上の損害を加えても背任行為ではない。しかし，会社の取締役が架空の利益を計上して利益配当を行う「蛸配当」は，商法上厳格に禁止されているから（会社963条5項2号），特殊の場合を除いて特別背任罪を構成する（大判昭7・9・12刑集11・1317）。

(3) 主観的要件　背任罪は目的犯であり，故意以外に主観的構成要件要素として利得の目的または加害の目的が必要となる。

(ア) 故　意　自己の行為が任務に違背するものであること，および本人に財産上の損害を加えることを認識して行為に出る意思を内容とする。自己の行為が任務の本旨に即していると誤信して行為するときは，事実につき錯誤があるから故意を阻却する（大判大3・2・4刑録20・119）。財産上の損害の発生は確実に予測できない場合があるから，その点についての認識は未必的であってもよいが（大判大13・11・11刑集3・788），背任罪は目的犯であるため，自己の行為が任務の本旨に違反することについての認識は確定的でなければならないと解する。

(ｲ) **目　的**　本罪の目的は，①自己もしくは第三者の利益を図る目的，または，②本人に損害を加える目的の2つを含む。①の目的で行われた場合は利得罪となり，②の目的で行われた場合は財産毀損罪となる。

(a) **図利（とり）・加害目的**　本罪は，第1に，自己もしくは第三者の利益を図る目的すなわち利得の目的（図利目的）で行われることを要する。自己とは事務処理者をいい，第三者とは，事務処理者および本人以外の者を指し，例えば，蛸配当において専ら株主に利益を配当する目的の場合がこれに当たる。共犯者も第三者である（大判明45・6・17刑録18・856）。第三者の利益を図ることを第三者図利目的という（最決平10・11・25刑集52・8・570）。「利益」は，身分上の利益その他の非財産的利益を含むとするのが通説・判例であるが（大判大3・10・16刑録20・1867），本罪が財産罪であることの当然の帰結として，財産上の利益に限ると解する。

第2に，本人すなわち委託者に財産上の損害を加える目的（加害目的）で行われることを要する。ここにいう「損害」も本罪の性質からみて財産上のものに限るべきである（新潟地判昭59・5・17判時1123・3〔自己の保身を図る目的〕）。目的は，図利目的または加害目的のいずれか一方があれば足りるが，両者が併存する場合には，主たる目的がいずれにあるかを判断し，主たるものと認められた方を背任の目的とすべきである。

(b) **図利・加害目的と本人図利目的**　本人の利益を図る目的（本人図利目的）で行為したときは，たとえ任務に違背して本人に損害を加えても，背任罪とはならない（大判大3・10・16刑録20・1867）。問題となるのは，図利・加害目的と本人図利目的とが併存する場合であるが，主として，自己もしくは第三者の利益を図る目的で行為したときは，従として，本人の利益を図る目的があっても，背任罪の成立を妨げない（最判昭29・11・5刑集8・11・1675）。

例えば，銀行の支店長が，自分の行ってきた不当な立替え払いの発覚を恐れて立替え払いを継続した場合，たとえ貸付先の倒産を回避する目的があったとしても，主として自己の利益を図る目的であったと認められれば背任罪に当たる（最決昭63・11・21刑集42・9・1251。なお，前掲最決平10・11・25）。

（c）**目的の内容**　図利・加害の目的については，ⓐ図利・加害の点を認識すれば足りるとする未必的認識説，ⓑ認識し，かつ少なくとも認容を必要とする認識認容説，ⓒ確定的認識を必要とする確定的認識説，ⓓ図利・加害を意欲することを必要とする意欲説とが対立している。加害目的はこれに対応する損害の発生という構成要件的結果に関する主観的要素であるから故意と重複する要素であり，両者の区別が問題となるところ，立法者があえて「目的」として規定しているのは，故意の内容を限定する趣旨と解すべきであるから，確定的認識が必要になるものと解する。

(4)　財産上の損害　本罪は，結果犯であり，背任行為により本人に財産上の損害が発生したことが必要である。財産上の損害が発生したときに既遂に達する。「財産上の損害」とは，既存財産の減少（積極的損害）または将来取得しうる利益の喪失（消極的損害）のいずれをも含む（大判大11・9・27刑集1・483，後掲最決昭58・5・24）。「財産」とは，全体財産の意味である（⇨130頁）。それゆえ，損害は，本人の財産状態の全体について考慮しなければならない。一方で損害が生じても，他方でこれに対応する反対給付があるときは，損害はなかったことになる。例えば，1,000万円をAに貸し付けたが，A名義の同じ銀行の口座に1,000万円の入金があったときは財産上の損害は認められない。

財産上の損害があったかどうかの判断については，ⓐ法的損害概念説，ⓑ経済的損害概念説の対立がある。ⓐ説によれば，例えば，回収の見込みがないのに貸し付けた場合，1,000万円の代わりに同額の債権が残るのであるから，法律的には全体財産は減少しないことになる。これに対し，ⓑ説は，経済的に評価して，回収の見込みや担保がない以上，損害は貸し付けの段階ですでに発生していると解するのである。法律上債権を取得しても，弁済の見込みがない以上は財産的に無価値となるから，債権の履行前であっても損害が発生したと見るべきであり，ⓑ説が妥当である（最決昭58・5・24刑集37・

4・437)。したがって，回収不能の者に無担保で金銭を貸付けた場合について，法律上権利を実行する余地があるから実害発生の危険があるにすぎないとする判例（最判昭37・2・13刑集16・2・68，最決平8・2・6刑集50・2・129）もあるが，貸付と同時に貸付元本に相当する財産上の実害が発生したとみるのが妥当である（前掲最決昭58・5・24)。後日全額回収されても背任罪の成立を妨げない。

(5) 二重抵当と背任罪　二重抵当とは，例えば，Xが債権者Aのため，自己の不動産に抵当権を設定した後に，まだその登記をしていないことを奇貨として，さらに債権者Bのために新たに抵当権を設定し，Bのために抵当権の設定登記をする行為をいう。二重抵当については，ⓐAに対する関係で背任罪，Bに対する関係で詐欺罪を認め法条競合とする見解，ⓑAに対する関係で背任罪，Bに対する関係で詐欺罪となり両者は観念的競合になるとする見解，ⓒAに対して背任罪が成立するにすぎないとする見解が対立している。判例は，かつて二重抵当は詐欺罪を構成するとしていたが，現在はAに対する背任罪だけが成立すると解するⓒの立場を採っている（最判昭31・12・7刑集10・12・1592)。抵当権設定者甲は，第1の抵当権者Aに対して登記協力義務があるから，その義務の履行はAのための事務処理であり，XはAに対して登記申請に必要な事務を処理し，抵当権を保全すべき法的誠実義務を負うと解する。

問題は，登記義務者であるXの任務はAの事務かXの事務かにある。たしかに，登記義務者の任務は，抵当権を設定して自己の財産処理行為を完成させるものであるから，自己（X）の事務としての性格をもつといえる。しかし，登記権利者Aの側からすると，登記義務者Xの協力がなければAが抵当権設定登記を完了し財産を保全することは不可能であるから，登記義務者Xの義務履行は，Aの抵当権保全行為の一部をなしていると解する（最決昭38・7・9刑集17・6・608)。

このように，Xは抵当権保全義務を有するものであり，Aが第1の抵当権設定登記をするまでその地位を保全すべきであるから，白紙委任状，住民票および権利証を一括して相手方に交付してAの登記に必要な事務を完了したとしても，Aが登記を完了する以前の時点でXがBに対する登記を完了したときには，抵当権保全義務に反するものとして任務違背行為となる。Aは，Xの行為によって後順位の抵当権者になるのであるから，第1の抵当権としての既存財産の価値が減少したことになる。したがって，財産上の損害が生ずることになるのである。

3　他罪との関連

(1)　背任罪と横領罪の区別　例えば，銀行の支店長Aが明らかに回収不能であることが分かっていながら担保も取らずに銀行名義で甲会社に金員を貸し付け，同社からその謝礼を貰ったような場合，おそらく業務上横領罪の成立が問題になると思われるが，同時にAは任務に背いて銀行に損害を加えたのであるから，背任罪も問題となる。このように，他人のためにその事務を処理する者が，自己の占有する他人の財物または公務所より保管を命ぜられた自己の財物を不法に処分する場合，同じ任務違背行為である横領罪と背任罪の双方が問題になり，横領罪が成立するときは両罪は法条競合の関係に立ち，重い横領罪が成立するとするのが通説・判例である。

(ア)　学　説　両罪の区別について学説は，ⓐ横領罪は委託物に対する権限を逸脱する処分行為であるのに対し，背任罪は物の処分が本人のための事務処理として行為者の抽象的権限の範囲内でなされる任務違背行為を内容とする行為であるとする説，ⓑ自己の占有する他人の財物に対する信任違背行為が横領罪，財物以外の財産上の利益に対する信任違背行為が背任罪であるとする説，ⓒ権限を濫用して行われる法律行為が背任罪であり，特定物を侵害する事実行為が横領罪であるとする説，ⓓ本人の名義ないし計算で行われたときは背任罪であり，行為者の名義ないし計算で行われたときは横領罪であるとする説に分かれる。

(イ)　区別の基準　横領罪と背任罪の区別が問題となるのは，自己の占有する他人の財物を信任関係に違背して流用する場合であるから，物を客体とする横領罪の成否を基準に両者を区別するのが本筋である。そして，不法領得の意思に基づき，委託の趣旨に反して，権限を逸脱して他人の物を自己のほしいままに経済的用法に従って利用・処分したか否かが，横領罪か背任罪かを区別する基準になると解すべきである。それゆえ，自己の占有する他人の物を自己または第三者の利益のために費消すれば横領罪を構成することは無論であるが，委託の趣旨に反し，権限を逸脱して不法領得の意思に基づかずに不法に処分した場合，例えば占有物を損壊し，あるいは一時使用した場合は背任に当たると解すべきである。また，権限を逸脱しないで，与えられた権限を濫用して本人に財産上の損害を加えたときは，背任罪に当たるということになる。なお，背任罪と横領罪は一般法と特別法の関係にあるから，横領罪が成立するときは法条競合により背任罪は成立しない。

(ウ) 判例の考え方　判例の主流は（最判昭 40・5・27 刑集 19・4・396，大判昭 10・7・3 刑集 14・745），本人の名義または計算において物を処分したときは背任罪であり，行為者の名義または計算において処分したときは横領罪であるとするⓓ説に立つが，前者においては，不法領得の意思がないから背任であり，後者の場合は，所有権者でなければ許されない処分すなわち権限を逸脱して，不法領得の意思をもって処分した行為があるものとして横領になるとしたものと解される。そのように解しうるとすれば，判例の基準は妥当といってよい。

(2) 詐欺罪等との関係　詐欺罪と背任罪とは構成要件を全く異にするが，例えば，保険会社の外交員または代理人が，被保険者について会社を欺いて保険契約を締結させ周旋料を支払わせる場合，すなわち他人のためその事務を処理する者が，本人を欺いて財物を交付させた場合は詐欺罪になるであろうか。

この場合について，ⓐ任務違背は詐欺罪のなかに含まれるから詐欺罪のみを認めるべきであるとする説（最判昭 28・5・8・刑集 7・5・965），ⓑ単に背任罪が成立するにすぎないとする説，ⓒ詐欺罪と背任罪の観念的競合とする説が対立している。背任罪の背信行為と詐欺罪の詐欺行為はそれぞれ性質を異にするから，両罪を観念的競合とするⓒ説が妥当である。

背任罪と電子計算機使用詐欺罪との関係について，例えば，不良貸付がコンピュータ端末を操作する振替入金によって行われる場合は，背任ではあっても貸付が一応民事上有効であれば，この操作は資金的実体を有し「虚偽の情報」とはいえないから，電子計算機使用詐欺罪は成立しない（東京高判平 5・6・29 高刑集 46・2・189）。

背任罪は，毀棄罪としての性格をもつから，背任行為によって本人の財物を毀棄した場合につき両者の関係が問題となる。学説は観念的競合説と法条競合説に分かれるが，背任罪は全体財産に対する罪であるのに対し毀棄罪は財物の利用価値を害する罪であり，両者は罪質を異にすると解すべきであるから，観念的競合説が妥当である。

◈【問　題】

(1)　甲銀行乙支店長Xは，長年の取引先であるAの経営する会社が経営不信に陥り，倒産寸前であることを知りながら，今回融資してやれば僅かではあるが経営を持ち直す可能性もあると考え，かつ，自己の面目・信用の失墜を恐れる余り，1億円をA会社に貸付けた。Xの罪責はどうか（前掲最決昭63・11・21参照）。

(2)　A森林組合（社団法人）の組合長であるXは，農林漁業資金融通法により造林資金以外の用途には使用できない政府貸付金を保管中，その一部である5,000万円を，諸経費の支払に窮していたB町からの要請により組合長名義で貸しつけた。Xの罪責はどうか（最判昭34・2・13刑集13・2・101）。

Ⅷ　盗品等に関する罪

1　総　説

(1)　意　義　本罪の意義をめぐっては，ⓐ犯罪によって違法に成立した財産状態を維持・存続させることを内容とする犯罪であるとする違法状態維持説，ⓑ本犯（盗品等となる財物を領得した犯罪または犯人—窃盗罪など）の被害者である本権者の私法上の追求権（返還請求権）の行使を困難にする犯罪であるとする追求権説，ⓒ本犯の被害者については追求権説が妥当であるが，盗品関与罪の犯人からみれば違法状態維持説および利益関与・事後従犯説が妥当であるとする折衷説，ⓓ無償譲受け罪は「犯罪による利益にあずかる行為」であるのに対し，それ以外の各罪は「盗品利用の幇助行為」を内容とする犯罪であるとする利益関与・事後従犯説などの学説がある。

本罪は，本犯の被害者との関係でみれば盗品等に対する追求を困難にし，所有者等の本権者がその物を取り戻すことができなくなることを防止するための犯罪と解すべきで，その意味では追求権説が妥当である。しかし，これを本犯との関係でみれば，本罪は本犯の利益関与・事後従犯としての性質を有し，本犯を誘発・助長する犯罪でもあるから，単に追求権の保護の面からのみ本罪を捉えるのは妥当でなく，本犯を助長し誘発させる危険ある行為を防止する面をも併せ考慮する必要があり（最判昭26・1・30刑集5・1・117），ⓒ説が妥当である。

(2) 保護法益　問題は，このような複雑な罪質をいかに解釈論に反映させるかである。違法状態維持説に従うならば，本犯の利益関与・事後従犯的な側面は余すところなく捕捉できるが，盗品を被害者宅に運搬するといった追求権の侵害がない行為についても盗品関与罪を認めなければならなくなり，本罪を財産犯として規定している刑法典の趣旨に反し，処罰の範囲を不当に拡大することになろう。一方，追求権説は，追求権をもって民法上の物権的返還請求権と解してきたのであるが，奪取罪の保護法益が本権ではなく平穏な占有であると解すべきであるのと同様，本罪において保護されるべき追求権も民法上の返還請求権である必要はなく，事実上の返還請求権が認められれば足りると解すべきである。判例も，追求権が物権的返還請求権である必要がないことを認めている（大判大12・4・14刑集2・336）。このように解することによって，本罪の複雑な罪質を考慮しつつ，その処罰の範囲を合理的に画することができると思われる。

2 客体

(1) 財産罪によって得た物　本罪の客体は，「盗品その他財産に対する罪に当たる行為によって領得された物」（256条1項）である。

(ア) 動産・不動産　「盗品等」とは，財産に対する罪に当たる行為によって領得された財物であって，被害者が法律上または事実上追求権を行使できるものをいう（前掲大判大12・4・14）。例えば，収賄罪によって収受した賄賂，狩猟法違反によって捕獲した鳥獣などは，盗品等ではない。目的物が動産であるか不動産であるかを問わない。権利自体は財物ではないから，盗品となるものではない。権利の化体している証券は盗品等となる（最決昭29・6・1刑集8・6・787）。

(イ) 違法な行為　本犯は犯罪として成立する必要がなく，財産に対する罪の構成要件に該当する違法な行為であれば足りる（大判大3・12・7刑録20・2382）。責任無能力者の行為であってもよく，また，親族相盗例によって刑が免除される場合（最判昭25・12・12刑集4・12・2543），本犯の行為について公訴時効が完成したためこれを処罰できない場合でも盗品等となる（大判明42・4・15刑録15・435）。本犯が外国人によって外国で犯された場合に，わが国の刑法で本犯を有罪とすることができないときでも，被害者の追求権は保護されるべきであるから，盗品等の性格を認めるべきである。

(ウ) 既　遂　財産罪によって領得された物というためには，本犯が財物の領得について既遂に達していなければならない。本犯が既遂に至る前に実行行為に関与すれば，常に本犯の共犯となる。したがって，窃盗罪の実行を決意した者の依頼に応じて，将来窃取すべき物の売却を周旋しても窃盗幇助罪が成立するにすぎない（大判昭9・10・20刑集13・1445）。強盗殺人の場合は強盗が既遂であればよい。

本犯が横領行為であるときは，法律上の処分行為としての意思表示または申込があれば横領行為が完成するから，相手方が委託物を不法に売却するものであることを知りつつ，その者からこれを買い受けた買主に対しては，横領罪の共犯ではなく盗品等有償譲受け罪が成立する（大判大2・6・12刑録19・714）。

(2) 追求可能な物　「盗品等」といえるためには，被害者が返還を請求できる物でなければならない。

(ア) 民事上の返還請求権　民事上の返還請求権が認められる場合は，当然に盗品等の性格が認められる。これに対し，被害者がその財物について明らかに返還請求権を欠き，またはそれを喪失したときは，その盗品等としての性格は失われる。例えば，民法192条によって第三者が所有権を即時取得したときは，その盗品性は消滅する。しかし，盗品または遺失物については，即時取得の要件が具備されても，所有者は盗難または遺失の時から2年間は占有者に対してその物の回復を請求しうるから（民193条），その間は盗品性は失われない（大判大6・5・23刑録23・517）。民法246条により加工によって財物の同一性が失われ，その所有権が工作者に帰属した場合は，盗品性は失われる（最判昭24・10・20刑集3・10・1660〔窃取した自転車のサドルの組み替え取り付け〕）。盗伐した木材は，盗品等である（大判大13・1・30刑集3・38）。

(イ) 不法原因給付物　不法原因給付物について盗品性が認められるかについては，本罪の罪質に関する学説の対立に応じて見解が分かれる。しかし，不法原因給付物について犯罪が成立する強盗罪や詐欺罪においては，その事実上の所有状態が刑法的に保護されているのであり，その反射的効果として被害者に返還請求権があるから，その限りで不法原因給付物にも盗品性を認めるべきである。不法原因給付物については，被害者は民事裁判を通じて返還を請求することはできないが，それ以外の方法で返還を迫ることは何ら違法ではなく，請求の結果不法原因給付物が被害者に戻れば，法律上返還された物として扱われるのである。刑法が事実上の所有状態を保護しているということは，このような民事裁判以外の方法による返還請求権をも保護する趣旨と解することができる。横領罪のように，不法原因給付物について犯罪が成立しない場合は，もちろん盗品性は認められない。

本犯の行為が詐欺または恐喝であって，法律行為として無効ではなく，民法96条により単に取り消しうるにすぎない場合には，所有権に基づく民法上の請求権は認められなくても，事実上の返還請求権に基づいて盗品性を認めるべきであろう。

(ウ) 金銭の盗品性　被害者が返還を求めることができるのは盗品等それ自体である。盗品等の対価として得た物は盗品等ではないし，盗品である金銭によって購入した物も同様である。しかし，金銭のように代替性を有するものはそれ自体が所有権の対象となるわけでなく，金額または一定の数量としてその対象となるのであるから，例えば，盗品である金銭を両替して他の金銭に変えても盗品性は失われない（大判大2・3・25刑録19・374）。盗んできた現金を手持ちの現金と混合した後に，それを他の者に交付しても盗品である。判例は小切手のように取引上金銭とほとんど同一視できる物については，盗品である小切手を呈示して現金を取得すれば，その現金自体が盗品であるとしたが（大判大11・2・28刑集1・82），この場合は，事後処分の性格を超えて新たに詐欺行為が行われたと解すべきであるから，詐欺によって領得された物として盗品等になると解すべきである。窃取した郵便貯金通帳を利用して郵便局員を欺いて払戻しを受ける場合も同様である。

3　盗品等無償譲受け罪，盗品等運搬・保管・有償譲受け・有償処分あっせん罪

256条(盗品譲受け等) 1項　盗品その他財産に対する罪に当たる行為によって領得された物を無償で譲り受けた者は，3年以下の懲役に処する。
2項　前項に規定する物を運搬し，保管し，若しくは有償で譲り受け，又はその有償の処分のあっせんをした者は，10年以下の懲役及び50万円以下の罰金に処する。

(1)　主　体　本犯の正犯者と共同正犯者は，本罪の主体とはなりえない。本犯者が自己の犯罪によって領得した財物を処分する行為は，通常当該財産罪に含まれている行為であるから，共罰的事後行為となる（最判昭24・10・1刑集3・10・1629）。共罰的事後行為の法的性質は処罰阻却事由と解すべきであり，本犯者が盗品等関与罪を教唆・幇助しても不可罰となる。本犯の教唆者・幇助者は，本罪の主体となりうる（最判昭24・7・30刑集3・8・1418）。

(2)　行　為　本罪の行為は，以下の5つの類型に分かれる。

(ア)　盗品等無償譲受け罪　本罪は，利欲犯的なものであるが，単に本犯の領得した利益にあずかる行為にすぎないから，2項の法定刑より刑が軽い。無償譲受けとは，盗品等を無償で自己の物として取得することをいう。贈与を受ける場合，利息なしに消費貸借として交付を受ける場合は，本罪に当たる（大判大6・4・27刑録23・451）。単なる口約束とか契約だけでは不十分であり，盗品等の引渡がなければならない。

(イ)　盗品等運搬罪　運搬とは，委託を受けて盗品等の所在を移転することをいう。必ずしも本犯者から委託を受ける必要はない。有償であると無償であるとを問わない。盗品等であることを知らないで委託を受け，運搬の途中にそれを知った場合でも，その後の運搬行為は本罪に当たる。被害者に返還するために本犯者から委託を受けて運搬しても本罪を構成しない（反対最決昭27・7・10刑集6・7・876）。本犯者と共同して盗品等を運搬した場合は，

運搬者はその全体につき運搬罪の罪責を負う（最決昭35・12・22刑集14・14・2198）。

(ウ) **盗品等保管罪**　保管とは，委託を受けて盗品等を保管する行為をいう。有償・無償を問わない。質物として受け取る場合，貸金の担保として受け取る場合，賃貸借として受け取る場合も含む。現実に盗品等を受け取ることが必要となるが，本犯者から直接に委託を受けることは必要でない（最判昭34・7・3刑集13・7・1099）。盗品等であることを知らずに保管した後，その情を知るに至ったにかかわらず保管をつづけた場合は，本罪を構成すると解すべきである（最決昭50・6・12刑集29・6・365）。

(エ) **盗品等有償譲受け罪**　有償譲受けとは，盗品等を売買，交換，債務の弁済などの名義で対価を払って取得することをいう（前掲大判大12・4・14）。本犯者から委託を受けたかどうかは関係がない。利息付消費貸借（福岡高判昭26・8・25高刑集4・8・995）または売渡担保名義で取得したときも本罪に当たる。本罪が成立するためには，単に契約が成立しただけでは足りず，現実に盗品等が引渡されたことを要する（大判大12・1・25刑集2・19，最判昭24・7・9刑集3・8・1193）。本犯から直接に取得しないで転売によって取得してもよい（大判昭8・12・11刑集12・2304）。契約の時に盗品等であることの認識がない場合でも，取得の時点で認識していれば本罪に当たる。しかし，現実に取得した後に盗品等であることを知ったときは，本罪は即成犯であるから犯罪の成立はない。

(オ) **盗品等有償処分あっせん罪**　有償処分あっせんとは，盗品等の有償的な法律上の処分行為（売買・交換・質入等）を媒介または周旋することをいう（大判大3・1・21刑録20・41）。本犯者から委託を受けたか否かを問わない。有償・無償も問わない。ただし，将来窃取すべき物の売却を周旋しても本罪を構成しない（最決昭35・12・13刑集14・13・1929）。

窃盗等の被害者を相手方とする処分であっても，被害者による盗品の正常な回復を困難にし，窃盗等の犯罪を助長するおそれがあるから，本罪の成立が認められる（最決平14・7・1刑集56・6・265）。

周旋に係る売買契約が成立しない場合，判例（前掲最判昭26・1・30）は本罪の成立を肯定するが，周旋行為が存在するだけでは追求権を侵害するに至っていないから，本罪を構成しないと解すべきである。周旋に係る契約が成立した時点で本罪が成立する。

(3) 故　意　各犯罪類型について行為者に盗品等であることの認識（知情）が必要である。認識は未必的なもので足り（前掲最判昭23・3・16），目的物が何らかの財産罪によって領得されたものであることについての認識があればよい。本犯者，被害者が誰かを知っている必要はない（前掲大判昭8・12・11）。本犯との間に意思の連絡ないし合意があることを要するかについて，ⓐ肯定説（最判昭23・12・24刑集2・14・1877）とⓑ否定説とが対立しているが，本罪は被害者の追求を困難にする点に本質があるから，目的物が盗品等であることの認識があれば足りると解する。知情の時期について，継続犯である保管・運搬の場合には行為開始後でもよいが（前掲最決昭50・6・12），それ以外の罪は即成犯であるから，行為開始の時点で知情がなければ犯罪は成立しない。

(4) 法定刑　本罪の法定刑は，256条1項と同条2項との間で著しい差がある。無償譲受け罪は3年以下の懲役であるのに対し，運搬，保管，有償譲受けおよび有償処分あっせんの各罪は，10年以下の懲役のうえに，さらに50万円以下の罰金が併科されることとなっているのである。後者の罪が特に重く罰せられるのは，本罪が営業犯的なものとして本犯を誘発・助長する点を考慮したためであり，また，懲役と罰金を併科するものとしているのは（刑法典唯一の併科刑），その営利的性格に着目したからである。

4　罪数・他罪との関連

本罪における各犯罪類型に該当する行為を相次いで行ったときは包括一罪となる。窃盗を教唆した者が被教唆者から盗品等を買い受けた場合について，ⓐ併合罪説とⓑ牽連犯説とが対立しているが，窃盗教唆罪と有償譲受け罪とは，必ずしも手段と結果の関係にあるとはいいがたく，窃盗罪の教唆犯と盗品関与罪との併合罪と解する（前掲最判昭24・7・30）。

盗品等も財産罪の客体となるから，盗品等であることを認識して財産罪を犯せば当該の罪が成立するのであり，遺失物である盗品等を領得すれば遺失物等横領罪となる。盗品等の保管者がその盗品等を着服した場合には，横領罪が成立する（最判昭36・10・10刑集15・9・1580）。

5　親族間の犯罪に関する特例

257条（親族等の間の犯罪に関する特例）**1項**　配偶者との間又は直系血族，同居の親族若しくはこれらの者の配偶者との間で前条の罪を犯した者は，その刑を免除する。

2項　前項の規定は，親族でない共犯については，適用しない。

(1)　趣　旨　本特例が設けられた趣旨は，盗品関与罪の犯人庇護的性格に着眼して，一定の親族関係にある者が本犯者を人的に庇護しその利益を助長するために本犯者の盗品等の処分に関与する行為は，同情・宥恕すべきであるという点にある。したがって，ここで規定されている身分関係は，盗品関与罪の犯人と本犯者との間に存在することが必要である（前掲大判大3・1・21，最決昭38・11・8刑集17・11・2357）。本特例をもって244条の特例と同旨のものとし，この身分関係は盗品関与罪の犯人と本犯の被害者との間の関係であると解する見解もある。しかし，①本犯の被害者と盗品等関与罪の犯人とが親族であっても，そこに同情・宥恕すべき事情を類型的に認めることはできないこと，②本犯の被害者と盗品関与罪の犯人との間に親族関係が認められる場合は全く偶然的であって，特別な取扱いをするほどの社会的実態が存在しないから，上記の見解は妥当でない。盗品関与罪の犯人相互間にも同情すべき場合があろうが，それは個別的に責任に反映させるべきであろう。

(2)　要　件　本特例は，本犯者と盗品関与罪の犯人との間に，配偶者，直系血族，同居の親族もしくはこれらの者の配偶者の関係が認められるときにのみ適用がある。親族の範囲は，民法に従って定められる。同居とは，同じ場所で同じ家計のもとに日常生活を営んでいることをいう（最判昭32・11・19刑集11・12・3093）。本犯が共同正犯である場合に，その共同正犯者の1人と盗品関与罪の犯人との間に親族関係が存在していても，親族関係にある共同正犯者から盗品等を買い受けた場合のように，その共同正犯者が盗品等に関与しない限り，本特例は適用されない（最判昭23・5・6刑集2・5・473）。

◈【問　題】

Xは，宝石類を盗んでくれば高価で売りさばいてやると言ってYを唆したので，Y は甲宅に侵入して現金 30 万円と宝石 5 点を盗んできたが，発覚するのを恐れ，宝石は別居中の妻 Z に預けた。Z は，初めその宝石が盗品であることに気付かなかったが 3 日後に新聞記事からその事実を知ったので，翌日，事情を知らない知人に 100 万円で売却し，代金を借金の返済に充てた。X，Y，Z の刑事責任を問う。

Ⅸ　毀棄・隠匿の罪

1　総　説

毀棄の罪とは，不法領得の意思がなく単に他人の物を侵害する行為を内容とする犯罪であり，隠匿の罪は，他人の信書の発見を妨げる行為を内容とする犯罪である。他人の物を不法領得の意思なくして侵害する犯罪は，例えば，外国国章損壊等罪（92 条），水路・橋等の損壊による往来妨害罪（124 条），汽車・電車等破壊罪（126 条）というように刑法典に多数定められている。しかし，毀棄の罪は，個人の財産としての物ないし物の効用を保護法益とするものであり，これらの毀棄・損壊に係る罪とは法益の点で異なる。また，本罪は財産罪であるが，不法領得の意思を要件としない点で窃盗，強盗，横領などの領得罪と異なる。そして，物を侵害するという点では，毀棄の罪は，その被害が領得罪に比較してより重大であるにかかわらずその法定刑が一段と軽くなっているのは，領得罪に比べて主として責任非難が類型的に小さいという理由からである。

2　公用文書等毀棄罪

258 条（公用文書等毀棄）　公務所の用に供する文書又は電磁的記録を毀棄した者は，3 月以上 7 年以下の懲役に処する。

(1)　客　体　本罪の客体は，公務所の用に供する文書または電磁的記録である。

(ア)　公用文書　「公務所の用に供する文書」とは，現に公務所において使用に供せられ，または使用の目的で保管されている文書をいい，必ずしも公務所または公務員が作成した文書であることを要しない。私文書であっても，例えば，証拠物として保管中の私信のように，公務所が使用するための文書であれば公用文書である。使用する目的が私人のためのものであってもよい（最判昭38・12・24刑集17・12・2485）。未完成の文書であっても本罪の客体になりうるとするのが判例である（最決昭52・7・14刑集31・4・713）。作成中の文書であっても，それが公務所の用に供しうる程度に文書としての意味・内容を備えるに至っていれば，本罪の客体になると解すべきである。作成方法に欠陥ないし違法がある文書であってもよい（最判昭57・6・24刑集36・5・686）。黒板に白墨を用いて記載したときでも，その内容によっては公用文書となるから，これを抹消すれば本罪を構成する（前掲最判昭38・12・24）。

(イ) **電磁的記録**　「電磁的記録」とは，電子的方式，磁気的方式など人の知覚によって認識できない方式により作られた記録であって，電子計算機による情報処理の用に供されるものをいう（7条の2）。公務所の用に供する電磁的記録とは，公務所または公務員が現に使用し，または将来使用する目的で保管している電磁的記録をいい，公電磁的記録（例—自動車登録ファイル，住民登録ファイル，不動産登録ファイル，特許原簿など）であると私電磁的記録であるとを問わない（161条の2第1項，2項参照）。

(2)　行　為　本罪の行為は，文書を毀棄することである。「毀棄」とは，文書の効用を害する一切の行為をいい，破り捨てることがその典型である。文書に記載されている事項を部分的に抹消する行為（大判大11・1・27刑集1・16），形式的部分を毀損する行為，例えば，文書に貼付されている印紙を剝離する行為を含む。公用文書を隠匿して一時その使用を不可能にする無形的毀損も，毀棄に当たる（大判昭9・12・22刑集13・1789）。

電磁的記録の毀棄とは，電磁的記録の証明作用としての効用を失わせることをいう。記録物自体の損壊，記録の消去，記録の意味の不明化など，およそ電磁的記録の効用を害する行為である以上は毀棄に当たる。

3　私用文書等毀棄罪

259条（私用文書等毀棄）　権利又は義務に関する他人の文書又は電磁的記録を毀棄した者は，5年以下の懲役に処する（親告罪—264条）。

本罪の客体は，権利・義務に関する文書すなわち権利・義務の存否・得喪・変更などを証明するための文書または電磁的記録である。「他人の文書」とは，その文書の名義人が誰であるかとは関係がなく，他人が所有していることを意味する。「他人」とは，行為者以外の私人をいい，法人を含む。公務所が所有・保管しているときは公用文書であるから本罪の客体とはなりえないが，それ以外の法人・私人が所有している権利・義務に関する文書は，すべて本罪の客体となる。他人の電磁的記録とは，他人が使用する電磁的記録をいい，公電磁的記録であると私電磁的記録（例―銀行の口座残高ファイル，電話料金の課金ファイル，プリペイドカードの磁気情報部分など）であるとを問わない。自己名義の文書であってもよいのは無論であり，有価証券も権利・義務を証明する文書であるから私用文書となる（最決昭44・5・1刑集23・6・907）。自己の所有する文書であっても，差押を受け，物権を負担し，または賃貸したものであるときは本罪の客体となる（262条）。例えば，質入れした自己の債権証書を破損すれば本罪を構成する。

4　建造物等損壊罪・同致死傷罪

260条（建造物等損壊及び同致死傷）　他人の建造物又は艦船を損壊した者は，5年以下の懲役に処する。よって人を死傷させた者は，傷害の罪と比較して，重い刑により処断する。

(1)　客　体　　本罪の客体は，建造物または艦船であり，電車等艦船に類似する物件は含まない。建造物および艦船は，他の物件に比較して価値が高いとする趣旨からである。

(ア)　「他人」の意義　「他人の建造物又は艦船」にいう「他人の」とは，他人の所有する建造物・艦船という意味である。他人性の判断について，判例は，「他人の所有権が将来民事訴訟等において否定される可能性がないということまでは要しない」としている（最決昭61・7・18刑集40・5・438）。「他人の」は，民事法上の所有権を有するかどうかとは一応独立して，外観上特定の者の所有に属すると推定される状況があればよい。

(イ)　建造物　「建造物」とは，家屋その他これに類似する建造物，すなわち屋蓋を有し障壁または柱材により支えられている状態のもので，土地に定着し，人がその内部に出入りできるものをいう（大判大3・6・20刑録20・1300）。物置小屋も建造物である（大判明41・12・15刑録14・1102）。外塀，門などは建造物ではないが，玄関ドアのように建造物の一部といえる重要な部分は，本罪の客体となる（最決平19・3・20刑集61・2・66）。単に棟上げが終了しただけで屋根や周りの壁が付されていないものも本罪の客体ではない。

器物が建造物の一部を構成しているとするためには，毀損しなければ取り外しができない状態にあることを要する（大判明43・12・16刑録16・2188）。天井・敷居・鴨居・屋根・瓦は建造物の一部であるが，畳・雨戸・障子・ふすまなど自由に取り外すことのできる造作物または建具は，器物損壊罪の客体となるにすぎない。建物の一部とみられる屋根瓦などであっても，他の物を用いて簡単に補修することが可能な部分は，器物損壊罪の客体になると解すべきである（反対，大判昭8・11・8刑集12・1931），建造物損壊罪は，器物損壊罪に比べ法定刑の上限だけでなく下限も重く，また非親告罪であるところから，取り外すことができる造作物が器物になることに対応し，容易に補修できるという点を標準に客体を限定すべきである。

(ウ) 艦　船　「艦船」とは，軍艦および船舶を併せた用語であり，船舶を意味する。船舶という以上は航行能力を必要とするから，廃船となっているもの，解体中のものは艦船ではない（広島高判昭28・9・9高刑集6・12・1642）。建造物，艦船のいずれにおいても，人が現在しているか否かは関係がない。小舟や小艇であってもよい。人が現在する艦船を破壊するときは，艦船破壊罪（126条2項）との法条競合となる。自己の建造物・艦船であっても，差押を受け，物権を負担し，または賃貸したものは本罪の客体となる（262条）。

(2) 行　為　本罪の行為は，損壊である。損壊とは，物理的に毀損すること，または，その他の方法によって建造物・艦船の全部または一部の使用価値（効用）を滅却し，あるいは減損することをいう。柱とか屋根を破壊するといった主要部分の損壊だけでなく，取り外しのきかない部分，例えば，天上板を取り壊す場合も損壊である。建造物の定着地点から移動させる場合も含む（大判昭5・11・27刑集9・810）。その使用価値を減損したといえる以上，汚物を撒いたり，大量のビラを貼りつけるのも損壊である（最決昭41・6・10刑集20・5・374）。美観も建造物の1つの重要な機能であるから，美観を害されたために本来の用途に適しない程度に建物の使用価値を減損した以上は損壊に当たる。公衆便所の外壁への落書きは，損壊に当たる場合がある（最決平18・1・17刑集60・1・29）。

(3) 建造物等損壊致死傷罪　他人の建造物・艦船を破壊し，よって人を死傷に致した場合に成立する犯罪である。結果的加重犯であり，建造物・艦船に現在していた人に致死傷の結果が生じたか否かを問わない。

5　器物損壊罪・動物傷害罪

261条(器物損壊等)　前3条（258条，259条，260条）に規定するもののほか，他人の物を損壊し，又は傷害した者は，3年以下の懲役又は30万円以下の罰金若しくは科料に処する(親告罪—264条)。

(1) 客　体　公用文書等毀棄罪，私用文書等毀棄罪および建造物等損壊罪の客体以外の物は，すべて本罪の客体となる。本罪の客体は，他人の所有に属する物であるが，自己の物についても262条の特則があることは前2条の場合と同様である。物とは財物のことであり動物も含む。建造物以外の不動産も客体となる。例えば，家屋を建設するために整地した敷地を掘りおこし畑として耕作物を植付けたときは，本罪を構成する（大判昭4・10・14刑集8・477）。電磁的記録毀棄，公用文書毀棄および私用文書毀棄の客体以外のものであるときは本罪の客体となる。

(2) 行　為　本罪の行為は，損壊と傷害である。損壊とは，物質的に器物自体の形状を変更し，あるいは滅失させる場合だけでなく，事実上または感情上その物を本来の用途に従って使用できなくすること，すなわちその物の本来の効用を失わせることをいう。例えば，他人の飲食器に放尿し（大判明42・4・16刑集15・452），あるいは物の利用を妨げる目的で隠匿したり，看板を取り外して空地に投げ捨てる行為（最判昭32・4・4刑集11・4・1327），公選法違反のポスターにシールを貼る行為（最決昭55・2・29刑集34・2・56）も損壊である。傷害とは，動物を殺傷することをいい，損壊におけると同様に動物としての効用を失わせる行為，例えば，鳥かごを開けて他人の鳥を逃がしたり，池に飼育されている他人の鯉を，いけすの柵をはずして流出させるのも傷害である（大判明44・2・27刑集17・197）。

6　境界損壊罪

262条の2(境界損壊)　境界標を損壊し，移動し，若しくは除去し，又はその他の方法により，土地の境界を認識することができないようにした者は，5年以下の懲役又は50万円以下の罰金に処する。

(1)　客　体　土地の境界標である。土地の境界とは，権利者を異にする土地の限界線をいい，境界標とは，柱，杭等の土地の境界を示す標識をいう。立木などの自然物でもよい。土地に対する権利は，所有権ばかりでなく地上権等の物権，さらに賃借権のような債権であってもよい。境界の明確性が重要なのであるから，府県境・市町村境などの公法上の権利関係に基づく境界も含む。境界として認識されているものであれば足り，それが真正の法律関係を示す境界であるかどうかは関係がない(東京高判昭41・7・19高刑集19・4・463，東京高判昭61・3・31高刑集39・1・24)。

(2)　行　為　境界標を損壊，移動もしくは除去し，または，その他の方法で土地の境界を認識不可能にすることである(最判昭43・6・28刑集22・6・569)。自己の所有物か他人の所有物かは問わないし，地下に埋没している場合でもよい。損壊・移動・除去は行為態様の例示にすぎず，その他の方法とは，これらに準ずるものをいう。例えば，境界を流れる河川の水流を変える行為も含む。

本罪が成立するためには，損壊等の行為によって境界を認識することが不可能になるという結果の発生が必要である。その結果は，境界を認識する方法がなくなったという意味でなく，新たに確認の方法を採らない限り認識が不可能になったという意味である。認識を不可能にしない限り，器物損壊罪を構成するにすぎない。本罪と不動産侵奪罪とは牽連犯となる。土地の境界を損壊して認識不能にしたときは，本罪と器物損壊罪との観念的競合である(前掲東京高判昭41・7・19)。

7　信書隠匿罪

263条(信書隠匿)　他人の信書を隠匿した者は，6月以下の懲役若しくは禁錮又は10万円以下の罰金若しくは科料に処する(親告罪—264条)。

(1) **客　体**　本罪の客体は，信書である。信書とは，特定人から特定人に宛てた意思を伝達するための文書をいう。信書開封罪(133条)における信書とは異なり，特に封緘された信書に限らない。郵便葉書による信書も本罪の客体となる。

(2) **行　為**　本罪の行為は，隠匿である。隠匿とは信書の発見を妨げる行為をいう。物の隠匿も損壊の一態様である以上は，信書の発見を不可能または著しく困難にしてその効用を失わせる場合は器物損壊罪を構成することになるから，隠匿は，その程度に達しない程度の軽微な隠匿行為を意味することになる。もっとも，軽微な隠匿行為の内容は必ずしも明らかではなく，また損壊のなかに隠匿が含まれるとする解釈が認められた以上，本罪は，その存在理由を失ったというべきであろう。しかし，本罪が現に存在している以上は，これを解釈によって抹殺することは妥当でなく，発見が容易な程度の隠匿をもって本罪の「隠匿」と解すべきである。

信書を破棄する行為について，ⓐ本罪は信書の財産的価値が低いことを理由に器物損壊罪の特別罪とされているものであり，隠匿は損壊の一態様であるから信書の破棄は本罪に当たるとする説，ⓑ信書は必ずしも他の器物より財産的価値が低いとはいえないから器物損壊罪に当たるとする説が主張されている。本罪は客体の価値ではなく隠匿の程度に着目した犯罪類型であると解する立場からは，ⓑ説が妥当である。

◈【問　題】

(1) Xは，理事会の会議に必要な前年度分の会議録を普段使用しない物置に隠して，理事会の審議を妨害した。Xには何罪が成立するか。

(2) Xは，所有地に隣接するXの土地の境界に，境界線としてYが設置した有刺鉄線張りの丸太30本を根元から鋸で切り倒した。この行為によって境界が不明になったという事実が認められない場合，境界損壊罪を構成するか。

第2部　社会法益に対する罪

社会法益に対する罪は，個人の集合体としての公衆の平穏・安全，健康，信用および風俗を保護法益とするものであり，刑法は，以下のように，15の章に分けて規定している。

①騒乱の罪（第2編「罪」第8章），②放火及び失火の罪（同第9章），③出水及び水利に関する罪（同第10章），④往来を妨害する罪（同第11章），⑤あへん煙に関する罪（同第14章），⑥飲料水に関する罪（同第15章），⑦通貨偽造の罪（同第16章），⑧文書偽造の罪（同第17章），⑨有価証券偽造の罪（同第18章），⑩支払用カード電磁的記録に関する罪（同第18章の2），⑪印章偽造の罪（同第19章），⑫不正指令電磁的記録に関する罪（同第19章の2），⑬わいせつ，強制性交等及び重婚の罪（同第22章），⑭賭博及び富くじに関する罪（同第23章），⑮礼拝所及び墳墓に関する罪（同第24章）。

第1章　公衆の平穏・安全に対する罪

公衆の平穏に対する罪は騒乱の罪である。また，公衆の安全に対する罪は，不特定または多数人の生命・身体・財産に対し侵害の危険を生じさせる犯罪であって，①放火および失火の罪，②出水および水利に関する罪，③往来を妨害する罪に分かれる。

I　騒乱の罪

1　総　説

騒乱の罪は，多衆で集合して暴行・脅迫を行うことによって，一定の地域における公衆の平穏を侵害する行為を内容とする犯罪である。多衆で集合して暴行・脅迫を行う犯罪が騒乱罪（106条）であり，暴行・脅迫の目的をもって集合した多数の者が，権限を有する公務員から解散命令を受けたのに解散しない真正不作為犯が多衆不解散罪（107条）である。いずれも多衆での行為を内容とするから，本罪は，必要的共犯としての多衆犯である。後述する国家法益に対する内乱罪（77条）とは多衆犯である点で共通するが（⇨354頁），同罪における「目的」を欠く点でこれと異なる。

本罪の保護法益については，ⓐ公衆の平穏であるとする説（通説），ⓑ公共の安全であるとする説とが対立しているが，本罪は，罪名の示すとおり，もともと集団が暴行・脅迫によって騒ぎ立て社会不安をもたらすことを抑止しようとするものであるから，ⓐ説が妥当である。

2　騒乱罪

106条（騒乱）　多衆で集合して暴行又は脅迫をした者は，騒乱の罪とし，次の区別に従って処断する。
1　首謀者は，1年以上10年以下の懲役又は禁錮に処する。
2　他人を指揮し，又は他人に率先して勢いを助けた者は，6月以上7年以下の懲役又は禁錮に処する。
3　付和随行した者は，10万円以下の罰金に処する。

(1)　主　体　本罪の主体は，集合した多衆である。「多衆」とは，多数人の集団をいう。幾人以上あれば多数人といえるかは規定のうえでは明らかにならないから，専ら保護法益と関連づけて確定する必要がある。本罪の保護法益は，公衆の平穏または平和であるから，少なくとも一定の地域において法秩序による公衆の保護状態が害され，不特定または多数の者が生命・身体・財産の安全について不安を感じうる程度のもの，すなわちその集団による暴行・脅迫が一地方における公衆の平穏を害するに足りる程度の多数人であることを必要とする（最判昭35・12・8刑集14・13・1818）。それゆえ，多衆といえるか否かは，人数だけでなく，参加者の性質，持っている凶器類，集合の場所・時間などを総合して，一般人を標準に客観的に判断する必要がある。

「集合」とは，多数人が時と場所を同じくすることをいい，多数人の間に共通する目的があるのが普通であるが，必ずしもそれを要しない（大判明45・6・4刑録18・815）。内乱罪のように組織化した暴動集団でなくても多衆である。例えば，烏合の衆であってもよく，集団の首謀者が存在しなくても，各人が騒乱行為に加担する意思をもって集合している以上は，多衆の集合となる（最判昭24・6・16刑集3・7・1070）。

(2) 行　為　本罪の行為は，多衆で集合して暴行または脅迫を行うことである。暴行・脅迫は，一地方の平穏を害する程度，すなわちその周辺地域の人心に生命・身体・財産に危害を加えられるのではないかという不安・動揺を与えるに足りる程度のものをいい，いわゆる，最広義の暴行・脅迫で足りる（前掲最判昭35・12・8）。およそ不法な有形力の行使であれば「暴行」に当たるとともに，「脅迫」は告知される害悪のいかんを問わない。暴行・脅迫は一地方の平穏を害するに足りる程度のものであることを要し，かつそれで足りる。一地方の平穏を現実に害したか，その具体的危険を発生させたかは本罪の成立要件とならない。

(3) 主観的要件　騒乱罪は多衆犯であるから，暴行・脅迫は多衆の共同意思によることを必要とする。

(ア) 共同意思の性質　共同意思については，ⓐ集団として共同して暴行・脅迫を加える意思であり，主観的構成要件要素であると解する説（大判明43・4・19刑録16・657，前掲最判昭35・12・8），ⓑ他の者と集合して暴行・脅迫を加える意思であり，責任要素であると解する説，ⓒ共同意思を不要とする説が対立している。共同意思は個人を超えた集団としての多衆に共通する全体の意思であり，参加者である個々の行為者の故意とは区別された，暴行・脅迫が多衆のものとして行われることを基礎づける主観的要素であると解すべきであり，ⓐ説が妥当である。

(イ) 共同意思の内容　共同意思は，具体的には，①多衆の合同力を恃んでみずから暴行・脅迫を行う意思，②多衆に暴行・脅迫を行わせる意思，③多衆の合同力に加わる意思の3つを内容とし，集合した多衆が，これらのうちいずれかの意思を有する者で構成されているときは，その多衆に共同意思が認められることとなる。このような共同意思に基づかない暴行・脅迫が，多衆のなかの一員によって行われたとしても，本罪には当たらない（最決昭59・12・21刑集38・12・3071）。

共同意思に基づいて，集団として，すなわち多衆の合同力によって暴行・脅迫が行われたときに，初めて公衆の平穏を害する危険を有する行為となりうるから，共同意思は本罪における主観的構成要件要素であり，主観的違法要素であると解すべきである。共同意思は暴行・脅迫を多衆としての集団自体のものとして行う意思であるから，多衆を構成する各個人相互における意思の連絡ないし相互認識は必要でなく，その認識は多衆集合の当初より存在する必要もない。また，暴行・脅迫の具体的内容について参加者が予見する必要もない。共同意思は，それを構成する個人ではなく全体としての意思であるから未必的共同意思を論ずる意味がないとする見解もあるが，先の③においては，多衆の合同力による暴行・脅迫自体の発生について未必的に予見しながらあえて加担する意思，すなわち未必的共同意思であってもよい（前掲最判昭35・12・8）。

(4) 行為態様と処罰　本罪の行為は，多衆による暴行・脅迫であるが，本罪は多衆犯であるから，その騒乱行為に関与する集団における役割は，参加者においておのずと異なったものとなる。それゆえ，106条は共同意思に基づいた多衆による暴行・脅迫の存在を前提にしたうえで，さらに個々の構成要件を設け，首謀者，指揮・率先助勢者および付和随行者の三種に区別し，法定刑のうえで差異を設けている。

(ア) 首謀者　「首謀者」とは，中心人物または俗にいう張本人のことである。その行為は，共同意思をもって，騒乱となる集団行動を首唱・画策して多衆の合同力による暴行・脅迫をさせることである（最判昭28・5・21刑集7・5・1053）。集合体に関してこのような役割を演じた以上は首謀者となるから，必ずしも1人であるとは限らず，騒乱の現場でみずから多衆を指揮統率する必要もない。また，現場でみずから暴行・脅迫を行う者であることを要しない（前掲最判昭28・5・21）。中途から参加した者も首謀者となりうる。騒乱状態は，首謀者の存在しない烏合の衆のような集団においても生ずるから，必ずしも首謀者が存在することを要しない（前掲最判昭24・6・16）。本罪の故意は，暴行・脅迫を行わせるために多衆で集合させることの認識，および多衆で暴行・脅迫をさせることの認識を必要とする。

(イ) **指揮者・率先助勢者**　指揮者と率先助勢者とは集団における役割において若干異なるが，同一の法定刑で処罰される。「指揮者」とは，騒乱に際して集団の全員または一部の者に対して指図する者をいい，暴行・脅迫の現場で指揮することを必ずしも要しない。事前に他の場所で指図した場合でもよく，多衆が現場に向かう際に指揮した者も含む（大判昭5・4・24刑集9・265）。本罪の故意は，指揮行為に対する認識を必要とする。

「率先助勢者」とは，例えば，暴動の意義を唱え，その決行を促す演説を行い多衆を激励するというように，群衆からぬきん出て騒乱の勢力を増大させる行為をする者をいう。集団において暴行・脅迫の共同意思が形成される以前においても本罪を構成することがある（大判大8・6・23刑録25・800）。現場にいて暴力行為を率先して行う場合だけでなく，現場外の行為も含み，また，集団行動の妨害を排除するための見張役をして気勢を高めたときも率先助勢となりうる（大判昭2・12・8刑集6・476）。本罪の故意は，率先助勢に対する認識を必要とする。

(ウ) **付和随行者**　多数の者が暴行・脅迫を行うため形成しつつある集団，または，すでに形成された集団に，共同意思をもって付和雷同的に参加した者を「付和随行者」という。みずから暴行・脅迫をする者だけでなく，単に多衆の集団に参加したにすぎない者も含む（大判大4・10・30刑録21・1763）。この場合の故意は，多数の者が暴行・脅迫を行うための集団を形成し，または形成しつつあること，および付和雷同的に集団に参加することの認識を必要とする。

付和随行行為が暴行罪または脅迫罪を構成する場合であっても本罪によって処罰されるから，単独犯の場合より刑が軽くなる。群衆心理に駆られた行為であるため責任が軽いという理由からである。騒乱事態を認識しながら単に群衆のなかにとどまる不作為の場合は，共同意思を欠くものとして処罰の外にあると解すべきであり，騒乱罪の幇助犯も構成しない。

(5) **集団外の関与者**　暴行・脅迫をする多衆の集団外において騒乱に関与する行為については，ⓐ共犯例の適用を認める積極説，ⓑ認めない消極説とが対立している。消極説は，多衆犯としての騒乱罪においては，首謀者，指揮・率先助勢，付和随行の3つの態様において関与の形態が定められているのであるから，刑法総則の共犯規定を適用すべきでないと主張する（大判明44・9・25刑録17・1550）。本罪は必要的共犯であるから，集団内における関与に関しては共犯規定の適用はないと解すべきであるが，例えば，首謀者と共謀しつつ集団の一部を形成していない者，率先助勢者を教唆した者，他人を勧誘して集団に参加させた者などについては，共犯の成立要件として欠けるところはないから，関与の形態に応じて共犯規定を適用すべきである。

(6) 他罪との関連　騒乱罪における暴行・脅迫は，暴行罪，脅迫罪に当たらない程度の軽微なもので足りるが，暴行罪，脅迫罪にいう暴行・脅迫をも当然に包含している。その場合は，暴行罪，脅迫罪は本罪に吸収される。暴行・脅迫が同時に他の罪名に触れる場合に関し，判例は，殺人罪，住居侵入罪，建造物損壊罪，恐喝罪，公務執行妨害罪などと本罪との間に観念的競合の関係を認めている（前掲最判昭35・12・8）。

暴行罪，脅迫罪が本罪に吸収されるのは，それらの行為が騒乱行為として当然予想されるからである。そうすると，それ以外の罪についても騒乱行為として予想されるものである以上は，それらの罪は本罪に吸収されると解すべきである。人に対する暴行としての逮捕・監禁罪，公務執行妨害罪，物に対する暴行としての器物損壊罪，建造物損壊罪，住居侵入罪などは本罪に吸収され，これ以外の罪については観念的競合となる。

3　多衆不解散罪

107条（多衆不解散）　暴行又は脅迫をするため多衆が集合した場合において，権限のある公務員から解散の命令を3回以上受けたにもかかわらず，なお解散しなかったときは，首謀者は3年以下の懲役又は禁錮に処し，その他の者は10万円以下の罰金に処する。

(1) 主　体　本罪の主体は，暴行・脅迫の目的で集合している多衆である。本罪は目的犯であり，目的の内容は騒乱罪における共同意思と同じである。解散命令を受ける時点において集団に共同意思が存在するに至れば足り，加害目的で集合した場合であると，集団を形成した後において加害目的をもつに至った場合であるとを問わない。集合した多衆が暴行・脅迫行為を開始した以上は騒乱罪を構成し，本罪はそれに吸収される（大判大4・11・2刑録21・1831）。

(2) 行　為　本罪の行為は，権限のある公務員から解散の命令を受けること3回に及んでも，なお解散しない不作為である（真正不作為犯）。「権限ある公務員」とは，公安の維持に当たる公務員で解散を命令する権限を有する者であり，通常は警察官である。この公務員が，集団を形成する個人に対し直接認識しうる方法によって命令し，それが3回以上に及んだにかかわらず解散しないときは，直ちに本罪の既遂に達する。

解散とは，集団から任意に離脱することをいう。集団を形成したまま場所を移動しても解散したことにはならない。犯罪が成立した以上は犯人となるから，逮捕を免れるために逃走し集団から離脱しても本罪の成立とは関係がない。多衆の一部が解散しても，なお多衆が解散しないで滞留する以上は本罪を構成するが，解散した者が多数あり，集団が一地方の平穏を害する程度の多衆でなくなったときは，残余者を本罪で処罰することはできない。

(3) 処　罰　本罪も集団における役割に応じて法定刑に差が設けられており，首謀者とそれ以外の者とに分かれる。首謀者は，騒乱罪におけるそれと異なり，解散命令を3回受けても，なお解散しない場合における主導者をいう。したがって，集団を形成するに当たって主導的な役割を演じた者が，解散命令に応じるように群衆に呼びかけたが，他の者が群衆の不解散について主導的役割を演じた以上は，その者が本罪の首謀者である。

◈【問　題】

空港建設反対集会に参加した約500人のデモ隊が警察機動隊と衝突し，最前列にいた5名が逮捕されたことから，群衆は興奮し，共同意思に基づいて，駐車中の自動車に石を投げつけ，民家に火を放つなど，一地方の平穏を害するに至った。この騒動に際して，デモ隊の最後部にいた被告人Xは，騒乱状態にあることを知り集団から離れようとしたが，最前列の者が逮捕されたと聞き，それなら集団から脱け出すわけにはいかないと判断し，あえて集団にとどまっている間に逮捕された。Xの罪責はどうか。

II　放火・失火の罪

1　総　説

(1)　意　義　放火および失火の罪は，火力の不正な使用によって建造物その他の物件を焼損し，公衆の生命・身体・財産に対し危険を生じさせる犯罪であり，出水の罪，往来を妨害する罪とともに公共危険犯に属し，その保護法益は公衆（不特定または多数人）の生命・身体・財産の安全である。放火および失火の罪としては，①現住建造物等放火罪（108条），②非現住建造物等放火罪（109条，115条），③建造物等以外放火罪（110条，115条），④延焼罪（111条），⑤現住建造物等放火未遂罪・非現住建造物等放火未遂罪（112条），⑥放火予備罪（113条），⑦消火妨害罪（114条），⑧失火罪（116条），⑨業務上失火罪・重過失失火罪（117条の2），⑩激発物破裂罪（117条1項），⑪過失激発物破裂罪（117条2項），⑫業務上過失激発物破裂罪・重過失激発物破裂罪（117条の2），⑬ガス等漏出罪（118条1項），⑭ガス等漏出致死傷罪（118条2項）がある。

放火および失火の罪は，抽象的公共危険犯と具体的公共危険犯とに分かれる。108条，109条1項の罪などは抽象的公共危険犯であるのに対し，109条2項，110条，116条2項，117条の各罪は具体的公共危険犯である。後者においては，構成要件のうえで特に「公共の危険」の発生が必要とされている。

一方，放火および失火の罪は，財産罪的性格をも有している。放火等の行為によって建造物などの財産が侵害されるばかりでなく，刑法は，目的物が他人の所有物件であるか自己の所有物件であるかによって法定刑に差を設けているが，これは，本罪が財産罪，特に毀棄罪の性質を併せもっているからである。

他方，刑法が建造物放火に関して現に人がいるか否かによって法定刑に差を設けているのは，本罪が生命・身体に対する罪としての性質を併せもっているからである。しかし，第一次的な保護法益は公共の安全であり，財産および生命・身体の保護は，第二次的または間接的なものにとどまっていることに注意を要する。

(2) 行　為　放火および失火の罪は，故意または過失によって不正に火力を使用し物件を焼損する行為を内容とする罪である。「放火」する（108条，109条，110条）場合は故意犯であり，「失火」（116条）する場合が過失犯である。いずれも焼損に対して原因力を与える行為である点で共通する。ただし，失火の場合は，焼損に達したときに初めて罪責が生ずる点で放火と異なる。

「放火」するとは，目的物の焼損を惹起せしめる行為をいう。作為によると不作為によるとを問わない。積極的に物に火気を与える作為（点火）が普通であるが，発生した火力を防止すべき法律上の義務ある者が，故意に消火の手段を講じない不作為も「放火する」に当たる（大判大7・12・18刑録24・1558，大判昭13・3・11刑集17・237，最判昭33・9・9刑集12・13・2882）。放火罪の実行の着手は，作為・不作為によって焼損が発生する現実の危険を生じさせた時点に認められる。例えば，導火材料に点火した時点で実行の着手と認めてよい（大判大3・10・2刑録20・1789）。ガソリンを屋内に撒布すれば焼損の具体的危険が生ずるから実行の着手を認めてよい（横浜地判昭58・7・20判時1108・138）。ただし，灯油を撒布しただけでは具体的危険は発生しないから，放火予備にすぎない（千葉地判平16・5・25判タ1188・347）。

(3) 焼　損　放火行為は，焼損によって既遂に達する。

(ア) 学説の対立　「焼損」の意義をめぐっては，ⓐ本罪が公共危険罪であることを強調して，火が放火の媒介物を離れ目的物に燃え移り，独立して燃焼する状態に達した時に焼損になるとする独立燃焼説，ⓑ火力により目的物の重要な部分が失われ，その本来の効用を喪失した時点をもって焼損とする効用喪失説，ⓒ俗にいう「燃え上がったこと」，すなわち，目的物の主要な部分が燃焼を開始した時点をもって焼損とする燃え上がり説，ⓓ火力によって目的物が毀棄罪にいう損壊の程度に達した時点をもって焼損とする毀棄説が対立している。

(イ) 判例の立場　独立燃焼説は判例の採る立場であり，例えば，新聞紙に点火して建造物に放火した場合において，火力が新聞紙を離れて建造物の一部が独立に燃え始めれば既遂であるとするのである（大判大7・3・15刑録24・219，最判昭23・11・2刑集2・12・1443）。具体的には，天井板約1尺四方を焼いた例（前掲最判昭23・11・2），押入床板および上段各3尺四方を焼いた例（最判昭25・5・25刑集4・5・854）などを焼損としている。それゆえ，建造物の一部分のみを焼損する目的で放火しても，本罪の故意としては十分であるとされるのである（大判昭3・2・1刑集7・35）。ただし，判例の立場においても畳・建具等は建造物の一部ではないから，これが燃焼しただけでは建造物の焼損に当たらないことに注意を要する（最判昭25・12・14刑集4・12・2548）。

(ウ) 判例・学説の検討　「焼損」とは，元来，火力によって物を損壊するという意味であるから，焼損に達したかどうかを判断するに当たって，目的物自体の毀棄または損壊の意義を離れることは許されない。それゆえ，目的物の火力による損壊として把握する ⓓ説が妥当である。また，毀棄罪にいう損壊の程度に達すれば，抽象的な公共危険が発生したと解しうるから，公共危険犯の面に照らしてみてもこの説が妥当である。

難燃性ないし耐火式建築物の火力による損壊が焼損に当たるかについて，肯定説と否定説（東京地判昭59・6・22刑月16・5＝6・467，東京高判昭49・10・22東時25・10・90）とが対立している。否定説は，焼損というためには何らかの燃焼を要するということを根拠とするが，火力による目的物の損壊により，有毒ガスの発生など燃焼するのと同様の公共危険を生じさせる可能性があるときは焼損とすべきであり，放火罪の保護法益の観点に照らし，肯定説が妥当である。なお，具体的危険犯としての放火罪（109条2項，110条1項）が既遂となるためには，焼損のほかに公共の危険の発生を必要とする。

(4) 罪　数　放火罪は公共危険犯であるから，1個の放火行為によって数個の目的物を焼損しても，それによって発生する公衆の安全に対する危険が包括的に1個として評価される限り，1罪が成立するにすぎない（大判大11・12・13刑集1・754）。それゆえ，1個の放火行為によってその処罰規定を異にする数個の客体を焼損したときは，最も重い処罰規定に当たる放火罪を適用することになる。1個の放火行為によって現住建造物とその内部にある他人の物件を焼損し，また，1個の放火行為によって数軒の現住建造物を焼損しても，108条の罪の1個が成立するにすぎない。同じく，現住建造物と非現住建造物とを焼損すれば，後者は前者に吸収されて108条の罪1個が成立する（大判明42・11・19刑録15・1645）。数個の放火行為によって数個の現住建造物を焼損したとしても，それが1個の公共的法益を侵害したにすぎないと認められる限り包括一罪と解すべきである。放火を手段として現住建造物の内部にいる人を殺害したときは，放火罪と殺人罪はその罪質を異にするから，現住建造物等放火罪と殺人罪の観念的競合となる。

◈【問　題】

Xは，Aに貸している家屋に掛けていた火災保険金を得ようと企て，A方押入れの床下に仕掛けておいた放火装置に，ライターで点火して放火し，その結果，家族の住んでいる同家6畳間の床約20cm四方を焼損したが，やがて自然に消えた。Xの罪責はどうか（前掲最判昭25・5・25参照）。

2　現住建造物等放火罪

108条（現住建造物等放火）　放火して，現に人が住居に使用し又は現に人がいる建造物，汽車，電車，艦船又は鉱坑を焼損した者は，死刑又は無期若しくは5年以上の懲役に処する（未遂は，罰する―112条）。

(1)　意　義　本罪は，人の住居に使用している建造物，または現に人がいるその他の建造物，汽車，電車，艦船もしくは鉱坑を客体とする罪であり，この罪に対しては極めて重い法定刑が定められている。特に重い法定刑をもって臨んでいるのは，公共の安全と併せて，火力から人の生命・身体を保護することを考慮したためである。

(2)　客　体　本罪の客体は，現に人の住居に使用し，または現に人がいる建造物，汽車，電車，艦船もしくは鉱坑である。

(ア)　住　居　「現に人が住居に使用し」とは，放火の当時人が起臥寝食（＝日常生活）の場所として日常使用しているという意味である（大判大2・12・24刑録19・1517）。「人」は，犯人以外の者をいい，犯人の家族も含む（最判昭32・6・21刑集11・6・1700）。例えば，行為者が1人で住んでいる自宅に放火するときは，109条に当たる罪を構成するにすぎないが，行為者の家族その他の者が同居している場合は，人の住居に使用する建造物である。昼夜間断なく人がその場所にいることを必要とせず（前掲大判大2・12・24），居住者が不在であっても，その家屋の状態から住居としてよい（最決平9・10・21刑集1・9・725）。例えば，学校等の宿直室のように夜間または休日にだけ使用している場所であっても，日常生活の場所として使用するものであれば住居である（前掲大判大2・12・24）。一定の期間だけ使用する別荘も本罪の客体となる。

㈠ **複合建造物の現住性**　本罪は人の生命・身体を保護するために特に重く処罰されるのであるから，官公署，会社，学校等の建物の一部に起臥寝食の場所がある以上は，全体が住居に当たる（大判昭14・6・6刑集18・337）。例えば，便所に放火しても（最判昭24・2・22刑集3・2・198〔劇場の一部である便所に放火〕），あるいは棟割長屋の一戸が現に住居に使用され他の部分が空家になっている場合に，その空家に放火しても，それが全体として独立した一個の建造物内にある以上は住居に対する放火となる（大判昭9・11・15刑集13・1502）。

全体として独立した一個の建造物といえるかどうかの判断は，建造物の外観・構造・物理的接続性，機能的一体性，延焼の可能性などの諸事情を総合して，社会通念上一個の建造物と認められるかどうかの見地から判断すべきである（最決平元・7・14刑集43・7・641）。

不燃性建造物であるマンションの空き部屋が現住建造物に当たるかについて，これを肯定する判例（東京高判昭58・6・20刑月15・4＝6・299，前掲東京地判昭59・6・22）と否定する判例（仙台地判昭58・3・28刑月15・3・247）に分かれているが，物理的観点から一体といえても，放火したときにマンションの居住部分に延焼の危険が全く及ばないときは，一体性を有しないと解すべきである。

㈡ **現在性**　住居として使用されていない建造物，汽車，電車，艦船，鉱坑に関しては，現に人がいない限り本罪の客体にはならない。「現に人がいる」とは，放火行為の時に，その内部に他人が現実にいることをいう。建造物等の用途のいかんを問わず，また，建造物等が行為者の所有物件であるか否かにかかわりなく本罪の客体となる。ただし，容易に取り外しのきく雨戸，畳，建具などは建造物の一部に当たらないことに注意すべきである（前掲最判昭25・12・14)。1間半四方藁葺き藁囲いの掘立小屋も建造物であるとするのが判例である（大判昭7・6・20刑集11・881)。被害者を殺害後にその住居に放火しても本罪には該当しない（大判大6・4・13刑録23・312)。汽車，電車のなかには，その代用機関であるガソリンカーも含まれる（大判昭15・8・22刑集19・540)。「艦船」とは軍艦その他の船舶をいい，その大小を問わないと解すべきである（大判昭10・2・2刑集14・57)。「鉱坑」とは，鉱物を採取するために掘られた地下設備をいい，炭坑も含まれる。

(3) 故　意　他人が現に住居として使用していること，または現に人がいる建造物，汽車，電車，艦船，鉱坑であることの認識，および放火によってその客体を焼損せしめることの認識を必要とする。未必的認識で足りる。非現住建造物に放火することによって隣接する現住建造物を焼損させることを予見していた場合には，本罪の故意が認められる（大判昭8・9・27刑集12・1661)。住居であるのに，これを非現住建造物であると誤信して放火する行為は，38条2項により後述の非現住建造物等放火罪に当たる（名古屋高金沢支判昭28・12・24判時33・164〔故意に影響しない〕)。

(4) 罪数・被害者の同意　殺人または傷害の故意に基づいて放火し人を殺傷したときは，殺人罪または傷害罪と本罪との観念的競合となる。人が現在しているのに現在していないと誤信して放火し人を死に致らしめたときは，38条2項により非現住建造物等放火罪と過失致死罪とが成立し，両罪は観念的競合となる。保険金を詐取する目的で住居を焼損し保険金を詐取したときは，詐欺罪と本罪との併合罪となる（大判昭5・12・12刑集9・893)。放火罪は公共危険犯であるから，被害者の同意は違法性を阻却しない。ただし，他人の所有物について所有者の同意があれば，その物は他人の所有物ではなくなる。また，住居に使用している居住者の同意がある場合および人の現在する建造物についてその者の同意があれば，人の現在しない建造物と同視されることになる。

◈ **【問　題】**

X は，鉄筋コンクリート12階建マンションに設置されたエレベーターのかごに燃え移るかも知れないと思いながら，ライターで，新聞紙に火を付け，エレベーターのかごの側壁に燃え移らせて，壁の表面を消失させたが，エレベーターのかごは鋼板製であり，不燃物であったので，やがて火は消えた。Xの罪責はどうか（最決平元・7・7判時1326・157参照）。

3　非現住建造物等放火罪

109条（非現住建造物等放火）**1項**　放火して，現に人が住居に使用せず，かつ，現に人がいない建造物，艦船又は鉱坑を焼損した者は，2年以上の有期懲役に処する（未遂は，罰する—112条）。

2項　前項の物が自己の所有に係るときは，6月以上7年以下の懲役に処する。ただし，公共の危険が生じなかったときは，罰しない。（第109条第1項に規定する物が自己の所有に係るものであっても，差押えを受け，物権を負担し，賃貸し，又は保険に付したものである場合において，これを焼損したときは，他人の物を焼損した者の例による—115条）。

(1)　客　体　本罪の客体は，現に人の住居に使用されておらず，しかも，現に人がその内部にいない建造物，艦船，鉱坑である。改正前は「又は」と規定されていたが，「かつ」と改めたものである。物置小屋，掘建小屋も本罪の客体となる（大判大元・8・6刑録18・1138）。

(ア)　他人所有非現住建造物等放火罪（109条1項）　本罪における「人」は犯人以外の者をいうから，犯人が単独で所有している建造物に放火したときは，本罪の問題ではない。また，居住者を殺害した後に放火の意思を生じその家屋を焼損したときは，本罪と殺人罪との併合罪となる。本罪の客体については，汽車，電車が除外されている点で現住建造物等放火罪と異なる。汽車，電車を目的物とする放火は110条の罪に当たる。

自己の所有物であっても，①差押を受けている物，②物権を負担している物，③賃貸している物，④保険に付した物は，他人の所有物と同様に扱われる（115条）。他人の所有物として扱われるのは，その焼損によって他人の財産権を侵害するからである。

(イ)　自己所有非現住建造物等放火罪（109条2項）　建造物・艦船もしくは鉱坑が自己の所有に係るときには，公共の危険を生じさせない限り処罰されない。「自己の所有に係る」とは，行為者が目的物の所有権を有していることをいうが，本罪は財産犯的性格を考慮したものであるから，無主物に対する放火も本罪に当たる。それゆえ，目的物が他人の所有物でない限り本罪の適用を受ける。共同して放火した場合，共同者の一方に所有権があるときも自己の所有物として扱われるが，行為者と他人との共有物であるときは，共有者の同意がない限り他人の所有物として扱われる。他人の所有物であってもその所有者の同意があるときは自己の所有物として扱われる。

(2) 行　為　本罪の行為は，火を放って目的物を焼損することである。ただし，1項と2項とでは既遂の取扱いを異にする。1項は抽象的公共危険犯であるから，焼損の結果を生ずれば既遂に達するのに対し，2項は具体的公共危険犯であるから，焼損によって公共の危険が具体的に発生しない限り既遂に達しない（未遂は不可罰）。放火罪は，公共危険犯であるとともに財産犯的性格をも併せもつから，自己の所有物を焼損すること自体は適法である点を考慮し，2項の罪は公共の危険の発生を構成要件的結果とする具体的危険犯と解すべきである。

「公共の危険」とは，必ずしも108条および109条1項に規定する建造物等に対する延焼の危険に限られるものではなく，不特定または多数人の生命，身体又は前記建造物等以外の財産に対する危険も含まれる（最決平15・4・14刑集57・4・445）。公共危険発生の判断については，当該具体的状況における一般人の判断を基準として客観的に行うべきであり，仮に科学法則上（自然的・物理的観点から）延焼の危険が存在しない場合でも，一般人の感覚からすればその危険を感ずる程度に達していると認められるときは，公共の危険が具体的に発生したといえる。具体的危険の発生は客観的処罰条件であるとする見解もあるが，具体的危険の発生は構成要件的結果と解すべきであるから，放火行為と目的物の焼損および具体的危険の発生との間には因果関係がなければならない。

(3) 故　意　1項の罪については，目的物が，①他人の所有に属するものであることの認識（115条），②現に人の住居に使用されておらず，かつ現に人がいないものであることの認識，③火を放って客体を焼損することの認識を必要とする。2項の罪については，ⓐ公共の危険の発生に関する認識を必要とする説，ⓑ不要とする説とが対立している。本罪においては，公共の危険の発生が構成要件要素（結果）となっているから，自己の所有物に火を放って焼損するという認識以外に，公共の危険の発生についての認識が必要であると解する。自己の所有物を焼損する行為は，それ自体としては現行法上処罰されないのであるから，その認識だけで故意があるといえないことは理論上明白であり，公共の危険の発生について認識がなければ失火罪を構成するにすぎない。なお，公共の危険の発生の認識は，公共の危険の発生については予見があるが，延焼の具体的認識を欠いている心理状態をいうと解する。

◈【問　題】

Xは，物置小屋の処置に困り，これを焼却することを決意して，風向きによっては隣近所の人たちが延焼を恐れて騒ぎ出すかも知れないと思ったが，無風状態であり，延焼のおそれは絶対にないと確信して，その物置小屋に火を放ったところ，意外にも風が出て，その中に放置してあった灯油カンが爆発し，物置小屋が全焼するとともに，甲所有の住居に燃え移って全焼させた。Xの罪責はどうか。

4　建造物等以外放火罪

110条(建造物等以外放火)**1項**　放火して，前2条（108条，109条）に規定する物以外の物を焼損し，よって公共の危険を生じさせた者は，1年以上10年以下の懲役に処する。

2項　前項の物が自己の所有に係るときは，1年以下の懲役または10万円以下の罰金に処する(第110条第1項に規定する物が，自己の所有に係るものであっても，差押えを受け，物権を負担し，賃貸し，又は保険に付したものである場合において，これを焼損したときは，他人の物を焼損した者の例による―115条)。

(1)　客　体　本罪の客体は，108条および109条に記載されている物以外の物である。自動車，航空機，門，橋，畳，建具などのほか，廃棄物や燃料でもよい。行為者の所有に属すると否とを問わない。「公共の危険」は，不特定または多数人の生命，身体または財産に対する危険も含む（前掲最決平15・4・14)。ただし，放火罪の財産犯的性格にかんがみ，自己の所有物を目的物とするときは法定刑が軽くなっている（110条2項)。無主物に対する放火も本罪に当たると解すべきである（大阪地判昭41・9・19判タ200・180〔他人所有のごみ箱上のハトロン紙〕)。他人の物でも，所有者の同意があった場合は，犯人の物とされるべきであろう。自己の所有物が差押えを受け，物権を負担し，または賃貸し，もしくは保険に付した物であるときは，他人の所有物として扱われる（115条）。

(2) 故　意　本罪の故意は，目的物の焼損の事実以外に公共の危険の発生についての認識を必要とする。110条においては「よって公共の危険を生じさせた」と規定されており，109条2項と規定の仕方が異なっているため，本罪は，焼損という基本行為から生じた結果についての結果的加重犯であると解する余地もある。本罪を結果的加重犯と解すると，基本行為は「焼損」ということになるが，「焼損」自体は不可罰であるから器物損壊罪などの毀棄罪が基本行為といわざるをえない。結果的加重犯が重い結果の発生によって本来罰せられるべき刑より重く罰せられる根拠は，基本行為がその性質上重い結果発生の危険性を備えているからである。そうすると，毀棄罪自体は公共の危険を発生せしめる性質を有していないから本罪は結果的加重犯ではなく，本罪を公共危険犯たらしめているのは，まさに公共の危険の発生という要件が備わるからである。したがって，本罪は具体的危険犯にほかならず，109条2項の罪と同様に本罪においても故意の内容として公共の危険発生についての予見を必要とすると解すべきである（最判昭60・3・28刑集39・2・75〔反対〕)。なお，他人が所有する物件については，焼損の認識があれば器物損壊罪の故意を認めることができるから，公共の危険を生じさせないときは器物損壊罪が成立する。

5　延焼罪

111条(延焼)**1項**　第109条第2項又は前条第2項の罪を犯し，よって第108条又は第109条第1項に規定する物に延焼させたときは，3月以上10年以下の懲役に処する。

2項　前条第2項の罪を犯し，よって同条第1項に規定する物に延焼させたときは，3年以下の懲役に処する。

本罪は，自己所有物件に対する放火罪の結果的加重犯である。延焼の結果について認識があれば，その客体についての放火罪が成立するから，延焼の結果について認識がないことを必要とする。本罪における放火の客体は，自己所有の非現住建造物等（109条2項）または自己所有の「その他の物」（110条2項）であり，結果として生ずる延焼の客体は，現住建造物等（108条）または非現住建造物等（109条1項）である。自己の所有物に放火した結果として公共の危険を生じさせ，そのうえで上記の物に延焼するという結果が生じたときに本罪を構成する。

「延焼」とは，行為者が予期しなかった物に燃え移って，これを焼損することであり，例えば，自己所有の乗用車に火を放って燃焼させた結果，公共の危険を生じさせたうえで行為者が予期しない他の物に延焼させたのでなければ，延焼罪を構成しない。目的物の焼損と延焼の結果との間には，因果関係がなければならない。

重い放火罪の故意で，例えば，現住建造物に火をつけた結果，軽い放火罪の客体，例えば，非現住建造物に延焼したときは，公共危険犯としての性格にかんがみ，単に重い放火罪のみの成立を認めれば足りる。逆に，109条1項の罪を犯す意思で放火し，よって108条の罪の客体に延焼した場合には前者の罪だけが成立する。延焼した客体は115条の自己所有物件であるが，差押えをうけ，物権を負担し，または賃貸し，もしくは保険に付したものに延焼した場合には，115条は故意に焼損した場合にのみ適用される規定と解されるから，結果的加重犯である延焼罪には適用がないと解する。

6　放火予備罪

113条（予備）　第108条又は第109条第1項の罪を犯す目的で，その予備をした者は，2年以下の懲役に処する。ただし，情状により，その刑を免除することができる。

「予備」とは放火の準備行為であり，実行の着手前の行為をいう。例えば，放火の材料を用意する行為，時限発火装置を設置する行為をいう。放火の目的で目的物の周辺にガソリンを撒きちらす行為は予備段階の行為であるが，発火の蓋然性が高い場合には実行の着手としてよい（広島地判昭49・4・3判タ316・289）。本罪が成立するためには，現住建造物等放火罪（108条）または他人所有非現住建造物等放火罪（109条1項）を犯す目的があることを要する。

他人所有非現住建造物は115条に規定される物をも含む（大判昭7・6・15刑集11・841）。放火予備が，さらに未遂・既遂の段階に至れば，放火予備罪はそれらの罪に吸収される。

7 消火妨害罪

114条(消火妨害) 火災の際に，消火用の物を隠匿し，若しくは損壊し，又はその他の方法により，消火を妨害した者は，1年以上10年以下の懲役に処する。

(1) 行為の状況 本罪は，構成要件の要素として火災の際という行為の状況を必要とする。「火災の際」とは，現に火災が継続している場合およびまさに発生しようとしている状況をいう。火災は，社会通念上火災と認められる程度のものでなければならない。

(2) 行 為 本罪の行為は，消火活動を妨害する行為である。隠匿および損壊は，その方法の例示にすぎず，妨害の方法・手段に制限はない。「隠匿」とは，消火を行う者に対して，消火用の物の発見を不可能または困難にすることをいう。「損壊」とは，物質的に破壊し，その使用を不可能または困難にすることをいう。「その他の方法」とは，例えば，消防車の運行を不可能にするとか，消火に当たっている者に暴行を加えるなど，およそ消火活動を妨害する一切の行為をいう。不作為による場合でもよい。ただし，不作為の妨害行為においては，法律上の作為義務がある者に限り成立する。例えば，居住者，警備員，消防職員，警察官，事務管理者などがその主体となりうる。

火災の際に公務員から援助を求められたのに，単にこれに応じなかったにすぎないときは，軽犯罪法1条8号の罪が成立するにすぎない。本罪は抽象的危険犯であるから，妨害行為があれば直ちに既遂に達し，消火が現実に妨害されたことを要しない。

8 失火罪

116条(失火)**1項** 失火により，第108条に規定する物又は他人の所有に係る第109条に規定する物を焼損した者は，50万円以下の罰金に処する。

2項　失火により，第109条に規定する物であって自己の所有に係るもの又は第110条に規定する物を焼損し，よって公共の危険を生じさせた者も，前項と同様とする。

(1)　他人所有建造物等失火罪（1項）　本罪の客体は，108条に規定されている現住建造物等および109条に記載されている他人所有非現住建造物等である。本罪の行為は，過失により客体を焼損させることをいう。焼損によって公共の危険を発生させたか否かを問わない（抽象的危険犯）。

(2)　自己所有非現住建造物等失火罪（2項）　本罪の客体は，109条に規定されている自己所有の建造物等および110条に規定されている建造物等以外の物であり，後者は他人の所有に属する物であると自己所有物であるとを問わない。ただし，公共の危険が発生しない限り本罪は成立しないから，本罪は具体的危険犯である。行為は，過失により火を放ち客体を焼損して公共の危険を発生させることである。公共の危険発生について過失があることを要する。

9　業務上失火罪・重過失失火罪

117条の2（業務上失火等）　第116条又は前条（117条）第1項の行為が業務上必要な注意を怠ったことによるとき，又は重大な過失によるときは，3年以下の禁錮または150万円以下の罰金に処する。

(1)　業務上失火罪　本罪は，業務上必要な注意を怠って116条の罪を犯した場合に，失火罪よりも刑を加重する犯罪である。「業務」は「人が社会生活上の地位に基づいて反復・継続して行う事務」をいうが，火気の取扱いは日常生活上多くの者（主婦・喫煙家）が反復・継続して行うものであるから，本罪の「業務」は，特に職務として火気の安全に配慮すべき社会生活上の地位に基づく事務をいうものと解すべきである（最決昭60・10・21刑集39・6・362）。この意味での業務は，①火気を直接取扱う職務（調理士，ボイラーマンなど），②火気発生の蓋然性が高い物質・器具を取扱う職務（ガソリン・プロパンガス取扱業者など），③火災の発見・防止を任務とする職務（警備員，火気防止責任者など）に分かれる。

(2)　重過失失火罪　重過失失火とは，不注意の程度が著しい場合であり，行為者がわずかな注意を払えば予見可能であり，かつ焼損等の結果を防止できたといえる場合である（最判昭23・6・8裁判集刑2・329）。

10 激発物破裂罪

117条(激発物破裂)**1項** 火薬，ボイラーその他の激発すべき物を破裂させて，第108条に規定する物又は他人の所有に係る第109条に規定する物を損壊した者は，放火の例による。第109条に規定する物であって自己の所有に係るもの又は第110条に規定する物を損壊し，よって公共の危険を生じさせた者も，同様とする。

(1) 客 体 本罪の客体は，「激発すべき物」つまり激発物である。激発物とは，急激に破裂し，生命・身体・財産に危害を加える程度の破壊力をもつ物質をいう。火薬，ボイラーはその例示であり，ほかに高圧ガス，液化ガスなどがある。弾丸は激発物ではない。

(2) 行 為 本罪の行為は，「破裂」である。破裂とは，その破壊力を解放する一切の行為をいう。本罪が成立するためには，爆発物の破裂により建造物等を損壊する結果の発生が必要となる。目的物の相違に応じて，放火罪のそれぞれの法定刑が適用される（117条1項前段)。「放火の例に同じ」というのは，この趣旨である。本罪の予備罪・未遂罪を処罰すべきかについては肯定説と否定説がある。否定説は，特に明文の規定がない以上，未遂および予備は不可罰にすべきであるとするが，3条1号は本罪の未遂罪を予定しており，また，危険性の程度において本罪を放火罪から区別すべき理由はないから，肯定説が妥当である。

11 過失激発物破裂罪・業務上過失激発物破裂罪・重過失激発物破裂罪

117条(激発物破裂)**2項** 前項（117条1項）の行為が過失によるときは，失火の例による。

117条の2(業務上失火等) 第116条又は前条（117条）第1項の行為が，業務上必要な注意を怠ったことによるとき，又は重大な過失によるときは，3年以下の禁錮又は150万円以下の罰金に処する。

12　ガス漏出等罪・ガス漏出等致死傷罪

118条(ガス漏出等及び同致死傷)**1項**　ガス，電気又は蒸気を漏出させ，流出させ，又は遮断し，よって人の生命，身体又は財産に危険を生じさせた者は，3年以下の懲役又は10万円以下の罰金に処する。

2項　ガス，電気又は蒸気を漏出させ，流出させ，又は遮断し，よって人を死傷させた者は，傷害の罪と比較して，重い刑により処断する。

(1)　ガス漏出等罪　　客体は，ガス・電気・蒸気である（制限列挙規定)。行為は，漏出・流出・遮断である。「漏出させ，流出させ」とは，管理されているものを外部に放出し，管理しない状態に置くことをいう。「遮断」とは，供給を断つという意味である。これらの行為によって人の生命・身体・財産に対する具体的危険の発生があることを要する。危険の発生は構成要件要素であるから，本罪の故意は，危険の発生についての認識を要する。殺人または傷害の故意がある場合には，本罪と殺人罪または傷害罪との観念的競合になる。

(2)　ガス等漏出致死傷罪　　本罪は，ガス漏出等罪の結果的加重犯である。「傷害の罪と比較して，重い刑により処断する」。

III　出水・水利に関する罪

1　総　説

出水および水利に関する罪は，出水に関する罪と水利妨害罪とから成る。出水に関する罪は，水力の不法な使用によって公衆の安全を害する罪であり，放火罪と同じく公共危険犯である（大判明44・11・16刑録17・1987)。水害は，火災と同じように公衆の生命・身体・財産に対し危険を及ぼすから，放火の罪と同じように重く罰せられるのである。一方，水利妨害罪は水利権を直接の保護法益とするものであり，出水罪とは罪質を異にする。ただ，水利妨害行為は出水の危険を伴うのが普通なので，その限りで両者は共通の性質をもつと考えられて同じ章下に規定されたものである。

2　現住建造物等浸害罪

119条(現住建造物等浸害)　出水させて，現に人が住居に使用し又は現に人がいる建造物，汽車，電車又は鉱坑を浸害した者は，死刑又は無期若しくは3年以上の懲役に処する。

本罪の客体は，現に人の住居に使用し，または現に人がいる建造物，汽車，電車または鉱坑である。行為は，出水させて浸害することである。「出水させる」とは，制圧されていた水力を解放し氾濫させることをいう。「浸害」とは，水力によって本罪の客体を流失・損壊あるいは効用の滅失・減損をもたらすことをいう。水は，流水であると貯水であるとを問わず，また解放手段のいかんも問わない。浸害は一時的なものでもよいが，きわめて軽微な場合には出水危険罪が成立するにとどまる（⇨255頁）。本罪は抽象的危険犯であり，浸害によって既遂に達する。

3　非現住建造物等浸害罪

120条(非現住建造物等浸害)**1項**　出水させて，前条（119条）に規定する物以外の物を浸害し，よって公共の危険を生じさせた者は，1年以上10年以下の懲役に処する。

2項　浸害した物が自己の所有に係るときは，その物が差押えを受け，物権を負担し，賃貸し，又は保険に付したものである場合に限り，前項の例による。

(1)　客　体　　本罪の客体は，現住建造物等浸害罪の客体以外の物である。放火罪のように非現住建造物等とそれ以外の物とを区別せずに，それを包括して客体としていることに留意する必要がある。建造物以外の物の例としては，田畑，牧場，森林などがある。犯人の自己所有物については，差押えを受け，物権を負担し，または賃貸し，もしくは保険に付してあるときに限り本罪の客体となる。

(2)　行　為　　本罪の行為は，出水させて先の客体を浸害し，それによって公共の危険を発生させることである。「よって公共の危険を生じさせた」とは，出水させて本条所定の物件を浸害し，その結果，現住建造物等の物件に波及し，不特定または多数人の生命・身体・財産について浸害のおそれを生じさせることをいう。危険の程度は，不特定または多数人に危惧感を抱かせるもので足りる（大判明44・6・22刑録17・1242）。

(3) 故　意　本罪の故意は，出水させて浸害するという事実の認識，および他に浸害が波及する可能性すなわち公共の危険発生の認識を必要とすると解すべきである。その危険性の認識を欠くときは，毀棄罪および過失出水罪が成立し，両者は観念的競合となる。

4　水防妨害罪

121条（水防妨害）　水害の際に，水防用の物を隠匿し，若しくは損壊し，又はその他の方法により，水防を妨害した者は，1年以上10年以下の懲役に処する。

(1) 行為の状況　本罪は，放火の罪における消火妨害罪に対応するものであり（⇨249頁），出水罪の補充規定である。構成要件における行為の状況として，「水害の際」であることが必要となる。水害とは，出水および浸害に基づき公共の危険が生じうる状態をいう。その原因が，人為的なものであると台風のような自然的なものであるとを問わない。水害の際とは，現に浸害が継続している場合および水害がまさに発生しようとしている状況をいう。

(2) 行　為　本罪の行為は，水防活動の妨害である。出水の予防・停止活動の妨害のほか，浸害によって生ずる被害の防止活動に対する妨害も含む。「水防用の物」とは，土のう，石材，材木，舟など水防の用に供すべき一切の物件をいう。また，自己所有物であってもよい。水防を妨害する行為は不作為による場合も含むが，法律上水防活動の義務ある者に限られる。単なる協力義務違反は，軽犯罪法1条8号に該当するにすぎない。

5　過失建造物等浸害罪

122条（過失建造物等浸害）　過失により出水させて，第119条に規定する物を浸害した者又は第120条に規定する物を浸害し，よって公共の危険を生じさせた者は，20万円以下の罰金に処する。

前段は抽象的危険犯，後段は具体的危険犯であり，いずれも失火罪に関する116条に相当する規定であるが，業務上過失，重大な過失による加重類型は設けられていない。

6　出水危険罪

123条(出水危険)**後段**　堤防を決壊させ，水門を破壊し，その他出水させるべき行為をした者は，2年以下の懲役若しくは禁錮又は20万円以下の罰金に処する。

「出水させるべき行為」とは，出水の危険を生じさせる一切の行為をいう。堤防の決壊，水門の破壊は，その例示にすぎない。本罪は抽象的危険犯であるから，出水行為によって浸害の危険を生じさせたことを要しない。また，出水の結果が生じたことも必要でない。出水の結果が生じた場合は，119条，120条に規定する物に該当しない限り，その予備，未遂の段階を含めて本罪が適用される。

7　水利妨害罪

123条(水利妨害)**前段**　堤防を決壊させ，水門を破壊し，その他水利の妨害となるべき行為をした者は，2年以下の懲役若しくは禁錮又は20万円以下の罰金に処する。

(1)　保護法益　本罪の保護法益は，水利権である。それゆえ，水利権を有しない者に対して水の使用を妨げても本罪は成立しない（大判昭7・4・11刑集11・337)。「水利」とは，水車，発電，水道など水の利用のすべてを含む。交通のための水利および水道による飲料のための水の利用は，それぞれ124条以下の罪（往来を妨害する罪)，142条以下の罪（飲料水に関する罪）によって保護されているので，本罪には含まれない。ただし，水道によらない飲料のための浄水施設を破壊する行為は，本罪に含まれる。水利権は契約に基づくものであると慣習によるものであるとを問わない。

(2)　行　為　本罪の行為は，堤防を決壊し，水門を破壊し，その他水利の妨害となるべき行為である。「水利の妨害となるべき行為」とは，水流の閉塞，変更，貯水の流失など，およそ水利を妨害するおそれのある一切の行為をいう。出水危険罪に達する行為であっても，水利妨害のおそれが生じなければ本罪を構成しない。出水危険行為が水利妨害罪を構成するときは，罪質の相違に着眼して出水危険罪と水利妨害罪との観念的競合を認めるべきであるともいえるが，同一罰条に規定されており，手段も類似しているところから，123条の罪1個が成立すると解すべきである。1個の行為によって複数の水利権を侵害した場合にも上記の問題が生じるが，本罪はもともと複数の水利権に及ぶ行為を予定していると考えられるから，上記の場合は1個の水利妨害罪に当たると解すべきである。ただし，水利妨害の結果が現実に発生したことは必要でない。

Ⅳ　往来を妨害する罪

1　往来妨害罪

124条1項(往来妨害)　陸路，水路又は橋を損壊し，又は閉塞(そく)して往来の妨害を生じさせた者は，2年以下の懲役又は20万円以下の罰金に処する(未遂は，罰する―128条)。

(1)　意　義　往来を妨害する罪は，公衆の利用に供される道路その他の交通施設，鉄道その他の交通機関に対して攻撃を加えることによって交通の安全を害する犯罪である。交通手段は人の社会・経済生活に不可欠であり，その安全を侵害する行為は，公衆の生命，身体，財産に対する重大な危険性を生じさせる。それゆえ，本罪は，放火罪，出水罪と同じく公共危険犯である。

(2)　客　体　本罪の客体は，陸路・水路・橋である。公衆の用に供すべきものであることを必要とするが，公有か私有かを問わない(最決昭32・9・18裁判集刑120・457)。「陸路」とは，公衆の通行の用に供すべき陸上の通路すなわち道路をいう。事実上公衆の通行に供せられていれば足りる。「水路」とは，舟などの航行に用いられる河川，運河，港口などをいう。海路・湖沼の水路も損壊・閉塞しうるものは本罪の水路となる。「橋」は，河川・湖沼の上に架けられた橋，陸橋，桟橋を含む。

(3) 行　為　本罪の行為は，損壊または閉塞して，往来を妨害することである。「損壊」とは，通路の全部または一部を物理的に毀損することをいう。「閉塞」とは，障害物を置いて通路を遮断することをいう。障害物が通路を部分的に遮断するに過ぎない場合でも，その通路の効用を阻害して往来の危険を生じさせたときは，陸路の閉塞に当たる（最決昭 59・4・12 刑集 38・6・2107）。

(4) 既　遂　本罪が既遂に達したというためには，損壊または閉塞の結果，往来の妨害を生じさせる必要がある。「往来の妨害を生じさせた」とは，通行を不可能または困難にする状態を生じさせることをいう。しかし，本罪は公共危険犯であるから，公衆の誰かが現実に通行を妨害されたという結果の発生は必要でない（「具体的危険犯」。大判昭 3・5・31 刑集 7・416）。本罪の未遂は，損壊・閉塞の行為により右の状態を作り出す行為に着手したが，往来の妨害を生じさせなかった場合である。本罪の故意が成立するためには，単に，損壊・閉塞の事実を認識するだけでは不十分であり，往来妨害の具体的危険の発生についての予見を必要とする。

2　往来妨害致死傷罪

124 条 2 項（往来妨害致死傷）　前項（124 条 1 項）の罪を犯し，よって人を死傷させた者は，傷害の罪と比較して，重い刑により処断する。

本罪は，往来妨害罪の結果的加重犯である。往来妨害罪が成立し，その結果として人を死傷に致したことを要し，損壊・閉塞の行為自体によって致死傷の結果を生じさせたときは，本罪には当たらないと解すべきである。例えば，橋を破壊する行為によって，過って人に傷害を与えれば，往来妨害罪と過失傷害罪の観念的競合になるのに対し，橋を破壊した結果通行人が交通を妨げられ川中に転落して負傷した場合は，本罪に当たる。「人」は，通行人に限らず，犯人以外のすべての人を指す。工事に従事している者が橋の落下により傷害を受けた場合も本罪に当たる（最判昭 36・1・10 刑集 15・1・1）。往来妨害罪の結果的加重犯であるから，致死の結果について予見があるときは殺人罪が成立し，本条 1 項の罪との観念的競合になる。本罪は，傷害の罪に比較し重い刑により処断される。

3　往来危険罪

125条(往来危険)**1項**　鉄道若しくはその標識を損壊し，又はその他の方法により，汽車又は電車の往来の危険を生じさせた者は，2年以上の有期懲役に処する。

2項　灯台若しくは浮標を損壊し，又はその他の方法により，艦船の往来の危険を生じさせた者も，前項と同様とする(未遂は，罰する—128条)。

(1)　行　為　本罪の行為は，①「鉄道若しくはその標識」を損壊し，またはその他の方法により，汽車・電車の往来の危険を生じさせること，および②「灯台若しくは浮標」を損壊し，またはその他の方法により，艦船の往来の危険を生じさせることである。

(ア)　鉄道・標識等の損壊　「鉄道」とは線路のみならず汽車の運行に直接必要な一切の施設をいう。枕木，犬釘，トンネルも鉄道である。「標識」とは，汽車・電車の運行に必要な信号機その他の標示物をいう。「損壊」とは，物理的に破壊することをいう。「その他の方法」とは，汽車・電車の往来の危険を生じさせる一切の行為をいい，例えば，軌道上に石その他の障害物を置く行為(大判大11・12・1刑集1・721)，正規の運転ダイヤによらない電車の運行(最大判昭36・12・1刑集15・11・1807)，線路沿いの土地を掘削する行為(最決平15・6・2刑集57・6・749)，さらに，無人電車を暴走させる行為も含む(最大判昭30・6・22刑集9・8・1189)。「汽車」とは，蒸気機関車が牽引し，線路上を走行する交通機関をいう。「電車」とは，電力によって軌道上を走行する交通機関をいう。汽車，電車のなかにガソリンカー，ディーゼルカーが含まれるかについては争いがあったが，一時に多数の人または物を運送する軌道上を走行する点に汽車，電車の共通点があり，右ガソリンカーなどは，汽車または電車の代用機関と解すべきであるから本罪に含まれると解する(大判昭15・8・22刑集19・540)。モノレールは電車に入るが，ロープウェイ，トロリーバスは軌道上を走行するものではないから電車とはいえない。

(イ)　灯台・浮標等の損壊　「灯台」とは，艦船の航行に必要な燈火による陸上の標識をいう。「浮標」とは，船舶の航行上の安全を示す水上の標示物つまり，「ブイ」をいう。「損壊」とは，物理的に破壊することである。「その他の方法」とは，船舶の往来の危険を生じさせる一切の行為をいい，例えば，灯台の灯を消すとか，偽りの浮標を設ける場合をいう。「艦船」とは，軍用船およびその他の船舶をいう。小型の舟やモーターボートなども含み，船舶の大小および形状を問わない（大判昭10・2・2刑集14・57〔長さ4間2尺の木造船〕）。

(2) 往来の危険　本罪が既遂となるためには，汽車・電車または艦船の往来の危険を生じさせなければならない。往来の危険を生じさせるとは，脱線，転覆，衝突もしくは転覆・沈没等の災害に遭遇するおそれある状態を生じさせることをいう（前掲最決平15・6・2）。「安全なる往来を妨害すべき結果を発生せしむべき可能性」が認められれば足りる（前掲大判大11・12・1）。本罪の未遂は，汽車・電車・艦船の往来の具体的危険を生じさせるに足りる行為に着手したが，その具体的危険が発生しなかった場合である。

(3) 故　意　本罪の故意は，人の現在する汽車・電車・艦船について，脱線・転覆・衝突等の実害を発生させる具体的危険の認識を必要とする。実害の発生について予見する必要はない（大判大12・7・3刑集2・621）。

4　汽車等転覆・破壊罪

126条(汽車転覆等及び同致死)**1項**　現に人がいる汽車又は電車を転覆させ，又は破壊した者は，無期又は3年以上の懲役に処する。

2項　現に人がいる艦船を転覆させ，沈没させ，又は破壊した者も，前項と同様とする(未遂は，罰する—128条)。

(1) 客　体　現に人がいる汽車・電車・艦船である。「人」とは犯人以外の者をいう。「現に人がいる」の意義については，ⓐ実行の開始時に人が現在することを要するとする説（大判大12・3・15刑集2・210），ⓑ結果発生の時に人が現在することを要するとする説，ⓒ実行の着手時から沈没などの結果発生時までの間において，そのいずれかの時点に人が現在していれば足りるとする説が対立している。

本罪は，単なる公共危険犯ではなく具体的な個人の生命・身体をも保護する趣旨に基づく犯罪であるから，実行行為のいかなる時点に現在している人に対しても，生命・身体の安全を保護する必要があり，ⓒ説が妥当である。

人の現在する汽車・電車は，走行中，停車中のいずれであっても本罪の客体となり，また，艦船は航行中であると停泊中であるとを問わない。しかし，交通機関としての機能を停止している場合，例えば，改修中の艦船は本罪から除外すべきである（前掲大判大 12・3・15）。

(2) 行 為 本罪の行為は，①汽車，電車に対する転覆または破壊，②艦船に対する転覆，沈没または破壊である。

(ア) 汽車等の転覆または破壊 「転覆」とは，汽車・電車の転倒，横転，転落をいう。単なる脱線は，転覆ではない。「破壊」の意義について，ⓐ不特定または多数人の生命・身体に対する危険を生ぜしめるに足りる損壊であることを要し，その大小を問わないとする説，ⓑ汽車・電車の実質を害して，その交通機関としての用法の全部または一部を不能にする程度に損壊することと解する通説・判例（最判昭 46・4・22 刑集 25・3・530）が対立している。交通機関としての機能を害する程度の損壊が加えられた以上は公共の危険を含むものと解すべきである。したがって，交通機関としての機能に関係のない電車のガラス窓の破壊は器物損壊罪を構成するにすぎない（大判明 44・11・10 刑録 17・1868）。

(イ) 艦船の転覆・沈没・破壊 転覆とは，船舶の転倒，横転をいう。沈没とは，船体が水中に没することをいう。ただし，その全部が水中に没することを要せず，枢要部分が没すれば足りる。座礁が転覆・沈没に当たるかは1つの問題であるが，それ自体は転覆・沈没とはいえず，座礁に伴って損壊し，艦船の交通機関としての用法の全部または一部を不能にしたとき「破壊」に当たると解すべきである。「破壊」とは，艦船の実質を害して，その航行機関としての機能の全部または一部を不能にする程度に損壊することをいう（大判昭 2・10・18 刑集 6・386，最決昭 55・12・9 刑集 34・7・513）。

(3) 故 意 本罪の故意は，汽車・電車・艦船に人が現在することの認識および転覆，沈没，破壊の結果についての認識を必要とする（大判大 12・7・3 刑集 2・621）。往来危険罪の故意は，往来危険発生の認識を必要とするが，本罪の故意は，転覆等の具体的結果発生の認識を必要とする点でそれと異なる。

5　汽車転覆等致死罪

126条3項　前2項（126条1項・2項）の罪を犯し，よって人を死亡させた者は，死刑又は無期懲役に処する。

(1)　「よって死亡させた」の意義　人の現在する汽車・電車の転覆・破壊，艦船の転覆・沈没・破壊の結果として人を死に致したことが必要である。汽車等転覆・破壊罪が未遂に終った場合は本罪の適用はない。転覆等の手段自体から人の死傷が生じた場合，例えば，電車を爆弾で破壊すると同時に人を死に致した場合には，本罪を構成しないと解すべきである（反対，東京高判昭45・8・11高刑集23・3・524）。汽車等転覆・破壊罪を犯し，その結果として人に傷害を生じさせた場合について，ⓐ傷害の点は規定の性質および法定刑からみて汽車等転覆・破壊罪中に吸収されるとする説，ⓑ汽車等転覆・破壊罪と傷害罪（204条）または過失傷害罪（209条）との観念的競合になるとする説（前掲東京高判昭45・8・11）とが対立している。本罪は人を死に致した場合を特に重く罰するものであるから，ⓑ説が妥当である。

「人を死亡させた者」の人については，ⓐ汽車または艦船に現在した人に限るとする見解，ⓑ車船内に限らず，周囲にいる人をも含むとする見解とが対立している。法が転覆・沈没・破壊に「よって」人を死に致したことを要件としていること，および本罪の公共危険罪としての性格にかんがみ，汽車等の内部に人が現在していたかどうかは問わないと解すべきである。歩行者その他汽車・電車・艦船の付近にいた人もここにいう「人」である（前掲最大判昭30・6・22刑集9・8・1189）。

(2)　殺意がある場合　殺意をもって汽車等を転覆・破壊し，よって人を死亡させた場合について，ⓐ本罪のみが成立し，殺人が未遂に終ったときは刑の権衡上汽車等転覆・破壊罪と殺人未遂罪との観念的競合になるとする説，ⓑ殺意のない場合は本罪となるから刑の権衡上殺人罪と本罪との観念的競合になるとする説（大判大7・11・25刑録24・1425），ⓒ汽車等転覆・破壊罪と殺人または殺人未遂罪との観念的競合になるとする説が対立している。

本罪の法定刑は死刑または無期懲役であり殺人罪の法定刑より重い点を考慮すると，殺意をもって行為した場合も本罪に含まれるとすべきである。また，故意のある結果的加重犯を否定するいわれはないから，致死の結果について予見ある場合は本罪の一罪が成立し，ただし殺人が未遂にとどまったときは，126 条 3 項に未遂を罰する規定がないので，殺人未遂罪の規定を適用し，汽車等転覆・破壊罪と殺人未遂罪との観念的競合を認めるべきであり，ⓐ説が妥当である。

6　往来危険による汽車等転覆・破壊罪

127 条(往来危険による汽車転覆等)　第 125 条の罪を犯し，よって汽車若しくは電車を転覆させ，若しくは破壊し，又は艦船を転覆させ，沈没させ，若しくは破壊した者も，前条の例による。

(1)　客　体　本罪は，往来危険行為の結果として汽車等を転覆・沈没・破壊したことを成立要件とする。汽車等に人が現在することを必要とするかについて，ⓐ前条の例によるとされる 126 条の罪では，人の現在性が要求されているのであるから，これとの均衡上本罪の汽車等にも人の現在性を必要とすべきであると説く必要説，ⓑ往来危険行為が汽車等の転覆・沈没・破壊の危険を伴う性質を有すること，および法文上特に人の現在性が要件とされていないことに照らし，人の現在することを要しないと説く不要説が対立しているが，ⓑ説が妥当である。それゆえ，人の現在しない汽車，電車または艦船を故意に転覆させるなどの行為は 126 条の罪には当たらず，本条の罪を構成すると解すべきである。この意味で，本罪における汽車，電車または艦船には人が現在していなくてもよく，また，この限度で本罪は転覆等について故意ある場合をも含む。

(2)　致死の結果　往来危険汽車等転覆・破壊の結果として人を死亡させた場合に，126 条 3 項の適用があるかについて，ⓐ 127 条において 125 条の結果的加重犯の要件として掲げられているのは，転覆・沈没・破壊の場合だけであり，人を死亡させた場合を含んでいないから適用すべきでないとする否定説，ⓑ 126 条 3 項の適用を認めないのであれば，127 条は「前条第 2 項の例による」と規定されるべきであるから，文理上当然に 126 条 3 項が適用されるとする肯定説（前掲最大判昭 30・6・22），ⓒ「前条 3 項」は人の現在性を要求するから，人の現在する汽車等を転覆・破壊し，その結果人を死に致した場合にのみ適用があるとする折衷説が対立している。

127条において「126条の例による」として「前条第1項第2項の例による」と規定されていない以上，文理上は当然に前条3項を除外しない趣旨と解すべきである。また，実質的にみても，125条の行為は，その性質上，汽車・電車等の転覆・破壊ばかりでなく，それによって人の致死の結果をも発生させる危険を含むのであるから，その結果を生じた以上は前条の各項と同じように処断してさしつかえないと考えられる。例えば，電車の往来を危険にする行為によって有人の電車を転覆させ，電車に乗っていた人に対して致死の結果を生じさせた場合だけでなく，無人の電車を転覆させて付近にいた人を死なせたときも，126条3項と同じように処断されるべきである。致傷の結果が生じたにすぎないときは126条3項の適用はないから，過失傷害罪と往来危険汽車等転覆・破壊罪との観念的競合となる。

7　過失往来危険罪，過失汽車等転覆・破壊罪

129条（過失往来危険）**1項**　過失により，汽車，電車若しくは艦船の往来の危険を生じさせ，又は汽車若しくは電車を転覆させ，若しくは破壊し，若しくは艦船を転覆させ，沈没させ，若しくは破壊した者は，30万円以下の罰金に処する。

2項　その業務に従事する者が前項の罪を犯したときは，3年以下の禁錮又は50万円以下の罰金に処する。

(1)　過失往来危険罪　過失によって汽車等の往来の具体的危険を発生させることによって成立する犯罪であり，125条の罪の過失犯である。「往来の危険を生ぜしめ」とは，汽車・電車の転覆・破壊または艦船の転覆・沈没・破壊の具体的危険を生じさせることをいう。

(2)　過失汽車等転覆・破壊罪　過失によって現実に汽車等転覆・沈没・破壊の結果が生じた場合に成立する。人が汽車に現在するか否かを問わない。その結果，人を死傷に致したときは過失致死傷罪（209条，210条）と本罪との観念的競合となる。

(3)　業務上過失往来危険罪・業務上過失汽車等転覆・破壊罪　業務上過失の場合は，2項によって法定刑が重くなる。主体は，その業務に従事す

る者であって，直接または間接に汽車，電車，艦船の交通往来の事務に従事する者を指す（大判昭2・11・28刑集6・472）。例えば，機関士，電車の運転手，乗務車掌，船長，保線助手などが業務者である。したがって，自動車運転を業務とする者は本罪にいう業務者ではない。他の業務と同様，本罪の業務も社会生活上の地位に基づき継続・反復して行う事務であって，本務であると兼務であるとを問わない（最判昭26・6・7刑集5・7・1236）。本罪のなかには，過失致死傷の罪などと異なり重大な過失は含まれていない。本罪の結果として人を死傷に致したときは，業務上過失致死傷の罪（211条）との観念的競合となる。

第2章　公衆の健康に対する罪

公衆の健康を守ることは，健全な社会の維持・発展にとって重要な基礎である。また，工業化された社会においては，公衆の健康を維持するための積極的な施策が必要となってきている。刑法は，公衆の健康に対する罪として飲料水に関する罪（第2編第15章）とあへん煙に関する罪（第2編第14章）とを設けているにすぎないが，水俣病事件を筆頭に公害事件が多発したところから，昭和45年に「人の健康に係る公害犯罪の処罰に関する法律」（公害罪法）を制定し，公害に対する刑法上の規制を強化している。

I　飲料水に関する罪

1　総　説

飲料水に関する罪は，公衆の健康をその保護法益とし，飲料水の用途を害し，または飲料水の水道を損壊するなどの行為によって，公衆の生命・身体に対する危険を生じさせることを内容とする犯罪であり，公共危険犯の一種である。したがって，「人の飲料に供する浄水」（142条，144条）という場合において，その「人」とは，不特定または多数の人を意味し，特定の1人のための飲料水であるときは本罪から除外される。飲料水に関する罪は，①浄水汚染罪（142条），②水道汚染罪（143条），③浄水毒物等混入罪（144条），④浄水汚染致死傷罪・水道汚染致死傷罪・浄水毒物等混入致死傷罪（145条），⑤水道毒物等混入罪（146条前段）・同致死罪（同条後段），⑥水道損壊罪（147条）から成っている。

2　浄水汚染罪

142条(浄水汚染)　人の飲料に供する浄水を汚染し，よって使用することができないようにした者は，6月以下の懲役又は10万円以下の罰金に処する。

本罪は，人の飲料に供することが予定されている水を，飲用できない程度に汚染する行為を内容とする犯罪であり，例えば，井戸水に食紅を投入して心理的に飲用できなくする場合がこれに当たる（最判昭36・9・8刑集15・8・1309）。

3　水道汚染罪

143条(水道汚染)　水道により公衆に供給する飲料の浄水又はその水源を汚染し，よって使用することができないようにした者は，6月以上7年以下の懲役に処する。

飲料用の浄水を供給するための人工の設備である水道をよごして飲用できなくすることを内容とする犯罪である。自然の流れは飲用に供されていても，本罪には当たらない。

4　浄水毒物等混入罪

144条(浄水毒物等混入)　人の飲料に供する浄水に毒物その他人の健康を害すべき物を混入した者は，3年以下の懲役に処する。

飲用により人の健康を害する有毒物を浄水にまじり入れる行為を内容とする犯罪であり，例えば，病原菌を混入する場合がこれに当たる。

5　浄水汚染致死傷罪・水道汚染致死傷罪・浄水毒物混入致死傷罪

145条(浄水汚染等致死傷)　前3条（142条，143条，144条）の罪を犯し，よって人を死傷させた者は，傷害の罪と比較して，重い刑により処断する。

各罪の結果的加重犯であり，それぞれ傷害の罪と比較し，重い刑によって処断される。

6　水道毒物混入罪・水道毒物混入致死罪

146条（水道毒物等混入及び同致死）　水道により公衆に供給する飲料の浄水又はその水源に毒物その他人の健康を害すべき物を混入した者は，2年以上の有期懲役に処する。よって人を死亡させた者は，死刑又は無期若しくは5年以上の懲役に処する。

水道による浄水またはその水源に毒物をまじり入れる行為を内容とする犯罪である。結果的加重犯としては，死亡した場合に限り成立する。

7　水道損壊・閉塞罪

147条（水道損壊及び閉塞）　公衆の飲料に供する浄水の水道を損壊し，又は閉塞した者は，1年以上10年以下の懲役に処する。

水道設備を損壊または閉塞することにより，不特定または多数人に対する浄水の供給を不可能または著しく困難にする行為を犯罪とするものである。

II　あへん煙に関する罪

1　総　説

あへん煙に関する罪は，あへん煙の吸食その他これを助長するおそれのある行為を内容とする犯罪である。あへん，麻薬，覚せい剤など常習的になりやすい薬物は，一面において，医療のために必要なものであるが，他面，これらの施用を自由にすると濫用されて中毒者を生み，国民の生活を頽廃させるばかりでなく，種々の害悪を生じさせる危険がある。本罪は，公衆の健康に対する抽象的危険犯であり，間接的に生ずる有害な事態をも防止しようとするものである。

刑法はあへんに係る犯罪として，①あへん煙輸入等罪（136条），②あへん煙吸食器具輸入等罪（137条），③税関職員あへん煙等輸入・輸入許可罪（138条），④あへん煙吸食罪（139条1項），⑤あへん煙吸食場所提供罪（同条2項），

⑥あへん煙等所持罪（140条），⑦各罪の未遂罪（141条）を設けている。しかし，現代においては，むしろ麻薬や覚せい剤の濫用が重大な社会問題となっているところから，麻薬取締法，覚せい剤取締法，大麻取締法などの特別法が重要となってきている。なお，刑法のあへん煙に関する罰条のほかに，あへん法が制定されて処罰の拡大が図られているから，あへんに関する行為は，刑法とあへん法との2つの法律によって規制されているわけである。そして，あへん法56条は，同法の罰則に当たる行為が刑法の罪に触れるときは，刑法の罪に比較して重きに従って処断するものとした。なお，草案は，刑法のなかに「あへん煙に関する罪」を規定せず，これを特別法に委ねることにしている。

2　あへん煙輸入罪

136条（あへん煙輸入等）　あへん煙を輸入し，製造し，販売し，又は販売の目的で所持した者は，6月以上7年以下の懲役に処する（未遂は，罰する―141条）。

3　あへん煙吸食器具等輸入罪

137条（あへん煙吸食器具輸入等）　あへん煙を吸食する器具を輸入し，製造し，販売し，又は販売の目的で所持した者は，3月以上5年以下の懲役に処する（未遂は，罰する―141条）。

4　税関職員あへん煙等輸入・輸入許可罪

138条（税関職員によるあへん煙輸入等）　税関職員が，あへん煙又はあへん煙を吸食するための器具を輸入し，又はこれらの輸入を許したときは，1年以上10年以下の懲役に処する（未遂は，罰する―141条）。

5　あへん煙吸食罪

139条（あへん煙吸食及び場所提供）**1項**　あへん煙を吸食した者は，3年以下の懲役に処する（未遂は，罰する―141条）。

6　あへん煙吸食場所提供罪

139条（あへん煙吸食及び場所提供）**2項**　あへん煙の吸食のため建物又は室を提

供して利益を図った者は，6月以上7年以下の懲役に処する(未遂は，罰する—141条)。

7　あへん煙等所持罪

140条(あへん煙等所持)　あへん煙又はあへん煙を吸食するための器具を所持した者は，1年以下の懲役に処する(未遂は，罰する—141条)。

第3章　公衆の信用に対する罪

公衆の信用に対する罪とは，社会生活上の取引の手段となっている通貨，文書，有価証券，印章，署名の真正に対する公衆の信用を侵害する犯罪をいう。取引とは，人間相互間の利益になるような交換条件で物事を処理することをいうが，このような取引は，経済的・財産的なものを基盤として，あらゆる人間の社会生活関係に及んでいるから，取引の安全が害されれば社会秩序を維持することが困難となる。取引の安全を図るためには，物の交換媒介または事実証明のための取引の手段として制度化されている通貨，文書，有価証券，印章および署名の真正を担保し，取引手段に対する公衆の信用を確保する必要がある。このようにして，偽造罪の保護法益は，公衆の信用の保護であるが，現実に公衆の信用を侵害したか否かを問わない抽象的危険犯である。刑法は，公衆の信用に対する保護を通じて取引の安全を図るために，それぞれの取引手段の真正を害する犯罪として，①通貨偽造の罪（第2編第16章），②文書偽造の罪（同第17章），③有価証券偽造の罪（同第18章），④支払用カード電磁的記録に関する罪（同第18章の2），⑤印章偽造の罪（同第19章），⑥不正指令電磁的記録に関する罪（同第19章の2）を設けており，これらを併せて偽造罪という。

Ⅰ　通貨偽造の罪

1　意　義

通貨偽造の罪は，交換媒介としての取引手段である通貨に対する公衆の信用を侵害する犯罪である。通貨偽造の罪の保護法益については，ⓐ第一次的には公衆の信用であるが，第二次的には国の通貨発行権（＝通貨高権）であるとする見解（最判昭22・12・17刑集1・94），ⓑ公衆の信用にとどまるとする見解が対立している。通貨に対する公衆の信用は，通貨発行権者の発行権を保障することによって確保されるのであるから，通貨偽造の罪の保護法益を考察するうえで通貨発行権の侵害という面を全く無視することは妥当でない。しかし，それはあくまで通貨に対する公衆の信用を確保する限りで認められるべきであり，通貨発行権の侵害は，通貨偽造の罪以外の罪において考慮されるべきである。したがって，通貨発行権を侵害しても通貨に対する公衆の信用を侵害するおそれがない場合には，通貨発行権の侵害という見地から，紙幣類似証券取締法の対象となるにすぎない。

国際間の経済取引が発達するにつれて，外国の通貨に対する公衆の信用の保護は，内国のものに匹敵する程度に重要性を増してきている。ヨーロッパの諸国家においては，通貨偽造の罪に関する立法例は世界主義的見地に立つものが多く，わが国においても外国通貨偽造罪などを設けている。

刑法は，通貨偽造の罪として，①通貨偽造罪（148条1項），②偽造通貨行使等罪（同条2項），③外国通貨偽造罪（149条1項），④偽造外国通貨行使等罪（同条2項），⑤偽造通貨等収得罪（150条），⑥各罪の未遂罪（151条），⑦偽造通貨収得後知情行使等罪（152条），⑧通貨偽造等準備罪（153条）を定めている。外国人が外国で犯した場合にも通貨偽造罪を適用するものとして，世界主義の立場も部分的ながら認めている（2条4号）。

2 通貨偽造罪

148条（通貨偽造及び行使等）**1項**　行使の目的で，通用する貨幣，紙幣又は銀行券を偽造し，又は変造した者は，無期又は3年以上の懲役に処する（未遂は，罰する―151条）。

(1) 客　体　本罪の客体は，通用の貨幣，紙幣または銀行券である。「貨幣」とは，いわゆる硬貨すなわち金属の貨幣をいう。「紙幣」とは，政府の発行する貨幣に代用される証券をいい，かつては小額紙幣（1円未満）として発行されていたが，現在は紙幣は存在しない。「銀行券」とは，政府の認許によって日本銀行が発行している貨幣に代用される証券をいう。一般に紙幣と称されているのは，この銀行券である。貨幣，紙幣，銀行券を併せて「通貨」という。「通用する」とは，法律によって強制通用力を与えられているという意味である。強制通用力を失っている古銭・廃札の偽造は本罪に当たらない。新貨と引換期間中の旧貨が通貨といえるかについては学説上争いがあるが，すでに強制通用力を失っている以上は通貨とはいえない。

(2) 行　為　本罪の行為は，行使の目的で偽造または変造することである。「偽造」とは，通貨の製造・発行権を有しない者が，真貨に類似した外観の物を作成することである。類似の程度は，一般人をして真貨と誤認させる程度のものであれば足りる（大判昭2・1・28新聞2664・10）。真貨に類似しているが，一般人の注意力をもってすれば真貨と誤認することのない外観を有する物を作成することは，偽造でなく模造である（通貨模造1条。大判大15・6・5刑集5・241〔真貨に紛わしい外観を有するもの〕）。

「変造」とは，通貨の製造・発行権を有しない者が真貨に加工して真貨に類似する物を作成することである。偽造の場合と同様に，真貨に加工した物が，一般人をして真貨と誤認させる程度に類似した外観を有するものでなければならない。真貨を材料にしながら，真貨の外観を失わせて真貨と誤認する程度に類似する外観を有する物を作成するのは，偽造である。千円札に改ざんを加え五千円札の外観を有するものを作り出す行為は，真貨の同一性が失われている程度によって偽造に当たると解する（最判昭36・9・26刑集15・8・1525，最判昭50・6・13刑集29・6・375）。

(3) 主観的要件　本罪は，行使の目的が認められない限り成立しない。したがって，本罪は，主観的要素として，通貨を偽造または変造することの認識（故意）以外に，行使の目的を必要とする（目的犯）。行使の目的とは，偽造・変造の通貨を真貨として流通に置く目的をいう（⇨274頁 *3* (2)(ア)）。学校の教材または装飾品として用いる目的は，ここにいう目的に当たらない。未必的目的で足り，必ずしも意欲があることを要しない。また，自己が行使する目的だけでなく，他人をして流通に置かせる目的を有している場合も含む（最判昭34・6・30刑集13・6・985）。他人は，特定人でも不特定人でもよい。

(4) 既　遂　行使の目的をもって通貨を偽造・変造すれば，行使をまたずに既遂となる（抽象的危険犯）。通貨を偽造するに足りる器械・原料を準備して通貨の偽造に着手したが，技術が未熟であったためにその目的を遂げなかったとき，あるいは模造の程度にとどまったときは，いずれも未遂罪を構成する（大判昭3・6・12新聞2850・4）。

3　偽造通貨行使等罪

148条（通貨偽造及び行使等）**2項**　偽造又は変造の貨幣，紙幣又は銀行券を行使し，又は行使の目的で人に交付し，若しくは輸入した者も，前項と同様（無期又は3年以上の懲役に処する）とする（未遂は，罰する―151条）。

(1)　客　体　本罪の客体は，偽造または変造された貨幣，紙幣または銀行券である。これらを偽貨という。偽貨は行使の目的で偽造・変造されたものであることを要しない。また，偽造・変造の主体が誰であるかを問わない。

(2)　行　為　本罪の行為は，①行使すること，および行使の目的で，②人に交付し，③輸入することである。

(ア)　行　使　偽貨を真正な通貨として流通に置くことをいう。「流通に置く」とは，偽貨を自己以外の者の占有に移転し，一般人が偽貨を真貨と誤信しうる状態に置くことをいう。それゆえ，行使の相手方は自然人であることを要する。保証金として提供すること，両替すること（最決昭32・4・25刑集11・4・1480）は行使に当たる。

公衆電話・自動販売機等の機器に用いる場合が行使に当たるかについて，人に対して真貨である旨を主張した事実がないから行使に当たらないとする説があるが，投入された偽貨も一般人の目にふれ，人によって認識され真貨と誤信される可能性があるから，行使に当たる（東京高判昭53・3・22刑月10・3・217）。流通に置けば足りるから，その使用方法が違法であるか否かは関係がなく，例えば，賭金に使用するのも行使であり，偽貨を贈与するのも行使に当たる。流通に置くこと以外の方法で使用するのは行使に当たらない。例えば，商品として偽貨を売却すること（大判明28・12・9刑録1・5・63），見せ金として示すこと，標本として売却することなどは行使に当たらない。

情を知らない使者に買物をさせるために偽貨を手渡した場合について，ⓐ行使に当たるとする説，ⓑ行使の間接正犯とする説，ⓒ交付とする説が対立している。手渡す行為自体が既に流通を予想して行われているのであり，あたかも自動販売機に偽貨を投入するのと同じ意味において行使に当たると解すべきである。行使の相手方は，偽造・変造の通貨であることの情を知らない者に限られる。

(イ) **交　付**　交付とは，偽貨であることの情を告げて，相手方に引き渡すことをいう。既に情を知っている相手方に引き渡す場合の両者を含む（大判明 43・3・10 刑録 16・402）。交付は，実質上行使の教唆・幇助に当たる行為を独立に処罰するものであり，交付の結果，被交付者が行使したとしても偽造通貨行使罪の共犯は成立しない（前掲大判明 43・3・10）。偽貨を偽造の共犯者間で分配しても，それは通貨偽造罪の共犯の範囲にとどまる行為であり，別に交付罪を構成するものではない。交付は行使の予備罪的性質を有する行為であるから，行使を共謀した者の間で行使のためにその偽貨を授受する行為は，交付に当たると解すべきである（最大判昭 41・7・1 刑集 20・6・623 参照）。

(ウ) **輸　入**　輸入とは，偽貨を国外から国内に搬入することをいう。輸入の意義については，領海説と陸揚げ説とが対立しているが，領海内，領空内に搬入するだけでは公共の信用を害する抽象的危険も生じないから，輸入というためには陸揚げまたは荷おろしを必要とする（大判明 40・9・27 刑録 13・1007）。

(3)　主観的要件　交付・輸入は，故意のほかに行使の目的を必要とする（目的犯）。「行使の目的」は，みずから行使する目的だけでなく，他人に行使させる目的をも含む。

(4)　罪数・他罪との関連　通貨を偽造・変造した者が，その偽貨を行使すれば，本罪と通貨偽造罪との牽連犯である。偽貨を輸入した者が，さらにそれを行使すれば，輸入罪と行使罪との牽連犯になると解すべきである。偽貨を行使して財物を詐取し，または財産上の利益を取得した場合について，詐欺罪と本罪とは別個の法益に対する罪であるから両罪の関係は牽連犯に当たるとする見解がある。しかし，①通貨を行使するときは一般に詐欺的行為が随伴するのであるから，偽造通貨行使罪の構成要件は詐欺罪を予定しているものと解すべきであること，②本罪のほかに詐欺罪の成立を認めるとすると，詐欺的行為を含む偽造通貨収得後知情行使罪（152 条）の法定刑が特に軽くされている趣旨に即さないこと，③本罪の法定刑が著しく重いことから，詐欺罪に当たる行為は本罪において評価し尽くされ，共罰的事後行為に当たると解すべきである（大判明43・6・30刑録16・1314）。

4　外国通貨偽造罪

149条（外国通貨偽造及び行使等）**1項**　行使の目的で，日本国内に流通している外国の貨幣，紙幣又は銀行券を偽造し，又は変造した者は，2年以上の有期懲役に処する（未遂は，罰する—151条）。

本罪は，行使の目的で，日本国内に流通している外国の貨幣，紙幣または銀行券を偽造・変造する行為を処罰するものである。「外国の貨幣，紙幣又は銀行券」とは，外国の通貨発行権に基づいて発行された通貨をいう。「日本国内に流通している」とは，事実上わが国内において流通しているという意味であり，それが日本全土，あるいは日本国民の取引においてのみ流通していることは必要でない（東京高判昭29・3・25高刑集7・3・323）。

5　偽造外国通貨行使等罪

149条（外国通貨偽造及び行使等）**2項**　偽造又は変造の外国の貨幣，紙幣又は銀行券を行使し，又は行使の目的で人に交付し，若しくは輸入した者も，前項と同様（2年以上の有期懲役に処する）とする（未遂は，罰する—151条）。

本罪は，日本国内に流通する外国通貨の偽貨を行使し，行使の目的をもって交付・輸入する行為を処罰するものである。例えば，偽造の外国通貨と邦貨とを両替するのも行使に当たる（前掲最決昭32・4・25）。

6　偽造通貨等収得罪

150条（偽造通貨等収得）　行使の目的で，偽造又は変造の貨幣，紙幣又は銀行券を収得した者は，3年以下の懲役に処する（未遂は，罰する—151条）。

(1)　意　義　　本罪は，行使の目的で貨幣等を収得する行為を犯罪として処罰するものである。

(2)　客体・行為　　本罪の客体は，偽造・変造の貨幣，紙幣または銀行券である。外国通貨については事実上日本国内に流通している通貨の偽貨に限られる。

本罪の行為は，行使の目的をもって収得することである。「収得」とは，自己の所持に移す一切の行為をいい，贈与，交換，買受，窃取，詐取など，その原因のいかんを問わない。横領が収得に当たるかについては争いがあるが，横領は所持の移転を伴わないから，収得には当たらないと解すべきである。窃取または詐取によって収得したときは，窃盗罪または詐欺罪と本罪との観念的競合となる。収得後に，さらにそれを行使すれば本罪と行使罪との牽連犯となる。ただし，詐欺罪は行使罪に吸収される。

(3) 主観的要件　本罪は，「行使の目的」を必要とする（目的犯）。収得者みずから行使する目的であると，他人に行使させる目的であるとを問わない。行為者は，偽貨であることの情を知って収得する必要がある。収得の後，偽貨であることの情を知って行使の目的を生じても本罪を構成しない。ただし，行使を実行すれば偽造通貨収得後知情行使罪（152条）に当たる。

7　偽造通貨収得後知情行使・交付罪

152条（収得後知情行使等）　貨幣，紙幣又は銀行券を収得した後に，それが偽造又は変造のものであることを知って，これを行使し，又は行使の目的で人に交付した者は，その額面価格の3倍以下の罰金又は科料に処する。ただし，2,000円以下にすることはできない。

(1) 意　義　本罪は，偽造通貨行使罪（148条2項），または偽造外国通貨行使罪（149条2項）の減軽類型である。刑が減軽される根拠は，偽貨であることを知らずに受け取った者がその損害を他に転嫁するため行使または交付することは，同情に値するという点にある。すなわち，一般的にみて適法行為の期待可能性が低いという責任の減少を根拠とするものと解される。本罪の法定刑は，「その額面価格の3倍以下の罰金又は科料」として，極めて軽いのである。「額面価格」とは，その偽貨の名義上の価格をいう。例えば，1万円の偽貨を収得後知情行使した場合は，3万円以下の罰金ということになる。外国通貨の場合は，行為当時の為替相場で日本通貨の額に換算する。

(2) 客体等　本罪の客体は，偽造または変造された貨幣，紙幣または銀行券である。本罪の行為は，これらの偽貨を収得後情を知って行使すること，または，人に行使させる目的で交付することである。収得は，偽貨であることの情を知らずに，かつ適法に行われたものであることを必要とする。偽貨であることを知らずに窃取したというように，違法に収得した偽貨を知情後行使しても同情に値しないからである。

8　通貨偽造等準備罪

153条（通貨偽造等準備）　貨幣，紙幣又は銀行券の偽造又は変造の用に供する目的で，器械又は原料を準備した者は，3月以上5年以下の懲役に処する。

(1)　意　義　本罪の意義をめぐっては，ⓐ通貨偽造罪の予備行為のうち特定の形態（器械・原料の準備行為）を独立の犯罪として罰するものであるとする判例（大判大5・12・21刑録22・1925），ⓑ148条，149条の通貨偽造・変造罪の予備ないし幇助の一形態を独立の犯罪類型としたものであるとする説が対立している。「予備」とせずに「準備」と規定されていること，通貨偽造罪の重大性にかんがみ予備段階の幇助も独立に処罰する必要があるとする趣旨と解すべきである。自己の偽造・変造の用に供するためであると，他人の偽造・変造の用に供するためであるとを問わない（大判昭7・11・24刑集11・1720）。偽造・変造の実行に着手しうる程度に準備が完了することは必要でない。

(2)　客　体　本罪の客体は，器械または原料である。「器械」とは，偽造・変造の用に供しうる一切の器械類をいい，必ずしも直接必要なものに限らない（大判大2・1・23刑録19・28）。「原料」とは地金，用紙，インクなどを指す。本罪の行為は，貨幣，紙幣または銀行券の偽造または変造の用に供する目的で，器械または原料を準備することである。「準備」とは，器械，原料などを用意し，偽造・変造を容易にする行為をいう。偽造・変造の目的で「準備」すれば本罪は完成し，現実に偽造・変造の目的が実現できる程度に達することは必要でない（大判明44・2・16刑録17・88）。

(3)　主観的要件　本罪は，故意のほかに「偽造または変造の用に供する目的」を必要とする（目的犯）。行為者自身の偽造・変造の用に供する目的であると（予備罪としての準備），あるいは他人の偽造・変造の用に供する目的（幇助としての準備）であるとを問わない。「目的」のほかに偽貨を行使する目的が必要かについて，不要説（前掲大判明 44・2・16）と必要説の対立がある。通貨偽造罪においても行使の目的が必要であるとされる以上，法益侵害の危険がより少ないその準備行為においても，行使の目的または行使させる目的が必要になると解する。

◈【問　題】

Xは，2千円札を偽造し，それを500円で売ってもうけようと企て，2千円札10,000枚を偽造して，事情を知っているYに売却した。X，Yの罪責はどうか。

II　文書偽造の罪

1　総　説

(1)　意　義　刑法は，文書に対する公衆の信用を保護し社会生活における取引の安全を図るため，文書偽造の罪として，①詔書偽造・変造罪（154条），②公文書偽造・変造罪（155条），③虚偽公文書作成等罪（156条），④公正証書原本不実記載等罪（157条），⑤偽造公文書・虚偽公文書行使等罪（158条），⑥私文書偽造等罪（159条），⑦虚偽診断書等作成罪（160条），⑧偽造私文書・虚偽診断書等行使罪（161条）を定めている。さらに，文書に代わって電磁的記録が広く用いられるようになったことから，その公共信用性を確保するため，1987（昭和62）年の刑法一部改正の際に，⑨電磁的記録不正作出罪（161条の2第1項，2項），⑩不正作出電磁的記録供用罪（同条3項）が創設された。なお，文書偽造の罪は，このような文書に対する公衆の信用を現実に侵害したか，侵害の危険を生じさせたかはその成立の要件ではなく，抽象的危険犯である（大判明 43・12・13 刑録 16・2181）。

(2)　保護法益　文書偽造の罪の保護法益は，文書に対する公衆の信用である。文書は，意思または観念の存在を確実に保存・伝達し，それを証明する手段となるものであり，例えば，契約書や卒業証書，免許書などの各種の証明書などがそれである。これらの文書は，契約当事者や公務員等が真実意思表示をしたということを固定化しているから証明力を有し，また，証拠としての価値をもっているのである。公衆は，これらの文書を真正のものとして信用し，社会生活を営んでいるのであり，これが虚偽であるとして信用できないのであれば，取引は不可能となり，円滑な社会生活は営めないことになるであろう。ここに文書偽造の罪を設けて，虚偽の文書の作成を取り締まる必要がある。

(3)　名義人の真正か内容の真正か　ところで，文書の真正または虚偽というときには，2つの意味がある。1つは，例えば，甲が乙名義の領収書を勝手に作り，本来の作成名義人である甲を乙と偽った場合のように，文書の成立（作成）に関して虚偽があった場合である。もう1つは，甲は，自分の名前で嘘の内容の領収書を作ったというように，文書の成立については真正であるが，内容において虚偽があった場合である。いずれも虚偽の文書であるから，文書の公共信用性を害する点では同じである。しかし，前者では，当該文書に基づいて取引したところ，本来は甲であるはずの文書の名義人が乙になっているというように責任主体が偽られているのであるから，責任の追求が不可能となるのに対して，後者では，確かに意思・観念の内容は虚偽であるが，名義人について偽りがなければ，内容の虚偽の点についての責任追求は可能であるから，前者の場合ほど厳格に禁圧する必要はない。要するに，文書の公共信用性は，まず，文書の内容について責任をとる人は誰かという点にあり，次に，内容が真実かどうかという点にある。

2　文書偽造の罪の基本概念

(1)　意　義　文書偽造の罪の客体となる文書は，文字その他の可視的方法を用い，ある程度持続すべき状態において，特定人の意思または観念を物体上に表示したもので，その表示の内容が，法律上または社会生活上重要な事項に関する証拠となりうるものをいう（大判明43・9・30刑録16・1572)。

(ア)　文書とは　文書は，文字その他の可視的な方法（点字，電信記号，速記符号など）を用い，物体上に表示したものをいう。文字は，外国文字でもよい。拡大して可読的となるマイクロフィルムに表示されたものでもよい。

音声としての言語自体によって表示されたものを録音したもの（レコード，録音テープなど）は，可視性を有しないから文書ではない。文書は，可読的符号の他に可視的な象形的方法を用いた図画を含む。ただし，特定人の間においてのみ了解可能な符号である場合は，文書とはならない。

(イ) 可視性・可読性　ある人の意思・観念を証拠として残すためには，可視的・可読的方法で物体上に表示されている必要があるから，文書というためには，人の意思または観念が物体上に表示されていることを要する。これを文書の可視性または可読性という。文書の証拠としての価値を担保するためには，視覚として認識される可視性と，一定の意味内容が理解できる可視性が必要なのである。点字，速記記号やマイクロフィルムは文書であるが，器械的処理を通した変換によるビデオテープや電磁的記録は文書ではない。

(a) 意思・観念の表示　文書は，意思または観念の表示により一定の事実を証明するものである。したがって，文書というためには，特定人の意思または観念を表示し，一定の意味内容が一般の人にとって理解可能なものでなければならない。つまり，特定人の意思・観念を表示したものであることが客観的に理解できるものでなければならない（前掲大判明43・9・30）。単に当事者間においてだけ通用するにすぎない合札，番号札などは，それに文字や数字が記載されていても文書ではない。人格または事物の同一性を表示するにすぎない名刺や門札も，文書ではない。一方，文書に記載された意思・観念が一般に理解できるものであれば足りるから，法令または取引の慣習上一定の意味が与えられており，それが客観的に理解できるものである限り，簡略化された省略文書ないし短縮文書も文書である。例えば，物品税表示証紙（最決昭35・3・10刑集14・3・333），銀行の支払伝票（大判大3・4・6刑録20・478）なども文書である。

(b) 持続性　文書は，特定人の意思または観念を保存し事実関係の証拠となるところに意義があり，したがって，文書というためには，証拠とするに足りる程度の持続性を必要とする。砂上に書かれた文字，板上に水書きされた文字のように，短時間で消え去るものは文書ではない。少なくとも黒板に白墨で書く程度の永続性を必要とする（最判昭38・12・24刑集17・12・2485）。表示する物体には制限がない。

(c) **社会生活上の重要性**　文書といえるためには，そこに表示された意思や観念が，社会生活上または法律上の重要な事項に関して，何らかの証拠となりうるものでなければならない。単に思想を表示したにすぎない小説，詩歌，書画などの芸術作品は，文書ではない（大判大2・3・27刑録19・423）。

(ウ) **作成名義人の存在と認識可能性**　文書の証拠としての価値は，名義人が表示した意思・観念の内容について責任を追求できるという点にあるから，作成名義人の明らかでないものは文書性を欠く（大判明43・12・20刑録16・2265）。文書に表示された意思または観念の主体を文書の名義人という。名義人は自然人・法人が通常であるが，法人格のない団体であってもよい（大判大7・5・10刑録24・578）。例えば，何々野球クラブというように，その団体が法律上の取引関係において独立の社会的地位をもって活動していると見られれば足りる。

文書に表示されている意思・観念の主体は，文書およびその文書の性質から判別できることを要し，かつそれで足りる。名義人が文書自体にその氏名を表示されている必要はない。名義人の判別につき判例は，文書の内容，形式，筆跡またはその他これに密接に付随する物体などから判別しうるものであれば足りるとしているが（大判昭7・5・23刑集11・665），文書の公共信用性が問題なのだから，文書それ自体から判別できることが必要である。名義人が特定できない文書は信用性に乏しいので，その真正を保護するに値しない（大判昭3・7・14刑集7・490）。ただし，文書の名義人は生存している人であるか死者であるか，また，実在する人または団体であるか架空の人または団体であるかも問わないのである（最決平11・12・20刑集53・9・1495）。

(エ) **文書の確定性・原本性**　文書が公共信用性を有するためには，ある特定の時間・場所において示された確定的な人の観念・意思の直接の表示であり，他に代替を許さない唯一のものであることを必要とする。表示された意思は確定的でなければならないということを「文書の確定性」といい，代替を許さない唯一のものであるということを「文書の原本性」という。それゆえ，不確定的な意思・観念の表示である草案・草稿は文書ではなく，また，代替物にすぎない写しや謄本も文書ではない。写しは，特定人の意思・観念を表示するものではあるが，その性質上，写しを作成する者の意思・観念が入り込む場合がありうるから，これらにおける表示内容に対する公衆の信頼は稀薄であるというべきであり，刑法上その作成の真正を保護する必要はないと考えられる。ただし，写しまたは謄本である旨の認証文言が記載されているときは，それによって当該文書は原本的性格が認められることになる。

㈴ **写真コピーと文書**　写真コピーが文書に当たるかについては，特にその原本性が争われている。

(a) **判例の立場**　複写技術が進歩し，原本と同じ影跡を正確に紙面に顕出することが可能となってから，社会生活において，事実証明などのために官公署の発行する証明書類が必要となる場合で，原本の提出を求めることが事実上困難な場合，あるいは証明の便宜上，電子複写装置による写真コピーの提出によってこれに代えさせることがしばしば行われるようになってきた。それに伴って，偽りの電子コピーを作成してその原本の存在を信じさせる態様の反社会的行為が発生したため，昭和40年代からコピーによる写しの文書性が問題となった。

最高裁判所は，証明文書として原本と同様の社会的機能と信用性を有すると認められる写真コピーは，原本の写しであっても公文書偽造罪の客体になると判示した（最判昭51・4・30刑集30・3・453。なお，最決昭61・6・27刑集40・4・340）。公文書偽造罪の客体となる文書は，原本である公文書ばかりでなく，原本と同一の意識内容を保有し，証明文書として原本と同様の社会的機能と信用性を有する限り，原本と同一の意識内容を保有する原本作成名義人名義の公文書と解すべきであり，また，コピーに複写されている印章，署名も原本作成名義人の印章・署名とみるべきであるとして，偽りの写真コピーを真正な原本の写しとして作成した場合にも有印公文書偽造罪（155条1項）が成立すると判示したのである。最近では，改ざんした公文書をファックスで送信し，写しとして行使した事例についても公文書偽造罪の成立を認める下級審判例が現われている（広島高岡山支判平8・5・22高刑集49・2・246。私文書につき，東京地判昭55・7・24判時982・3）。

(b) **学　説**　肯定説は，写真コピーが，①原本と同一の意識内容を保有していること，②コピーの名義人は原本の名義人であること，③証明文書として原本と同様の社会的機能と信用性を有することを根拠としている。

しかし，肯定説には，3つの疑問がある。

第1に，偽造罪の本質は作成名義の冒用にあるところ，公文書であっても，その写しを作ることは私人に自由に許されているのであるから，公文書の写しが「公務所若しくは公務員の作成する」文書に当たらないことは明らかであり，写真コピーに認証文書の名義人が表示されていない以上は，同コピーの作成者（コピーを作った人）が名義人であるといわざるをえない。

第2に，写しは，いかに原本を正確に写し出したとしても原本から独立した物体である。したがって，原本作成名義人の認証文言を付して原本と異なる虚偽のコピーを作った場合は別として，通常は，写しの作成名義人と原本の作成名義人とは異なるといわざるをえない。

第3に，肯定説は，この場合，作成名義を写真コピーの上に現出させることは，作成名義人の許諾の範囲を越えるから，この点において作成名義の冒用があるというのであるが，どのように正確に原本を写し出したとしても写しに変わるところがない以上，コピーの作成名義人は，コピーの作成者というべきである（東京高判昭49・8・16高刑集27・4・357参照）。

結論として，写真コピーの社会的機能は保護すべきであるが，それはどこまでも原本の存在および内容の証明手段としてであり，現行法上の文書偽造の罪の客体としての「文書」には当たらないのである。したがって，これを文書とするのは，刑法の厳格解釈の範囲を逸脱し罪刑法定主義の精神に悖ると解される。立法による解決が望まれるところである。

(2)　偽造の意義　刑法において偽造というときは，以下のような意味がある。

(ア)　有形偽造と無形偽造　最広義の偽造は，虚偽の文書を作成することをいい，有形偽造と無形偽造とに分かれる。有形偽造とは，作成権限のない者が他人の名義を冒用して（勝手に使って），①新たに文書を作成すること，②真正の文書に権限なしに変更を加えることをいう。有形偽造のことを広義の偽造といい，狭義の偽造と変造が含まれる。無形偽造とは，作成権限を有する者が，①新たに虚偽の文書を作成すること，②真正の文書に変更を加えることをいう。前者を有形変造，後者を無形変造という。刑法は，公文書については有形偽造・変造（154条，155条），無形偽造・変造（156条）の両者を処罰するが，私文書については無形偽造を例外的に処罰するのみで（160条），無形変造は処罰しない。

(イ) **形式主義と実質主義**　有形偽造の処罰を原則とする立場を「形式主義」といい，虚偽文書の作成すなわち無形偽造を原則とする立場を「実質主義」という。前者は，文書成立の真正を重視するのに対し，後者は文書の内容の真正を重視する。刑法は，すでに述べたように，公文書については形式主義と実質主義を併用しているのに対し，私文書については形式主義を原則としている。私文書についての公共の信用は，作成名義人によって真実（本当に）その文書が作成されたかどうかに向けられるから，必ずしも虚偽文書の作成を処罰する必要はないとする趣旨からである。

(ウ) **有形偽造と有形変造**　有形偽造は，有形偽造と有形変造とに分かれる。

(a) **有形偽造**　有形偽造とは，作成権限のない者が他人の名義を用いて（冒用して）文書を新たに作成することをいう。有形偽造については，ⓐ作成権限のない者が他人の名義を冒用して文書を作成することであるとする説，ⓑ他人名義の無断使用とする説，ⓒ名義人と作成者の人格との間に齟齬を生じさせることであるとする説がある。判例は，従来，ⓐ説によっていたが（最判昭和51・5・6刑集30・4・591），近年では，「文書の名義人と文書作成者との人格の同一性を偽ること」（最判昭59・2・17刑集38・3・336）と定義する判例が多くなってきている。しかし，両者は異なる概念ではなく，一定範囲で通用している通称名で文書を作成した場合（⇨301頁8(2)(イ)(e)）などでは，作成名義の冒用として捉えるよりも，自己と異なる人格を名義人として認識させようとしたかという問題解決に有用である点に理由がある。他人名義の冒用と人格の同一性を偽ることとは同じ意味といってよいが，その核心は，当該文書において，文書の性質上他人の名義を用いて文書を作成することが許されるかどうかであるから，その旨を説くⓐ説が妥当である。

(b) **名義人と作成者**　名義人とは当該文書の意思または観念の表示主体をいい，作成者とは文書を作成した者をいう。この点に関しては，誰を作成者と見るかについて，ⓐ事実上文書を作成した者とする事実説，ⓑ文書の記載をさせた意思の主体とする観念説の対立がある。文書において重要なのは文書自体に表示されている意思・観念であるから，実際に誰が文書を作ったかということよりも，誰の意思・観念を表示させたかということが重要であるから，ⓑ説が妥当である（⇨ 285 頁）。

(c) **偽造の程度**　冒用された他人名義は，文書自体から判別できるものでなければならない。名義人が明らかでない文書については，偽造は認められない。また，偽造された文書は，正規の作成権限を有する者がその権限内で作成した真正文書であると一般人が見あやまる程度の形式・外観を備えていなければならない（大阪地判平 8・7・8 判タ 960・293）。

(d) **偽造の方法・手段**　偽造の方法・手段には限定がなく，間接正犯の方法であってもよい（大判明 44・5・8 刑録 17・817）。新しく文書を作成することはもちろんのこと（最判昭 24・9・1 刑集 3・10・1551），すでに完成している真正文書を改ざんし，または既存の未完成文書に加工して文書を完成させたものであってもよい（前掲最判昭 24・9・1）。一度無効となった運転免許証の写真を張り替えた場合であっても，それが真正に作成したものと誤信させるに足りる外観を具備している以上，偽造に当たる（東京高判昭 50・9・25 東時 26・9・163，最決平 15・10・6 刑集 57・9・987）。

(e) **有形変造**　有形変造とは，名義人でない者が，権限なしに，既に成立している真正文書の内容の非本質的部分に改ざんを加えることをいう。有形変造が認められるためには，次の 3 つの要件が必要となる。

第 1 は，行為の主体は権限のない者でなければならない。第 2 に，行為の客体は既に成立している他人名義の真正文書でなければならない。第 3 に，行為は文書の非本質的部分に変更を加え，既存の文書に新たな証明力を作り出すものでなければならない。本質的か非本質的かの区別は必ずしも明確でないが，変更前のものと文書としての同一性を有するかどうかを基準とし，同一性を有する場合は非本質的部分の変更としての変造に当たると解すべきである（大判大 3・11・7 刑録 20・2054 参照）。例えば，既存の借用証書の金額の欄に別個の金額を記入し（大判明 44・11・9 刑録 17・1843），あるいは有効債権証書中の一字を改めて内容を変更する行為は，変造に当たる（大判明 45・2・29 刑録 18・231）。

変造の手段・方法には制限がない。行為者にとって不利益な文字を削ることも，また，利益となる文字を追加することも変造である。文書を消滅させる行為，例えば，金額100万円の0の1字を消滅して10万円とするのは新たな証明力を作り出すための変更であるが，100万円という文字を消滅させる場合のように文書全体の効用を害するに至れば文書毀棄である（大判大11・1・27刑集1・16）。

(エ) 無形偽造（虚偽文書の作成）　無形偽造とは，文書の作成権限を有する者が真実に反する内容の文書を作成することであり，虚偽文書の作成ともいう。無形偽造と有形偽造との区別は，文書の作成権限の有無にある。現行法は形式主義に立脚しており，無形偽造が処罰されるのは，公文書についての156条および157条の罪，私文書についての160条の罪に限られる。虚偽文書の作成は，作成権限を有する者の行為を犯罪とするものであり，その主体は，文書の作成権者に限られる（身分犯）。作成権限を有する者が権限の範囲内で虚偽文書を作成するときは，その文書は自己名義のものであると他人名義のものであるとを問わず無形偽造となる。代理権を有する者が，権限の範囲内で本人名義の内容虚偽の文書を作成すれば虚偽文書の作成罪を構成する。また，作成権限を濫用して虚偽の文書を作成するときも虚偽文書の作成となる（大判大11・12・23刑集1・841）。

虚偽文書の作成は，真実に反する内容の文書を作成すれば足り，その作成方法のいかんを問わない。例えば，村会議長が村会議事録の作成に当たって，ある事実の記録をことさらに脱漏させ，村会開会中その事実がなかったもののように装うような不作為の場合であってもよい（最決昭33・9・5刑集12・13・2858）。

(3) 行使の意義　文書偽造の罪の保護法益は公共の信用であり，公衆が真正なものとして誤信するおそれがない限り公共の信用を害することはないから，行使というためには，偽造文書を不特定または多数の者が認識しうるということを必要とする。それゆえ，行使とは，偽造・変造または虚偽作成に係る文書を，真正文書もしくは内容の真実な文書として他人に認識させ，または認識しうる状態に置くことをいうと解すべきである（最判昭28・12・25裁判集刑90・487）。必ずしも文書の本来の用法に従って使用することを要しない。例えば，犯罪の発覚をおそれて身の潔白を装うため偽造・変造の契約証書を巡査に提出するのも行使である。

(ア) **客　体**　行使の客体は，偽造文書および虚偽文書である。行使者みずから偽造・変造した文書または虚偽記載した文書である必要はない（大判明43・10・18新聞682・27）。また，その文書が行使の目的をもって偽造・虚偽記載されたものであることを要しない（大判明45・4・9刑録18・445）。

(イ) **行使の方法・程度**　行使の方法には制限がなく，文書を相手方に閲覧させてその内容を認識させ，または認識できる状態におけば足りる。ただし，相手方は自然人であることを要する。備え付けによって閲覧可能な状態におくことも行使である（大判大6・12・20刑録23・1541）。行使は間接正犯によってもなしうる。例えば，偽造・変造の離婚届を提出し，戸籍係員をして戸籍簿に不実の記載をさせ閲覧可能な状態に置かせるのは，戸籍係員の行為を利用した不実記載公正証書の行使である。ただし，文書を携帯しているだけでは行使罪の既遂に達しない（最大判昭44・6・18刑集23・7・950）。偽造文書の写しを人に示したり，またはその内容・形式を口頭もしくは文書で人に知らせるだけでは行使に当たらない。行使は，その相手方が文書の内容を認識しうる状態に置かれた時に既遂となり，相手方が現実に文書の内容を認識したかどうかを問わない。行使の結果，実害が発生したかどうかも問わない。

(ウ) **行使の相手方**　行使の相手方に関して法は特別の制限を設けていないが，すでに偽造または虚偽内容の文書である点について事情を知っている者は除外される。偽造の共犯者に呈示しても行使とはならない（大判大3・10・6刑録20・1810）。事情を知らない者であれば誰に対して使用しても本罪が成立するかについて，積極説と消極説が対立している。利害関係のない者に呈示するような場合でも，不特定または多数の者がその内容を認識しうるときは公衆の信用が害されるおそれがあるから，積極説が妥当である（最決昭42・3・30刑集21・2・447，最決平15・12・18刑集57・11・1167）。行使の相手方が事情を知らない者と思って使用したところ，たまたま相手方が事情を知っていた場合には行使未遂罪にとどまる（東京高判昭53・2・8高刑集31・1・1）。

(エ) **行使の目的**　行使の目的とは，他人をして偽造文書・虚偽文書を真正・真実な文書と誤信させようとする目的をいう。必ずしも，文書の名宛人に対して使用する目的がある場合に限らない（大判大2・4・29刑録19・533）。

文書の本来の用法に従って当該文書を使用する目的でなくても，何人かによって真正・真実な文書として誤信される危険があることを意識している以上，行使の目的があるものと解すべきである（大判大2・12・6刑録19・1387，最判昭28・12・25刑集7・13・2721）。それゆえ，行使の目的は未必的なもので足りる。

◈【問　題】

行政書士であるXは，甲供託官作成名義の真正な供託金受領書から甲の記名印と公印押捺部分を切り取り，これを虚偽の供託事実を記入した用紙の下方に接続させて台紙上に貼付し，合成原稿を作成した。そのうえで，この原稿を電子複写機で複写し真正な供託受領書の写しとしての外観を呈する写真コピーを作成し，これを某公務員に対して提出または行使した。Xの罪責はどうか（最判昭51・4・30参照）。

3　詔書偽造罪・詔書変造罪

154条（詔書偽造等）**1項**　行使の目的で，御璽，国璽若しくは御名を使用して詔書その他の文書を偽造し，又は偽造した御璽，国璽若しくは御名を使用して詔書その他の文書を偽造した者は，無期又は3年以上の懲役に処する。

2項　御璽若しくは国璽を押し又は御名を署した詔書その他の文書を変造した者も，前項と同様とする。

(1)　意　義　本罪は，公文書のうち特に天皇名義の文書の偽造（1項）および変造（2項）を処罰するものである。天皇は，現行憲法においても一定の重要な国事に関する行為を行う（憲6条，7条）。また，天皇名義で作成される文書は，一般の公文書よりも公衆の信用度が高く保護の必要性が大きいことを根拠として，本罪の法定刑は一般公文書の偽造・変造罪より重くなっている。しかし，天皇の国法上の権限は，旧憲法下のそれと比較し著しく縮小され，天皇は一定の国事行為を行う権限を有するにすぎないことから，詔書等は公文書として保護すれば足りると解する（草案225条参照）。

(2)　客　体　本罪の客体は，詔書その他の文書である。「詔書」とは，天皇の国事に関する意思表示を公示するために用いる公文書であって，詔書の形式をとられるものをいう（例―国会召集の詔書）。「其他の文書」とは，詔書以外の天皇名義の公文書をいう（例―法律に付せられる公布文）。天皇の私文書は含まない。「御璽」とは天皇の印章をいい，「国璽」とは日本国の印章をいう。また，「御名」とは天皇の署名をいう。

(3) 行　為　本罪の行為は，御璽，国璽もしくは御名を使用して，偽造・変造することである。「使用して」とは，これらを文書の一部として用いることをいう。

4　公文書偽造罪・公文書変造罪

155条(公文書偽造等) **1項**　行使の目的で，公務所若しくは公務員の印章若しくは署名を使用して公務所若しくは公務員の作成すべき文書若しくは図画を偽造し，又は偽造した公務所若しくは公務員の印章若しくは署名を使用して公務所若しくは公務員の作成すべき文書若しくは図画を偽造した者は，1年以上10年以下の懲役に処する。

2項　公務所又は公務員が押印し又は署名した文書又は図画を変造した者も，前項と同様とする。

3項　前2項に規定するもののほか，公務所若しくは公務員の作成すべき文書若しくは図画を偽造し，又は公務所若しくは公務員が作成した文書若しくは図画を変造した者は，3年以下の懲役又は20万円以下の罰金に処する。

(1) 意　義　本罪は，文書のうち公文書を客体とする罪である。公文書は，公の機関が法令上の根拠に基づいて作成するものであるから，その性質上私文書と比較して証拠力は強く，公衆の信用度も高い。また，偽造による被害の程度も私文書の場合より一段と大きいことが予想される。刑法が本罪を私文書に対する偽造・変造より重く処罰するゆえんである（最決昭34・9・22刑集13・2・2985)。

(2) 有印公文書偽造罪・有印公文書変造罪（155条1項，2項）　印章もしくは署名を用いて公文書を偽造・変造する犯罪である。

(ア) 主　体　本罪の主体には制限がない。非公務員が本罪を犯しうることは勿論であるが，公務員も，その作成権限の範囲外の文書をほしいままに作成し（大判大元・11・25刑録18・1413，前掲最判昭51・5・6)，またはその職務と関係なく公文書を作成するときは本罪の主体となる。

(イ) 客　体　本罪の客体は，公文書である。公文書とは，公務所または公務員が，その名義をもって権限内において所定の形式に従って作成すべき文書もしくは図画をいい（大判明45・4・15刑録18・464），公文書，公図画ともいう。公文書の作成権限は，法令，内規または慣例のいずれを根拠とするものでもよい（最決昭38・12・27刑集17・12・2595）。職務上の文書といえない私的な挨拶状，私的な会合などの連絡文書，辞職願などは，仮に記載物に公務員としての肩書が記載されていても公文書ではない。ただし，公衆の信用を保護する見地からは，その文書が一般人をして公務所または公務員の職務権限内において作成されたものと信じさせるに足りる程度の形式・外観を備えているときは，その権限に属しない文書でも公文書に当たると解すべきである（最判昭28・2・20刑集7・2・426）。

公文書は，公務員または公務所が作るべき文書・図画であれば足り，公法上の関係で作成されたものであると，私法上の関係で作成されたものであるとを問わない（最決昭33・9・16刑集12・13・3031）。例えば，公務所の物品購入のための契約書であっても公文書となりうる。

⑽ **行　為**　行使の目的をもって，①公務所・公務員の印章・署名を使用して，公文書・公図画を偽造・変造すること，または，②偽造した公務所・公務員の印章・署名を使用して公文書・公図画を偽造・変造することである。

(a) **印章・署名**　公務所・公務員の「印章」とは，公務所・公務員の人格を表象するために物体上に顕出された文字，符号の影蹟すなわち印影（押印）をいう。人格を表象するものであれば足りるから，公務員の印章は，必ずしも公務員であることを表示するものであることを要せず，当該の公務員が公務上の印として使用するものであれば，私印，公印，職印，認印のいずれでもよい。「署名」については，ⓐ自署に限るとする説，ⓑ自署または記名（代筆，印刷などによる氏名の表記）をいうとする説（大判大4・10・20新聞1052・27）に分かれる。刑法が印章と並べて署名を規定し，それらを用いて公文書を偽造した場合に重く処罰するのは，印章または署名のある文書の方が公共信用性が高いという趣旨に基づくものと解されるから，記名よりもよりよく人格を表象するという意味で，署名は自署に限るべきである。

(b) **印章・署名の使用**　印章・署名の使用とは，権限を有しない者が不正に物体上に顕出した公務所または公務員の印影または署名を使用することをいう。必ずしも偽造した印顆を押捺する必要はなく，公務所・公務員の印章であることについて一般人をして誤信させるに足りる程度に影蹟を表示すればよい（最決昭 31・7・5 刑集 10・7・1025）。例えば，赤鉛筆で印章の輪郭を描いた場合でも，程度によっては偽造した印章の使用に当たる（最判昭 29・2・25 裁判集刑 92・663）。使用すべき印章・署名は，他人が偽造したものでもよいが，自己が偽造したものを使用して公文書を偽造したときは，印章・署名の偽造およびその行使の点は本罪に吸収される（大判大 12・4・23 刑集 2・351）。

(c) **偽造・変造**　本罪の行為は，偽造（1 項――有印公文書偽造罪）および変造（2 項――有印公文書変造罪）である（⇨ 284 頁 *2* (2)）。

(3) 無印公文書偽造罪・無印公文書変造罪（155 条 3 項）　本罪は，有印公文書以外の公文書の偽造・変造罪を処罰するための犯罪であり，「前 2 項に規定するもののほか」としているのは，印章・署名を使用しない公文書，公図画を表わす趣旨である。例えば，旧国鉄駅名札（大判明 42・6・28 刑録 15・877），物品税証紙などがこれに当たる。本罪の行為は，偽造（無印公文書偽造罪）および変造（無印公文書変造罪）である。

5　虚偽有印公文書作成罪・虚偽無印公文書作成罪

156 条（虚偽公文書作成等）　公務員が，その職務に関し，行使の目的で，虚偽の文書若しくは図画を作成し，又は文書若しくは図画を変造したときは，印章又は署名の有無により区別して，前 2 条の例による。

(1) 主　体　本罪の主体は，文書の作成権限を有する公務員である（真正身分犯）。文書の作成権限は，通常，法令，内規において定められているが，委任，慣例を根拠とする場合でもよい。したがって，公文書の名義人から法令または作成権者の委任によって文書の作成権限を委任されているいわゆる代決者は，本罪の主体となりうる（大判明 44・7・6 刑録 17・1347〔助役が村長を代理しうる場合〕）。例えば，町村役場書記が町村長臨時代理として戸籍簿の記入をする場合がこれに当たる（大判大 5・12・16 刑録 22・1905）。

事実上文書を作成する補助公務員が本罪の主体となりうるかについて，判例は，①形式上作成権限を有しないから本罪の主体となりえないとするもの（最判昭25・2・28刑集4・2・268），②実質的作成権者と認められる以上本罪の主体となりうるとするもの（前掲最判昭51・5・6）に分かれている。実質上公務員が作成権限を有している限り，その根拠のいかんを問わないから，②の判例が妥当である。ここで「実質的作成権限」は，内容の正確性を確保するなど，その者への権限を基礎づける一定の基本的条件に従う限度において作成権限が認められることをいう。なお，②の判例は，「内容の正確性を確保」を条件に掲げるが，その理由づけは不要であろう。これに対し，証明書・謄本類の発行のような裁量の余地のない事項が末端の職員（補助公務員）に委任されている場合，その職員は機械的な事務の範囲内においてのみ作成が許されているにすぎないから，実質的作成権限は認められない。したがって，その地位を利用して虚偽の証明書等を作成すれば，作成権者の名義を冒用して公文書を作成したことになり，公文書偽造罪をもって論ずべきである。

(2) 行　為　本罪の行為は，公務員が，その職務に関し，行使の目的で虚偽の文書もしくは図画を作成し（無形偽造），または真正の文書もしくは図画の非本質的部分を変更（無形変造）することである。犯罪類型としては，①有印天皇文書の虚偽作成・変造，②有印公文書の虚偽作成・変造，③無印公文書の虚偽作成・変造がある。

(3) 虚偽公文書作成罪の間接正犯　非公務員または作成権限を有しない公務員が，作成権限を有するが情をを知らない公務員を利用し虚偽内容の公文書を作成させた行為につき，ⓐ虚偽公文書作成罪の間接正犯が成立すると解する肯定説，ⓑ157条は本罪の間接正犯を独立の犯罪として処罰しているのであるから，本罪の間接正犯は成立する余地がないとする否定説，ⓒ本罪は形式的自手犯であるから間接正犯は認めがたいとする説が対立している。公務員でない者が虚偽の申告をし，事情を知らない公務員に虚偽の事項を記載させた場合は本罪の間接正犯であるが，157条はこの種の間接正犯を独立の犯罪類型として処罰し，しかも156条の刑よりも著しく軽い法定刑を定めているところから，公務員としての身分を有しない非身分者について本罪の間接正犯を認めるのは適当でない（最判昭27・12・25刑集6・12・1387）。

しかし，職務上その公文書の作成に関与する公務員が，157条の罪におけるように「虚偽の申立て」という形式をとらず，内容虚偽の文書の起案をし，作成権者にその内容の真正を確認させないまま署名もしくは記名させ，あるいは印章を押印させて虚偽公文書を完成させたような場合は，157条の行為よりも当罰的であるから，職務権限を有する公務員を道具とした本罪の間接正犯を認めるべきである（最判昭32・10・4刑集11・10・2464）。本罪は身分犯であるから，職務権限を有する公務員だけが本罪の実行行為者になりうるので，間接正犯の形態による実行行為は存在する余地がないとする否定説は，妥当でない。ただし，157条は，156条の間接正犯を処罰するものである以上，157条所定の公文書を客体とする行為に限って間接正犯を認めるべきであろう。

6　公正証書原本不実記載等罪

157条（公正証書原本不実記載等） **1項**　公務員に対し虚偽の申立てをして，登記簿，戸籍簿その他の権利若しくは義務に関する公正証書の原本に不実の記載をさせ，又は権利若しくは義務に関する公正証書の原本として用いられる電磁的記録に不実の記録をさせた者は，5年以下の懲役又は50万円以下の罰金に処する（未遂は，罰する―157条3項）。

2項　公務員に対し虚偽の申立てをして，免状，鑑札又は旅券に不実の記載をさせた者は，1年以下の懲役又は20万円以下の罰金に処する（未遂は，罰する―157条3項）。

(1)　公正証書原本不実記載罪（1項）　本罪は，公務員に対して，権利・義務に関する公正証書の原本または公正証書の原本たるべき電磁的記録に不実の記載をさせる罪である。

(ア)　客　体　本罪の客体は，公正証書の原本である。公正証書の原本とは，公務員がその職務上作成する文書で権利・義務の得喪・変更に関する事実を公的に証明する効力を有する文書をいい（大判大11・12・22刑集1・828），①権利または義務に関する公正証書の原本，②権利または義務に関する公正証書の原本として用いられる電磁的記録が含まれる。不動産登記簿，商業登記簿，土地台帳，戸籍簿，船籍簿（最決平16・7・13刑集58・5・476）などがその例である。住民票は，それ自体，権利・義務の得喪・変更を証明することを直接の目的とするものではないが，公職選挙法，学校教育法などの規定にある住民であることに基づく権利・義務発生の前提事実を証明する手段であるから，公証的性格をもつ文書としてよい（最決昭48・3・15刑集27・2・115）。自動車運転免許台帳（福岡高判昭40・6・24下刑集7・6・1202），各種課税台帳（名古屋金沢支判昭49・7・30高刑集27・4・324）などは，権利・義務の得喪・変更などの事実を証明するものではないから，公正証書ではない。一方，本罪の客体として，新たに「権利，義務に関する公正証書の原本として用いられる電磁的記録」が加えられた。道路運送車両法による自動車登録ファイル，住民基本台帳法による住民基本台帳ファイル等は，公正証書の原本に相当する電磁的記録として，本罪の客体となる。

(イ) **行　為**　本罪の行為は，公務員に対し虚偽の申立をし，権利・義務に関する公正証書の原本に不実の記載をさせ，または，権利・義務に関する公正証書の原本たるべき電磁的記録に不実の記載をさせることである。「公務員」とは，登記官，公証人のように，公正証書の原本に記入し，または公正証書の原本たるべき電磁的記録に記録する権限を有する公務員をいう。公務員は，当該記載ないし記録される事項が不実であることにつき知らない者であることを要する。

「虚偽の申立て」とは，真実に反することを申し立てることである。口頭をもってすると，書面によるとを問わず，また，自己名義をもってするか他人名義をもってするかも問わない。例えば，当事者双方に真実離婚する意思がないのに外形上離婚したように装って離婚届を提出する場合がこれに当たる（大判大8・6・6刑録25・754，最決平3・2・28刑集45・2・77〔株式の仮装払込みによる会社設立の登記〕）。申立人を欺いて虚偽の申立をさせるのは，本罪の間接正犯である（大判明44・5・4刑録17・753）。裁判に基づいて行われる申立て（例—不登35条）も「申立て」に当たる。

「不実の記載」とは，存在しない事実を存在するものとし，存在する事実を存在しないものとして記載することをいう（大判明43・8・16刑録16・1457）。「不実」は，記載事項の重要な点に関するものでなければならない。「不実の記録」とは，事実に反する情報を入力して電磁的記録に記録することをいう（東京地判平4・3・23判タ799・248）。中間省略の登記については，判例は，かつてこれを本条の罪に当たるとした（大判大8・12・23刑録25・1491）が，登記をするかしないかは当事者の任意であり，中間省略の登記も登記自体としては有効なのであるから，本罪を構成しないと解する（東京高判昭27・5・27高刑集5・5・861）。

(ウ) **故　意**　本罪の故意としては，申立事項が虚偽であることを認識し，その申立てに基づいて公正証書の原本に不実の記載がなされることを予見することが必要である。客観的に真実に合致している事項を虚偽と錯覚して申立てたときは，本罪を構成しない（大判大5・1・27刑録22・71参照）。

(2)　免状等不実記載罪（2項）　公務員に対し虚偽の申立てをして，免状，鑑札または旅券に不実の記載をさせる罪である。

(ア) **客　体**　本罪の客体は，免状・鑑札・旅券である。「免状」とは，特定人に対して一定の行為をする権利を付与するために発行する公務所または公務員の証明書のことであり，医師免許証，運転免許証などがこれに当たる。「鑑札」とは，公務所の許可・登録の存在を証明するもので，交付を受けた者がその備え付け，携帯を必要とするものをいう。古物商の許可証，犬の鑑札などがこれに当たる。「旅券」とは，旅券法に定める外国渡航の許可証をいう。

(イ) **行　為**　本罪の行為は，公務員に虚偽の申立てをして，免状，鑑札または旅券に不実の記載をさせることである。虚偽の申立てを受ける公務員は，記載すべき事項が不実なものであることを知らない者であることを要する。免状等の交付を受ける行為は，当然に本罪が予定するものであるから別途に犯罪を構成するものではない（大判昭9・12・10刑集13・1699）。

◈**【問　題】**

Xは，妻Aが協議離婚に応じないことに腹を立て，某市役所から離婚届用紙を手に入れ，配偶者の欄にAの氏名を記載し，購入してきた印鑑で押捺した離婚届を上記市役所に提出し，係員によって受理された。Xの罪責はどうか。

7　偽造公文書・虚偽公文書行使等罪

158条(偽造公文書行使等) **1項**　第154条から前条（157条）までの文書若しくは図画を行使し，又は前条第1項の電磁的記録を公正証書の原本としての用に供した者は，その文書若しくは図画を偽造し，若しくは変造し，虚偽の文書若しくは図画を作成し，又は不実の記載若しくは記録をさせた者と同一の刑に処する(未遂は，罰する—158条2項)。

(1) 意 義 本罪は，客体の性質に対応して，偽造詔書行使罪，偽造有印公文書行使罪，偽造無印公文書行使罪，虚偽有印公文書行使罪，虚偽無印公文書行使罪，不実記載公正証書原本行使罪，不実記録公正証書供用罪，不実記載免状等行使罪の各罪に分けられる。文書は，必ずしも行使の目的をもって偽造・変造または不実記載されたものであることを要しない。

(2) 行 為 本罪の行為は，行使または供用である。「供用」とは，公正証書の原本たるべき電磁的記録を公務所に供えて公証をなしうる状態に置くことをいう。不実記載公正証書原本行使罪は，一般公衆が閲覧できる状態に置くことをいう(通説。大判大11・5・1刑集1・252)。

8 私文書偽造罪・私文書変造罪

159条(私文書偽造等) **1項** 行使の目的で，他人の印章若しくは署名を使用して権利，義務若しくは事実証明に関する文書若しくは図画を偽造し，又は偽造した他人の印章若しくは署名を使用して権利，義務若しくは事実証明に関する文書若しくは図画を偽造した者は，3月以上5年以下の懲役に処する。

2項 他人が押印し又は署名した権利，義務又は事実証明に関する文書又は図画を変造した者も，前項と同様とする。

3項 前2項に規定するもののほか，権利，義務又は事実証明に関する文書又は図画を偽造し，又は変造した者は，1年以下の懲役又は10万円以下の罰金に処する。

(1) 意 義 私文書偽造罪は，詔書，公文書以外の文書の偽造行為を内容とする罪である。本罪の態様は，公文書偽造罪の場合と同じく有印私文書偽造・変造罪，無印私文書偽造・変造罪とに分かれる。本罪では，公文書より公衆の信用度が低い文書であるため，それから区別されて法定刑が下げられているのである。

(2) 有印私文書偽造罪(159条1項) 印章もしくは署名を用いて私文書を偽造・変造することを内容とする犯罪である。

(ア) 客 体 本罪の客体は，他人の権利，義務または事実証明に関する文書・図画（私文書・私図画）である。私文書と公文書の区別は，作成名義人が私人であるか，公務所・公務員であるかによってなされる。作成名義人が私人である文書のうち，本罪の客体は，他人の「権利，義務若しくは事実証明に関する文書若しくは図画」に限られる。その趣旨は，法律上あるいは取引上重要な文書でなければ，その偽造によって公共の信用が害されるおそれはないという点にある。

「他人」とは，日本国の公務所または公務員でない者で自己以外の者という意味である。外国の公務所・公務員の作成すべき文書も私文書である（最判昭24・4・14刑集3・4・541）。自然人であると法人であると，また，法人格のない団体であるとを問わない。「他人の」文書・図画とは，他人の作成名義にかかる文書・図画という意味であり，その保管者が誰であるかを問わない。公務所が保管するものでも，私文書たる性質を失うものではない（大判昭9・10・22刑集13・1367）。

「権利，義務」に関する文書とは，権利または義務の発生・存続・変更・消滅の法律効果を生じさせることを目的とする意思表示を内容とする文書をいい，公法上のものであると私法上のものであるとを問わない（大判大11・9・29刑集1・505〔送金依頼の電報頼信紙〕，最決昭31・12・27刑集10・12・1798〔無記名定期預金証書〕）。

「事実証明に関する」文書の意義について，判例は，実社会生活に交渉を有する事項を証明するに足りる文書であるとしているが（大判大9・12・24刑録26・938），ここにいう事実証明に関する文書は，法律上何らかの意味を有する社会生活上の利害関係のある事実の証明に関する文書に限るべきである（最決平6・11・29刑集48・7・453〔入試答案〕。なお，東京高判平2・2・20高刑集43・1・11〔自動車登録事項等証明書〕）。

(イ) 行　為　本罪の行為は，有形偽造または有形変造である。権限なしに他人名義の文書を作成した以上は，その内容が真実であっても偽造罪となる。例えば，債権者がほしいままに債務者名義の借用証書を作成する場合がそれに当たる。

(a) 代理名義の冒用　代理名義の冒用とは，例えば，代理権・代表権のないAが「甲代理人A」という名義で文書を作成すること，あるいは支店長でないAが「甲銀行支店長A」と表示して文書を作成することをいう。この場合，「甲代理人A」における「甲代理人」は，単なる資格を示す肩書にすぎないので，Aは他人の名義を冒用していることにはならないのではないかが問題となる。

偽造罪の趣旨は文書に対する公衆の信用を保護することにあるから，名義人が誰であるかも，公衆は何を信用するかという点を基礎に決すべきである。そして，代理人形式の文書は本人に私法的効果が帰属する形式の文書であるから（民99条1項），その文書は本人（甲）の意思・観念が表示された文書であるとして信用されるはずであるから，文書に表示された意思・観念の主体である名義人は，本人であると解する。したがって，代理人でない者が代理人という肩書を付せば別人格を用いたことになり，他人名義の冒用に当たる。甲代理人という代理名義を冒用して文書を作成した行為者には，有形偽造を認めるべきである（大判明42・6・10刑録15・738，最決昭45・9・4刑集24・10・1319）。このことは，代理権を有する者が代理権を逸脱して文書を作成した場合でも同様である。

(b)　代理権限の濫用　代理権・代表権を有する者が，代理権限を濫用して本人名義の文書を作成する行為は，権限の範囲内で作成するものであるから名義人の冒用はなく，偽造に当たらない。これに対し，代理権の範囲を超えた事項について本人名義の文書を作成した場合は，その点について作成権限の授権がないから，権限なしに代理名義を冒用して文書を作成したことになる（最決昭42・11・28刑集21・9・1277）。例えば，他人名義の白紙委任状をその使用方法を限定して預かった者が，名義人の承諾を得ずに使用方法以外に使用する目的で文字を記入した場合（白紙偽造）は，偽造に当たる（大判明42・12・2刑録15・1700）。

(c)　肩書の冒用　偽造とは，他人の名義を冒用することによって，人格の同一性を偽ることである。したがって，表示された文書の名義が作成者と異なる人格となっていなければならない。単なる肩書の冒用は偽造に当たらない。例えば，法学博士でない甲野太郎が「法学博士甲野太郎」と肩書を付記した場合，その文書の性質上，そこから判断される作成名義人が作成者と異なったものとなるときは，作成権限なしに他人の名義を使って文書を作成したことになる。しかし，単に肩書を偽る行為は，それだけでは他人名義となるものではなく，作成者との間に人格の同一性が認められる限り作成権限は認められるべきであるから，無形偽造であって有形偽造ではない。これに対し，文書の性質等の具体的事情に照らし，氏名が同一であっても肩書を付すことによって別な人を表示することになる場合には他人名義の冒用となるから，代理・代表資格の冒用と同じ意味で偽造となる。

最高裁判所は，大阪にいる甲が，同姓同名の弁護士が東京にいることを認識しつつ，弁護士の肩書を使用して弁護士業務を行い，弁護士報酬請求書を作成した事案について，「本件各文書に表示された名義人は，第二東京弁護士会に所属する弁護士甲であって，弁護士資格を有しない被告人とは別人格の者であることが明らかであるから，本件各文書の名義人と作成者との人格の同一性にそごを生じさせたものというべきである」と判示した（最決平5・10・5刑集47・8・7）。妥当な判断であったと思われる。

(d) 名義人の同意　私文書偽造・変造の行為は，いずれも権限なくして他人の名義を冒用することを内容とするものである。したがって，名義人からその名義の使用について事前の同意（嘱託・承諾）があるときには，文書に示された意思・観念の主体と作成者との間に人格の同一性についての偽りがないから，他人名義の冒用はないともいえる。

しかし，最高裁判所は，無免許運転中に交通法規違反で捕まったXが，事前に免許を持っている友人Yの承諾を得ており，交通事件原票（反則切符）にY名義を記載したという事案につき，「交通事件原票中の供述欄は，その文書の性質上，作成名義人以外の者がこれを作成することは法令上許されないものであって，右供述書を他人の名義で作成した場合は，予めその他人の承諾を得ていたとしても，私文書偽造罪が成立する」としたのである（最決昭56・4・8・刑集35・3・57）。文書の性質上，名義人の同意があっても名義人以外の者が作成できないものであるから，名義の冒用があるとしたものと解される。

学説は，ⓐ名義人の承諾がある以上，事実説を採らない限り偽造罪は成立しないとする説，ⓑ違法な目的での同意は無効だから観念説に立っても偽造に当たるとする説，ⓒ文書の性質上，名義人への責任の転嫁がありえないから同意は無効であるとする説，ⓓ文書の性質上，自署性を必要とするから偽造に当たるとする説などに分かれている。

思うに，「偽造」に関する観念説に立つ以上，形式的にみると名義人の意思・観念と作成者のそれは一致するといわざるをえない。しかし，文書の性質上，表示された意思・観念についての責任の転嫁が許されず，その名義人自身による作成すなわち自署だけが予定されている文書については，事前に名義人の同意があっても，その名義人は文書の意思・観念の主体となることはできないから，その同意に基づいていても，他人の名義を冒用したことに当たると解すべきである。それゆえ，自己の名義を使って文書を作成することに同意した者は，本罪の共犯（共同正犯，教唆犯，幇助犯）となりうる（東京地判平10・8・19判時1653・154）。替え玉受験について，例えば，Aの承諾を得て，Bが試験を受け，A名義の答案を作成した場合，答案の性質上Aがみずからその名義を使用して作成すべきであり，同意の有無とは関係なく，BがA名義を使用することは，名義の冒用に当たるのである。

これに対し，ホテルの宿泊申込書に他人名を記載して宿泊しても，文書の性質上，文書の作成名義の真正は必ずしも要求されないから，名義を冒用したことにはならない。

(e)　**通称名の使用**　行為者が本名以外の名前すなわち別名（通称，ペンネーム，雅号，芸名）を使用して文書を作成しても，それが社会一般に通用していて本人とすぐに分かるときは，他人の名義の冒用に当たらない。

しかし，判例は，窃盗罪で服役中に逃走し，義弟と同一の氏名を使用して生活していた者が，無免許運転の罪を犯し，交通事件原票の供述書欄に右氏名を使用して署名した場合，その氏名がたまたまある限られた範囲で被告人を指称するものとして通用していたとしても，他人の名義の冒用があると判示した（最判昭56・12・22刑集35・9・953）。一定の地域で通用していても，文書の性質上，自己以外の名前を書くことが別な人を表示することになる以上は，名義の冒用が認められるのである。

一方，Xは日本国に密入国した後，25年以上も適法な資格を有する甲の名義で生活していたが，出入国許可申請書を甲名義で作成した事案につき，最高裁判所は，「文書の名義人と作成者との人格の同一性にそごを生じている」として偽造に当たるとした（最判昭59・2・17刑集38・3・336）。この判決に対して，ⓐ甲という名称がXを識別するものとして定着している以上，人格の同一性に偽りがないから偽造にならないとする説，ⓑ出入国許可申請書の性質上，この文書から認識される名義人は，適法な在留資格を有する者と解すべきであるから，通称名の定着の程度とはかかわりなく人格の同一性に偽りがあるとする説が対立している。本件許可申請書は，その文書の性質上本名を使って文書を作成することを義務付けられ，それ以外の名義を用いる権限が与えられていないことは明らかであるから，本名を使わないで別名を使って私文書を作成する行為は，権限なしに本名以外の名義を使用したことになる。

(ウ) 印章・署名の使用　「印章」とは，特定人の人格を表象するものをいい，単なる記号を含まない。印章はそれが文書に存在することによってその公信力を高めるものでなければならないからである。したがって，公信力を高める性質の印章であることを要し，単に有合せ印を用いたにすぎない場合には，他人の印章を使用したことにはならないと解すべきである（大判明42・10・21刑録15・1430）。これに対し，書画の雅号印は，特定人を表象するに足りるばかりでなく，公信力を高めるものであるから印章である（大判大14・10・10刑集4・599）。「署名」は，氏名の自署に限るべきである（⇨291頁*4*(2)(ウ)）。自署であり，特定人を表象する仕方で署名してある限り「署名」である（大判昭12・10・7刑集16・1338）。印章だけ，あるいは署名だけを付したにすぎなくてもよく，また，「偽造した他人の印章もしくは署名」は，行為者みずからが偽造したものか他人が偽造したものかを問わない。

(3)　有印私文書変造罪（159条2項）　本罪は，他人が押印し，または署名した権利，義務または事実証明に関する文書または図画を変造した場合に成立し，3月以上5年以下の懲役に処せられる。

(4)　無印私文書偽造・無印私文書変造罪（159条3項）　本罪は，権利，義務または事実証明に関する文書で印章および署名のいずれも付されていない私文書を偽造・変造する行為を内容とする。行使の目的が必要なことは勿論である。無印私文書の例としては，銀行の出金票，銀行の支払伝票，封筒に封入した署名のない文書などがある（大判明42・3・25刑録15・318）。

◈【問　題】

(1) Xが運転免許停止処分を受けていることを聞いたYは，「免許がなかったら困るだろう。俺が免許証を持っているから，俺の名前を言ったら」と勧めてメモ用紙に自分の本籍，住所，氏名，生年月日を書いてXに渡した。その後Xは，無免許運転中に警察の取締りを受ける際に，Yの氏名等を称し，交通事件原票中の供述調書欄の末尾に「Y」と署名した。XとYの罪責を論ぜよ（前掲最判昭56・4・8参照）。

(2) 不動産業者Xは，Aの代理人としてA所有のマンションの賃貸の仲介を頼まれていたが，Aに断わらずに勝手にマンションの売買契約書を作成し，「A代理人X」と署名し，押印した。Xの罪責はどうか。

(3) Xらは，2001年度甲大学法学部入学選抜試験に際し，同学部に入学を希望しているAに合格点を取らせるため，いわゆる「替え玉受験」を行うことを共謀し，Xが解答用紙の氏名欄にAと記入し，A名義の答案を作成し提出した。Xの罪責はどうか。

(4) 承諾を得ておけば，特別な場合を除き，その他人の名義で私文書を作成しても偽造罪に当たらないのはなぜか。

9　虚偽診断書等作成罪（虚偽私文書作成罪）

160条（虚偽診断書等作成）　医師が公務所に提出すべき診断書，検案書又は死亡証書に虚偽の記載をしたときは，3年以下の禁錮または30万円以下の罰金に処する。

(1)　主　体　　本罪の主体は，医師（歯科医師を含む）である（真正身分犯）。公務員である医師が本罪の行為をなすときは虚偽公文書作成罪が成立するから，本罪の成立は，医師法等の定める有資格の医師であって，私人として医療を行う者に限られる。

(2)　客　体　　本罪の客体は，医師が公務所に提出すべき診断書，検案書または死亡証書である。医師みずからが提出すべき場合であると，他の者によって提出される場合であるとを問わない。「診断書」とは，医師がみずから行った診察の結果に関する判断を行い，人の健康上の状態を証明するために作成する文書をいう。「検案書」とは，医師が死体について死因，死期，死所などに関する事実を医学的に確認した結果を記載した文書をいう。「死亡証書」とは，当該の者を生前から診療していた医師が，その患者について死亡の事実を医学的に確認した結果を記載する文書であり，いわゆる死亡診断書（医師20条）のことである。

(3) 行　為　本罪の行為は，虚偽の記載をすることである。「虚偽の記載」とは，みずからの医学的判断に反しまたは真実に反する事項を記載することである。自己の認識・判断に反する証明文書の作成だけが処罰の対象となるが，真実であるものを医師が虚偽と誤信して証明文書に記載した場合は，本罪は客観的な真実に対する公衆の信用を保護するものであるから，本罪を構成しない（大判大5・6・26刑録22・1179）。公務所に「提出すべき」と規定されているところから，公務所に提出する目的をもって作成することを要すると解する。

10　偽造私文書・虚偽診断書等行使罪

161条（偽造私文書等行使）**1項**　前2条（159条，160条）の文書又は図画を行使した者は，その文書若しくは図画を偽造し，若しくは変造し，又は虚偽の記載をした者と同一の刑に処する（未遂は，罰する—161条2項）。

本罪の客体は，偽造・変造された権利，義務または事実証明に関する私文書，私図画，または医師が虚偽の記載をした公務所に提出すべき診断書・検案書・死亡証書である。何人の偽造・変造等に係るものであるかを問わない。また，行使の目的に出たものであるか否かも問わない。

11　罪数・他罪との関連

(1) 一般基準　文書偽造の罪の罪数は，偽造文書または虚偽文書の個数を基準に判断される（大判明43・2・24刑録16・313）。例えば，数個の文書を一括して行使すれば，それが同一性質の文書であると異質の文書（例えば，私文書と公文書）であるとを問わず観念的競合である（大判明43・3・11刑録16・429参照）。文書の個数の基準について，ⓐ冒用された作成名義の数を基準とする説（大判明42・3・11刑録15・205），ⓑ文書自体の個数を基準とする説（前掲大判明43・2・24），ⓒ文書作成の意思の個数を基準とする説，ⓓ文書の内容の事項の個数を基準とする説（大判明44・5・2刑録17・722），ⓔ作成名義を主眼としつつ，文書の物体自体の個数，事項の個数および侵害される公共的信用の意味にも着眼すべきであるとする説などに分かれている。

文書の重要性は，社会生活上または法律上問題となりうる事実の証明に用いられる点にあるから，文書の内容をなしている事項が社会生活関係または法律関係において1個の事実と認められるときは1個の文書と認めるべきである。この観点からは，文書の内容・事項が，社会生活関係または法律関係の観念上1個のものと認められるときは一罪，数個であれば数罪という方法で罪数を定めるべきである。

(2) 偽造・変造等の罪とその行使罪　偽造・変造等の罪を犯した者が，その行使罪を犯せば，原因とその結果との関係が認められ牽連犯となる。その行使により詐欺罪を犯せば，行使罪と詐欺罪とがさらに牽連犯になる（大判明44・11・10刑録17・1871，最決昭42・8・28刑集21・7・863）。偽造文書を行使する行為は，通常相手方に対する詐欺行為と重複するから，両罪の観念的競合を認めるべきであるとする説もあるが，行使は詐欺行為を伴うが，常に必ずしも財産罪としての詐欺罪に結びつくとは限らないから，この説は妥当でない。

公正証書原本に不実の記載をさせ，これを備え付けさせて行使したうえ，その抄本を示して金員を借用し詐欺罪を犯したときは，公正証書原本不実記載，同行使および詐欺は，順次牽連するとするのが判例である（前掲最決昭42・8・28）。しかし，公正証書原本に不実の記載をさせ，これを備え付けさせて行使する場合は，行為は1個であるから観念的競合となり，それと詐欺罪の牽連犯となる。

12　電磁的記録不正作出罪

161条の2（電磁的記録不正作出及び供用）**1項**　人の事務処理を誤らせる目的で，その事務処理の用に供する権利，義務又は事実証明に関する電磁的記録を不正に作った者は，5年以下の懲役又は50万円以下の罰金に処する（未遂は，罰する—161条の2第4項）。

2項　前項の罪が公務所又は公務員により作られるべき電磁的記録に係るときは，10年以下の懲役又は100万円以下の罰金に処する（未遂は，罰する—161条の2第4項）。

(1)　**意　義**　本罪は，人の事務処理を誤らせる目的で電磁的記録を不正に作出することを内容とする犯罪であり，①私電磁的記録不正作出罪，②公電磁的記録不正作出罪，③不正作出私電磁的記録供用罪，④不正作出公電磁的記録供用罪，④供用罪の未遂が定められている。

(2)　**私電磁的記録不正作出罪**（161条の2第1項）　本罪は，人の事務処理の用に供する権利，義務または事実の証明に関する電磁的記録（私電磁的記録）を不正に作出する犯罪である。

(ア)　**客　体**　本罪の客体は，権利，義務または事実の証明に関する電磁的記録である。電磁的記録とは，①電子的方式，磁気的方式，その他人の知覚をもって認識できない方式によって作られ，②電子計算機による情報処理の用に供されるものをいう（7条の2）。「人の事務処理」における「人」とは，自己以外の者（自然人，法人，法人格のない団体）をいう。「事務」とは，財産上，身分上その他人の生活に影響を及ぼしうると認められる一切の仕事をいい，業務・非業務，法律的・非法律的，財産上・非財産上のいずれをも問わない。「用に供する」とは，当該の事務処理のために使用するという意味である。

電磁的記録は，「権利，義務又は事実証明に関する」ものであることを要する。「権利，義務」に関する電磁的記録とは，権利・義務の発生・存続・変更・消滅に関する事実の証明に係る電磁的記録のことであり，「事実証明」に関する電磁的記録とは，法律上あるいは社会生活上重要な事実の証明に係る電磁的記録という意味である。プログラムを記録した電磁的記録自体は，電子計算機に対する指令の組合わせを記録したにすぎないものであるから，ここにいう電磁的記録ではない。

(イ)　**行　為**　本罪の行為は，電磁的記録を不正に作ること，すなわち不正作出である。「不正に」とは，電磁的記録作出権者すなわちコンピュータ・システムを設置し，それによって一定の事務処理を行い，または行おうとしている者の意図に反して，権限なしに自己のほしいままに電磁的記録を作り出すことをいう。例えば，勝馬投票券の磁気ストライプ部分に的中券のデータを印磁して改ざんする行為，キャッシュカードの磁気ストライプ部分の預金情報の改ざん（東京地判平元・2・17判タ700・279），パソコン通信のホストコンピュータ内の顧客データーベースファイルの改ざん（京都地判平9・5・9判時1613・157）は，不正作出に当たる（甲府地判平元・3・31判時1311・160）。電子計算機に入力する権限のない者がデータを入力したり，コンピュータ設置・運営主体によって電磁的記録作出の権限を与えられている管理事務補助者が，その権限を逸脱して記録を作る場合も含む。

電磁的記録作出権は，いかなる内容の記録を作るかについての決定権を意味するから，電磁的記録作出権者がどのような内容の記録を作出しても不正作出には当たらない。コンピュータ・システムの設置・運営主体である個人店主が脱税目的で虚偽の取引に関するデータを磁気ファイルに入力しても，不正作出に該当しない。「作」るとは，記録の媒体に電磁的記録を新たに生じさせることをいい，既存の記録を改変・抹消することによって新たな記録を生じさせる場合も含む。ただし，記録を消去したにすぎないときは，電磁的記録毀棄罪に当たる（259条）。

(ウ) **主観的要件**　本罪は目的犯であって，故意のほかに人の事務処理を誤らせる目的が必要となる。「人の事務処理を誤らせる目的」とは，当該電磁的記録に基づいて行われる他人の正常な事務処理を害し，その本来意図していたものとは異なったものにする目的をいう。それゆえ，単に他人の電磁的記録に記録されているデータを勝手にプリントアウトするだけでは本罪に当たらない。また，既存の電磁的記録と同一内容のデータを入力して新しい電磁的記録を作出しても，それだけでは本罪は成立しない。例えば，銀行のATM機で使用するためにキャッシュカードの磁気ストライプ部分に他人の口座番号を印磁するような場合は，CD取引における銀行の資格確認の事務処理を誤らせる目的があり，本罪の「目的」に当たる。単に現金を引き出す目的が認められるにすぎないときは，他人の事務処理を誤らせる目的があるわけではないから，その目的に本罪の目的を認めるのは困難であろう。

(2)　公電磁的記録不正作出罪（161条の2第2項）　本罪の客体は，「公務所又は公務員により作られるべき電磁的記録」である。公務所または公務員の職務を遂行するために作出が予定されている電磁的記録であって，例えば，自動車登録ファイル，特許の登録マスターファイル，住民登録ファイルなどがこれに当たる。公電磁的記録は，社会的信用がより厚くその証明力もより高いから，私電磁的記録作出罪に比べ重く処罰されるのである。

(3) 他罪との関連　電磁的記録を不正に作出したうえで，これをプリントアウトして文書を作成した場合，電磁的記録不正作出罪および文書偽造罪の成立を認めることができ，両罪は併合罪になると解すべきである。予め電磁的記録を不正に作出したうえ，情を知らない文書の作成権者をしてその内容をプリントアウトさせて文書を作成させた場合は，間接正犯の態様による文書偽造または虚偽文書作成罪と本罪との併合罪となる。同一機会に複数のデータが入力される場合の不正作出罪の個数は，作出された記録の個数によって定まる。記録の個数は，記録の内容をなしている事項の個数によって確定すべきである。

13　不正作出電磁的記録供用罪

161条の2(電磁的記録不正作出及び供用)**3項**　不正に作られた権利，義務又は事実証明に関する電磁的記録を，人の事務処理を誤らせる目的で，人の事務処理の用に供した者は，その電磁的記録を不正に作った者と同一の刑に処する(未遂は，罰する—161条4項)。

(1) 客　体　本罪の客体は，不正に作出された権利，義務または事実証明に関する電磁的記録である。供用の行為者みずからが作出した電磁的記録であるか否かを問わない。人の事務を誤らせる目的をもって作出されたものでなくてもよい。客体が公電磁的記録に係る場合には不正作出公電磁的記録供用罪となり，私電磁的記録に係るときは不正作出私電磁的記録供用罪となる。

(2) 行　為　本罪の行為は，電磁的記録を人の事務処理の用に供することである。文書偽造の罪にいう「行使」に相当する語であるが，行使は一般に人を対象とする場合に用いるので，電子計算機に使用されて人の事務処理に用いられるものであることを明らかにするために「用に供する」(供用)とされたものである。供用とは，不正に作出された電磁的記録を，他人の事務処理のため，これに使用される電子計算機において用い得る状態に置くことをいう。

(3) 主観的要件　「人の事務処理を誤らせる目的」が要件となっている。

不正に作出したものであることの認識のほかに，このような目的が必要であるとされる理由は，不正に作出されたものでも内容が真正であれば証明機能を害するおそれがない場合がありうるので，そのような場合を不可罰とする点にある。

(4)　未遂罪　不正作出電磁的記録供用罪については，偽造文書行使罪などと同様に未遂罪も処罰することとされている。不正に作出された電磁的記録が人の事務処理において用いられる状態に置かれれば，人の識別を経ずに機械的に処理されることとなるため，実害発生の危険性が大であるという理由に基づく。その典型例としては，磁気ストライプ部分を不正に作出したキャッシュカードをATM機に差し込もうとしたが，挙動不審を怪しまれて実際に差し込めなかった場合が挙げられる。

(5)　罪数・他罪との関連　電磁的記録不正作出罪と供用罪との関係は牽連犯となる。キャッシュカードの磁気ストライプ部分を不正に作出し，それを1週間ごとに3回にわたって供用し，各100万円を引き出した場合は，磁気ストライプ部分の作出は電磁的記録不正作出罪を構成し，3回にわたる供用は3つの供用罪となり，同罪は不正作出罪との牽連犯となる。また，供用による現金の引出しは窃盗となり，供用罪と窃盗罪は牽連犯になると解されるから，3つの窃盗罪もまた不正作出罪によって牽連犯となり，結局，全体が科刑上一罪として処罰されることになる。

コンピュータから検索した他人名義の口座番号を自己名義の預金通帳の磁気ストライプ部分に印磁し，これをCD機に差し込んで現金を引き出した場合，磁気ストライプ部分への印磁としての不正作出罪，CD機への差し込みとしての供用罪，現金引き出しとしての窃盗罪が成立し，各罪は牽連犯となる。供用罪と窃盗罪は1個の行為によって実現されたようにもみえるが，現金の占有の取得行為は供用行為とは別個のものと解する。

III　有価証券偽造の罪

1　総　説

有価証券偽造の罪は，行使の目的をもって有価証券を偽造・変造し，または，これに虚偽の記入をなし，もしくは，偽造・変造され，虚偽記入された有価証券の行使・交付・輸入行為を内容とする犯罪である。刑法は，有価証券偽造の罪として，①有価証券偽造罪・変造罪（162条1項），②有価証券虚偽記入罪（同条2項），③偽造有価証券行使等罪（163条1項），④同未遂罪（同条2項）を設けている。有価証券偽造の罪は，有価証券に対する公衆の信用を保護法益とするものである。

2　有価証券偽造罪・有価証券変造罪

162条（有価証券偽造等）**1項**　行使の目的で，公債証書，官庁の証券，会社の株券その他の有価証券を偽造し，又は変造した者は，3月以上10年以下の懲役に処する。

(1)　客　体　犯罪の客体は，わが国内で発行され，または流通する公債証書，官庁の証券，会社の株券その他の有価証券である（大判大3・11・14刑録20・2111）。

(ｱ)　有価証券の意義　「有価証券」とは，財産上の権利が証券に表示されており，その表示された権利の行使または処分につき証券の占有を必要とするものをいう（大判大5・5・12刑録22・732，最判昭32・7・25刑集11・7・2037）。有価証券も文書の一種であるから，偽造される有価証券には名義人が存在することを要する。表示された財産権は，債権（手形・小切手など），物権（貨物引換証など），その他の権利（株券など）のいずれでもよい。表示の方式は，無記名式（商品券など），指図式（手形，小切手など），指名式（記名債券など）のいかんを問わない。また，法律上一定の形式が要求されているもの（手形，小切手など）であるか否か（乗車券）も問わない。契約証書，郵便貯金通帳などは，有価証券ではない（最決昭 31・12・27 刑集 10・12・1798，最決昭 55・12・22 刑集 34・7・747）。

「公債証書」とは，国または地方公共団体が負担する債務（国債，地方債）を証明するため国または地方公共団体が発行した証券をいう。「官庁の証券」とは，官庁の名義で発行される有価証券をいい，例えば大蔵省証券，郵便為替証券などがこれに当たる。「会社の株券」は，株式会社の発行した株主たる地位を表示する証券である。「その他の有価証券」としては，手形，小切手，貨物引換券，預証券，船荷証券のように商法上有価証券とされる証券のほか，鉄道乗車券，宝くじ，勝馬投票券，競輪の車券，クーポン券，商品券，入場券がある。ただし，外国で発行され，かつ流通しているものは含まない（前掲大判大 3・11・14）。もっとも，外国で発行されたものでもわが国で流通する有価証券，およびわが国で発行され外国で流通する有価証券は，本罪の客体となる（最判昭 28・5・29 刑集 7・5・1171〔日本国内で事実上流通する外国銀行が発行した外国貿易支払票〕）。

(イ) **テレホンカードの有価証券性**　テレホンカードとは，NTT が設置したカード式公衆電話機の料金を支払うための一方法として NTT が発行しているプリペイドカードの一種であって，名刺大の大きさのカードの裏面の磁気部分に利用可能度数等についての情報が印磁されているものをいう。テレホンカードの有価証券性については，ⓐ有価証券は財産権を化体したものであればよく，電磁的記録も有価証券となりうるからホワイトカードも有価証券であるとする磁気部分説，ⓑ有価証券は文書であり，電磁的記録が文書でないとされた以上，券面上の記載部分のみが有価証券であるとする文書性説，ⓒ両者が一体となって有価証券になるとする一体性説とがある。最高裁判所は，「テレホンカードの磁気情報部分並びにその券面上の記載及び外観を一体としてみれば，電話の役務の提供を受ける財産上の権利がその証券上に表示されていると認められ，かつ，これをカード式公衆電話機に挿入することにより使用するものであるから，テレホンカードは，有価証券に当たると解するのが相当である」（最決平 3・4・5 刑集 45・4・171）と判示して，一体性説を採っている。

思うに，財産権を化体しているのはテレホンカードの磁気部分であるから，その意味では磁気部分説が妥当であるが，有価証券偽造の罪は公共の信用に対する罪であるという点を考慮すると，一般人が真正な有価証券と誤解する程度の外観が必要であると解すべきであり，結局，磁気部分と可視的・可読的部分が一体となって有価証券になるとする一体性説が妥当である。

(2) 行 為 本罪の行為は，行使の目的をもって有価証券を偽造・変造することである。

(ア) 偽 造 他人の名義を冒用して有価証券を作成することをいう。偽造された有価証券は，その形式・外観において一般人が真正な有価証券であると誤信する程度のものであれば足りる。例えば，他人名義を冒用して振出地の記載のない約束手形を作成した場合（大判明35・6・5刑録8・6・42），作成権限の範囲を逸脱して他人名義の有価証券を作成した場合（最決昭43・6・25刑集22・6・490），銀行の取締役または支配人が銀行の業務と無関係な事項に関して手形の裏書をし銀行印を押捺した場合（大判明43・4・19刑録16・633）は，偽造に当たる。これに対し，代理権・代表権を有する者が，その権限内で権限を濫用して有価証券を作成した場合は，たとえ自己また第三者の利益のためにしたものであっても偽造とはならない（大判大11・10・20刑集1・558）。

偽造される有価証券には，原則として作成名義人がなければならないが，一般人が真正に成立した有価証券であると誤信するに足りる程度に作成されていれば，発行名義人の記載はなくても，あるいは架空人名義のものであっても偽造となる（最大判昭30・5・25刑集9・6・1080）。なお，文書偽造罪におけると異なり，本罪においては有印・無印の区別がない。したがって，他人の印章・署名を冒用しないで有価証券を偽造したときも本罪を構成する。印章・署名を冒用して有価証券を偽造した場合，印章偽造罪（165条1項167条1項）または印章不正使用罪（165条2項，167条2項）かが問題となるが，有価証券偽造の行為は，当然に他人の印章・署名の冒用を予想していると考えられるから，それらの行為は本罪に吸収されて別罪を構成しない（大判明42・2・5刑録15・61）。

(イ) 変 造 権限を有しない者が，真正に成立した他人名義の有価証券に不正に変更を加えることをいう。一般人が真正なものとして誤信する程度の外観・形式を備えていることを要する。ただし，有価証券の本質的部分に変更を加えれば，新たに有価証券を作成したことになり，偽造に当たる。例えば，他人の振り出した手形の振出日付または受取日付の変更（大判大3・5・7刑録20・782），他人の振出し名義の小切手の金額欄数字の変更（最判昭36・9・26刑集15・8・1525）は，変造に当たる。これに反し，例えば，通用期間を経過して無効に帰した乗車券に増減変更を加えて，新たに効力を有するようにみせかける行為は本質的部分の変更であり，偽造となる（大判大12・2・15刑集2・78）。

利用度数50（500円）のテレホンカードを購入し，カード式公衆電話機に通話度数値を加算する機能を有するロムを取り付け，1998度（現在は105度）利用可能にした電磁的記録部分の不正改ざん行為は，電磁的記録不正作出罪のほかに有価証券の変造に当たるであろうか。有価証券がテレホンカードのように文書部分と電磁的記録部分から成立しており，かつ，電話機の度数カウンターを通じて度数情報を読み取ることが可能な場合には，外観の変更がなくても一般人をして真正な証券と誤信させるおそれがあるから，度数情報の改ざんは変造に当たると解すべきである。最高裁判所もこの考え方を採っている（前掲最決平3・4・5）。

(3)　主観的要件　本罪は，「行使の目的」が要件となっている目的犯であり，故意のほかに行使の目的を必要とする。「行使の目的」とは，真正の有価証券として使用する目的をいう。必ずしも具体的に他人に対し有価証券を流通輾転させる目的であることを要しない（大判大14・10・2刑集4・561）。誰かが真正な有価証券と誤信する危険があることを意識している以上は，行使の目的を認めてよい（最判昭28・12・25裁判集刑90・487）。他人をして行使させる目的であってもよい。変造されたテレホンカードをカード式公衆電話機に挿入して使用する行為は，変造された有価証券行使に当たると解する。

3　有価証券虚偽記入罪

162条(有価証券偽造等) **2項**　行使の目的で，有価証券に虚偽の記入をした者も，前項(162条1項) と同様とする。

(1)　判例と学説　本罪の行為は，有価証券に虚偽の記入をすることである。「虚偽の記入」とは，元来，真実に反する事項を記載することであるが，判例は，虚偽記入とは，有価証券に真実に反する記載をする行為の一切をいい，自己の名義を用いて記載する場合であると，他人の名義を用いて記載する場合であるとを問わないとしている。ただし，他人の作成名義を偽って有価証券そのものを作成する場合，すなわち有価証券の発行または振出しのような基本的証券行為に関する虚偽記入は有価証券偽造に当たるから(大判大12・12・10刑集2・942，最決昭32・1・17刑集11・1・23)，裏書，引受，保証等の付随的証券行為に関する場合だけが虚偽記入に当たるとしている。これに対し，通説は，虚偽記入とは作成権限を有する者が有価証券に内容虚偽の記載をすることを意味し，したがって，付随的証券行為に限らず，基本的証券行為についても虚偽記入が認められると解するのである。

(2) 解決方法　通説と判例の相違は，権限のない者が基本的証券行為について虚偽の記載をした場合を有価証券偽造とするか虚偽記入とするかに帰着し，両者は同一の法定刑で処罰されるのであるから，右のいずれを適用しても実質上の差は生じない。その意味で，この問題の解決は，いずれが理論的に明快かによってその優劣が決まるといっても過言ではない。この点につき通説は，作成権限の有無によって有形偽造と無形偽造を区別する考え方を本罪においても貫き，虚偽記入は作成権限のある者がみずからの名義をもって真実に反する事項を有価証券に記載することとしている。この点，他人名義を冒用して付随的証券行為につき虚偽の記入をすることが虚偽記入罪であるとする判例よりも，明快だというべきである。それゆえ，虚偽の記入とは，作成権限のある者がみずからの名義をもって，有価証券として効力を生ずる事項を真実に反して記入する行為をいう。この見解を採れば，偽造有価証券に虚偽の記入をする行為は本罪を構成せず，有価証券偽造の問題となる。

4　偽造有価証券行使等罪

> **163条**(偽造有価証券行使等) **1項**　偽造若しくは変造の有価証券又は虚偽の記入がある有価証券を行使し，又は行使の目的で人に交付し，若しくは輸入した者は，3月以上10年以下の懲役に処する(未遂は，罰する―163条2項)。

(1) 客　体　本罪の客体は，偽造・変造の有価証券または虚偽記入をした有価証券である。偽造・変造・虚偽記入の有価証券は，行為者自身が偽造・変造・虚偽記入したものであるかどうかを問わない。また，行使の目的で偽造・変造・虚偽記入されたものかどうかも問わない。

(2) 行　為　本罪の行為は，行使すること，または行使の目的でこれを人に交付し，輸入することである。「行使」とは，偽造有価証券を真正なものとして，また，虚偽記入の有価証券を真実を記載したもののごとく装って使用することをいう（大判明44・3・31刑録17・482）。情を知らない者に対しその親族に呈示させるため偽造手形を交付し，また，割引依頼のため他人の閲覧に供するのも行使である（大判昭13・12・6刑集17・907）。行使は，これを一般人の認識しうる状態に置くことによって既遂に達し，現実に他人が認識したことを要しない。

「交付」とは，情を知らない他人に偽造・変造・虚偽記入の有価証券であることの情を告げて，または情を知っている他人に，その占有を移転することをいう。有償・無償を問わない。偽造罪等の共犯者間に授受があっても交付ではない（大判昭6・3・16評論20刑訴106）。ただし，行使を共謀した者の間において行使するためその物を授受する場合は，交付に当たると解すべきである。「輸入」については通貨偽造の罪の項を参照されたい（⇨275頁）。

(3) 目　的　本罪のうち交付・輸入は，行使の目的をもって行われることを要する。「行使の目的」とは，偽造・変造または虚偽記入の有価証券を，真正なまたは内容の真実な有価証券として使用する目的をいう。交付の場合は，被交付者または第三者に行使させる目的をいう。現実に被交付者が行使したかどうかは，本罪の成否に関係がない。

(4) 罪　数　有価証券偽造罪を犯した者が本罪を犯した場合，それぞれ別個独立の犯罪を構成し，牽連犯となる（大判明43・11・15刑録16・1941）。本罪と詐欺罪とも牽連犯である。なお，本条の罪は有価証券ごとに成立するから，数通の有価証券を一括して行使または交付した場合には観念的競合となる（大判昭7・6・30刑集11・911）。輸入して行使すれば牽連犯である。

◈【問　題】

(1)　Xは，甲宅に侵入し，甲の財布に入っていた甲名義のクレジットカード3枚を取り出し，スキマーという読み取り器でカード情報を盗み取り，カードを財布に戻して逃走した。その後，生カード 10 枚ずつそれぞれに印磁し，そのうち 1 枚を使用してデパートで 30 万円の買物をした。X の罪責はどうか。

(2) A 銀行の支配人 X は，自己の商取引の資金等に窮したため，支配人としての資格を冒用して，A 銀行支配人 X の名義で小切手を作成した。X の罪責はどうか。

Ⅳ 支払用カード電磁的記録等に関する罪

1 総 説

(1) 意 義 クレジットカード，プリペイドカードなど電磁的記録を構成要素とする支払用カードは，国民の間で急速に普及し，現代においては現金代用の支払い手段として，通貨および有価証券に準ずる社会的機能を有するに至っている。一方，近年，カードが使用される際に，電子機器を用いてカードの電磁的記録の情報を窃かに取得し，その複製品を大量に作成して商品を購入するなどの行為が，国際的規模で行われつつあり，これら支払用カード偽造等の不正行為の急増は，支払用カードシステムに対する社会的信用を揺るがしかねない深刻な社会問題となってきた。

しかしながら，電磁的記録による情報自体の取得は刑法上不可罰であったため，偽変造カードを所持している場合や電子機器でカード情報を盗んだ場合などはいずれも不可罰となり，支払用カードの真正に対する公共の信用を確保することが困難であるとする指摘がなされてきた。また，クレジットカードは私文書または電磁的記録として扱われるのに対し，プリペイドカードは有価証券として扱われるなど，支払用カードとしての社会的機能は共通しているのに，その偽造等に関する処罰が不統一となっているといった不合理も問題とされてきた。

このような事情を背景として，支払用カードの真正を担保し，その社会的システムに対する公共の信用を確保するという観点から，2001（平成 13）年に刑法が改正された（平成13年法律97号）。新たに「刑法」に第18章の2「支払用カード電磁的記録等に関する罪」が追加され，①支払用カード電磁的記録不正作出等罪（163条の2），②不正電磁的記録カード所持罪（163条の3），③支払用カード電磁的記録不正作出準備罪（163条の4）が新設されたのである。

(2) 保護法益　本罪の保護法益は，支払用カードを構成している電磁的記録の真正，ひいては支払用カードを用いて行う支払システムに対する公衆の信用である。ここで「支払用カード」とは，商品の購入，役務の提供等の対価を現金で支払うことに代えて，所定の支払いシステムに用いるカードをいう。支払用カードとしては，現在，クレジットカード（現金後払い），デビットカード（預貯金の即時振り替え），プリペイドカード（現金先払い），カード型の電子マネーなどがある。それゆえ，支払機能を有しないポイントカード，ローンカード，生命保険カード等は含まない。

問題は，キャッシュカードである。キャッシュカードの大半は，現在，預貯金の即時振替機能すなわちデビット機能を有しているが，そのような機能を有しない，預貯金の払戻機能を有するにすぎない純粋のキャッシュカードは支払用カード電磁的記録ではないから，本罪の客体にはならないと解するのが本筋である。しかし，デビット機能はキャッシュカードそれ自体のものではなく，後から付加されたものであるから，デビット機能を有するカードと有しないカードとは電磁的記録の上では全く識別できない。したがって，もし，純粋のキャッシュカードを含まないとすると，デビット機能を有するカードを純粋のキャッシュカードと認識してスキミング等の行為をしたときは故意が欠けることになり，結局，デビット機能を有する支払用カードの真正を保護できないことになる。そこで純粋のキャッシュカードも本罪の客体とせざるをえないため，163条の2の第1項後段が規定されたのである。

2　支払用カード電磁的記録不正作出等罪

163条の2（支払用カード電磁的記録不正作出）**1項**　人の財産上の事務処理を誤らせる目的で，その事務処理の用に供する電磁的記録であって，クレジットカードその他の代金又は料金の支払用のカードを構成するものを不正に作った者は，10年以下の懲役又は100万円以下の罰金に処する。預貯金の引出用のカードを構成する電磁的記録を不正に作った者も，同様とする。

2項　不正に作られた前項の電磁的記録を，同項の目的で，人の財産上の事務処理の用に供した者も，同項と同様とする。

3項　不正に作られた第1項の電磁的記録をその構成部分とするカードを，同項の目的で，譲り渡し，貸し渡し，又は輸入した者も，同項と同様とする。（本条の未遂は，罰する—163条の5）。

(1)　支払用カード電磁的記録不正作出罪（163条の2第1項）　本罪は，財産上の事務処理の用に供する電磁的記録のうち，特に支払用カードの構成要素となっているものを不正に作る行為を犯罪とするものであり，電磁的記録不正作出罪（161条の2第1項）の「支払用カードを構成する電磁的記録」に係る特則である。なお，法定刑は，支払用電磁的記録カードが通貨に次ぐ小切手等の有価証券に相当する社会的機能を有することを根拠として，その長期は有価証券偽造の罪と同じ10年とされたが，少額の軽微な事案も予想されるところから，選択刑として罰金刑が設けられたものである。

(ア)　客　体　本罪の客体は，財産上の事務処理の用に供する電磁的記録であって，支払用のカードを構成する電磁的記録および預貯金引出用のカードを構成する電磁的記録である。「支払用のカードを構成する電磁的記録」とは，支払いシステムにおける事務処理に用いるための情報が，所定のカードに電磁的方式で記録されているものをいう。具体的には，クレジットカード，デビットカード，プリペイドカードなどの構成要素となっている電磁的記録（⇨300頁）である。客体は電磁的記録であるから，正規の支払用カードとしての外観を有している必要はなく，いわゆるホワイトカードであっても本罪の対象となる。

(イ)　行　為　本罪の行為は，不正に支払用カードを構成する電磁的記録を作ることである。「不正」とは，権限なしにという意味である（⇨291頁）。「電磁的記録を作」るとは，支払用カードとして情報処理が可能な状態，つまり，カード板と一体化した電磁的記録を作ることをいう。たとえば，窃かに取得した情報をカード板に印磁する場合がこれに当たる。電磁的記録とカード板を一体化すれば足りるから，その板に何も記載しなくても作出に当たる。

(ウ)　主観的要件　本罪は目的犯であって，故意のほかに「人の財産上の事務処理を誤らせる目的」が必要となる。したがって，身分証明のためなど，身分上の事務処理の用に供する目的のときは本罪は成立しない。現金を払い戻す目的でキャッシュカードを不正に作出したときは，本罪の目的に当たる。

㈤ 未遂罪・他罪との関連　本罪の既遂時期は，電磁的記録がカードと一体化し，機械的な事務処理が可能になった時である。例えば，窃かに取得したカード情報を生カードに印磁したが，事務処理が可能な状態に達しなかったときは未遂である（163条の5）。ただし，支払用カードを作る目的で情報を取得ないし保管する場合，あるいは生カードを所持するにすぎないときは未遂でなく，後述の不正電磁的記録カード所持罪（163条の3）または支払用カード電磁的記録不正作出準備罪（164条の4）に当たる。

本罪は，電磁的記録と生カードとを一体化して支払用カードを不正に作出する行為を犯罪とするものであるから，電磁的記録の不正作出のみを処罰する公電磁的記録・私電磁的記録不正作出罪を一般法とする特別罪に当たる。したがって，両者の関係は法条競合の特別関係に立つ。観念的競合であるとする考え方もありうるが，本罪は，電磁的記録不正作出罪を一般法とする特別法として新たに設けられたものであるから，法条競合の特別関係とするのが妥当である。なお，テレホンカード等のプリペイドカードを偽造・変造する行為は，有価証券偽造の罪に当たるとするのが判例の立場であるが（前掲最決平3・4・5），支払用カードとして本罪が成立した以上は，本罪のみが成立する。

(2)　不正電磁的記録カード供用罪（163条の2第2項）

㈠ 客　体　本罪の客体は，不正に作出された支払用カード電磁的記録である。供用の行為者自らが作出したものであることを要しない。人の財産上の事務処理を誤らせる目的で作出されたものであるかも問わない。

㈡ 行　為　本罪の行為は，不正に作出された支払用カード電磁的記録を人の財産上の事務処理の用に供することである。「用に供する」は「行使」に相当する用語であるが，行使は一般に人を対象として用いる場合を指すので，電子計算機で機械的に処理されるものであることを明らかにするために「用に供する」すなわち「供用」とされたものである。供用とは，不正に作出された支払用カード電磁的記録を，他人の事務処理のために用いることである。

⑼ **主観的要件**　「人の財産上の事務処理を誤らせる目的」を必要とする。不正に作出されたものであることの認識があっても，このような目的がなければ，処罰に値するほどの違法性がないとする趣旨である。

⑽ **未遂罪・他罪との関係**　本罪については，未遂も罰せられる。不正電磁的記録カードが人の事務処理に用いられる状態に置かれれば，人の識別を経ずに機械的に処理されることになるため，実害発生の危険性が大きいという理由に基づく。

本罪は，作出罪（163条の2第1項）と同じように，161条の2第3項の不正作出電磁的記録供用罪の特別規定であるから，本罪が成立するときは不正作出電磁的記録供用罪は成立しない。作出罪と供用罪は牽連犯である。

(3)　不正電磁的記録カード譲り渡し・貸し渡し・輸入罪（163条の2第3項）　本罪は，不正に作られた電磁的記録を構成部分とする支払用カードを，人の財産上の事務処理を誤らせる目的で，①譲り渡し，②貸し渡し，③輸入する行為を処罰するものである。これらの罪も目的犯である。

⑺ **譲り渡し罪**　「譲り渡し」とは，相手方に処分権を与える趣旨で物を引き渡す行為をいう。偽造通貨行使等罪にいう「交付」に当たるものであるが，本罪においては，金券ショップに売却するなど，不正電磁的記録カードであることの情を明かさずに引き渡す場合も処罰する必要があるところから，敢えて「譲り渡し」としたものである。したがって，相手方が情を知っている場合と知らない場合の両者を含む。有償・無償を問わない。

情を知って譲り受けた相手方は必要的共犯関係に立つが，行為の違法性が微弱であるという理由から，相手方は不可罰とされている。ただし，その行為が後述の所持罪を構成するときは，その限りでない。

⑴ **貸し渡し罪**　「貸し渡し」とは，相手方に貸与する趣旨で物を引き渡す行為をいう。本罪も必要的共犯関係に立つが，情を知って借り受けた場合は，譲り渡し罪におけるのと同じ問題が生ずる。

⑼ **輸入罪**　「輸入」とは，不正電磁的記録カードを国外から国内に搬入する行為をいう。陸揚げまたは荷下ろしが必要である。

3　不正電磁的記録カード所持罪

163条の3(不正電磁的記録カード所持) 163条の2第1項の目的で，同条第3項のカードを所持した者は，5年以下の懲役又は50万円以下の罰金に処する。

(1) 意　義　有価証券偽造の罪および文書偽造の罪においては，所持を処罰しない。しかし，不正電磁的記録カードは，クレジットカードを例にとっても分かるように，偽造通貨ないし文書と異なり，許される範囲で何度でも使用が可能であり，所持による法益侵害の可能性が特に高い。また，不正電磁的記録は，電磁的記録として真正なものと全く異ならないため，情報処理の段階で発見することはきわめて困難であるところから，その所持自体を処罰するものとされたのである。ただし，所持は供用罪の予備罪的な性質を有するので，その法定刑の上限は供用罪の2分の1とされた。

(2) 行　為　本罪の行為は，人の財産上の事務処理を誤らせる目的で所持することである。「所持」とは，一般の用語例では「持っていること」または「携帯」をいうが，本罪が供用の予備罪的性質を有する点に鑑み，ここでは不正電磁的記録カードを事実上支配している状態をいうと解すべきである。それゆえ，自宅に保管しているのも所持に当たる。なお，譲り渡しまたは貸し渡しを受ければ，通常は所持罪が成立し，両罪は牽連関係に立つと解すべきである。

4　支払用カード電磁的記録不正作出準備罪

163条の4(支払用カード電磁的記録不正作出準備)**1項**　163条の2第1項の犯罪行為の用に供する目的で，同項の電磁的記録の情報を取得した者は，3年以下の懲役又は50万円以下の罰金に処する。情を知って，その情報を提供した者も，同様とする(未遂は，罰する—163条の5)。

2項　不正に取得された第163条の2第1項の電磁的記録の情報を，前項の目的で保管した者も，同項と同様とする。

3項　第1項の目的で，器械又は原料を準備した者も，同項と同様とする。

(1) 意　義　支払用カード電磁的記録不正作出罪の予備的行為のうち，同罪の遂行にとって不可欠であり処罰の必要性の高い行為として，①カード情報を取得ないし提供する行為，②カード情報を保管する行為，③器械又は原料等を準備する行為を犯罪化するものである。本罪も目的犯であり，人の財産上の事務処理を誤らせる目的が必要である。

(2) 情報取得・提供罪（163条の4第1項） 情報取得罪は，支払用カードを構成する電磁的記録の情報を不正に取得する罪である。「支払用のカードを構成する電磁的記録」とは，支払決済システムにおける情報処理の対象となる情報をいう。通常はカードの磁気ストライプに記録されている情報である。行為は電磁的記録自体を取得することであり，電磁的記録の情報をカードから複写して自己の支配下に移すことをいう。正規のカードの券面から，スキマーと称する電子機器を用いて，電磁的記録としてのカード情報を複写し，スキマーにその情報を蓄積させて取得する方法が典型である。この方法は，スキミングと呼ばれている。なお，支払用カード自体を窃かに取得すれば，もちろん窃盗となる。

情報提供罪は，支払用カードを構成する電磁的記録の情報を，不正に相手方に提供する犯罪である。「提供」とは，カード情報が記録されている媒体を他人に送付するなどして，相手方が利用できる状態に置くことをいう。

(3) 情報保管罪（163条4第2項） 情報保管とは，カード情報を自己の事実上の支配内に置く行為をいう。情報機器の記録媒体に保存する行為がこれに当たる。有償か無償かを問わない。

(4) 情報機器等準備罪（163条4第3項） 不正支払用カードを作出する予備的行為のうち，器械・原料の準備を罰するものである。通常，不正作出するためには，カード情報を取得したうえで，カードの原板に印磁する必要がある。そこでは，当然のことながら，スキマー，カード情報を印字する器械，カードの原料などが不可欠となる。そこで，カード情報を取得する目的で，器械または原料を準備した者を処罰することにしたのである。「準備」とは，器械又は原料を用意して，不正支払用カードの作出を容易にする行為をいう。

V　印章偽造の罪

1　総　説

(1)　意　義　印章偽造の罪は，①行使の目的をもって印章・署名を偽造し，または，②印章・署名を不正に使用し，もしくは，③偽造した印章・署名を使用することを内容とする犯罪である。その保護法益は印章・署名の真正に対する公衆の信用であり，本罪はそれを抽象的に危険にすることによって成立する抽象的危険犯である。したがって，公衆の信用を害する危険が生ずれば既遂となり，他人に実害を生じさせたかどうかを問わない（大判明45・3・11刑録18・331）。刑法は，①御璽偽造・不正使用罪，②公印偽造・不正使用罪，③公記号偽造・不正使用罪，④私印偽造・不正使用罪，⑤各不正使用罪の未遂を規定している。

2　印章・署名・記号

(1)　印　章　印章とは，人の同一性を証明するために使用される象形（文字または符号）をいう。一般に象形として氏名が用いられるが，必ずしも氏名に限らず，図形を現す拇印や花押などでもよい。人の同一性を証明するものであれば足りるから，有合せ印（三文判など）を用いた場合であってもよい。

(ア)　印章と印顆　印章の意義をめぐっては，印影に限るとする説と印顆と印影の両者を含むとする判例の見解（大判明43・11・21刑録16・2093）とが対立している。印影とは，人の同一性を証明するために，物体（文書・有価証券など）上に顕出された文字その他の符号の影蹟（押印）をいう。印顆とは，印影を作成する手段としての文字その他の符号を刻した物体（判子・印形）をいう。それゆえ，判例の見解に従うと，行使の目的で他人の印顆に類似したのを作れば直ちに本罪が成立することとなる。

しかし，そもそも人の同一性を証明するために用いられるのは印影であるから，その手段にすぎない印顆の公共信用性までも保護する必要はない。また，刑法が印章の偽造と署名の偽造とを同じ証明力を有するものとして規定していることに照らし，署名に類するものは印顆でなくて印影であるから，この点からみても印章を印影に限るとする見解のほうが正しい。後述するように，印章不正使用罪および偽造印章使用罪における「使用」の意味を印影の使用と解する以上は，これとの均衡上も印影に限るとする見解に従うべきである。

(イ) **省略文書**　印章と似て非なるものに省略文書がある。省略文書とは，一定の意思・観念を簡略化して表示する文書をいい，例えば，銀行の出金票や捺印のない連帯保証書などがこれに当たる。極端な省略文書である物品税表示証紙や日付印ことに郵便局の日付印について，学説は印章説（大判明42・6・24刑録15・848，大判大11・3・15刑集1・147）と省略文書説（大判明43・5・13刑録16・860，大判昭3・10・9刑集7・683）とに分かれている。文書と印章とを区別する基準は，文書は名義人の一定の意思・観念を表示するものであり，印章は人の同一性を表示するものであるから，日付印が使用される場面によって区別すべきである。例えば，金員領収の趣旨を示すために用いられる場合は，一定の意思を表示するものであるから文書であるのに対し，単に，郵便物が郵便局を経由したことを示すにすぎないときは印章とすべきである。

(ウ) **印章の範囲**　印章は，法律的な取引において意味をもつものでなければならない。ただし，権利・義務に関するものであることは必要でなく（大判大3・6・3刑録20・1108），書画の落款に使用される雅号印も印章となる。人の同一性を示すためのものでない名所・旧蹟などの記念スタンプは，印章でなく，後述の記号である。印章は，公印と私印とに区別される。公印とは，公務所・公務員の印章をいう（165条）。私印とは私人の印章を指す（167条）。御璽，国璽も公印の一種である。なお，公務所の印章については，狭義の印章と記号とに区別され，後者の偽造・不正使用などは軽く処罰される（166条）。人格の同一性を証明することと事実を証明することとの証明力の差を考慮したためである。

(2) 署　名　署名とは，その主体たる者が自己を表象する文字によって氏名その他の呼称を表記したものをいう（大判大5・12・11刑録22・1856）。

氏または名のみの記載，片仮名，商号，略号，屋号，雅号などの記載も署名である。例えば「豊田村教務員」とだけ記載しても，一定の公務員を指称したことが明らかであれば署名である（大判明44・11・16刑録17・1989）。署名については，その主体がみずから書く自署である必要はなく，代筆・印刷等による記名でもよいとするのが判例（大判明45・5・30刑録18・790）である。記名は捺印を伴うときに初めて取引上自署と同視されることにかんがみ，自署に限るべきである。

法人が主体であるときは，代表者または代理人の自署によるべきである。署名についても極端な省略文書との区別が問題となるが，例えば，自筆の「書」の署名欄に氏名を自署し，その下に「書」などの文字を付け加える場合，それが独自の意味をもつのでなければ署名の一部と解すべきである。署名も公署名と私署名とに分かれる。前者は公務員の行う署名であり（165条），後者は私人の行う署名である（167条）。

(3) 記　号　記号とは，一定の事実を表示したり証明するための媒体をいう。例えば，文字やマーク，図形による極印，校印，訂正印がこれに当たる。判例は，使用の目的により印章と記号を分ける立場から，文章に押捺して証明の用に供するものは印章であり，産物や商品等の物品に押捺するものは記号だとする（最判昭30・1・11刑集9・1・25）。

3　偽造と使用

本章の罪の行為は，行使の目的による印章等の偽造，および印章等の不正使用，偽造された印章等の使用である。偽造とは，権限がないのに他人の印鑑等の印影，署名，公務所の記号を物体上に顕出させることをいう。偽造印，三文判等を使用する場合のほか，真正な印鑑を盗捺する場合も含む。既述のように，判例は偽造印鑑自体の作成も偽造とするが（大判昭8・8・23刑集12・1434），この行為は，印章偽造の予備にすぎない。使用とは，他人に対して閲覧可能な状態に置くことをいう。この場合は，未遂は罰せられる。なお，単に印影を顕出させる行為は，印章偽造にはなっても使用罪の未遂にはならない（大判昭4・11・1刑集8・557）。

4　御璽等偽造罪・御璽等不正使用罪

164条(御璽偽造及び不正使用等) **1項**　行使の目的で，御璽，国璽又は御名を偽造した者は，2年以上の有期懲役に処する。

2項　御璽，国璽若しくは御名を不正に使用し，又は偽造した御璽，国璽若しくは御名を使用した者も，前項と同様とする(未遂は，罰する—168条)。

御璽とは，天皇の印章の印影，国璽とは日本国の印章の印影，御名とは，天皇の署名をいう。その他の点については，前述および後述を参照されたい。

5　公印等偽造罪

165条(公印偽造及び不正使用等) **1項**　行使の目的で，公務所又は公務員の印章又は署名を偽造した者は，3月以上5年以下の懲役に処する。

本罪の行為は，行使の目的をもって印章・署名を偽造することである（目的犯)。行為者自身が行使する目的に限らず，他人に行使させる目的でもよい。印章・署名の偽造とは，権限なしに書類等の物の上に不真正な印影を表示し，あるいは署名を作出することをいう。その方法のいかんを問わない。ただし，一般人が実在者の印章・署名と誤信する程度の形式・外観を備えている必要がある。

印影の表示は，そのために印顆を製作して行うか，有合せ印を使用するかは本罪の成立に影響がない。ただし，印章には印顆が含まれるとする判例の見解によれば，本罪は印顆の作成によって既遂となるのに対し（前掲大判明43・11・21刑録16・2093)，通説のように印影に限るとすれば，印影の作成は未遂にとどまり，印影を書類等に顕出した時に既遂となる。

6　公印等不正使用罪

165条(公印偽造及び不正使用等) **2項**　公務所若しくは公務員の印章若しくは署名を不正に使用し，又は偽造した公務所若しくは公務員の印章若しくは署名を使用した者も，前項(165条1項)と同様とする(未遂は，罰する—168条)。

本罪の行為は，「不正使用」および，「使用」である。不正使用とは，真正な印章・署名を権限なしにその用法に従って他人に対し使用することをいう。

権限のある者が権限を越えて使用したときも不正使用に当たる（大判大5・7・3刑録22・1226)。「使用」は，印影・署名を文書等の物体に顕出するだけでは完成せず，他人が閲覧できる状態に達しなければならない（大判大7・2・26刑録24・121)。ただし，他人が現に閲覧したことは本罪の成立に影響しない。偽造した印章・署名の「使用」とは，偽造の印章・署名を，その用法に従い真正なものとして他人に使用することであり，他の点は不正使用の場合と同様である。

7　公記号偽造罪

166条(公記号偽造及び不正使用等) **1項**　行使の目的で，公務所の記号を偽造した者は，3年以下の懲役に処する(未遂は，罰する—168条)。

本罪の客体は，「公務所の記号」である。記号の意義をめぐっては，ⓐ押捺される客体が文書以外の物体である場合（産物・商品・書籍・什物など）の影蹟をいうとする押捺物体標準説（使用目的標準説)，ⓑ人の同一性以外の事項を表示する影蹟をいうとする表示内容標準説（証明目的標準説）とが対立している。判例は，ⓐ説を採るものと（大判大3・11・4刑録20・2008, 前掲最判昭30・1・11)，ⓑ説を採るもの（前掲大判大11・3・15）とに分かれている。

思うに，印章は人の同一性を表示する点に本質があるから，押捺される客体のいかんによって記号か印章かを区別する説は妥当でない。記号と印章とを区別する意味は，両者の間に偽造等の罪に対する法定刑の軽重がある点にあり，その差が設けられている理由は，社会生活における両者の公共信用性の大小に由来する。そして，その公共信用性の大小は，主体の同一性を表示するものか否かにかかっているから，記号は，一定の事実を記録するなど人の同一性を表示する場合以外に用いられる影蹟，例えば極印，検印，訂正印などを指す。

8　公記号不正使用罪

166条(公記号偽造及び不正使用等) **2項**　公務所の記号を不正に使用し，又は偽造した公務所の記号を使用した者は，3年以下の懲役に処する(未遂は，罰する—168条)。

公務所の記号を不正に使用するとは，権限なくして真正の記号を物体に表示し，他人が閲覧できる状態に置く行為，および真正の記号が表示されている物体を権限なくして利用または処分する行為をいう。例えば，検印のある空き袋に未検査物を詰め，真正の検印ある内容物として引渡した場合がこれに当たる（大判大 11・4・1 刑集 1・194）。偽造の記号を使用するとは，偽記号を正当に押捺されたものとして他人が閲覧しうる状態に置くことをいう。

9　私印等偽造罪

167 条(私印偽造及び不正使用等) **1 項**　行使の目的で，他人の印章又は署名を偽造した者は，3 年以下の懲役に処する(未遂は，罰する―168 条)。

本罪は 165 条の定める公印等偽造罪に対応する罪であって，客体が私人の印章・署名である点に違いがあるだけである。したがって，本罪も目的犯である。「他人」とは，公務所・公務員以外の私人をいう。本罪は，自然人，法人，法人格のない団体の印章・署名を偽造することを内容とするが，詳細は 165 条の解説にゆずる（⇨ 326 頁 *5*）。

本罪に固有の問題として，本罪の印章中に私人の記号が含まれるかが争われており，判例は記号もまた印章に含まれるとする（前掲大判大 3・11・4〔樹木に押印する極印〕）。しかし，私記号はその公信力が弱いため，あえて刑法の保護を必要としないとする趣旨で私記号に関する罰則が刑法に置かれなかったと解すべきであるから，判例の立場は改められるべきである。

10　私印等不正使用罪

167 条(私印偽造及び不正使用等) **2 項**　他人の印章若しくは署名を不正に使用し，又は偽造した印章若しくは署名を使用した者も，3 年以下の懲役に処する(未遂は，罰する―168 条)。

客体が私人の印章・署名である点に違いがあるだけで，他は 165 条 2 項におけると同じである（⇨ 326 頁 *6*）。他人の署名・捺印のある真正な契約書の末尾の余白に新たな条項を記入する場合は，不正使用に当たる（大判明 42・7・1 刑録 15・901）。

Ⅵ　不正指令電磁的記録に関する罪

1 意 義

不正指令電磁的記録に関する罪は，コンピュータ・ウイルスの作成・供用等を処罰するために，2011（平成23）年に新設された犯罪である。電子計算機は，現代社会で広く普及し，社会生活上の活動の多くは電子計算機の情報処理に依存している。ところが，近年，所謂コンピュータ・ウイルスが作られ，広い範囲の電子計算機が意図に反して実行され，深刻な被害をもたらす事態が生じている。そこで，その抑止が世界的課題となり，2001（平成13）年には，欧州評議会で「サイバー犯罪に関する条約」が締結された。わが国でも条約締結に向けて法整備が求められ，ようやく法改正が実現し，不正指令電磁的記録作成等罪（168条の2）および不正指令電磁的記録取得等罪（168条の3）が処罰されることになったのである。

2 コンピュータ・ウイルス

コンピュータ・ウイルスとは，不正指令電子的記録ともいい，コンピュータ・システムの破壊や混乱を意図して，電子計算機に沿うべき動作をさせず，またはその本来の意図に反する動作をさせ，不正指令を与えるプログラムのことである。ウイルスが埋め込まれた電子メールやホームページの閲覧を通じて感染し，また増殖するので，世界中のサイバー空間に蔓延することもありうる。そこで，それら有害な事態を抑止するために，不正指令電磁的記録作成等罪と不正指令電磁的記録取得等罪が新設されたのである。

本罪は，電子計算機の電磁的記録がコンピュータ・ウイルスに感染した場合，個々の電子計算機のデータの損壊または消去による業務妨害といった個人法益に対する罪とも考えられるが，しかし，コンピュータ・ウイルスは，個人法益を超えて，社会一般に世界的規模で重大な被害をもたらすところから，本罪の保護法益は，コンピュータ・ネットワークの安全性に対する公衆の信用にあり，社会法益に対する罪と考えるのが妥当である。

3 不正指令電磁的記録作成等罪

168条の2（不正指令電磁的記録作成等）**1項** 正当な理由がないのに，人の電子計算機における実行の用に供する目的で，次に掲げる電磁的記録その他の記録を作成し，又は提供した者は，3年以下の懲役または50万円以下の罰金に処する。①人が電子計算機を使用するに際してその意図に沿うべき動作をさせず，又はその意図に反する動作をさせるべき不正な指令を与える電磁的記録，②前号に掲げるもののほか，同号の不正な指令を記述した電磁的記録その他の記録。

2項 正当な理由がないのに，前項第1号に掲げる電磁的記録を人の電子計算機における実行の用に供した者も，同項と同様とする（未遂は，罰する——168条の2第3項）。

(1) 客 体 本罪の客体は，不正指令電磁的記録（コンピュータ・ウイルス）すなわち，「人が電子計算機を使用するに際して，その意図に沿うべき動作をさせず，又は，その意図に反する動作をさせるべき不正な指令を与える電磁的記録」および「不正な指令を記述した電磁的記録」である。

(ア) 不正指令電磁的記録 本罪にいう電子計算機とは，自動的に計算やデータ処理を行う電子計算機をいい，パソコンや携帯電話を含む。「意図に沿うべき動作をさせず，又はその意図に反する動作をさせる」にいう「意図」とは，コンピュータを使う特定の個人の意図ではなく，そのプログラムの内容や機能が目指しているものをいう。意図に反するかどうかは，そのプログラムの本来の機能を基準に判断される。「不正の指令」にいう不正とは，そのプログラムの機能からみて社会的に許容されないことをいう。

(イ) その他の記録など 2号にいう「不正な指令を記述した電磁的記録」とは，内容的にコンピュータ・ウイルスとして完成したものであるが，そのままの状態では電子計算機において不正な動作をさせることができないものをいう。「その他の記録」とは，例えば，不正なプログラムのソースコードを記録した電磁的記録や，その内容を紙に印刷したものをいう。

(2) 行 為 本罪の行為は，正当な理由がないのに，コンピュータ・ウイルスに当たる電磁的記録その他の記録を「作成」し，「提供」することである。「正当な理由がないのに」とは，刑法130条の住居侵入罪におけると同様，「違法に」の意味である。敢えて法文に入れる必要はないが，例えば，ウイルス対策ソフトの開発・試験などを行うために不正な電磁的記録を作成する場合があるところから，国会審議過程で追加されたのである。

(ア) **不正指令電磁的記録作成罪**　本罪の行為は，「作成」である。作成とは，不正な電気的記録等を記録媒体に存在させることをいう。例えば，プログラミング言語を用いて，プログラムのソースコードを完成させる行為がこれに当たる。

(イ) **不正指令電磁的記録提供罪**　「提供」とは，不正指令電磁的記録であることの情を知って受け取る者に対し，不正指令電磁的記録をその支配下に移すことをいう。例えば，不正指令電磁的記録のソースカードを印刷した用紙を，情を知って相手方に交付する行為がこれに当たる。

(ウ) **不正指令電磁的記録供用罪**　「供用」とは，正当な理由がないのに，不正指令電磁的記録を「実行の用に供する」ことをいう。電子計算機の使用者には実行しようとする意思がないのに，実行しうる状態に置くことをいう。

(エ) **主観的要件**　上記の犯罪は，いずれも目的犯である。故意のほかに「人の電子計算機における実行の用に」供する目的が必要である。実行の用に供する目的とは，電子計算機の使用者にこれを実行しようとする意思がないのに，実行できる状態にする目的をいう。したがって，電子計算機の使用者が，電子計算機を実行するとき，不正指令電磁的記録であることを知らないことが必要である。なお，本罪の故意は，ウイルス・プログラムであることを認識しつつ作成・提供・供用する意思である。

4　不正指令電磁的記録取得等罪

168条3(不正指令電磁的記録取得等)　正当な理由がないのに，前条第1項の目的で，同項各号に掲げる電磁的記録その他の記録を取得し，又は保管した者は，2年以下の懲役又は30万円以下の罰金に処する。

(1) 行　為　本罪は，正当な理由がないのに，人の電子計算機における実行の用に供する目的で，不正指令電磁的記録その他の記録を取得し，又は保管する行為を処罰するものである。「取得」とは，不正指令電磁的記録であることの情を知って，これを自己の支配下に移す行為をいう。「保管」とは，不正電磁的記録であることを知って，それを自己の支配下に置く行為をいう。

(2) **罪数関係**　作成罪と保管罪は，いずれも供用目的で行われる犯罪であるから，両罪は手段と結果の関係に立ち牽連犯となる。作成罪，提供罪および取得罪は，いずれも供用目的で行われるものであるから，この場合も牽連犯となる。

第4章　風俗に対する罪

本章で述べる罪は，①わいせつ，強制性交等および重婚の罪（第2編第22章），②賭博および富くじに関する罪（同第23章），③礼拝所および墳墓に関する罪（同第24章）の三種である。これらは一括して公衆の風俗自体を保護法益とするものであり，①は，健全な性的風俗を保護法益とするのに対し，②は，健全な国民の経済・勤労生活自体の風俗を保護しようとするものであり，③は，宗教的風俗を保護法益とするものである。いずれも，現実の社会において形成されている公衆の健全な風俗を保護法益とするものである。

I　わいせつ・重婚の罪

1　総　説

わいせつ，強制性交等および重婚の罪は，健全な性的風俗を侵害することを内容とする犯罪であり，刑法は，①公然わいせつ罪（174条），②わいせつ物頒布等罪（175条），③強制わいせつ罪（176条），④強制性交等罪（177条），⑤準強制わいせつ・準強制性交等罪（178条），⑥重婚罪（184条），⑦淫行勧誘罪（182条）を規定している。刑法第2編第22章は「わいせつ，強制性交等及び重婚の罪」を定めており，その元来の立法の趣旨は，公衆の性秩序ないし性的風俗を保護する点にある。しかし，この章のなかには，性質を異にする三種類の規定が含まれている。第1は，公然わいせつ罪およびわいせつ物頒布等罪であって，これらは公衆の性風俗を保護するための罪である。第2は，強制わいせつ・強制性交等の罪であって，これらは主として個人の性的自由を保護するための罪である。なお，淫行勧誘罪は，その趣旨が明快ではないが，おそらくは後者と同じ性質の罪とされたのであろう（⇨91頁）。第3は，重婚の罪であって，これは公衆の健全な性秩序すなわち一夫一婦制を保護法益とする罪である。憲法14条の男女平等の原則に反するものとして1947（昭和22）年の刑法一部改正の際に廃止された姦通罪（183条）は，上記と同旨のものといってよい。本節においては，公衆の性風俗を侵害する第1の公然わいせつ罪，および公衆の性秩序を侵害する第3の重婚の罪を検討する。

2　公然わいせつ罪

174条（公然わいせつ）　公然とわいせつな行為をした者は，6月以下の懲役若しくは30万円以下の罰金又は拘留若しくは科料に処する。

(1)　行　為　本罪の行為は，公然とわいせつな行為をすることである。「公然」とは，不特定または多数人が認識できる状態をいう（最決昭32・5・22刑集11・5・1526）。現実に不特定または多数人が認識したことを要しない。例えば，密室内で少数の者に見せる場合でも，それを反復すれば公然性の要件を満たす（最決昭31・3・6裁判集刑112・601，最決昭33・9・5刑集12・13・2844）。

「わいせつ」とは，「いたずらに性欲を興奮又は刺激し，普通人の正常な性的羞恥心を害し善良な性的道義観念に反するもの」（最判昭26・5・10刑集5・6・1026，東京高判昭27・12・18高刑集5・12・2314）をいう。現実に普通人が性的羞恥心を抱いたことは必要でなく，性的羞恥心または嫌悪感を抱かせ，公衆の健全な性的感情を害する性質・程度のものであれば足りる。

本罪の趣旨は，健全な性的道義観念を維持し社会を道徳的頽廃から守るためではなく，現に社会生活において形成されている性的風俗を保護するためにあると解すべきであるから，わいせつか否かの判断は，「一般社会において行われている良識すなわち社会通念を基準として」客観的に行わなければならない（最大判昭32・3・13刑集11・3・979）。わいせつとされる行為は，時代の変化とともに変わるのであり，わいせつ性の判断基準もそれに即応して当然に変遷する。したがって，わいせつ性判断の基準は，平均的一般人である（最判昭45・4・7刑集24・4・105）。

(2)　ストリップ・ショウ　踊り手が音楽に合わせ衣装を次々に脱ぐ演

芸のストリップ・ショウにおいては，性器の露出や性交を伴うショウを演ずる行為は，公然わいせつ罪に当たる（前掲最決昭32・5・22）。

(ア) **演者と興行主との関係**　ストリップ・ショウの演者と興行主との関係について，ⓐ演者には公然わいせつ罪，興業主には同罪の従犯または教唆犯が成立するとする説，ⓑ演者には公然わいせつ罪が，興行主にはわいせつ物陳列罪が成立するとする説，ⓒ演者と興業主の双方に公然わいせつ物陳列罪が成立するとする説が対立している。ⓑ説およびⓒ説の根拠は，わいせつな映画を観覧させる場合には175条によって罰せられるのに，さらにわいせつ性の程度が高い生きた人間のわいせつ行為を観覧させていながら，本罪で軽く罰せられるのは不当だという点にある。しかし，人間の身体を物と同視するのは類推解釈として禁止されているというほかはない。上記の場合には，演者について公然わいせつ罪が成立し，興行主については本罪の教唆犯または幇助犯が成立すると解する（最判昭29・3・2裁判集刑93・59）。

(イ) **罪　数**　ストリップ・ショウにおいて，1回の出演中に数回裸体となって別個独立の演技をしたときは併合罪になる（最判昭25・12・19刑集4・12・2577）。強制わいせつを公然と行ったときは，強制わいせつ罪は個人法益に対する罪であるから，本罪との観念的競合となる（大判明43・11・17刑録16・2010）。男女2組のショウに同時に照明を当てる行為は，数人による公然わいせつ行為を幇助するものであるから，幇助犯として観念的競合となる（最判昭56・7・17刑集35・5・563）。ストリップ・ショウの演者とその単なる観客との関係は一種の必要的共犯であり，現行法はその観客について不可罰としているから，正犯ないし共犯として処罰されることはないと解する。

3　わいせつ物頒布等罪

175条（わいせつ物頒布等）**1項**　わいせつな文書，図画，電磁的記録に係る記録媒体その他の物を頒布し，又は公然と陳列した者は，2年以下の懲役若しくは250万円以下の罰金若しくは科料に処し，又は懲役及び罰金を併科する。電気通信の送信によりわいせつな電磁的記録その他の記録を頒布した者も，同様とする。

2項　有償で頒布する目的で，前項の物を所持し，又は同項の電磁的記録を保管した者も，同項と同様とする。

わいせつ物頒布等罪は，わいせつな文書，図画その他の物を頒布し，販売し，または，公然と陳列する行為を犯罪とするものである。また，わいせつ物販売目的所持等罪は，わいせつな文書，図画その他の物を所持・保管する行為を犯罪とするものである。本罪は，2011（平成23）年に大幅に改正された。

(1) 客　体　本罪の客体は，わいせつの文書，図画，電磁的記録に係る記録媒体，その他の物である。

(イ) わいせつの意義　わいせつとは，性欲を強く刺激しその他露骨な表現によって一般社会人の性的羞恥心を害し，社会の性秩序ないし性風俗に反する性質をいう。判例は，本罪のわいせつを定義して，「①徒らに性欲を興奮又は刺激せしめ，②且つ普通人の正常な性的羞恥心を害し，③善良な性的道義観念に反するものをいう」（最判昭26・5・10刑集5・6・1026，最大判昭32・3・13刑集11・3・997〔チャタレー事件〕）と定義している。わいせつに当たるかどうかは，社会の性秩序または「善良な性的道義観念」に反するかどうかによって決定されるのであるから，この判断は，社会通念に照らして客観的に行われることを要する。しかし，社会通念は時代とともに変遷し，また，社会によって異なるものであるから，その判断に当たっては，現に存在している一般人の性に関する観念を的確に把握し，いやしくも表現の自由（憲21条），学問の自由（同23条）を侵害することがないように注意しなければならないのである。

(a) わいせつ性の判断方法　表現の自由および学問の自由との関連で特に問題となるのは，科学作品，芸術作品にわいせつ性を認めてよいかである。学説上は，ⓐ部分的にわいせつと認められる露骨な性表現があっても，作品全体からみてわいせつ性が解消しているときはわいせつに当たらないとする見解，ⓑわいせつ性の有無を文書等の販売・広告等の方法，対象とする読者層との関連で判断すべきであるとする見解（相対的わいせつ概念），ⓒ著述・出版の意図との関連で判断すべきであるとする見解（主観的わいせつ概念），ⓓわいせつ物により侵害される法益と，科学・芸術作品のもたらす利益とを比較して判断すべきであるとする見解（利益衡量論）などが提唱されている。

(b) 判　例　判例は，初め，作品中にわいせつ性を認めうる部分がある以上はわいせつ物であるとする部分的ないし絶対的わいせつ概念を採用していた（前掲最大判昭 32・3・13〔高度の芸術性といえども作品のわいせつ性を解消するものとは限らない〕）。次いで，部分的に露骨な性描写があっても作品全体から判断してわいせつ性を否定すべき場合があるとする全体的考察方法を採ることを明らかにした（最大判昭 44・10・15 刑集 23・10・1239）。さらに，全体的考察方法を踏まえて，「文書のわいせつ性の判断にあたっては，当該文書の性に関する露骨で詳細な描写叙述の程度とその手法，右描写叙述の文書全体に占める比重，文書に表現された思想等と右描写叙述との関連性，文書の構成や展開，さらには芸術性・思想性等による性的刺激の緩和の程度，これらの観点から当該文書を全体としてみたときに，主として，読者の好色的興味にうったえるものと認められるか否かなどの諸点を検討することが必要であり，これらの事情を総合し」て行うべきであるとするに至っている（最判昭 55・11・28 刑集 34・6・433〔四畳半襖の下張事件〕）。

(c) 春画・春本論　芸術性・科学性とわいせつ性とは次元を異にするから，一般論としては，芸術作品・科学作品であってもわいせつ物となりうることは否定できず，科学性・芸術性によってわいせつ性が昇華・解消されない場合がありうることは，認めざるをえないであろう。しかし，芸術・科学作品それ自体が表現の自由によって保護されるべき対象であること，また，全体的考察方法によっても，個々の露骨な性描写がいかなる場合に科学性・芸術性によって昇華・解消されるかは必ずしも明確ではなく，科学性・芸術性によるわいせつ性の解消を基準とする方法には限界があるといわなければならない。

解釈論として現行法のわいせつ概念を可能な限り表現・学問の自由権と調和させるためには，客観的にみて専ら好色的興味にのみ訴えるための物，すなわち端的な春画・春本類（ハードコア・ポルノグラフィ）だけがわいせつとするにふさわしい物というべきである。すなわち，作品を全体的に考察し，露骨で詳細な性表現が用いられ，社会通念上専ら好色的興味にのみ訴えると認められるものがわいせつ物であるということになり，判例も「四畳半襖の下張事件」（前掲最判昭 55・11・28）において，この考え方を採ったと考えられる。

⑺　**文書・図画**　文書とは発音的符号によって表示されるものをいい，小説がその典型である。図画とは，象形的方法によって表示されるものをいい，映画，絵画，写真の陽画・陰画（最判昭58・3・8刑集37・2・15〔性器及び周辺部分を黒く塗りつぶして修正のうえ印刷〕），未現像の映画フィルム（名古屋高判昭41・3・10高刑集19・2・104），ビデオテープ（最判昭54・11・19刑集33・7・754）などがその例である。人が認識しうる状態にあればよく，必ずしも画像として現われていることを要しない。

⑷　**電磁的記録に係る記録媒体**　2011（平成23）年の改正により，客体に電磁的記録に係る記録媒体が追加された。刑法175条のわいせつ物は，有体物に限られるのであり，わいせつビデオについてもディスプレイに映し出された映像ではなく，ビデオテープその物がわいせつ物とされ，わいせつな音声・映像ではなく再生機自体がわいせつ物とされていた。そこで問題となったのは，インターネットやパソコン通信のサーバーコンピュータに記憶蔵置された画像情報は，わいせつ物に当たるのかということであった。最高裁判所は，「被告人がわいせつな画像データを記憶・蔵置させたホストコンピュータのハードディスクは，刑法175条が定めるわいせつ物に当たる」（最決平13・7・16刑集55・5・317）と判示した。しかし，ハードディスクそれ自体は「わいせつ物」に当たらず，記憶・蔵置された画像情報と一体となってわいせつ物となるのであるから，混乱を避けるために「電磁的記録に係る記録媒体」として，「わいせつ画像情報を記憶・蔵置したホストコンピュータ」そのものをわいせつ物とする考え方を改めたのである（東京高判平25・2・22高刑集66・1・6）。

⑼　**その他の物**　文書，図画以外のもの，例えば，彫刻物，性器の模造品，性的レコードなどがこれにあたる。なお，既述のホストコンピュータのハードディスク，ダイヤルQ²に接続されたデジタル信号による録音再生機がこれに当たるとされてきたが，法改正後は，⑷に含まれることになる。

⑺　**電気通信に係る電磁的記録その他の記録**　改正前までは，⑷の記録媒体は判例で「物」として扱われてきたが，改正後は，それらは「物」ではなく電磁的記録に係る媒体として本罪の客体となった。例えば，わいせつ画像をファクシミリで送った場合には，電磁的記録以外の形態による記録として

存在することがありうるところから，これに配慮して「電気通信の送信」を規定したのである。

(2) 行　為　本罪の行為は，①頒布，②公然陳列，③電気通信による頒布，④所持・保管である。

(ア) 頒　布　頒布とは，有償・無償を問わず，不特定または多数人に交付することをいう。ただし，反復継続の意思で一人に対する1回きりの行為であっても交付に当たると解する。

頒布は，目的物が現実に相手方に引き渡されたことを要する（最判昭和34・3・5刑集13・3・275）。郵送したが相手方に到達しなかったときは頒布に当たらない（大判昭11・1・31刑集15・68）。貸与する行為も頒布に当たる。頒布行為は相手方を必要とするから必要的共犯である。必要的共犯については，相手方に処罰規定がない場合，当然に処罰されることはないが，相手方が積極的に働きかけたような場合は，当罰性があると解する。

(イ) 公然陳列　公然陳列とは，不特定または多数の者が認識できる状態に置くこをいう。映画の上映（最決昭33・9・5刑集12・13・2844）録音テープの再生（東京地判昭30・10・31判時69・27）などがその典型であるが，ダイヤルQ[2]に録音再生機を接続し，電話をかけさえすれば多数の者がわいせつな音声を聞けるようにする行為も公然に当たる（大阪地判平3・12・2判時1411）。わいせつな画像データをダウンロードして画像として顕現させ，これを閲覧できる状態に設定する行為は，公然陳列に当たる（最決平13・7・16刑集55・5・317）。容易に顕在化が可能な物は，それ自体としてわいせつ物であるから，例えば，わいせつ画像の性器部分に画像処理ソフトを使用してマスクを付したうえ，その画像データをコンピュータに送信して蔵置し，不特定多数のインターネット利用者が電話回線を使用してそのデータを受信したうえ，マスクを取り外した状態のわいせつ画像を復元閲覧するこが可能な状態を設置し，同データにアクセスしてきた不特定多数の者にデータを送信して，わいせつ画像を再生閲覧させる行為は，情報としてのデータもわいせつ物に含まれ，公然陳列に当たるのである（岡山地判平9・12・15半時1641・158）。

(ウ) 電気通信による頒布　既述のように，「電気通信」とは，有線・無線その他の電磁的方式による符号，音響または映像を送り，伝えることをいう。

例えば，画像や動画のデータを電子メールの添付ファイルとして送る行為がこれに当たる。「頒布」とは，不特定または多数の者の記録媒体上に電磁的記録またはその他の記録を表示させることをいう。有償・無償を問わない。頒布と言えるためには，受信者のコンピュータにダウンロードされ，不特定または多数の受信者の記録媒体上に，「電磁的記録その他の記録」として記録・保存されていることを要する。この場合の受信者のダウンロード操作は，頒布行為において予定されているものであり，「頒布」の一部と解される（最決平26・11・25刑集68・9・1053）。

㈣ **所持および保管**　所持は，わいせつ物を自己の事実上の支配下に置くことであり，販売の目的をもって所持が行われるときに犯罪となる。また，わいせつ等の電磁的記録を保管した者も処罰される。保管とは，所持に相当するものであり，有償で頒布する目的で電磁的記録を保管することをいう。握持している必要はなく，自宅に保管しておくのも所持である。販売用コンパクトディスク作成に備えたバックアップのための光磁気ディスクの所持は，有償頒布目的を認めてよい（最決平18・5・16刑集60・5・413）。販売は有償の交付と解すべきであり，有償の貸与を目的とする場合も含む。複写して販売する目的であってもよい（東京地判平4・5・12判タ800・272）。例えば，ダビングしてこれを販売する目的（間接販売目的）でのマスターテープを所持するのも販売目的の所持に当たる。175条の規定は，わが国における健全な性風俗を維持するため，日本国内においてわいせつの文書，図画などが頒布，販売され，または公然と陳列されることを禁じようとする趣旨に出たものであるから，同条2項にいう「有償で頒布する目的」とは，日本国内において頒布する目的をいうのであり，わいせつの図画等を日本国内で所持していても日本国外で頒布する目的であったにすぎない場合には，所持罪は成立しないと解する（最判昭52・12・22刑集31・7・1176）。

(3)　故　意　　わいせつ性は本罪の規範的構成要件要素であるから，故意における認識の対象になると解すべきである（通説）。一般人が性的好奇心を抱くような社会通念上の意味の認識があれば足り，当該の物件が本罪のわいせつ文書・図画などに該当するということの認識までは必要でない。

4 重婚罪

184条(重婚) 配偶者のある者が重ねて婚姻をしたときは，2年以下の懲役に処する。その相手方となって婚姻をした者も，同様とする。

(1) 意 義 重婚とは，配偶者のある者が法律上の婚姻を解消（離婚）しないで重ねて婚姻をすることをいう。本罪は一夫一婦制の維持を保護法益とするものであるが，その性質については，ⓐ法律上の婚姻を保護するための犯罪であるとする説，ⓑ事実上の婚姻を保護するための犯罪であるとする説とが対立している。法律婚主義を採る法制においては，保護すべき婚姻は法律上のものに限るべきであり，また，「配偶者のある者」とは法律上婚姻届をしている者にほかならないから，ⓐ説が妥当である。

(2) 主 体 本罪の主体は，配偶者のある者およびその相手方となって婚姻した者である。「配偶者のある者」は，法律上の婚姻関係がある者に限る。前婚が偽造の離婚届などによって戸籍上抹消されたとしても，前婚が適法に存在している以上は本罪の成立を妨げない（名古屋高判昭36・11・8高刑集14・8・563)。「相手方となって婚姻した者」とは，相手方が配偶者のある者であることを知りながら，これと婚姻をした者をいう。配偶者のある者の行為とその相手方となって婚姻をした者の行為とは，必要的共犯である。本罪は，実際上文書偽造にかかる虚偽の婚姻の届出があったものを戸籍係員が錯誤に陥って受理し，戸籍の原本にその旨を記載するような場合，あるいは戸籍係員がみずからこれを犯す場合のみが問題となる。第2の婚姻届が受理されることによって既遂となる。

◈【問 題】

X は，自分の生テープにダビングして販売する目的でわいせつなビデオのマスターテープを所持していた。X に何罪が成立するか。この場合において，X は，A が持ってきた生テープにマスターテープからダビングしてやり，料金を取ったときはどうか。

II 賭博（とばく）および富くじに関する罪

1 総 説

賭博および富くじ（富籤）に関する罪は，偶然の事情による財物の得喪を処罰するものであり，刑法は，①賭博罪（185条），②常習賭博罪（186条1項），③賭博場開張図利罪・博徒結合図利罪（同条2項），④富くじ罪（187条）を規定している。本罪の処罰根拠は，賭博・富くじは射倖心をあおり，勤労意欲を失わせ，国民の健全な経済的生活の風習すなわち勤労によって生計を維持するという経済・勤労生活の風習が堕落することを防ぎ，あわせて賭博や富くじに付随して生ずる強盗や窃盗などの犯罪を防止することにある（通説。最大判昭25・11・22刑集4・11・2380）。

他面，財政・経済政策その他の理由によって種々の賭博・富くじ行為が公認されていることに注意しなければならない。賭博行為については証券取引法，商品取引所法が，富くじについては当せん金付証票法（宝くじ），競馬法，自転車競技法（競輪），小型自動車競技法，モーターボート競走法があり，これらの法律によって賭博・富くじ行為は正当行為とされ，35条によって違法性が阻却される。これら一種の公営賭博・富くじの存在は，賭博および富くじの罪の処罰根拠が現在においては建前だけに終っているという印象を与えるであろう。

2 賭博罪

185条（賭（と）博） 賭博をした者は，50万円以下の罰金又は科料に処する。ただし，一時の娯楽に供する物を賭けたにとどまるときは，この限りではない。

(1) 行 為　賭博とは，偶然の勝敗に関し，財物をもって博戯または賭事をすることを意味する（大判昭10・3・28刑集14・346）。

(ア) 偶然の勝敗　賭博は，2人以上の者が偶然の事情にかかる勝敗によって財物の得喪を争うことをいう。偶然の事情とは，当事者において確実には予見できない事情という意味である。したがって，当事者の主観において不確実な事実にかかっていれば足り，客観的に不確定なものである必要はない（大判大3・10・7刑録20・1816）。例えば，当事者の技能が勝敗の決定に影響する囲碁，将棋，マージャンなどの勝負に財物を賭ける場合であってもよく（大判大4・10・10刑録21・1632），多少でも偶然によって勝敗が決まれば足りる。偶然の勝敗に財物を賭けて行えば直ちに本罪は成立し（挙動犯），勝敗が決したこと，財物の得喪が実現したことを問わない（大判明43・5・27刑録16・955）。偶然の事情は，犯人の行為によって生ずると，その他の事実によるとを問わず，また，過去，現在，将来のいずれの事情であることも問わない。しかし，当事者双方にとって偶然であることが必要であるから，いわゆる詐欺賭博の被害者について片面的賭博罪の成立は認められない（大判大6・4・30刑録23・436，大判昭9・6・11刑集13・730）。

(イ) **財物の得喪**　賭博は，偶然の勝敗にかからせて財物を得喪するのでなければならない。財物とは，金銭に限らず，財産上の利益の一切を含み，価額の多寡を問わない。「賭博」にいう「博」とは博戯（ばくぎ）のことであり，行為者自身または代理者の動作の結果によって勝敗を決めることをいう。例えば，賭マージャンは博戯である。「賭」とは，賭事（とじ）のことであり，行為者または代理者の動作と関係のない事情によって勝敗を決めることをいう。例えば，野球賭博は賭事である。

(ウ) **実行の着手**　賭博行為に着手すれば賭博罪は既遂となる。賭博場を開けば既遂となり，勝敗が決したこと，財物の授受が行われたことは不要である。例えば，花札を配布すれば，既遂となるのである（最判昭23・7・8刑集2・8・823）。

(2) 一時の娯楽に供する物　本罪は，一時の娯楽に供する物を賭（か）けた場合には成立しない。経済価値が僅少であるとの理由から可罰的違法性が類型的に欠けるとしたものと思われる。一時の娯楽に供する物とは，関係者が即時娯楽のために費消する物をいう（大判昭4・2・18刑集8・72）。例えば，その場で飲食する飲食物，たばこなどであるが，多量に過ぎるときはこれに当たらない。金銭についてはその多少にかかわらず原則として許されるべきではない（大判大13・2・9刑集3・95）。ただし，それが他の一時の娯楽に供すべき物の対価を負担させるための金額であるときは，それを「一時の娯楽に供する物」といってよいと解する（大判大2・11・19刑録19・1253）。

3　常習賭博罪

186条（常習賭博及び賭博場開張等図利）**1項**　常習として賭博をした者は，3年以下の懲役に処する。

(1)　意　義　本罪は，賭博をした者が常習性を有する場合に成立する犯罪であり，賭博罪の加重的構成要件として設けられたものである。刑法典のなかで唯一の常習犯規定であって，行為者が常習性という身分を有することに基づいて刑が加重される賭博罪の加重類型であり，加減的身分犯である。常習性については，ⓐ行為者の属性であって責任要素であるとする説，ⓑ行為の属性であって違法要素であるとする説，ⓒ行為者の属性であると同時に行為の属性であるとする説がある。常習性とは，一定の犯罪を反復・累行して行う習癖をいうから行為者の属性を意味するが，刑法上は行為を離れた行為者の概念を認めるべきではなく，常習性は行為の属性であると同時に行為者の属性であると解するⓒ説が妥当である。

(2)　主　体　本罪の主体は，賭博の常習性を有する者すなわち賭博の常習者である。賭博の常習者とは，賭博行為を反復・累行して行う習癖を有する者をいう（大判大3・4・6刑録20・465，最判昭26・3・15裁判集刑41・871）。習癖は，肉体的・精神的・心理的依存性ばかりでなく，経済活動上の依存性を含む（最決昭54・10・26刑集33・6・665〔遊戯場経営者の常習性〕）。常習犯は，賭博の方法，同種前科の存在，反復の事実，賭金の額，勝負の回数・結果等を総合して，犯人が賭博の習癖を取得するに至っているかどうかを客観的に判断し，認定すべきである（最判昭25・10・6刑集4・10・1951，最大判昭26・8・1刑集5・9・1709）。必ずしも博徒・遊び人であることを要しない。習癖が認められる以上，1回限りの行為でも本罪に当たる。

4　賭博場開張図利（とり）罪・博徒結合図利罪

186条（常習賭博及び賭博場開張等図利）**2項**　賭博場を開張し，又は博徒を結合して利益を図った者は，3月以上5年以下の懲役に処する。

(1)　賭博場開張図利罪　行為は，みずから主催（宰）者となって，その支配下において賭博をさせる場所を開設することである（最判昭25・9・14刑集4・9・1652）。賭博場は，特に賭博のために設けられたものでなくてもよく，また，開張者の支配下にある場所か否か，さらにその支配の程度いかんも問わない。株式取引所の参観席で取引所の相場の高低に金銭を賭けさせるために場所を設けた場合（大判昭7・4・12刑集11・367），野球賭博のために事務所を設け電話で賭客の申し込みを受けた場合，その場所に賭博者が来集することがなくても開張にあたる（最決昭48・2・28刑集27・1・68）。

本罪は「利益を図」る意思すなわち図利目的を必要とする（目的犯）。「利益を図る」とは，賭博の開張によって利益を得る目的をもつことをいい，例えば，賭博において賭博者から寺銭，入場料または手数料などの名目で，開張の対価として財産的利益を得ようとする意欲をいう。図利目的をもって賭博場を開設すれば既遂に達し，現に財産上の利益を得たことを要しない。その賭博場で賭博が行われたか否かも問わない（大判明43・11・8刑録16・1875）。本罪は継続犯であり，賭博場を開設した以上，その間，寺銭を数回にわたって徴収しても一罪である。

(2)　博徒結合図利罪　本罪は，博徒を結合して利を図る行為を内容とする。「博徒」とは，常習犯または職業的賭博者であって，親分・子分の関係で団結する者を指す。「結合して」とは，犯人みずからが中心となって，博徒との間に親分・子分の関係を結び，縄張り内で賭博を行う便宜をこれに提供することをいう（大判明43・10・11刑録16・1689参照）。本罪においても図利目的が必要であるが，現に利益を得たことは必要でない。本罪は犯人がその子分らにその縄張り内で賭博させる便宜を与えれば既遂となる（前掲大判明43・10・11）。本罪も継続犯であるから，犯人が親分としての地位を失わない限り犯罪は継続する（前掲大判明43・10・11）。博徒結合図利罪の犯人が，みずから賭博場を開張した場合には，両罪は性質を異にするものであるから賭博場開張図利罪との併合罪である（大判明43・12・9刑録16・2157）。

5　富くじ罪（富くじ発売罪・富くじ取次ぎ罪・富くじ授受罪）——

187条(富くじ発売等) **1項**　富くじを発売した者は，2年以下の懲役又は150万円以下の罰金に処する。

2 項　富くじ発売の取次ぎをした者は，1 年以下の懲役又は 100 万円以下の罰金に処する。

3 項　前 2 項に規定するもののほか，富くじを授受した者は，20 万円以下の罰金又は科料に処する。

本罪は，富くじの発売，取次ぎ，授受行為を内容とする犯罪であり，「発売」は賭博場開張図利罪に，「授受」は単純または常習賭博罪に相当するものであるが，いずれも賭博に関する罪より刑が軽い。富くじは抽せんのような単純な偶然性に勝敗をかからしめるもので，人をして正業を失わしめるような性質の勝負事でない点に法定刑の軽い根拠がある。

「富くじ」とは，一定の発売者があらかじめ番号札を発売しておき，その後抽せんその他の偶然性を有する手段を用いてその購買者の間に不平等な利益を分配することをいう。賭博と富くじとの間の相違は，前者においては当事者の全員が財物を喪失する危険を負担するのに対し，後者においては発売者はこの危険を負担せずに購買者だけが負担する点にある。当せんしなかった者が財物を全然喪失しない「福引」は，富くじ罪にならない（大判大 3・7・28 刑録 20・1548）。

富くじを発売する場合が富くじ発売罪であり（1 項），取次ぎをする場合が富くじ取次ぎ罪であり（2 項），授受する場合が富くじ授受罪である（3 項）。「発売」は，抽せんの方法により購買者に偶然の利益を取得させる目的でくじ札を有償的に譲渡する場合をいう（大判大 3・11・17 刑録 20・2139 参照）。「取次ぎ」とは，富くじの売買を周旋することであり，「授受」とは，富くじを購買した者がそれを第三者に贈与・売却するような所有権移転行為であって，発売以外のものをいう。

◈ **【問　題】**

パチンコ遊戯行為は，賭博罪の構成要件に該当するか。構成要件に該当するとすれば，なぜ犯罪とならないのか。

III　礼拝所および墳墓に関する罪

1　総　説

日本国憲法20条は，信教の自由を保障している。国は宗教または宗教上の信仰に対しては積極的には無論のこと消極的にも干渉することは許されないのである。しかし，公衆は，宗教的生活上の風俗をもっており，これを保護しないときは，公衆の宗教的感情が害され，個人の幸福追求にとって重大な支障をきたす。それゆえ，本罪の保護法益は，現に存在している健全な宗教的風俗・感情であるとすべきであり，刑法は，①礼拝所不敬罪（188条1項），②説教等妨害罪（同条2項），③墳墓発掘罪（189条），④死体損壊等罪（190条），⑤墳墓発掘死体損壊等罪（191条），⑥変死者密葬罪（192条）を定めて，その保護を図っている。なお，変死者密葬罪は，死体に関するものであるために便宜上ここに置かれているのであって，その性質は行政上の取締規定にほかならない。

2　礼拝所不敬罪

188条（礼拝所不敬及び説教等妨害）**1項**　神祠（し），仏堂，墓所その他の礼拝所に対し，公然と不敬な行為をした者は，6月以下の懲役若しくは禁錮又は10万円以下の罰金に処する。

(1)　客　体　宗教的な崇敬の対象となっている場所すなわち神祠，仏堂，墓所その他の礼拝所である。宗教の種類，礼拝の形式のいかんを問わない。「神祠」とは，神道により神を祭った施設（祠堂）をいい，「仏堂」とは，仏教による寺院その他の礼拝所をいう。その大小を問わない。「墓所」とは，人の遺体・遺骨を埋葬・安置して死者を祭祠し，または記念する場所をいう。墓碑・墓標の有無を問わない。「その他の礼拝所」とは，例えば，キリスト教，天理教の教会などである。いずれも礼拝の対象物となっていることが要件であり，住職等の住居，祭壇とは別棟となってる社務所，寺務所または庫祖などは本罪の客体に含まれない。一部の迷信家によって尊崇されている淫祠妊堂（性器礼賛）も含まれない。

(2) 行　為　公然と不敬の行為をすることである。「公然」とは，不特定または多数人の視聴に達しうる状況をいう。「不敬の行為」とは，礼拝所の尊厳または神聖を害する行為のことであり，墓の仏石を押し倒し（福岡高判昭61・3・13判タ601・76），侮辱的言辞をあびせたり，神体を足げにし，汚物を投げつけ，落書するなどの行為を含む（最決昭43・6・5刑集22・6・427）。

3　説教等妨害罪

188条（礼拝所不敬及び説教等妨害）**2項**　説教，礼拝又は葬式を妨害した者は，1年以下の懲役若しくは禁錮又は10万円以下の罰金に処する。

客体は，説教，礼拝または葬式である。「説教」とは宗旨・教義の解説をいう。「礼拝」とは，神仏に宗教的尊崇心を捧げる行為をいう。「葬式」とは死者を葬る儀式をいう。

行為は，妨害することである。「妨害」とは，説教等が平穏に行われることに障害を加えることをいう。言語・動作，暴行・脅迫さらに詐欺的手段によるなど，説教等が平穏に遂行されるのに支障を与える行為であれば足りる。妨害の結果として現実に説教等が阻止されたことは必要でない。

4　墳墓発掘罪

189条（墳墓発掘）　墳墓を発掘した者は，2年以下の懲役に処する。

「墳墓」とは，人の死体，遺骨，遺髪などを埋葬して死者を祭り，礼拝の対象とする場をいう。死胎を埋葬した場所であっても，礼拝の対象となっている以上は墳墓である。しかし，かつて墓所であった古墳のように，すでに礼拝の対象となっていない場所は墳墓ではない（大判昭9・6・13刑集13・747）。

行為は，発掘することである。「発掘」とは，墳墓の覆土の全部もしくは一部を除去し，または墓石などを破壊・解体する方法で墳墓を損壊することをいい，墳墓内の棺桶等が外部に露出することを要しない（最決昭39・3・11刑集18・3・99〔覆土除去説〕。なお，福岡高判昭59・6・19刑月16・5＝6・420〔コンクリート製納骨室の構造の墓の場合は納骨室の壁，天井，扉等の重要部分の破壊が必要〕参照）。

5 死体損壊等・遺棄罪

190条(死体損壊等) 死体，遺骨，遺髪又は棺に納めてある物を損壊し，遺棄し，又は領得した者は，3年以下の懲役に処する。

(1) 客 体 本罪は，葬祭に関する良俗を保護し，それによって死体に対する公衆の敬虔感情を保護しようとするものである。客体は，死体，遺骨，遺髪および棺内収納物の4種である。「死体」とは，死亡した人の身体をいう。死胎もすでに人体の形を備えているものは死体である。死体の一部またはその内容をなしている臓器も含む(大判大14・10・16刑集4・613)。遺棄行為の当時，客体が死亡していたか否か明らかでなかったときは，法医学的に生命を維持していた可能性があっても，社会通念上死体遺棄罪の刑責を問いうるかという観点を踏まえて死亡を認定すべきである(札幌高判昭61・3・24高刑集39・1・8)。固定的に死体に付けられている物，例えば，金歯などは人体と一体となりその一部とみることができる。ただし，生前において人体の一部と認められない義歯などは，死体に付着していても装身具と同視すべきである。

「遺骨」および「遺髪」とは，死者の祭祠または記念のために保存しているか，または保存すべき死者の骨，頭髪をいう。「棺に納めてある物」とは，いわゆる副葬品をいい，葬る際に死体や遺骨などとともに棺内に納めた一切の物を含む。棺桶自体は棺内収納物ではない。例えば，骨あげの後に火葬場に遺留した骨片は，ここにいう遺骨ではない(大判明43・10・4刑録16・1608)。

(2) 行 為 本罪の行為は，損壊，遺棄または領得である。

(ア) 損壊・遺棄 「損壊」とは死体の手足を切断するというように物理的な破壊のみを指す。死体の解剖も損壊であるが，法令上違法性が阻却される場合がある(死体解剖保存法など)。死体に対する侮辱行為，例えば，屍姦は損壊ではなく(最判昭23・11・16刑集2・12・1535)，また，屍姦は現行法上犯罪でもない(草案242条2項参照)。「遺棄」とは，風俗上の埋葬と認められない方法で死体を放棄することをいう。死体を共同墓地に埋めたとしても，それが風俗上の埋葬といえない限り遺棄である(大判昭20・5・1刑集24・1)。遺棄は，移して棄てる作為の場合のほかに不作為による場合も含む。

不作為による死体遺棄は，法令，契約，慣習その他条理などにより，法律上死体の埋葬義務ある者が，死体を放置したときにのみ成立する（大判大6・11・24刑録23・1302）。殺人犯人は直ちに法律上の埋葬義務者とはならないから，死体を放置したまま立ち去っても必ずしも不作為による死体遺棄罪を構成しない（大判昭8・7・8刑集12・1195）。しかし，例えば，母親がその嬰児を殺害して，そのまま殺害現場に死体を放置して立ち去れば死体遺棄罪を構成する（前掲大判大6・11・24）。殺人罪または過失致死罪などの犯人については，死体を移棄するという作為がない限り，通常は死体遺棄罪を構成しない。

(イ) **領　得**　「領得」とは，不法に死体，遺骨，遺髪または棺内収納物の占有を取得することをいう。取得の方法は問わず，直接に取得しない場合，例えば，買い受ける行為，領得犯人から取得する行為も含む（大判大4・6・24刑録21・886）。領得には，領得の意思を要するとするのが判例（大判大13・10・7新聞2331・6）であるが，財産犯でない本罪について領得の意思を必要とする根拠は認められない。

領得については，棺内収納物の領得行為に財産罪の適用があるかが論じられている。しかし，死体，遺骨，遺髪が死者の祭祀または記念の対象物となっている限り，所有権その他の本権の目的物ではなく，また，棺内収納物として埋葬に供された物に対する占有は，すでに放棄されたものとしてみるか，少なくともゆるやかな権利と解すべきであり，財物罪の保護法益は消滅していると考える（⇨133頁）。

6　墳墓発掘死体損壊等・遺棄罪

191条（墳墓発掘死体損壊等）　189条の罪（墳墓発掘罪）を犯して，死体，遺骨，遺髪又は棺に納めてある物を損壊し，遺棄し，又は領得した者は，3月以上5年以下の懲役に処する。

本罪は，墳墓発掘罪と死体損壊等罪との結合犯である。不法に墳墓の発掘をした者が，死体等の損壊，遺棄，領得をした場合に成立するものであって，適法な発掘をした機会に領得等の行為をするのは190条の罪を構成するにすぎない（大判大3・11・13刑録20・2095）。

7　変死者密葬罪

192条(変死者密葬)　検視を経ないで変死者を葬った者は，10万円以下の罰金又は科料に処する。

本罪は警察目的ないし犯罪捜査目的のための一種の行政犯であり，風俗に対する罪とは無縁である。「変死者」とは，犯罪を死因とする死体，死因不明の不自然死による死体およびその疑いがある死体のことである。「検視」とは，死体に対する検証をいう。例えば犯罪による死亡の疑いがあるときに行われる司法検視（刑訴229条），伝染病死の疑いがあるときに行われる行政検視（昭和33年国家公安委員会規則3号）がこれに当たる。その検視を行わないで埋葬するときに本罪を構成する。「葬る」とは，埋葬することをいう。埋葬の方法のいかんを問わない。

◈**【問　題】**　以下の問いに簡単に答えよ。

(1)　深夜，山中にある共同墓地の墓碑を倒し，放尿する行為の性質。
(2)　棺内に収められた宝石を取るために墳墓の土（覆土）を除去したが，棺桶が急に露出したので恐ろしくなって逃げた場合。
(3)　母親がその子を殺し，殺害の現場にその死体を放置して逃げた場合。
(4)　工事現場の労働災害で死亡した者の死体を，そのまま埋葬した場合。

第3部　国家法益に対する罪

国家法益に対する罪については，国家の存立，機構，作用が国民に由来し，また，個人は国政の保護を受けて幸福を追求できるとの観点から，刑法は，以下のように6章に分けて規定している。①内乱に関する罪（第2編「罪」第2章），②外患に関する罪（同第3章），③国交に関する罪（同第4章），④公務の執行を妨害する罪（同第5章），⑤逃走の罪（同第6章），⑥犯人蔵匿及び証拠隠滅の罪（同第7章）。

第1章　国家の存立に対する罪

国家の存立に対する罪は，国家の存立自体を危うくするものとして，最も重大な犯罪であるとする見地から，わが国の刑法は，本罪を刑法各則の冒頭に位置づけている。なお，改正前は，第2編「罪」第1章「皇室に対する罪」となっており，天皇，皇太子等に危害を加え，または加えんとする者は死刑（73条），また，皇族に対して右の行為をしたときは死刑または無期懲役（75条）に処せられ，さらに，それぞれに対する不敬の行為をする罪が規定されていた（74条，76条）。これは，天皇中心主義の国家にとって，国家存立を脅かす最も重要な犯罪は皇室に対する罪であるという認識に基づいたものであるため，昭和22年の刑法一部改正によって削除された。現在は，①わが国の内部から国家の存立をおびやかす内乱に関する罪（第2編第2章），②外部から国家の存立をおびやかす外患に関する罪（同第3章），および③国交に関する罪（同第4章）が，国家の存立に対する罪となっている。

I　内乱に関する罪

1　総　説

内乱に関する罪とは，憲法の定める統治の基本秩序の壊乱を目的として暴動を起こすことを内容とする犯罪である。刑法は，この目的をもってする暴動を①内乱罪（77条1項）とし，②その未遂罪（同条2項），③予備・陰謀罪（78条），④幇助罪（79条）を規定している。国家は，国の統治機構ないし憲法の定める統治の基本秩序を基本要素として成立するものであり，本罪は，このような国家の政治的基本組織を不法に破壊することを目的とする犯罪である。いわゆる暴力革命が，その典型的な場合であり，内乱に関する罪は政治的な闘争の手段として行われるのであって，政治犯または確信犯の典型である。

2　内乱罪

77条（内乱）**1項**　国の統治機構を破壊し，又はその領土において国権を排除して権力を行使し，その他憲法の定める統治の基本秩序を壊乱することを目的として暴動をした者は，内乱の罪とし，次の区別に従って処断する。①首謀者は，死刑又は無期禁錮に処する。②謀議に参与し，又は群衆を指揮した者は無期又は3年以上の禁錮に処し，その他諸般の職務に従事した者は1年以上10年以下の禁錮に処する。③付和随行し，その他単に暴動に参加した者は，3年以下の禁錮に処する。

2項　前項の未遂は，罰する。ただし，同項第3号に規定する者については，この限りでない。

(1)　主　体　本罪の行為は，暴動であり，暴動は，その性質上多数人が集団として結合する必要があるから，必然的にその主体は多数人ということになる。したがって，本罪は多衆犯にほかならない。多数人は，統治の基本秩序を壊乱する目的に相当する規模の人数と，その目的遂行を可能にする程度に組織化されていることを要する。

(2) 目 的　多数人は，統治機構を壊乱する目的を有していなければならない（目的犯）。「統治の基本秩序を壊乱する」とは，日本国の政治的基本組織を不法に変革・破壊することをいい，統治機構の破壊および「国権を排除して権力を行使し」は，その例示である（大判昭10・10・24刑集14・1267）。「統治機構を破壊」するとは，行政組織の中枢である内閣制度を不法に破壊することをいい，具体的な個々の内閣の打倒を意味しない（大判昭16・3・15刑集20・263〔神兵隊事件〕）。「国権を排除」するとは，例えば，四国を実力で占拠し独立国を宣言する場合のように，日本国の統治権の行使を事実上排除することをいう（朝鮮高判大9・3・22新聞1687・13）。「領土」とは日本国の領土を指す。その他，例えば，日本国憲法の定める国家の基本組織すなわち象徴としての天皇，国会制度および司法制度の不法な変革・破壊も基本秩序の壊乱に当たる。本罪の目的は，直接に基本秩序の壊乱をしようとする目的であることを要する。暴動が行われても，これを契機として新たに発生する暴動によって「壊乱」の結果が生ずるものと予期したに過ぎないときは，本罪に当たらない（前掲大判昭10・10・24）。

(3) 行 為　本罪の行為は，集団行動としての暴動である。「暴動」とは，多数の者が結合し，基本秩序の壊乱の目的に相当する規模の暴行・脅迫を行うことをいう。集団として暴行・脅迫を行えば足りるから，必ずしも関与者各人が暴行・脅迫を行うことを要しないが，「壊乱」に向けられた，ある程度まで組織化された集団による暴動が必要となる。

本罪における暴行・脅迫は「壊乱」を目的とするものであるから，目的に相応する程度のもの，少なくとも国の統治機構に動揺を与える程度のものであることを要する。暴行は人に対すると物に対するとを問わず，また，殺人，傷害，放火等の程度の高い暴行をも含む。脅迫における告知の内容となる害悪の種類には，限定がない。殺人，傷害，放火等の行為が「壊乱」の手段として行われ，それらの犯罪が社会通念からみて「壊乱」の目的を達成するための相当な手段と認められるときは，殺人罪，傷害罪，放火罪等は暴動のなかに当然に含まれるのであって（吸収関係），本罪との観念的競合になるのではない（前掲大判昭10・10・24）。本罪は，国家の基本組織に動揺を与える程度の暴動を行うことによって既遂に達し，右の目的で多数人が集合し暴動を開始したが，国家の基本組織を揺がす程度の暴行・脅迫にまで至らなかったときは，未遂罪となる。

(4)　処罰の態様　関与者の組織集団内部における地位・役割に応じて処罰が区別される。

(ア)　首謀者　首謀者は，死刑または無期禁錮に処せられる。「首謀者」とは，中心となって暴動を統率する者をいい，1人に限らない。必ずしも暴動の現場にいて指揮統率することを要しない。

(イ)　謀議参与者・群衆指揮者　謀議参与者と群衆指揮者は，無期または3年以上の刑に処せられる。「謀議参与者」とは，内乱の計画に参加して首謀者を補佐する者をいい，「群衆指揮者」とは，暴動の現場において，または現場に臨むに際し群衆を指揮する者をいう。いずれにおいても暴動の全体について謀議に参与し，または群衆を指揮する必要はない。

(ウ)　職務従事者　その他の職務従事者は，1年以上10年以下の禁錮に処せられる。「その他諸般の職務に従事した者」とは，例えば，経理や弾薬・食糧の運搬の指揮をとる者のように，暴動について首謀者，謀議参与者および群衆指揮者以外の役割を担う者をいう。

(エ)　付和随行者・暴動参加者　付和随行者その他単なる暴動参加者は，3年以下の禁錮に処せられる。「付和随行し，その他単に暴動に参加した者」とは，暴動が行われるのを知って集団の一部に加わり，指揮者の命令に従って行動し，暴動の勢力を助ける者をいう。これらの者は，内乱罪が未遂に終わったときは罰せられない（77条2項ただし書）。これらの者が暴動の一環として殺人・放火等の罪を犯しても，暴動全体のなかに包括してこれらを評価し，その全体について首謀者等が重く罰せられ，実行者については3年以下の禁錮に処せられるにすぎない。群衆心理による犯行である点が考慮されるためである。

(5)　共　犯　本罪は多衆犯であるから，暴動の集団内部における関係については，共犯規定の適用はない。それゆえ，首謀者とされる者が付和随行者に対し暴動への参加をよびかけても，本罪の教唆犯を構成しない。しかし，暴動の集団外にあって他人に対して暴動に参加することをすすめる場合は，共犯規定の適用を認めるべきである。多衆犯として集団的行動への参加者を一定の態様と限度で処罰しようとするものである以上，それ以外の態様の関与行為は処罰の外に置かれるから，共犯規定を適用しないときは不問に付さざるをえないことになり，実質的に不当な結果となる。

3 内乱予備・陰謀罪

78条(予備及び陰謀) 内乱の予備又は陰謀をした者は，1年以上10年以下の禁錮に処する。
80条(自首による刑の免除) 前2条（78条，79条）の罪を犯した者であっても，暴動に至る前に自首したときは，その刑を免除する。

「予備」とは，内乱の実行を目的とする準備行為をいう。例えば，武器，弾薬，食糧を調達し，同志を募るなどの物的な準備行為である。「陰謀」とは，2人以上の者が内乱を計画し，合意に達することをいう。内乱が実行されれば，予備・陰謀は内乱の未遂または既遂に吸収される。自首による刑の免除は，暴動を未然に防ぐという政策に基づく。「暴動に至る前」とは，暴動の実行に着手する以前という意味である。

4 内乱幇助罪

79条(内乱等幇助) 兵器，資金若しくは食糧を供給し，又はその他の行為により，前2条（77条1項・2項，78条）を幇助した者は，7年以下の禁錮に処する。
80条(自首による刑の免除) 前2条（78条，79条）の罪を犯した者であっても，暴動に至る前に自首したときは，その刑を免除する。

本罪は，内乱の幇助行為を独立の構成要件としたものである。本罪の行為は，兵器，軍資金，食糧の提供のほか，これに準ずべき行為，例えば，陰謀場所の提供をすることである。本罪は，その重大性にかんがみ，関与行為を厳しく取り締まる趣旨で独立罪とされているのであるから，正犯としての内乱罪およびその予備・陰謀罪が成立しないときにも本罪の成立を認めるべきである。本罪についても自首による刑の免除が認められる。

II　外患に関する罪

1　総　説

外患に対する罪は，国の外部から日本国の存立を害する行為を防止するためのものであるが，原則として敵国を利するために国に対する忠誠心に背いてする行為を内容とする。このような祖国に対する裏切りという要素があるため，本罪には禁錮ではなく懲役のみが法定刑として規定されていると解されている。刑法は，①外患誘致罪（81条），②外患援助罪（82条），③各未遂罪（87条），④外患予備・陰謀罪（88条）を定めている。

本罪は，わが国と外国との戦争を前提として設けられたものであるが，日本国憲法9条により国際法上の戦争は放棄されたことから，昭和22年に根本的に改められ，「外国に通謀して帝国に対し戦端を開かしめ又は敵国に与して帝国に抗敵」する（旧81条）といった規定から現行の規定のように変わったのである。戦争を放棄しても，外国が不法に武力を行使してくることがありうるのであるため，外国の不法な武力行使を誘致する行為またはこれを援助する行為を処罰するとしたものである。

2　外患誘致罪

81条(外患誘致)　外国と通謀して日本国に対し武力を行使させた者は，死刑に処する(未遂は，罰する—87条)。

「外国」とは，外国の政府・軍隊など外国を代表すべき国家機関をいい，「通謀」とは，意思の連絡をとる行為をいう。外国の私人または私的団体と通謀し，その結果として外国による武力行使に至らせても本罪を構成しない。「武力を行使」するとは，軍事力を用いて日本国の安全を害する行為をいい，国際法上の戦争である必要はなく，外国が国の意思として日本国に対し武力を行使すれば足りる。外国に通謀することによって武力行使が行われたことを要し，通謀と武力行使との間に因果関係が存在しなければならない。外国においてすでに武力行使の意思があった場合でも通謀によって武力行使が行われたと認められる以上は本罪に当たる。通謀があったが武力行使に至らなかった場合，および武力行使はあったが通謀との間に因果関係が認められない場合は，未遂罪である。通謀行為があったが，外国との意思の連絡に成功しなかった場合にも実行行為はあったのであるから，これを未遂罪とすべきである。ちなみに81条は，絶対的法定刑として死刑のみを規定している点に注意すべきである。

3　外患援助罪

82条(外患援助)　日本国に対して外国から武力の行使があったときに，これに加担して，その軍務に服し，その他これに軍事上の利益を与えた者は，死刑又は無期若しくは2年以上の懲役に処する(未遂は，罰する—87条)。

「外国からの武力の行使があったとき」は，行為が構成要件に該当するための状況（行為の状況）であり，外国からの武力行使の開始があったという状況のもとで，外国に与して軍務に服し，その他外国に軍事上の利益を与えることが本罪の行為である。「加担して」とは外国政府に加担してという意味であり，「軍務に服」するとは軍事上の行動をとるということである。その他の「軍事上の利益」とは，外国の武力行使に有利になるような有形・無形の手段を提供することをいう。

4　外患予備・陰謀罪

88条(予備及び陰謀)　81条又は82条の予備又は陰謀をした者は，1年以上10年以下の懲役に処する。

III　国交に関する罪

1　総　説

国交に関する罪は，外国の国章を損壊・除去・汚損すること，私的に戦闘の予備・陰謀をすること，および中立命令の違反を内容とするものであり，刑法は，①外国国章損壊等罪（92条），②私戦予備・陰謀罪（93条），③中立命令違反罪（94条）を定めている。

国交に関する罪の保護法益をめぐっては，ⓐこれを国際法上の義務に基づく外国の法益を保護するための罪であるとする見解，ⓑ国交の円滑すなわち国家の国際的地位を保護法益と解する見解が対立している。刑法が本罪を外患に関する罪の後に規定しているところから，これを国家に対する罪としている点は疑いなく，また，わが国の刑法が外国の法益を直接に保護しているとは考えにくい。

2 外国国章損壊罪

92条（外国国章損壊等）**1項** 外国に対して侮辱を加える目的で，その国の国旗その他の国章を損壊し，除去し，又は汚損した者は，2年以下の懲役又は20万円以下の罰金に処する。

2項 前項の罪は，外国政府の請求がなければ公訴を提起することができない。

(1) 客 体 本罪の客体は，外国の国旗またはその他の国章である。「国旗」とは，国を象徴するために定められた旗であり，「国章」とは国を示すために定めた一定の物件であって，例えば，国旗以外の旗である軍旗，大使館の徽章がこれに当たる。国旗その他の国章は，外国の国家機関が公的に掲揚しているものに限ると解すべきである。わが国の国際的地位が本罪の保護法益であるから，私的に掲揚しているものまで保護する必要はないと解すべきである。本罪（2年以下の懲役・20万円以下の罰金）の法定刑が器物損壊罪（3年以下の懲役・30万円以下の罰金）と比べて軽いのは，国旗等の財産的価値が器物損壊罪の予定する財物の価値よりも上限が低いと考えられたためであろう。

(2) 目 的 本罪は目的犯であり，外国に対して侮辱を加える目的で行われることを要する（目的犯）。「侮辱を加える」とは，その国に対する否定的評価を表示することをいう。侮辱を加える目的については，ⓐ本罪を目的犯とし，「目的」は主観的違法要素であるとする説，ⓑこれを傾向犯とし，

「目的」は主観的違法要素であるとする説，ⓒ目的は客観的に侮辱を表わす態様の行為と解する説が対立している。侮辱の意図・目的があって初めて損壊等の行為が外交作用の侵害としての意味をもつと解すべきであるから，ⓐ説が妥当である。

(3) 行 為　本罪の行為は，国章を損壊，除去または汚損することである。「損壊」とは，国章自体を破壊または毀損する方法によって，国章の外国の威信・尊厳を表象する効用を滅失または減少せしめることをいう。「除去」とは，国章自体に損壊を生ぜしめることなく，場所的移転，遮蔽等の方法によって，国章が現に所在する場所において果している威信・尊厳の表象の効用を滅失または減少せしめることをいう。「汚損」とは，人に嫌悪の感を抱かしめる物を国章に付着または付置して，国章自体に対して嫌悪の感を抱かしめる方法によって，国章としての効用を滅失または減少させることをいう（大阪高判昭38・11・27高刑集16・8・708，最決昭40・4・16刑集19・3・143）。

(4) 請 求　本罪は外国政府の請求がなければ公訴を提起することができない。それゆえ，請求は訴訟条件である（刑訴338条4号）。告訴と請求は同じ効果を有するものであるが，厳格な方式を必要としないとする趣旨から請求という語が用いられるのである。

◈【問 題】

Xは，北方領土返還に関して誠意をみせないロシアに対し腹を立て，同国に侮辱を加える目的で同国領事館に掲揚されている同国の国旗をめがけて散弾銃を発射し，破損させた。Xの罪責を問う。

3 私戦予備・陰謀罪

93条(私戦予備及び陰謀)　外国に対して私的に戦闘行為をする目的で，その予備又は陰謀をした者は，3月以上5年以下の禁錮に処する。ただし，自首した者は，その刑を免除する。

(1) 行 為　本罪の行為は，私的に，つまり国の命令によらないで外国に対して戦闘行為を行う目的をもって，予備・陰謀を行うことを内容とする犯罪である。現行法は，予備・陰謀だけを罰する趣旨によるものと解されている。しかし，万一にも私戦が開始されて殺人，放火，騒乱などの罪に当たる行為がなされた以上は，それらの罪と本罪とが成立することになり，両罪は，併合罪となる。

(2) 目　的　本罪は目的犯であり，外国に対し私的に戦闘する目的で行われることを要する。「私的に戦闘行為をする」とは，国の命令によらない，ある程度組織的な武力の行使をいう。この目的をもって予備または陰謀をなすことが本罪の行為である。予備とは私戦の準備行為をいい，兵器，弾薬の準備などその方法のいかんを問わない。陰謀とは，私戦の実行を謀議することをいう。自首した者は必要的に刑が免除される。

4　中立命令違反罪

94条（中立命令違反）　外国が交戦している際に，局外中立に関する命令に違反した者は，3年以下の禁錮又は50万円以下の罰金に処する。

(1) 行為の状況　本罪が成立するためには，「外国が交戦している際」に行為がなされることを要する。外国とは日本国以外の国をいい，承認・国交の有無を問わない。交戦の際は，本罪の性質に照し国際法上の紛争のみならず事実上の戦争状態を含むと解すべきである。

(2) 行　為　本罪の行為は，局外中立に関する命令に違反することである。「局外中立に関する命令」とは，外国が戦争に陥った際に，わが国がそのいずれにも加担しないことを宣言し，併せて国民に対しても，そのどちらにも便益を与えてはならない旨を指示して発する命令をいう。政令に限らず，法律および法律に基づく命令を含む。

命令の具体的内容は，外国交戦の際に発する命令によって決まるから，本条は白地刑罰法規である。局外中立命令が廃止された後においても命令施行中の行為を処罰することができるかについて，ⓐ白地刑罰法規である本条が廃止されない以上，中立命令の廃止は刑の廃止に当たらないから処罰すべきであるとする肯定説，ⓑ特に追及効を認める明文の規定がない限り，刑が廃止されたものとみる否定説が対立している。中立命令の廃止によって構成要件ないし可罰的評価の変更がなされ処罰されなくなった以上刑が廃止されたものと解すべきであり，ⓑ説が妥当である。

第2章　国家の作用に対する罪

刑法は，国の立法，司法，行政の各作用が円滑かつ公正に実施されることを保護するために，①公務の執行を妨害する罪（第2編第5章），②逃走の罪（第6章），③犯人蔵匿および証拠隠滅の罪（第7章），④偽証の罪（第20章），⑤虚偽告訴の罪（第21章），⑥汚職の罪（第25章）を規定している。国の作用を現実に実施し運営するのは公務員であるから，国の作用に対する罪は公務員に対する加害行為か，公務員による加害行為かのいずれかである。前者を公務に対する犯罪，後者を公務における犯罪（公務員犯罪）と呼ぶことがある。なお，国家の作用に対する罪というときは，地方公共団体の作用をも含む趣旨であり，②③④は，もっぱら国の作用に対する罪であるのに対し，①⑤⑥は，国と地方公共団体のいずれにも関係がある。

I　公務員と公務所

1　総　説

本章の罪については，「公務員」および「公務所」の概念が極めて重要となっている。すなわち，公務の執行を妨害する罪，逃走の罪，犯人蔵匿の罪および証拠隠滅の罪は，公務員ないし公務所に対する加害行為であるのに対し，汚職の罪は，公務員による加害行為として，公務員を主体とする犯罪であるから，何をもって公務員・公務所とするかをあらかじめ明確にしておく必要がある（「公務所」を用いている条項—155条，160条，161条の2第2項，165条，166条，242条，258条）。

2　公務員の意義

7条(定義) **1項**　この法律において「公務員」とは，国又は地方公共団体の職員その他法令により公務に従事する議員，委員その他の職員をいう。

(1)　国または地方公共団体の職員　旧7条では，官吏，公吏という旧憲法下の用語が使われていたが，「国又は地方公共団体の職員」に改められた。国の職員は，国家公務員（国公2条）であり，地方公共団体の職員は地方公務員（地公3条）である。ただし，これらは公務員の例示にすぎず，その実質は「法令により公務に従事する議員，委員その他の職員」である。

(2)　法令により公務に従事する者　公務員といえるためには，法令により公務に従事する者でなければならない。「法令」とは，法律・命令・条例を指すが，法令に根拠を有する訓令・内規の類もここにいう「法令」と解すべきである。その規定が単に行政庁内部の組織作用を定めたにすぎない訓令・内規も「法令」に当たるとするのが判例であるが（最判昭25・2・28刑集4・2・268），一般国民を対象としない訓令・内規などは「法令」に値しないと解すべきである。法令に「より」とは，その資格が右の法令に根拠を有するという意味であり，法令の明文上特にその職務権限の定めがあることを要しない（大連判大11・7・22刑集1・397）。例えば，職務権限の定めがない税務署雇も公務員である。

公務員は公務に従事する者でなければならない。「公務」とは，国または地方公共団体の事務をいう。必ずしも権力的事務であることを要せず，交通事業のような非権力的ないし私的事業でもよい。公法人の事務，例えば，水利組合または土地改良組合の事務について，ⓐこれを一律に公務とする見解，ⓑ公法人の職務の性質に従って判断すべきであるとする見解に分かれ，判例はⓐ説を採るものとみられる（大判昭11・1・30刑集15・34など）。公法人の性質によって公務員になったりならなかったりするのは，公務員概念が犯罪の成立に重大な影響を与えるものである以上疑問であるから，法律上「みなし公務員」（例—日本銀行の役職員，各種営団の職員など）とされている場合に限るである。

(3)　議員・委員・その他の職員　公務員は，法令により公務に従事する議員，委員，その他の職員でなければならない。「議員」とは，国または地方公共団体の意思決定機関である合議体の構成員をいい，衆・参両議院の議員，地方公共団体の議会の議員をいう。「委員」とは，法令に基づき任命，選挙，嘱託によって一定の公務を委任された非常勤の者をいい，各種審議会委員，教育委員，農業委員などがその例である。「職員」とは，法令上の根拠に基づいて国または地方公共団体の機関として公務に従事する者をいう（最判昭25・10・20刑集4・10・2115）。意思決定機関に限らず，それを補助する地位にある者も含まれる。職制上，職員とよばれる者であるか否かも問わず，技手補，事務員などでもよい（最決昭30・12・3刑集9・13・2596）。

問題は，およそ公務員とされている以上，すべて刑法上の公務員としてよいかにある。判例は，職員は精神的・知能的な労働に属する事務を担当する者であることを要し，用務員などのように単純な機械的・肉体的労働に従事するにすぎない者は職員でないとする立場を採っている（大判昭12・5・10刑集16・717，最判昭35・3・1刑集14・3・209）。しかし，国または地方公共団体の機関としてその公務を担当する者である以上は公務員であり，その事務の内容が単純な機械的・肉体的労働であるか否かは，「職員」の範囲を確定する要素にはなりえないと解すべきである。

法令に基づいて公務に従事する者であっても，機関として公務を担当する者と認められない者，例えば，現業傭人，雑役に従事する用務員などは「職員」ではない。これに対し，郵便集配人は，郵便事業という公務の一環として行われる集配事務を担当するものであるから，ここにいう「職員」にほかならない。市長が非常勤の嘱託員として任命したモーターボート整備員も「職員」である（最決昭39・6・30刑集18・5・236）。

3　公務所の意義

7条（定義）**2項**　この法律において「公務所」とは，官公庁その他公務員が職務を行う所をいう。

「公務員」のなかには，みなし公務員も含まれる。「職務を行う所」とは，有形の場所または建造物ではなく官公署その他の組織体または機関をいう。

II　公務の執行を妨害する罪

1　総　説

公務の執行を妨害する罪の保護法益は，公務すなわち国または地方公共団体の作用である（最判昭28・10・2刑集7・10・1883〔95条に関するもの〕）。私人の業務を妨害する行為は，威力等業務妨害罪によって処罰されるが（⇨100頁），公務執行妨害罪によって公務を私人の業務より刑法上厚く保護する根拠は，国民主権を基礎とする公務は国民の総意に由来するものとして権威が与えられ，その円滑かつ公正な運用は国民の幸福追求にとって不可欠であるという点にある。したがって，公務の執行を優先させて，その対象となる国民個人の権利を不当に制限ないし侵害してはならず，国または公共の利益と個人の利益が調和しうるように，公務執行の円滑・公正を図る必要がある。

刑法は，①公務執行妨害罪（95条1項），②職務強要罪・辞職強要罪（同条2項），③封印破棄罪（96条），④強制執行妨害目的財産損壊罪（96条の2），⑤強制執行行為妨害罪（96条3項），⑥強制執行関係売却妨害罪（96条4項），⑦加重封印等破棄等罪（19条の5），⑧公契約関係競売等妨害罪（96条の6第1項），⑨談合罪（96条の6第2項）の各罪を規定している。

2　公務執行妨害罪

95条（公務執行妨害及び職務強要）**1項**　公務員が職務を執行するに当たり，これに対して暴行又は脅迫を加えた者は，3年以下の懲役若しくは禁錮又は50万円以下の罰金に処する。

(1)　客　体　本罪の保護の客体は公務それ自体であり，「ひろく公務員が取り扱う各種各様の事務」のすべてが含まれる（最判昭53・6・29刑集32・4・816）。一方，行為の客体は公務員である。公務員については既述したところを参照されたい（⇨364頁）。いわゆるみなし公務員が含まれることは勿論であるが，外国の公務員は本罪の客体となるものではない（最判昭27・12・25

刑集 6・12・1387)。

(2) 行 為　公務員が職務を執行するに当たり，これに対し暴行・脅迫を加えることである。

(ア) 職務の執行　本罪の行為は，公務員が「職務を執行するに当たり」という状況にあるときになされることを要する。「職務」の範囲については，ⓐ権力的公務ないし非現業的公務に限るべきであるとする見解，ⓑ公務のすべてを含むとする判例（大判明 44・4・17 刑録 17・601，最判昭 53・6・29 刑集 32・4・816）が対立している。公務は，公共の福祉に奉仕するものとして厚く保護されるべきであり，また，非現業的公務（例えば，知事の公務）が暴行・脅迫に対してしか保護されないとすれば公務の保護としては不十分である。すなわち，本罪の保護法益は，公務員の職務行為の円滑な実施にあり，非権力的公務ないし現業的公務も公務である以上，それを本罪から除外するいわれはなく，例えば，公務員が庁舎において机上で事務を行う職務行為を妨害しても本罪を構成すると解すべきであり，ⓑ説が妥当である。

職務は，抽象的・包括的に把握されるべきでなく，具体的・個別的に特定されていることを要する（最判昭 45・12・22 刑集 24・13・1812)。「執行するに当り」とは，職務を執行する際にという意味である。本来の職務と場所的・時間的に接着しており，実質的に見て職務との一体性が認められることが必要である。それゆえ，職務に着手しようとしている場合に暴行・脅迫を加える行為も含む（最判昭 24・4・26 刑集 3・5・637)。一時中断中であっても，職務の性質によっては継続した一連の職務とみるべき場合がありうる（前掲最判昭 53・6・29。なお，最決平元・3・10 刑集 43・3・188)。

(イ) 職務執行の適法性　職務の執行は適法であることを要する。これを職務執行の適法性という。

(a) 適法性の意義　適法性の要素は構成要件上明示されていないため，いやしくも公務執行行為といえるものがあれば足り，その適法・違法を問うべきでないとする説（東京高判昭 25・12・19 判特 15・51 参照）もある。しかし，違法な公務員の行為を保護するとすれば，公務員そのものの身分ないし地位を保護する結果となり本罪の趣旨に反することになるから，解釈上，本罪の成立にとってこの要件は必要であると解すべきである（大判大 7・5・14 刑録

24・605)。したがって，適法性の要件を欠く公務員の行為は，職権濫用罪(193条) を構成しうるだけでなく，正当防衛の対象ともなりうる。

職務行為の適法性については，ⓐこれを構成要件要素とする説，ⓑ違法要素とする説とが対立している。ⓑ説は，適法性は具体的・個別的に判断されるべき性質を有することを根拠としているが，違法な公務員の行為は，およそ職務の執行とはいえない以上，それに対する妨害行為は，そもそも公務執行妨害罪の構成要件に該当しないから，職務行為の適法性は，規範的構成要件要素であると解すべきである。

(b) **適法性の要件**　職務執行が適法であるといえるためには，①当該行為がその行為をした公務員の抽象的職務権限に属すること，②当該公務員がその職務行為を行う具体的職務権限を有すること，③その職務の執行を有効にする法律上の重要な要件または方式を履践していること，以上の3つの要件を満たす必要がある。

公務員は，通常，自己の行いうる職務の範囲を法令上限定されているから，この抽象的な権限を逸脱して行為がなされている以上は，その行為を公務の執行ということはできない (大判大13・6・10刑集3・476参照)。例えば，警察官が租税を徴収する行為は，その抽象的権限に属しないから適法性の要件を具備しない。

抽象的職務権限があっても，現実に職務を執行する権限すなわち具体的職務権限に基づいていなければ，その行為を公務員の職務執行とすることはできない。特に，職務の割当て・指定・委任などによって初めて具体的な職務行為が確定する場合には，職務の割当てなどが実施されない限り具体的権限はない。

具体的職務権限があっても，法律上重要な要件・方式を履んでいない限り，公務員の職務行為とはいえない。公務員の職務行為の有効要件として，法律上一定の要件・方式が定められている場合において，この要件・方式に違背して行われた公務員の行為はすべて違法であるとする見解がある。しかし，刑法上は，国の統制作用と個人の自由との接点にあって，いかなる範囲で公務を保護すべきか，すなわち要保護性が重要となるのだから，軽微な要件・方式の違背があっても，すべてこれを職務行為として認めないとするのは妥当でない（最判昭27・3・28刑集6・3・546，最判昭42・5・24刑集21・4・505）。いかなる性質の要件・方式違背が職務行為を違法なものとするかについては，ⓐ任意規定や訓示規定に違反した場合に限って適法とする説，ⓑ執行行為そのものが無効とならない限り適法であるとする説，ⓒ対象者の利益保護に影響を与えない要件・方式の違背は適法であるとする説が対立している。執行行為が有効であるのに刑法的保護を与えないのは妥当でなく，また，執行行為が無効な場合に，それによって人を義務づけることは許されないという意味で，ⓑ説が妥当である。したがって，その行為が職務行為として無効でない限り，取り消しうべき行為であっても本罪の成立を妨げない（福岡地小倉支判昭39・3・16下刑集6・3＝4・241）。

(c) **判断基準**　適法性の判断基準について，ⓐ公務員が真実その職務の執行と信じてこれを行ったかどうかによって定めるべきであるとする主観説（大判昭7・3・24刑集11・296），ⓑ裁判所が法令の定める要件に従いながら客観的に定めるべきであるとする客観説（最決昭41・4・14裁判集刑159・181），ⓒ一般人の見解を基準として定めるべきであるとする折衷説（前掲大判大7・5・14）が対立している。折衷説は，法令上の適法性を基礎としながら，最終的には一般人の見解すなわち社会通念を基準とするものであり，適法性は構成要件の規範的要素として社会通念を基礎として判断すべきであるから，この趣旨を含む折衷説が妥当である。したがって，裁判所の適法性の判断と一般人の判断とが異なるときは，一般人の判断に従うべきである。

適法性の判断基準に関連して，ⓐ適法性は事後的・客観的な立場から裁判の時点を基準として判断すべきであるとする純客観説，ⓑ行為時を基準として判断すべきであるとする行為時標準説（前掲最決昭41・4・14）が対立している。職務行為の適法性の要件は，当該執行行為が職務行為として法律上認められるかどうかの問題であるから，あくまで行為当時の状況に基づいて客観的に判断されるべきであって，裁判時に判明した事後的な事情までも考慮するのは，公務の保護を不当に軽視するものである。例えば，法律の要件・方式に従って被疑者を逮捕したところ，結果として誤認逮捕であった場合，純客観説によれば当該行為は刑事訴訟法上の職務行為ではあるが，公務執行妨害罪との関係では違法ということになる。そうすると，刑事訴訟法上適法な職務行為でもこれを妨害することが許されるということになり，明らかに妥当ではない。

㈲ **行　為**　本罪の行為は，暴行または脅迫である。「暴行」とは有形力の不法な行使をいい，「脅迫」とは他人に害悪を告知する行為をいう。暴行・脅迫は，本罪の性質上，職務執行の妨害となるべき程度のものであることを要し（最判昭33・9・30刑集12・13・3151），かつそれで十分である。それゆえ，職務執行を妨害するに足りる程度の暴行である限り，直接に公務員の身体に対して加えられる必要はなく，公務員に向けられた暴行で足りる（最判昭37・1・23刑集16・1・11〔広義の暴行〕）。公務員の指示のもとに，その手足となって，公務員の職務の執行に密接不可分な関係において関与する補助者に加えられる暴行も，その公務員に対する暴行となる（最判昭41・3・24刑集20・3・129）。ただし，単なる不法な有形力の行使は本罪にいう暴行ではないと解すべきであり，物に対して加えられる有形力が，間接的に公務員の身体に物理的に影響を与えるものであることが必要である（間接暴行）。例えば，差押えて自動車に積み込んだ密造酒入りの容器を鉈で破壊し，内容物を流出させた行為は間接暴行に当たる（最判昭33・10・14刑集12・14・3264）。

㈬ **妨　害**　本罪は公務執行妨害罪と称されるため，妨害の結果の有無が構成要件要素となるかどうかについて議論がある。しかし，本罪は暴行又は脅迫を加える行為をもって足りるのであり，暴行・脅迫がまさしく「妨害」に当たるのである（最判平元・3・9刑集43・3・95）。それゆえ，暴行・脅迫の結果として公務員の職務執行が現実に害されたことを要しない（抽象的危険犯）。

(3)　故　意　本罪の故意は，行為の客体が公務員であること，およびその職務執行に際して暴行・脅迫を加えることの認識を必要とする。公務員の職務執行の適法性は規範的構成要件要素であるから，本罪の故意については，いわゆる意味の認識として，当該の行為が公務員の職務行為として行われているという程度の素人的認識を必要とする。

公務員の職務執行を違法と誤信して暴行・脅迫を加えた場合，すなわち職務執行の適法性の錯誤について学説は，ⓐ事実の錯誤として故意を阻却すると解する事実の錯誤説，ⓑ違法性の錯誤と解する違法性の錯誤説（前掲大判昭7・3・24), ⓒ事実の錯誤と違法性の錯誤の2つの場合があるとする折衷説に分かれる。公務員の職務の適法性を基礎づける事実の錯誤, 例えば刑事を泥棒と間違えたような場合は故意を阻却するが, 公務員の職務行為として行われているという認識がありながら, それが違法に行われていると誤信して暴行・脅迫を加えたのであれば違法性の錯誤として故意は阻却せず(前掲大判昭7・3・24), 責任が阻却される場合がありうるにすぎない。

(4) 罪数・他罪との関連　罪数の決定については, ⓐ公務の数を基準とする説, ⓑ公務員の数を基準とする説(最大判昭26・5・16刑集5・6・1157)が対立している。本罪の行為の客体は公務員であるけれども, 保護の客体は公務そのものであるから, 公務の数を基準とするⓐ説が妥当である。本罪は暴行を手段とするため, 暴行罪, 傷害罪, 殺人罪等との関係が問題となるが, 行為が暴行にとどまるときは, その行為は本罪に吸収され別に暴行罪を構成しない。脅迫についても同様である。殺人罪, 傷害罪, 逮捕・監禁罪, 強盗罪, 騒乱罪などを構成するときは, 本罪との観念的競合となる。

◈【問　題】

Xは, 深夜路上を歩行中, 私服の刑事Aが, 窃盗の被疑者甲を追跡するためZ宅の塀を飛び越えようとしているのを発見し, てっきり泥棒であると誤信し, Aが「俺は刑事だ」と言って制止するのを聞かず, Aを塀から引きずりおろし, Aの職務を妨害した。Xの罪責はどうか。

3　職務強要罪・辞職強要罪

95条(公務執行妨害及び職務強要) **2項**　公務員に, ある処分をさせ, 若しくはさせないため, 又はその職を辞させるために, 暴行又は脅迫を加えた者も, 前項(95条1項)と同様とする。

(1) 行　為　本罪の行為は, 公務員に対して暴行・脅迫を加えることである。暴行・脅迫の内容は公務執行妨害罪の場合と同じである。(2)の「目的」をもって公務員に暴行・脅迫を加えた以上, 本罪は完成する。その目的が実現したか否かを問わない。

(2) 目　的　本罪の目的は, ①「ある処分をさせ」るため, ②ある処分を「させないため」, ③「その職を辞させるため」の3つに分かれる。「ため」とは「目的をもって」という意味である。「ある処分」とは，広く公務員が職務上なしうる行為をいう（大判明43・1・31刑録16・88）。判例は，本罪は広くその職務上の地位の安全を保護しようとするものであるから，職務権限外の事項であっても当該公務員の職務に関係のある処分であれば足りると解している（最判昭28・1・22刑集7・1・8）。しかし，公務執行妨害罪との均衡上，本罪も公務員の職務の円滑かつ公正な執行を保護する罪であり，少なくとも抽象的職務権限下にある処分に限るべきである。

「ある処分をさせ」るためとは，一定の作為を強要することをいう。作為を強要すること自体公務員の正当な職務上の自由を侵害することになるから，違法な処分を強要する目的である場合は勿論のこと，適法な処分を行わせる目的であっても本罪を構成する。例えば，不当な課税方法を是正させる目的であっても，これを変更するためには税法所定の手続を必要とするのであるから，この手続きを採らずに税務署長を脅迫する行為は本罪に当たるのである（最判昭25・3・28刑集4・3・425）。

「させないため」とは，公務員に一定の不作為の処分を強要する目的をいう。公務員の違法な処分をさせない目的であるときは，公務員の違法な処分を事前に防止することになるから，本罪の目的に入らないと解すべきである。

「職を辞させるため」とは，当該公務員をしてみずから退職させることをいい，公務の執行を妨害する手段として辞職させようとする目的であると否とを問わない。

①および②の目的の場合を職務強要罪，③の目的の場合を辞職強要罪という。いずれも処分または辞職を強要する目的で暴行・脅迫を加えることによって成立する。手段となる暴行罪，脅迫罪は本罪に吸収される。強要罪に該当するときも本罪に吸収される。

4　封印等破棄罪

96条（封印等破棄）　公務員が施した封印若しくは差押えの表示を損壊し，又はその他の方法によりその封印若しくは差押えの表示に係る命令若しくは処分を無効にした者は，3年以下の懲役若しくは250万円以下の罰金に処し，又はこれを併科する。

(1) 客　体　本罪の客体は，公務員の施した封印または差押えの表示にかかる命令または処分である。本罪の保護法益は，封印もしくは差押えの表示によって実現される強制執行の適正かつ円滑な実施であるが，本罪は強制執行の妨害について，これらの客体を損壊し，またはその他の方法により，封印もしくは差押えの表示にかかる命令もしくは処分を無効にする行為に限って処罰するものである。「命令」とは，裁判所による命令をいう。「処分」とは，執行官その他の公務員による差押への処分をいう。

(ア) 封印・差押えの表示　本罪の客体としての「封印」とは，物に対する任意の処分を禁止するために，開披禁止の意思を公務員によって職務上施された封緘その他これに準ずる物的施設・設備をいう。封印の方法は，その物を開閉する部分の封鎖に限らない。また，必ずしも公務員の印章が用いられていることを要せず，その物を任意に処分することを禁止する意思が表示されていれば足りる（大判大6・2・6刑録23・35）。差押えとは，公務員がその職務上保全すべき物を自己の占有に移す強制処分をいう。例えば，民事執行法による差押え（民執122条以下），仮差押え，執行官保管の仮処分（民保20条以下），国税徴収法による差押え（税徴47条以下），刑事訴訟法に基づく証拠となるべき物の差押え（刑訴107条以下）などがこれに当たる。差押えの「表示」とは，公務員が，職務上自己の保管に移すべき物に対し占有を取得する強制処分をするに当たり，占有取得を明示するために施す封印以外の表示をいう。譲渡禁止の仮処分，通行妨害禁止の仮処分などは，単に債務者に対して一定の不作為を命ずる仮処分であるから，この処分の表示は差押えの表示に含まれない（大判大11・5・6刑集1・261）。

(イ) 適法性の要件　本罪も公務執行妨害罪の一種であるから，封印・差押えの表示は適法または有効なものであることを必要とする。公務員の職務行為といえない違法または無効な封印・差押えの表示は，本罪の客体から除かれる。それゆえ，封印・差押えの表示は，適法または有効なものであることを要し，例えば，職権濫用による違法な封印・差押え，あるいは法律上の有効要件を欠く封印・差押えは，本罪の客体とはならない。

(2) 行　為　本罪の行為は，封印・差押えの表示を損壊し，またはその他の方法をもって表示にかかる命令または処分を無効とすることである。

「損壊」とは，封印または差押えの表示を物理的に毀損，破壊または除去して，その事実上の効力を滅却することをいう。「その他の方法で無効にした」とは，封印・差押えの表示自体を物理的方法で無効とせずに，その事実上の効力を失わせることをいう。例えば，犯則物件として差押えられ，封印を施された密造酒在中の桶から密造酒を漏出させる行為（大判明44・7・10刑録17・1409），仮処分によって執行官が土地を占有し，立入禁止の表示札を立てたのを無視して耕作する行為（大判昭7・2・18刑集11・42）などは，封印・差押えの表示を無効にしたものである。

執行官が，現状不変更を条件として従来どおり係争中の一室の使用を許す旨の仮処分をした場合，室内の状況に多少の変更を加えても，仮処分によって保全しようとする目的に反しない限り本罪には当たらない（大阪高判昭27・11・18高刑集5・11・1991）。

(3) 故 意　本罪の故意は，行為の際に有効な封印または差押えの表示が存在することを認識して行為する意思である。適法な封印・差押えの表示であるものを違法なものと誤信した場合，すなわち適法性について錯誤がある場合について，判例は，事実の錯誤とするもの（大決大15・2・22刑集5・97）と違法性の錯誤とするもの（最判昭32・10・3刑集11・10・2413）に分かれる。封印・差押えの要件が不存在となり，その表示の効力がなくなったと誤信したときは，適法性の基礎となる事実ないし行為事情につき錯誤があるので事実の錯誤として故意を阻却すると解すべきである。これに対し，封印・差押えの表示の要件は依然として存在することを認識しながら，法律上これを無効にすることが許されると誤信したときは，違法性の錯誤として故意を阻却しない（⇨370頁*2*(3)）。

(4) 他罪との関連　差押えのため封印をした酒類在中の徳利をそのまま窃取すれば，本罪と窃盗罪との観念的競合である（大判明44・12・19刑録17・2223）。横領罪の場合も同様である（最決昭36・12・26・刑集15・12・2046）。収税官吏から差押処分を受け，封印を施された容器から封印を破って帳簿類を取出し焼却した場合は，封印破棄罪と公用文書毀損罪の併合罪であって牽連犯ではない（最決昭28・7・24刑集7・7・1638）。

5　強制執行妨害目的財産損壊等罪

96条の2（強制執行妨害目的財産損壊等罪）　強制執行を妨害する目的で，次の各号のいずれかに該当する行為をした者は，3年以下の懲役若しくは250万円以下の罰金に処し，又はこれを併科する。情を知って，第3号に規定する譲渡又は権利の設定の相手方となった者も，同様とする。①強制執行を受け，若しくは受けるべき財産を隠匿し，損壊し，若しくはその譲渡を仮装し，又は債務の負担を仮装する行為。②強制執行を受け，又は受けるべき財産について，その現状を改変して，価格を減損し，又は強制執行の費用を増大させる行為。③金銭執行を受けるべき財産について，無償その他の不利益な条件で，譲渡をし，又は権利の設定をする行為。

(1)　意　義　強制執行の妨害については，1941（昭和16）年に「強制執行を免れる目的で，財産を隠匿し，損壊し，若しくは仮装譲渡し又は仮装の債務を負担」することを処罰する規定が設けられていた。しかし，1990年代の半ば以降，バブル経済崩壊後の不良債権処理において，処罰の対象が債務者に限定されていたため，共犯関係にない第三者である「占有屋」が物件を占有するようなケースに対応できないことが問題となり，2011（平成23）年に現在の規定に改められたのである。

本罪の保護法益については，①第一次的には国家の作用としての強制執行の機能を保護し，第二次的には債権者個人の利益の保護を図るとする説，②専ら債権者個人の保護を図るとする説が対立し，従来の判例は②説に立つものと理解されてきた。しかし，罰条が第5章の「公務の執行を妨害する罪」に規定されていること，2011（平成23）年の改正によって「強制執行を免れる目的」から「強制執行を妨害する目的」に改められたこと，さらに立法の審議の過程で，強制執行に国税徴収法の滞納処分も含まれることが明確にされたことから，①説が妥当である。

(2)　主　体　旧規定では，本罪の主体は債務者に限定されたが，改正法では，目的を「強制執行を妨害する目的」と改めたので，本罪の主体は債務者に限定されず，第三者も単独で正犯になりうることとなった。

(3)　目　的　本罪は，「強制執行を妨害する目的」で行われることを要する（目的犯）。一時的であっても，強制執行の進行に支障を生じさせる目的があれば足りる。「強制執行」については，民事執行による強制執行または同法を準用する強制執行のほか，国税徴収法による滞納処分も含まれる。また，「強制執行を妨害する目的」を要件としているところから，強制執行を受ける客観的な状態にあることが必要であり，遠い将来の強制執行を予想して，財産の隠蔽等を行っても本罪は成立しない。さらに，債権・債務関係について，行為時にそれが存在することを要するとする考え方もあるが，本罪の保護法益を国家的法益とする立場から，債権者が存在しないケースでも，強制執行を保全する必要があるところから，行為時に債権の存在する可能性があれば足りると解する。

(4) 行　為　本条の行為は，1号の行為，2号の行為および3号の行為に分かれる。

(ア) 1号の行為　本条1号の行為は，財産の隠匿，損壊，譲渡および債務の負担の仮装である。ここでいう「財産」とは，動産，不動産および債権をいう。「隠匿」とは，強制執行の対象となる財産の発見を不能または著しく困難にすることである。隠し，持ち去るなどの有形的方法だけでなく，金銭を他人名義で預金する行為（東京高判昭33・12・22高検速報776）や抵当物件の賃借料の差押えを免れるために賃借人をダミー会社に変更する行為なども含まれる。「損壊」とは，財産を物理的に破壊し，または財産的価値を減少させる行為をいう。「仮装の譲渡」とは，譲渡する意思がないのに譲渡したと見せかけるために，相手方と通謀し，財産名義を移転し，譲渡が行われたように装う行為をいう。「債務の負担を仮装する」とは，本当は債務者に義務がないのに，あるかのように見せかける行為をいう。第三者が債務者と通謀するなどして，現に存在しない債務を負担した場合なども含まれる。

(イ) 2号の行為　本条2号の罪の行為は，強制執行の対象となる財産について，その現状を改変して価格を減損し，または強制執行の費用を増大させる行為である。例えば，建物について無用な改築を行い，または廃棄物を搬入する行為がこれに当たる。

(ウ) 3号の行為　本条3号の罪の行為は，金銭執行を受けるべき財産について，無償その他の不利益な条件で譲渡し，または権利の設定をすることである。「金銭執行」とは，金銭についての強制執行のことであり，それによって受けるべき財産を，無償その他の不利益な条件で譲渡し権利の設定をする行為である。無償等の譲渡の場合は法律行為なので，1号の行為には当たらず，また，真実の譲渡なので2号の仮装行為には当たらないことから，これらの不当な行為を把捉して補足するために，処罰範囲を拡張したものである。なお，本号は，真実譲渡し，権利を設定する行為を処罰するものであるから，必ず相手方が存在するので，その相手方が必要的共犯として不可罰にならないように，96条の2の柱書の後段に，「情を知って，第3号に規定する譲渡又は権利の設定の相手方となった者」も処罰することとしたのである。

6　強制執行行為妨害等罪

96条の3(強制執行行為妨害等罪) **1項**　偽計又は威力を用いて，立入り，占有者の確認その他の強制執行の行為を妨害した者は，3年以下の懲役若しくは250万円以下の罰金に処し，又はこれを併科する。

2項　強制執行の申立てをさせず又はその申立てを取り下げさせる目的で，申立権者又はその代理人に対して暴行又は脅迫を加えた者も，前項と同様とする。

(1)　意　義　本罪は，人に向けられた加害行為による強制執行の進行を妨げる行為を処罰するものである。旧規定の強制執行妨害罪では，暴行または脅迫を手段とする強制執行の妨害を処罰の対象としていたが，執行官に対する暴行や脅迫に至らない程度の威力や偽計を用いて妨害する事案が横行したため，その対応策として本罪が設けられたのである。

(2)　1項の罪　本罪は，強制執行の現場において，執行官らに対して，偽計または威力を用いて，対象物件への立ち入りや占有者の確認を妨害することを内容とするものである。主体については制限がなく，債務者であることも要しない。「偽計」を用いてとは，人の判断を誤らせるような詐術を用いることをいい，例えば，建物の明け渡しの際に，事情を知らない外国人を入居させ，占有関係の認定を不可能にする場合がこれに当たる。「威力」を用いてとは，人の意思を制圧する力を加えることをいい，例えば，建物の明け渡しの際に，その敷地内に猛犬を放し飼いにする場合がこれに当たる。

「占有者の確認」とは，強制執行の相手方となる占有者が誰であるかを確認することである。「強制執行の行為」とは，強制執行の現場で行われる公務員等の事実上の行為を指す。「妨害」するとは，強制執行の行為を不可能または著しく困難にする行為をいい，現実に結果が発生したことを必要とする（侵害犯）。

(3) 2項の罪　本罪は，債権者やその代理人に対して，強制執行の申立てをさせずまたはその取立てを取り下げさせることを目的として，暴行または脅迫を加える行為を内容とする犯罪である。実際に申立てが妨害されたことは必要でない。

7 強制執行関係売却妨害罪

96条の4（強制執行関係売却妨害）　偽計又は威力を用いて，強制執行において行われ，又は行われるべき売却の公正を害すべき行為をした者は，3年以下の懲役若しくは250万円以下の罰金に処し，又はこれを併科する。

(1) 意　義　本罪は，旧96条の3に定められていた「公の競売」に係る強制執行の妨害および「公の入札」に係る公共契約に関する妨害行為のうち，強制執行において行われる売却手続きを取り出し，これを独立の犯罪として新設したものである。新設の理由は，旧法で含まれていなかった競売開始決定前の妨害行為がバブル経済崩壊後に横行し，金融機関などの不良債権を混乱させたため，競売開始決定前の妨害行為まで処罰の対象を広げる必要があったからである。本罪の保護法益は，強制執行における売却の公正である。

(2) 客　体　本罪の客体は，強制執行における売却である。ここで「強制執行」とは，民事執行法1条にいう一般債権の実行としての強制執行，担保権の実行としての競売および換価競売並びに国税徴収法94条1項にいう差押え財産の換価のための公売をいう。「売却」とは，民事執行法64条2項，民事執行規則34条および国税徴収法94条2項に定められている「競り売り」，「入札」および特別売却をいう。「競り売り」とは，旧法96条の3第1項の「競売」に当たり，売主となる公的機関が，物件の売却のため，2人以上の者に口頭または文書で買い受けの申出を促し，最高額の申し出をした落札者に承諾を与え，売却契約を成立させることをいう。「入札」とは，売り主となる公的機関が，物件の売却のため競争に参加する者に文書で買受けの申出を促し，最高額の申出をした落札者に売却することをいう。

(3) 行　為　本罪の行為は，偽計または威力を用いて，「強制執行において行われ，又は行われるべき売却の公正を害すべき行為」をすることである。「行われるべき売却」の公正を害すべき行為を含めているのは，競売開始決定前の行為にまで処罰の対象を拡げる趣旨からである。「偽計」とは，人の判断を誤らせる詐術を用いることである（最決平10・7・14刑集52・5・343）。例えば，入札の際に入札者に敷き札額の情報を知らせる場合がこれに当たる。「威力」とは，暴行または脅迫など，人の意思を制圧する力をいう（岡山地判平成2・4・25判時1399・146）。例えば，競売決定がなされた建物の玄関に暴力団名が大書されたプレートを掲げる行為がこれに当たる（前掲岡山地判平2・4・25）。「公正を害すべき行為」とは，強制執行で行われる売却に不当な影響を及ぼす行為のことであり，偽計等の行為を手段として売却の公正を害すべき行為をすれば，直ちに本罪は成立する（抽象的危険犯）。

8　加重封印等破棄等罪

96条の5（加重封印等破棄等）　報酬を得，又は得させる目的で，人の債務に関して，第96条から前条までの罪を犯した者は，5年以下の懲役若しくは500万円以下の罰金に処し，又はこれを併科する。

(1) 意　義　本罪は，96条から96条の4までの罪について，報酬目的で人の債務に関して行ったときは，加重処罰を可能とするものである。バブル経済崩壊後，不良債権の回収が積極的に行われるようになり，その過程で，占有屋等による不動産等の強制執行を妨害する事案が多発し，反社会的集団等による報酬目的の職業的妨害者が続出した。そこで，他人の強制執行に介入して，報酬目的等で行う96条から96条の4までの犯罪を加重処罰する規定が新設されたのである。

(2) 行　為　本罪の行為は，「報酬を得る目的」で行われる強制執行妨害行為である（目的犯）。「報酬」とは，96条から96条の4までの各罪を犯すことの対価として供与される財産上の利益をいう。自らが報酬を取得する場合だけでなく，第三者に取得させる場合も含む。例えば，立退料を自分が関係する暴力団に支払わせる目的の場合がこれに当たる。なお，「人の債務に関して」と定められているから，自分の債務に関する場合は含まれない。本罪は，不真正身分犯であり，債務者が第三者と共謀して本罪を犯したときは，65条2項により，債務者には通常の刑が科される。

9　公契約関係競売等妨害罪

96条の6第1項（公契約関係競売等妨害）　偽計又は威力を用いて，公の競売又は入札で契約を締結するためのものの公正を害すべき行為をした者は，3年以下の懲役若しくは250万円以下の罰金に処し，又はこれを併科する。

(1)　意　義　本罪は，旧法96条の3のうち，強制執行に関するものが，既述のように96条の4で独立して規定されたため，残余の公共工事の入札などを独立に犯罪としたものである。本罪の対象は，「公の競売又は入札で契約を締結するためのもの」であり，本罪の保護法益は，国または地方公共団体の権限ある機関が実施する公共工事等の契約締結の公正である。公の競売・入札につき，判例は，「公の機関又はこれに準ずる団体の実施する競売又は入札を指す」（東京高判昭36・3・31高刑集14・2・77）としているが，公の機関は法令に根拠を有する場合に限るべきである。

(2)　行　為　本罪の行為は，偽計または威力を用いて公の競売または入札を妨害することであり，「偽計」とは，人の判断を誤らせる詐術をいう。例えば，入札の際に入札者に敷札額を通報する場合がこれに当たる。「威力」を用いるとは，人の意思を制圧することをいい（最決昭58・5・9刑集37・4・401），例えば，競争入札に際して，他の入札者に対して談合に応ずるように脅迫する場合がこれに当たる。職権を濫用し，または地位・権勢を利用して意思を制圧する場合も含む。「公正を害すべき行為」とは，公の競売・入札に不当な影響を及ぼす行為をいう。談合もこれに当たるが，後述の談合罪との関係で本罪から除外される。公正を害すべき行為が行われれば直ちに本罪は成立し，結果が発生することを要しない（抽象的危険犯）。

10 談合罪

96条の6（公契約関係競売等妨害妨害）**2項**　公正な価格を害し又は不正の利益を得る目的で，談合した者も，前項（96条の6第1項）と同様とする。

(1)　目　的　談合は，公正な価格を害し，または不正の利益を得る目的で行われたことを要する。それゆえ，一般の取引観念上是認できる協定は，本罪の対象から除かれることとなる。

(ア)　公正な価格　「公正な価格」の意義については，ⓐ競売・入札において公正な自由競争によって形成されるであろう落札価格とする説，ⓑ社会的に相当な利潤額を加えた価格とする説（東京高判昭32・5・24高刑集10・4・361），ⓒ客観的に公正な価格とする説，ⓓ平均的な市場価格とする説に分かれる。本罪は，自由競争を前提とする競売・入札の公正を保護法益とするものである以上，公正な価格とは，談合がなく自由な入札が行われたならば，そこで形成されたであろう価格をいう（最決昭28・12・10刑集7・12・2418，最判昭32・7・19刑集11・7・1966）。

「公正な価格を害」する目的とは，上記の価格を引き下げ，または引き上げる目的をいう。談合のうえ本来自由競争ならば入札するであろう価格よりも高い入札金額を記載させ，みずからはそれよりも低い入札金額を入札書に記載して入札したような場合には，公正な価格を害する目的があったと判断される（最判昭31・4・24刑集10・4・617）。「不正の利益」とは，談合によって得る金銭その他の経済的利益をいう。競落者または落札者が契約上の利益を得る代わりに他の者が談合金を得るのが通常の形である。しかし，談合金が社会通念上祝儀の程度を越え不当に高い場合に限られる（最判昭32・1・22刑集11・1・50）。以上の目的をもって談合したときに本罪は直ちに既遂に達する。その談合に従って競売者・入札者が現実に行動したことを要しない（前掲最決昭28・12・10）。

(イ)　2つの目的の関係　公正な価格を害する目的をもってした談合罪と，不正の利益をもってする談合罪とは，別個に独立して成立しうる。前者は，公正な価格を害する具体的危険の発生を必要とするのに対し，後者は，入札の公正を害する抽象的危険犯であるとするのが判例の見解である（前掲最判昭 32・1・22)。他方，競売入札妨害罪は具体的危険犯であるから，これとの均衡上，先のいずれも具体的危険犯と解すべきであるとする見解もある。目的の相違によって本罪の性質を分ける根拠はないから，判例の見解は支持しがたいとともに，本罪は談合したことをもって直ちに成立するものであり，抽象的危険犯であると解すべきである。

(2) 行　為　本罪の行為は，談合である。「談合」とは，競売・入札の競争に加わる者が通謀して，特定の者を競落者，落札者とするために，一定の価格以下または以上に入札または付け値しないことについての協定をいう(大判昭 19・4・28 刑集 23・97)。競争に加わる者の通謀が必要であるから，本罪は必要的共犯である。ただし競売人・入札者の全員が談合に加わる必要はなく，入札・競売に不当な影響をおよぼしその公正を害するような協定をなしうる限り，一部の競売人・入札者によって行われた場合も談合である(最判昭 32・12・13 刑集 11・13・3207)。ただし，自由取引による談合に限られるから，偽計・威力の手段を用いた談合は，競売入札妨害罪を構成する(前掲最決昭 58・5・9)。行為は右の協定だけで足りるから，公の競売・入札に参加する希望がなくてもよい(最決昭 39・10・13 刑集 18・8・507)。ただし，みずから入札・競売に参加しない場合には，自己と特別な関係にある者が競売・入札を希望しており，これに何らかの影響を及ぼしうる地位にある者でなければならない。

III　逃走の罪

1　総　説

国家は，犯罪を行った者その他自由を拘束する必要のある者に対して拘禁権を有しており，逃走の罪の保護法益は，国の拘禁作用である。本罪は，被拘禁者自身が拘禁作用を侵害する場合と，それ以外の者がこれを侵害する場合とに分けられる。被拘禁者とは，国の拘禁権に基づき身柄を拘束されている者をいい，①裁判の執行により拘禁された既決・未決の者，②勾引状の執行を受けた者，③法令によって拘禁された者をいう。被拘禁者がみずから逃走する行為は，その心情からみてやむをえないという理由から，特に悪質な場合を除き処罰すべきでないと考えられる。刑法は，逃走する行為および逃走させる行為をともに処罰し，逃走する行為として，①逃走罪（97条），②加重逃走罪（98条）を規定し，また，逃走させる行為として，③被拘禁者奪取罪（99条），④逃走援助罪（100条），⑤看守者逃走援助罪（101条）を規定している。

2　逃走罪

97条(逃走)　裁判の執行により拘禁された既決又は未決の者が逃走したときは，1年以下の懲役に処する(未遂は，罰する—102条)。

(1)　主　体　本罪の主体は，裁判の執行により拘禁された既決の者と未決の者である（身分犯)。「既決」の者とは，刑の言渡が確定し，それによって拘禁されている者をいう。自由刑（懲役，禁錮，拘留）のほか，死刑の執行に至るまで拘置されている者（11条2項)，罰金，科料を完納できないために労役場に留置されている者（18条）を含む。「未決の者」とは，刑事手続によって拘禁されている者，すなわち，被告人または被疑者として勾留状によって拘禁されている者をいう。鑑定留置に付されている者も含む（仙台高判昭33・9・24高刑集11・追録1)。「拘禁された」者とは，現に刑事施設に収容されている者をいう。収容状または勾留状によって身体を拘束されていても，収容前の者は含まれず刑事施設に引き渡される途中で逃走しても本罪を構成しない。いったん収容された以上は，例えば，公判に出廷するため護送中の自動車内にいた場合でもよい。拘禁は適法なものでなければならない。

(2)　行　為　本罪の行為は，逃走することである。「逃走」とは被拘禁者が拘禁状態から離脱することをいう。逃走の手段・方法を問わない（98条参照)。離脱するとは，看守者の実力的支配を脱することをいい，一時的であっても完全に離脱すれば既遂となる。拘禁作用の侵害を開始すれば実行の着手が認められる。それゆえ，刑事施設から脱出すれば当然に実行に着手したものであるが，刑事施設の囲壁内にある間は，未だ拘禁状態を離脱したといえないから既遂ではない。囲壁を乗り越えても，追跡を受けている間は拘禁状態を脱出したとはいえない（福岡高判昭29・1・12高刑集7・1・1）。追跡者が完全に犯人を見失ったときには既遂となり，本罪は終了する。

3　加重逃走罪

98条(加重逃走)　前条（97条）に規定する者又は勾引状の執行を受けた者が拘禁場若しくは拘束のための器具を損壊し，暴行若しくは脅迫をし，又は2人以上通謀して，逃走したときは，3月以上5年以下の懲役に処する(未遂は，罰する—102条)。

(1)　主　体　本罪の主体は，裁判の執行により拘禁された既決・未決の者，または勾引状の執行を受けた者である。行為態様が悪質であることにかんがみ，主体の範囲を広げて処罰するものである。「勾引状」とは，広く一定の場所に拘禁することを許す令状をいい，勾留状，収容状，逮捕状，勾引状（刑訴152条，民訴194条），引致状（予防更生41条）がある。「勾引状の執行を受けた者」とは，被告人，被疑者として拘禁されている者のほかに，勾引された証人，逮捕状によって逮捕された被疑者，収容状，勾留状の執行を受けたが収監されていない者も含む（身分犯）。

(2)　行　為　本罪の行為は，①拘禁場または拘束のための器具（械具）を損壊し，②暴行・脅迫をし，または，③2人以上が通謀して逃走することである。「拘禁場」とは，刑事施設その他拘禁のために使用する場所をいう。「拘束のための器具」とは，手錠など身体の自由を拘束するために用いる器具をいう。「損壊」とは物理的に毀損することをいう。それゆえ，単に手錠をはずし，これを放置して逃走する行為は本罪に当たらない（広島高判昭31・12・25高刑集9・12・1336）。暴行・脅迫は，逃走の手段としてこれを行う必要がある。暴行・脅迫は看守者または看守者に協力する者に加えられたことを要するが，暴行は間接暴行で足りる。「2人以上通謀して」とは，2人以上の「裁判の執行により拘禁された既決または未決の者」または「勾引状の執行を受けた者」が，逃走するために意思の連絡をとりあい合意することをいう（必要的共犯）。通謀したうえで通謀者がともに逃走し，もしくは逃走の実行に着手しない限り本罪は成立しない。通謀はしたが1人が本罪の実行に着手し逃走したにすぎないときは，逃走者につき逃走罪を認め，通謀者には逃走援助罪が適用される（佐賀地判昭35・6・27下刑集2・5＝6・938）。

(3) 実行の着手 逃走を目的として拘禁場または「拘束のための器具」の損壊を開始し（最判昭54・12・25刑集33・7・1105），または，暴行・脅迫の行為を開始して逃走の現実の危険が生じた時に実行の着手があり，現実に拘禁状態から離脱したときに既遂となる。通謀者各人につき既遂・未遂を論ずべきであるから，一方が既遂となっても他方が未遂となることはありうる。

4 被拘禁者奪取罪

99条（被拘禁者奪取） 法令により拘禁された者を奪取した者は，3月以上5年以下の懲役に処する（未遂は，罰する—102条）。

(1) 客 体 本罪の客体は，法令によって拘禁された者である。裁判の執行により拘禁された既決または未決の者は無論のこと，およそ法令に基づき国家機関によって身体の自由を拘束されている被拘禁者は本罪の客体となる。少年院または少年鑑別所に収容中の少年（少24条，17条，43条）は法令による被拘禁者といえるが（福岡高宮崎支判昭30・6・24裁特2・12・628），児童自立支援施設に入所中の児童（児福44条），精神保健福祉法により入院措置を受けた精神病者（精保29条，29条の2）などは，拘禁自体よりも保護・治療を第一次的な目的として身体を拘束されている者であるから，本罪の客体にならない。

(2) 行 為 本罪の行為は，奪取である。「奪取」とは，被拘禁者を自己または第三者の実力的支配下に移すという意味である。奪取の手段を問わない。暴行・脅迫・欺く行為などによる場合であってもよく，また本人が同意しているか否かも関係がない。しかし，実力的支配内に移すことが必要であるから，単に解放するにすぎないときは逃走援助罪であって本罪ではない。奪取が完成することによって，直ちに既遂に達する。暴行・脅迫を用いて被拘禁者を奪取した場合，奪取は暴行・脅迫を手段とする場合も含むから本罪一罪が成立する。

5 逃走援助罪

100条（逃走援助）**1項** 法令により拘禁された者を逃走させる目的で，器具を提供し，その他逃走を容易にすべき行為をした者は，3年以下の懲役に処する。

2項 前項の目的で，暴行又は脅迫をした者は，3月以上5年以下の懲役に処する（未遂は，罰する—102条）。

被拘禁者を逃走させる目的で，①器具を提供し，その他逃走を容易にする行為をすること，または，②暴行・脅迫をすることである。

被拘禁者とは，「法令により拘禁された者」であり，被拘禁者奪取罪の客体と同じである。器具の提供は，「逃走を容易にすべき行為」の例示にすぎず，したがって，本罪の行為は，逃走の機会または方法を教示し，手錠を解除するなど，言語によると動作によるとを問わず，およそ被拘禁者の逃走を容易にする行為であればよい。その行為の終了によって本罪は既遂となり，被拘禁者が逃走したかどうかを問わない。

逃走を援助する手段として暴行・脅迫を行えば刑が加重される（2項）。暴行・脅迫は，逃走を容易にする程度のもので足り，看守者に直接向けられたものばかりでなく，物に対する暴力の行使も含むと解すべきである。暴行・脅迫が行われれば直ちに本罪は既遂に達する。本罪は，逃走させる目的があることを必要とする目的犯である。逃走させる目的で被拘禁者を暴行・脅迫を用いて奪取する行為は被拘禁者奪取罪に吸収される。被拘禁者奪取罪は暴行・脅迫を手段とする場合も含むからである。

6 看守者逃走援助罪

101条（看守者等による逃走援助） 法令により拘禁された者を看守し又は護送する者がその拘禁された者を逃走させたときは，1年以上10年以下の懲役に処する（未遂は，罰する—102条）。

(1) 主 体 看守者および護送者に限られる（真正身分犯）。身分は行為当時存在していれば足り，逃走の事実が看守・護送の任務解除後に生じても，本罪を構成する（大判大2・5・22刑録19・626）。公務員であることを必ずしも要しないが，法令上の根拠に基づいて任務につく者に限る。

(2) 行 為 看守者等が被拘禁者を逃走させることである。「逃走させ」るとは，逃走を惹起しまたはこれを容易ならしめる一切の行為をいう。

被拘禁者の解放その他の作為のみならず，逃走しようとしている事実を認識しながらこれを放置する不作為も含む。被拘禁者が逃走することによって既遂に達する。本罪は逃走の幇助行為を独立の犯罪としたものであり，本罪が適用されれば幇助犯の総則規定は適用されない。

◈【問　題】

⑴　被告人Xは，公判廷に出廷する途中，裁判所内でA巡査の隙に乗じて手錠をつけたまま逃げ出したので，Aは直ちにXを追跡し，2度Xを見失ったが，逃走を開始してから10分後に裁判所から約800メートル離れた民家の物置場所においてXを逮捕した。Xの罪責はどうか。

⑵　暴力団甲組の組長Yが緊急逮捕されたので，同組の組員Xは「逮捕状を見せろ」とわめきちらしたうえ，Yを奪取する目的で同人を逮捕した警察官AおよびBに暴行を加えたが，奪取することはできなかった。Xの罪責を問う。

Ⅳ　犯人蔵匿・証拠隠滅の罪

1　意　義

犯人蔵匿および証拠隠滅の罪は，犯罪の捜査，刑事裁判，刑の執行など国の刑事司法作用に対する侵害を内容とする犯罪であり，刑法は，①犯人蔵匿罪（103条），②証拠隠滅罪（104条），③証人威迫罪（105条の2）を定めている。いずれも犯人を庇護するために行われることが多いが，刑事司法作用を侵害するものであれば，必ずしも犯人の利益のために行われることを要しない（105条参照）。なお，証人威迫罪は，刑事事件の証人などが犯人側から加えられる「お礼参り」を恐れて正しい証言ができなくなるため，1958（昭和33）年の刑事訴訟法の改正に伴って創設されたものである。したがって，その保護法益は，刑事被告事件の証人，参考人またはその親族等の私生活の平穏も含むが，その本質は国の刑事司法作用の円滑な運用である。ただし，本罪の成立については現に刑事司法が害されたか，その危険が具体的に生じたかを問わないと解すべきである。

2　犯人蔵匿罪

103条(犯人蔵匿等)　罰金以上の刑に当たる罪を犯した者又は拘禁中に逃走した者を蔵匿し，又は隠避させた者は，2年以下の懲役又は20万円以下の罰金に処する。

(1)　客　体　本罪の客体は，罰金以上の刑に当たる罪を犯した者，または拘禁中に逃走した者である。犯人が自らを蔵匿する行為は，類型的に期待可能性がないとの理由から不可罰とされている。「罰金以上の刑に当たる罪」とは，法定刑が罰金以上の刑を含む罪をいう。

「罪を犯した者」の意義に関しては，ⓐ実際に罰金以上の刑に当たる罪を犯した者すなわち真犯人をいうとする説，ⓑ犯罪の嫌疑を受けて捜査または訴追されている者をいうとする説（大判大12・5・9刑集2・401，最判昭24・8・9刑集3・9・1440)，ⓒ真犯人であると強く疑われている者をいうとする説に分かれている。

思うに，「罪を犯した者」とする規定からみて，真に罰金以上の刑に当たる罪を犯した者を指すと解すべきである。もっともⓐ説によると，犯人蔵匿事件の裁判所が被蔵匿者自身の犯罪事実について審判し，真犯人と確定する必要があり，実際の適用上困難が伴うことは否定できない。しかし，この困難は現行法の明文上やむをえないばかりか，真犯人でない者を蔵匿することは，その違法性が極めて微弱であるとともに期待可能性が乏しい点で責任も軽いと考えられるから，「罪を犯した者」を真に罪を犯した者と解釈する実質上の根拠はあると考えられる。

こうして，いやしくも真に罰金以上の刑に当たる罪を犯した者であれば，捜査の開始前であると，捜査中であると，逮捕勾留中であると（後掲最決平元・5・1)，公判において審理中であると，さらに確定判決後であるとを問わず，本罪の客体となりうる。ただし，告訴権の消滅，時効の完成などによって訴追または処罰の可能性がなくなったときは，刑事司法作用を害するおそれがなくなり，その対象者は本罪の客体とはならない。不起訴処分を受けた者については疑問も残るが，訴追・処罰の可能性がある以上は，本罪の客体に当たる（東京高判昭 37・4・18 高刑集 15・3・186）。同じ理由で，親告罪について告訴がまだなされていない者も含む。罪を犯した者に教唆者，幇助者，予備・陰謀罪の犯人が含まれることはいうまでもない。「拘禁中に逃走した者」とは，法令により拘禁されている間に逃走した者をいう。当該の逃走が犯罪を構成するものであることは，必ずしも要しない。みずから逃走した者のほか，奪取された者も含む。

(2) 行　為　本罪の行為は，蔵匿しまたは隠避させることである。「蔵匿」とは，官憲による発見・逮捕を免れるべき隠匿場所を提供して匿うことをいう。「隠避」とは，蔵匿以外の方法により官憲による発見・逮捕を免れしめるべき一切の行為をいう（大判昭 5・9・18 刑集 9・668〔留守宅および捜査の形勢を知らせる〕）。官憲による発見・身柄の拘束を困難にするおそれを生じさせれば足りる。蔵匿・隠避行為があれば，たとえ捜査官憲が被蔵匿者の所在を知っていても本罪を構成する（東京地判昭 52・7・18 判時 880・110）。隠避の方法としては，変装させたり，逃走のための資金の調達をし，あるいは身代わり犯人を立てるなどの有形的方法ばかりでなく，犯人等に逃避を勧告し，または逃避中の者に捜査の形勢を知らせて逃避の便宜を与えるなどの無形的方法による場合も含む（大判大 4・8・24 刑録 21・1244。大塚・595 頁）。逮捕の義務ある警察官がことさらに逮捕を怠って逃走を許すがごとき不作為も隠避に当たる（大判大 6・9・27 刑録 23・1027）。

本人の逮捕勾留中に身代り犯人を立てる行為について，これを隠避に当たるとする判例（高松高判昭 27・9・30 高刑集 5・12・2094）と隠避に当たらないとする判例（福岡地小倉支判昭 61・8・5 判時 1253・143）とがあるが，最高裁判所は，犯人が殺人未遂事件で逮捕勾留された後，被告人が他の者を教唆して右事件の身代り犯人として警察署に出頭させ，自己が犯人である旨の虚偽の陳述をさせた行為を犯人隠避教唆罪に当たると判示した（最決平元・5・1 刑集 43・5・405）。身代り犯人を立てることによって本人の身柄拘束状態に変化をもたらす可能性がある以上は，隠避に当たる。ただし，犯人が死亡していた場合は，隠避に当たらない（札幌高判平 17・8・18 判時 1923・160）。「隠避させた」というためには，その者が官憲の発見・逮捕を一応免れる状態に達したことを要する。したがって，逃避を勧告したが，その者がこれに応じなかったときは本罪は完成しない。

(3) 故　意　本罪の故意は，客体である被蔵匿者が罰金以上の刑に当たる罪を犯した者であること，または拘禁中逃走した者であることを認識し，かつ，これを蔵匿・隠避することを認識して行為に出る意思である。罰金以上の刑に当たることの認識は，必ずしも必要ではなく，殺人犯人，窃盗犯人であるといった認識があれば足りると解すべきである（大判大4・3・4刑録21・231）。捜査の対象となっている被疑者であることを知っていても，無実の者と信じて蔵匿・隠避した以上は故意を阻却する。

(4) 罪　数　同一人を蔵匿し，かつ隠避したときは，本罪の包括一罪であり，同一事件についての共犯者数名を1個の行為で蔵匿・隠避させたときは，本罪の観念的競合となる（最判昭35・3・17刑集14・3・351）。

(5) 共犯関係　犯人自身は，本罪の主体から除外されている。それゆえ，犯人自身がみずから匿う自己蔵匿や自己隠避は処罰されない。その理由は，犯人がそのような行為をすることは無理もないという期待可能性の欠如にある。

犯人が第三者に自己を匿ってくれるように蔵匿・隠避行為を教唆した場合について，肯定説と否定説が対立している。判例は，「犯人自身の単なる隠避行為が罪とならないのは，これらの行為は刑事訴訟法における被告人の防御の自由の範囲内に属するからであり，他人を教唆してまでその目的を遂げようとすることは防御権の濫用である」（最決昭35・7・18刑集14・9・1189，最決昭60・7・3判時1173・151）ということを根拠にして，一貫して肯定してきた。

しかし，犯人の正犯としての蔵匿・隠避に期待可能性が認められないとする以上，それより軽い罪である教唆について期待可能性が認められるとするのは不当であろう。また，防御権の濫用を根拠とする考え方は，他人に教唆することの捜査上の有害性を根拠とするのであるが，他人に頼んでも匿って欲しいと願うことは無理もないことであり，自己蔵匿・隠避と同じように，教唆についても期待可能性が欠如していると解する。

◈【問　題】

⑴　Xは，恐喝容疑で逮捕状が発せられて逃走中のAを逮捕発見から免れさ

せるため，A を自分の配下の者の家に秘かに宿泊させた。X の罪責はどうか。

(2) X は，殺人容疑で逮捕されている Y の訴追・処罰を免れさせる目的で，身代り犯人として警察に出頭し，自分が殺人事件の犯人であると申し立てた。X の罪責を説明せよ。

3　証拠隠滅罪

104 条(証拠隠滅等)　他人の刑事事件に関する証拠を隠滅し，偽造し，若しくは変造し，又は偽造若しくは変造の証拠を使用した者は，2 年以下の懲役又は 20 万円以下の罰金に処する。

(1)　客　体　本罪の客体は，他人の刑事事件に関する証拠である。「他人」とは，行為者以外の者をいう。自己の刑事事件の証拠を隠滅する行為は，人間の自然の心情に基づくものであって，期待可能性が乏しいから処罰されないと解する。自己の刑事事件の証拠であっても，それが同時に他人の刑事事件の証拠であるときは，必ずしも期待可能性がないとはいえないから，本罪の客体になる（大判昭 12・11・9 刑集 16・1545）。

(ア)　共犯者の刑事事件　共犯者の刑事事件が他人の刑事事件といえるかについては，ⓐ他人の刑事事件として本罪の成立を肯定する説（大判大 7・5・7 刑録 24・555），ⓑ自己の刑事事件として本罪の成立を否定する説，ⓒもっぱら共犯者のためにする意思で行為した場合には他人の刑事事件として本罪の成立を認める説（大判大 8・3・31 刑録 25・403，広島高判昭 30・6・4 高刑集 8・4・585，東京地判昭 36・4・4 判時 274・34）が対立している。

自己の刑事事件に関する証拠隠滅が不可罰とされているのは，そのような行為は人間の心情からみてやむをえないとする期待可能性の欠如の点にあるから，共犯者の事件に関する証拠が自己の刑事事件と共通した利害の関係にある場合は，自己の刑事事件に関する証拠と解すべきである。それゆえ共犯者を隠匿しても，本罪には当たらない（旭川地判昭 57・9・29 刑月 14・9・713〔犯人蔵匿罪の成立を肯定例〕）。また，共犯者の刑事事件の証拠であっても自己の刑事事件と関連のない，あるいは相反する利害関係にある証拠は，他人の刑事事件の証拠として本罪の客体になる。

(イ) **「刑事事件」の意味**　証拠は「刑事事件に関する」ものであることを要する。刑事司法作用を保護するためには，公訴提起前の将来刑事被告事件となりうべきものに関する証拠も確保する必要があるから，現に裁判所に係属している被告事件に限らず，捜査中の事件（大判明45・1・15刑録18・1），捜査開始前の刑事事件も含む（大判昭10・9・28刑集14・997）。

告訴のない段階での親告罪の証拠および再審の可能性のある事件に関する証拠も含むかについては，前者は捜査開始前の事件に関する証拠として本罪の客体になると解すべきであるが，後者は確定判決事件の証拠として本罪の客体とはならず，現に再審の申立がなされている事件の証拠に限るべきである。被疑者などが隠滅によって利益を得たか否かは関係がない。刑事事件は，日本の裁判所が審判すべきものをいう。「証拠」とは，犯罪の成立，刑の量定に関する一切の証拠資料をいう。物的証拠としての証拠物，証拠書類，人的証拠としての証人，参考人も証拠である。

(2)　行　為　本罪の行為は，①証拠を隠滅すること，②偽造・変造すること，または，③偽造・変造の証拠を使用することである。

「隠滅」とは，証拠の顕出を妨げまたはその証拠としての価値を滅失・減少させる行為のすべてをいう（大判明43・3・25刑録16・470）。証拠たる物件の物理的滅失・隠匿は勿論のこと，証人，参考人となるべき者を逃避させ，隠匿するのも隠滅である（最決昭36・8・17刑集15・7・1293）。証人に偽証させることも証拠隠滅行為の一種であるが，別に偽証罪があるので（169条），法律によって宣誓した証人に偽証させる行為（間接正犯または教唆犯）は，法条競合によって偽証罪のみが成立すると解すべきである。宣誓しない証人，参考人に偽証させる場合には本罪が成立する。

「偽造」とは，存在しない証拠を新たに作成することをいう。犯罪事実に関係のない既存の物件を利用して，犯罪事実に関係のあるもののように作為を加える場合も偽造である（大判大7・4・20刑録24・359）。「変造」とは，真実の証拠に加工してその証拠としての効果に変更を加えることをいう。作成権限の有無，内容の真否を問わない。「使用」とは，偽造・変造の証拠を真正のものとして提出することをいう。裁判所に対しては勿論のこと捜査機関に提出することも使用に当たる。求めに応じて提出する場合も使用になる（前掲大判昭 12・11・9)。

参考人等が他人の刑事事件に関し，虚偽の供述をした場合，判例は，①虚偽の供述は偽証罪に限って処罰するのが刑法の建前であること（大阪地判昭 43・3・18 判タ 223・244，千葉地判平 8・1・29 判時 1583・156），②証拠は物理的な証拠方法（物証・人証）に限られること（最判昭 28・10・19 刑集 7・10・1945），これら二つの理由で証拠偽造罪の成立を否定している。虚偽供述自体を証拠とするのはいかにも証拠概念を広げすぎるばかりでなく，供述だけでは証拠としての価値も高くないから，不問に付するのが妥当であろう。これに対して，内容虚偽の上申書や供述書を作成するというように文書化された場合，それはまさに物理的存在となったものであり，証拠としての価値もあるから，その作成を証拠偽造として捉えることは十分可能である。従来の判例も，参考人が内容虚偽の上申書を捜査機関に提出した事例について証拠偽造罪の成立を認めているところである（東京高判昭 40・3・29 高刑集 18・2・126）。他人の事件について参考人として取調べられた 4 名の警察官が供述内容を創作して供述調書を作成した場合は，偽造に当たる（最決平 28・3・31 刑集 70・3・58）。

(3) **共犯関係**　本罪においても客体が他人の刑事事件に限られているため，犯人と第三者との共犯関係が問題となる。判例は，他人を利用してまで証拠を隠滅する行為は，被疑者・被告人の防御の範囲を超えるという理由から，犯人が他人を教唆して自己の刑事事件に関する証拠を隠滅させる場合には，証拠隠滅罪の教唆犯が成立するとしている（大判昭 8・10・18 刑集 12・1820，前掲大判昭 10・9・28，最決昭 40・2・26 刑集 19・1・59〔犯人による犯行現場の偽装教唆〕）。また，他人を使って証拠を隠滅するのは期待可能性の問題とはなりえないとする学説も有力である。しかし，犯人が他人を教唆して証拠隠滅罪を犯させるのは，自己の証拠隠滅行為について他人を利用することにほかならないから，犯人みずからが証拠隠滅を行った場合と同一の根拠で，この場合の共犯を不可罰とすべきである。

◈【問　題】

X 女は，殺人事件の被疑者 Y に頼まれ，Y の被疑事実に関して参考人として取調べを受けた際に，警察官に「事件当時，私はホテルで一緒に寝ていた」と虚偽の事実を述べ，その旨の参考人調書を作成させた。Xの罪責を説明せよ。

4 親族による犯罪に関する特例

105条(親族による犯罪に関する特例) 前2条(103条，104条)の罪については，犯人又は逃走した者の親族がこれらの者の利益のために犯したときは，その刑を免除することができる。

(1) 意 義 この規定は，1947（昭和22）年の刑法一部改正によって改められたものである。改正前は「之を罰せず」としていたが，任意的な刑の免除規定に変更された。旧規定は，親族間の情誼を重視するとともに「父は子のために隠し，子は父のために隠す。直きことその中にあり」（論語子路編13）とする儒教道徳に基づいたものであったとされる。新規定に改められたのは，一般に親族間の行為を免責事由としない英米法の影響による。親族間の犯人蔵匿罪・証拠隠滅罪は，自然の人情，情誼に由来するものとして，任意的な刑の免除事由とされたのである。その根拠は，期待可能性が乏しいということによる責任の減少にある。

(2) 要 件 本特例が適用される者は，犯人または逃走者の親族である。「犯人」とは，罰金以上の刑に当たる罪を犯した者（103条），または刑事被告人など（104条）を意味する。「逃走者」とは拘禁中に逃走した者をいう（103条）。「親族」の範囲は民法によって定まる（民725条）。本特例が適用されるためには，犯人または逃走者の利益のために右の罪が犯されたことを要する。

「利益のため」とは，刑事訴追，有罪判決，刑の執行または拘禁を免れさせる目的をいう。それゆえ，その不利益のためにしたときは勿論のこと，共犯者の利益だけのためにした場合も本特例の適用はない。犯人の利益のために犯しても，同時にそれが第三者の刑事事件にも関係するものであり，行為者がそのことを認識しているときは，本特例の適用を認めないとするのが判例である（大判昭7・12・10刑集11・1817）。本特例は，期待可能性が乏しいことを根拠とするものであるから，親族でない犯人・逃走者を親族であると誤信してこれを蔵匿した者については，期待可能性の錯誤を認め本特例の適用を認めるべきである。

(3) 親族の他人への教唆行為　犯人・逃走者の親族が他人を教唆して犯人蔵匿または証拠隠滅を犯させた場合について，判例は，本特例は親族自身の行為についてのみ適用するものとされているという理由で，本特例の適用を認めない（前掲大判昭8・10・18）。しかし，犯人・逃走者の親族がみずから正犯行為として犯人蔵匿・証拠隠滅の罪を犯しても刑の免除がありうるから，それより軽い態様の教唆について刑の免除を認めても不当ではない。

(4) 他人の親族への教唆行為　他人が犯人・逃走者の親族を教唆して犯人蔵匿・証拠隠滅の罪を犯させた場合は，親族の行為につき正犯が成立するから，他人の行為について教唆犯が成立する。正犯については刑の免除が認められるが，教唆者には刑の免除は認められない。

(5) 犯人の親族への教唆行為　犯人・逃走者Xがその親族Yを教唆して，自己Xを蔵匿させまたはその刑事事件に関する証拠を隠滅させる場合，Yの正犯行為は犯罪として成立し，105条の適用を受けて刑の免除が可能となる。一方，犯人・逃走者Xの教唆行為は正犯に従属して形式的には教唆犯の成立を否定できないが，犯人・逃走者が他人を教唆する場合を不可罰とすべきである以上，この場合にもそれと同じ理由で教唆犯の成立を否定すべきである。

◈【問　題】

Xは，日頃面倒を見ていた甥のYが殺人の容疑で警察に追われていると聞き，知人のAに事情を話して，Aの所有する山荘にYを匿ってもらった。X，Yの罪責を説明せよ。

5　証人等威迫罪

105条の2（証人等威迫）　自己若しくは他人の刑事事件の捜査若しくは審判に必要な知識を有すると認められる者又はその親族に対し，当該事件に関して，正当な理由がないのに面会を強請し，又は強談威迫の行為をした者は，1年以下の懲役又は20万円以下の罰金に処する。

(1) 客　体　本罪の客体は，自己もしくは他人の刑事事件の捜査もしくは審判に必要な知識をもっていると認められる者またはその親族である。

本罪は，他人の刑事事件ばかりでなく自己の刑事事件についても成立する。将来刑事事件となりうるものも含む（東京高判昭35・11・29高刑集13・9・639）。「捜査若しくは審判に必要な知識」とは，犯罪の成否，量刑の資料となるべき情状など犯人または証拠の発見に役立つ知識のすべてをいう。知識を有すると「認められる者」とは，現にその知識を有する者ばかりでなく，諸般の事情から客観的に知識を有すると認められる者をいう。その事件を担当した捜査官や警察官であっても，証人として証言するような知識を有していると認められる限り，本罪の客体となる（東京高判昭39・7・6高刑集17・4・422）。証人としてすでに証言を終った者でも再度喚問の可能性がある限り，本罪の客体になると解すべきである（大阪高判昭35・2・18下刑集2・2・141）。「親族」の範囲は，民法の規定による。

(2) 行　為　本罪の行為は，当該事件に関し，正当な理由がないのに面会を強請し，または強談威迫の行為をすることである。「当該事件に関して」とは，自己または他人の刑事事件に関連してという意味である。その終局裁判または再審判決の確定前の刑事事件であることを要する。「正当な理由がないのに」という文言は，弁護人の正当な調査活動などを排除する趣旨で設けられた要件である。「面会を強請し」とは，正当な理由なくして面会する意思のない相手方の意に反して面会を強要することをいう。「強談」とは，言語をもって自己の要求に応ずるよう迫ることであり，「威迫」とは言語・動作をもって気勢を示し，不安・困惑の念を生じさせることである。面会の強請，強談・威迫いずれの行為も，書信・電話等による間接のものは含まないと解すべきである（福岡高判昭38・7・15下刑集5・7=8・653〔電話につき否定〕）。

V　偽証の罪

1　総　説

偽証の罪は，法律により宣誓した証人・鑑定人・通訳人・翻訳人が虚偽の陳述・鑑定・通訳・翻訳を行うことを内容とする犯罪であって，その保護法益は国の審判作用（裁判，懲戒処分）の適正な運用である。刑法は，偽証の罪として，①偽証罪（169条），②虚偽鑑定・虚偽通訳・虚偽翻訳罪（171条）を規定している。偽証の罪は，一面で偽造罪に類似し，他面において詐欺罪に類似するが，その本質は国の審判作用の適正な運用を危険にする点にある。

2 偽証罪

169条（偽証） 法律により宣誓した証人が虚偽の陳述をしたときは，3月以上10年以下の懲役に処する。

(1) 主 体 本罪の主体は，証人である（身分犯）。主体については，ⓐ単に「証人」であれば足り，「宣誓」は構成要件的行為にほかならないとする説，ⓑ宣誓した証人であることを要するとする説が対立している。証人が宣誓という行為と偽証という行為をして初めて本罪の構成要件を充足するものであること，また，後述するように事後宣誓の場合も本罪の成立を認めるべきであるから，ⓐ説が妥当である。

(2) 行 為 本罪の行為は，宣誓および虚偽の陳述である。

(ア) 宣 誓 宣誓は法律によることを要する。法律の根拠に基づかないで行う宣誓は，本罪の「宣誓」となりえない。「法律により」とは，法律の根拠に基づいてという意味である。直接法律に規定されている場合のほか，その委任に基づいて命令その他の下位法規に根拠がある場合も含む。法律による宣誓は，民事・刑事事件だけでなく，非訟事件，懲戒事件さらに行政事件においても行われる。

宣誓は有効に行われることを要する。宣誓が有効といえるためには，宣誓が法律の定める手続きによるものでなければならない。ただし，軽微な手続上の瑕疵があっても，直ちに無効とすべきではない。例えば，刑事訴訟において宣誓書によらずに行われた宣誓は無効であるが，「偽証の罰」の告知を欠いただけでは宣誓は有効である。宣誓無能力者（民訴201条，刑訴155条）に誤って宣誓させても法律上の宣誓としては無効であり，その者が虚偽の陳述をしても偽証罪を構成しない（大判明42・11・1刑録15・1498参照）。

証言拒絶権（民訴196条以下，刑訴146条以下）を有する者が，これを行使しないで宣誓のうえ虚偽の陳述をすれば本罪が成立する（最決昭28・10・19刑集7・10・1945）。共犯者または共同被告人が，証人として証言する場合においても同様である。すなわち，共犯者または共同被告人が，被告人としてでなく他の共犯者または共同被告人の刑事事件の証人となり，証言拒絶権を行使しないで宣誓のうえ虚偽の陳述をすれば，偽証罪を構成する。証言すべき事項が共犯者としての証人の犯罪事実に関するものであるか否かを問わない。この場合について，証言を拒否すること自体が不利益になることもあるから，宣誓したうえで虚偽の陳述をしても偽証とすべきではないとする見解もある。しかし，証言拒絶権を放棄して宣誓した以上は，本罪の成立を否定すべき根拠に乏しい。一方，刑事被告人が被告人としての地位にある以上は，本罪の証人とはなりえない。したがって，仮に被告人が宣誓のうえ証言したとしても本罪を構成することはない。

(イ) **虚偽の陳述**　本罪の行為は，宣誓して虚偽の陳述をすることである。

(a) **事前宣誓と事後宣誓**　宣誓は，証人として陳述する前に行う事前宣誓が原則である。しかし，虚偽の陳述をして，その後に宣誓する場合（いわゆる事後宣誓）も含むと解すべきである（大判明45・7・23刑録18・1100）。刑法は「宣誓した証人」と規定しているから，文理上，宣誓が陳述に先行すべきであるとともに，宣誓したうえで虚偽の陳述をする場合こそ処罰に値するという理由をあげて，宣誓して虚偽の陳述をする事前宣誓の場合に限るべきであるとする見解もある。しかし，宣誓によって陳述の証明力が強まるのであり，事後宣誓による場合であってもその審判作用の適正な運用に対する危険は事前宣誓の場合と異ならないから，判例の立場が妥当である。

(b) **虚偽の意義**　偽証行為の中核は，虚偽の陳述である。「虚偽」の意味については，ⓐ客観的真実に反することとする客観説，ⓑ証人の記憶に反することをいうとする主観説（大判大2・6・9刑録19・687，前掲最決昭28・10・19）とが対立している。客観説は，証人がその記憶に反する陳述をしても，その内容が客観的真実に合致していれば国の審判作用を害する危険がないことを根拠とする。この説によれば，本罪は具体的危険犯であり，故意の内容は真実に反していることの認識であるということになる。しかし，偽証罪は国の審判作用の適正を害するために罰せられるのであり，これを証人の陳述についてみるときは，証人の記憶自体確実な信憑性を有するわけではないから，証人がみずから実際に体験したことだけを信頼できるものとして扱うほかはなく，したがって，体験しない事実を陳述すること自体が国の審判作用を誤らせるものとして有害とみるべきであり，主観説が妥当である。

この観点からすると，虚偽の陳述とは，体験した事実に関する自己の記憶と異なる事実の陳述をいうと解すべきである。それゆえ，自己の体験した事実を自己の記憶に従って陳述した以上，たとえそれが客観的真実に反していても本罪に当たらないだけでなく，逆に，自己の記憶に反して陳述した以上，たまたまそれが客観的真実に合致していた場合にも本罪を構成する。客観説は，いかに記憶に反したことを述べても，客観的真実に合致している限り審判作用を害するおそれはないと主張するが，この見解は，審判作用の適正を害するのは，記憶に反する陳述をすることだということを無視するものである。また，この立場に従うと，証人が自己の記憶に反する事実を真実と信じて陳述したが，客観的には虚偽であったときは，過失による偽証が処罰されないわが刑法においては本罪の故意が阻却され（ドイツ刑法163条は過失の偽証を処罰する），それが真実でない場合にも常に不可罰とせざるをえないという不当な結果となるであろう。

宣誓した証人が陳述中に自己の記憶する事項の全部について黙秘し，または，一部を黙秘して全体として虚偽の陳述をした場合，例えば，要証事実の一部について記憶しているにかかわらず「記憶にない」と陳述するときは，積極的な偽証行為があるから本罪を構成すると解する。ただし，事実を全く黙秘している場合には審判作用を誤らせるおそれはないから，証言拒否罪（刑訴161条，民訴200条）が問題となりうるにすぎない。

㈦　**間接正犯**　本罪は自手犯であるから，法律により宣誓した証人自身による虚偽の陳述のみが実行行為となり，他の者がこれを利用して犯す間接正犯は認められないとする見解がある。しかし，宣誓した証人を道具のように利用して偽証の結果を実現することは可能であるから，偽証罪の間接正犯はありうると解する。

(3)　主観的要素　偽証行為は，行為が記憶に反するという内心の状態を表現する形で行われるものであり，偽証罪はいわゆる表現犯にほかならない。また，そのような内心の状態の表現であってはじめて審判作用を害することになるから，内心の状態は主観的違法要素である。

本罪の故意については，ⓐ陳述の内容が自己の体験した事実に反していることの認識であるとする説（主観説の結論），ⓑ陳述の内容が客観的に真実に反していることの認識であるとする説（客観説の結論）があるが，偽証の意義を主観的に解する以上，ⓐ説が妥当である。それゆえ，本罪の故意は，宣誓したことを認識して虚偽の陳述をすること，または虚偽の陳述をしたことを認識して宣誓すること，これら両者のいずれかの認識を必要とする。

(4) 着手時期と既遂　本罪は挙動犯であるが，実行行為は宣誓と虚偽の陳述を含むから，事前宣誓の場合は虚偽の陳述の開始があったとき，また，事後宣誓の場合は宣誓の開始があったときに，実行の着手があったというべきである。証人が宣誓をし，1回の尋問手続における陳述の全体を終了すれば既遂に達し（抽象的危険犯），虚偽の陳述の結果，国の審判作用が現実に侵害されたか否かを問わない。しかし，例えば，虚偽の陳述の内容となる事実が，当該の事件と全く関連がないような場合，すなわち虚偽の陳述が国の審判作用を害する抽象的危険性を有しない場合には，不能犯として本罪を構成しないと解する（反対，大判大2・9・5刑録19・844）。

(5) 共　犯　刑事被告人が自己の刑事被告事件につき他人を教唆・幇助して虚偽の陳述をさせた場合について，ⓐ偽証教唆・幇助罪の成立を否定する説，ⓑこれを肯定する説（前掲最決昭28・10・19）とに分かれている。思うに，被告人が本罪の主体となりえないのは，証拠隠滅罪におけると同様に類型的に期待可能性がないためであると解すべきである（大判昭11・11・21刑集15・1501〔責任阻却事由ある一場合として法律上不問に付するのみ〕）。そうすると，みずから正犯として偽証しても処罰されないのであるから，共犯として他人に自己の刑事被告事件について偽証させてもその罪責を問うべきでないことは，証拠隠滅罪との均衡上当然である。また，被告人の偽証教唆は自己の刑事被告事件に関する証拠隠滅行為としての性格を併せもっており，もともと不可罰であるからⓑ説が妥当である。

共犯の成立が問題となる場合，教唆・幇助行為の当時において被教唆者が証人として証言しうる地位にあったか否かは，教唆犯の成立に影響しない。

また，教唆者は，被教唆者に対して，その記憶に反する陳述をさせることの認識がある以上，それが客観的真実に合致するものであることを確信していたとしても，偽証教唆罪の成立を妨げない（大判大3・4・29刑録20・654)。

3　虚偽鑑定罪・虚偽通訳罪・虚偽翻訳罪

171条(虚偽鑑定等)　法律により宣誓した鑑定人，通訳人又は翻訳人が虚偽の鑑定，通訳又は翻訳をしたときは，3月以上10年以下の懲役に処する。

(1)　主　体　本罪の主体は，鑑定人，通訳人および翻訳人に限られる（身分犯)。鑑定人とは，特別の知識経験を基礎として現在の経験事実につき意見を陳述する者をいう（刑訴165条など)。捜査機関によって実施される簡易鑑定の鑑定人やその他の鑑定・通訳・翻訳を嘱託された者などは，本罪の主体ではない。

(2)　行　為　本罪の行為は，宣誓すること，および虚偽の鑑定または虚偽の通訳・翻訳をすることである。宣誓は法律によって行うことを要する。「虚偽」とは鑑定人・翻訳人・通訳人の所信に反することをいう（大判明42・12・16刑録15・1795)。虚偽の「鑑定」とは，鑑定人が自己の所信に反する虚偽の意見または判断を陳述することをいう。虚偽の「通訳または翻訳」とは，通訳人・翻訳人が自己の所信に反した内容の訳述を審判機関に伝達することをいう。書面で結果を提出すべきときは提出した時点で，口頭の場合は陳述が全体として終了したときに本罪の既遂となる（挙動犯)。

4　自白による刑の減免

170条(自白による刑の減免)　前条(169条)の罪を犯した者が，その証言をした事件について，その裁判が確定する前又は懲戒処分が行われる前に自白したときは，その刑を減軽し，又は免除することができる。

この特例は，審判作用に対する侵害を未然に防止するためのものである。それゆえ，自白は裁判確定前または懲戒処分前になされることを要する。本特例は，偽証の正犯者ばかりでなく共犯者特に偽証教唆者にも適用がある（大決昭5・2・4刑集9・32)。もっとも，正犯者が自白したときに，その教唆者にこの特例が適用されないのは当然である（大判昭4・8・26・刑集8・416)。自白とは，自己が虚偽の陳述・鑑定・通訳・翻訳をしたことにつき，その事実を具体的に告白することをいう。虚偽の事実の全体について告白することを要するが，虚偽であることを告白すれば足り，さらに進んで真実を述べることは必要でない。自首に限らず自認で足りるから，尋問に応じて告白しても自白となる（前掲大判明42・12・16）。自白の相手方は，裁判所，懲戒権者および捜査機関に限られる。

◈【問　題】

⑴　Xは，交通事故にかかる業務上過失致死事件の証人として出廷した際，宣誓のうえ，事件当時の信号は「赤」であると確信していたが，他の目撃者が「青」であると主張するので「青であった」と証言し，結果として「青である」という証言が採用された。Xの罪責はどうか。「赤」であると思っていたが，他の目撃者の話を聞いているうちに「青」であると思うようになったので「青であった」と証言し，結果として赤であった場合はどうか。

⑵　収賄罪で起訴された被告人Xは，証人として公判廷によばれたYに，賄賂が授受されたとされる当日は，XはY宅にいたという虚偽の証言をしてくれるように依頼した。Yは，依頼どおりに証言したが，裁判所はこれを証拠として採用しなかった。X，Yの罪責はどうか。

Ⅵ　虚偽告訴の罪

1　総　説

虚偽告訴の罪は，人に刑事または懲戒の処分を受けさせる目的をもって，虚偽の告訴，告発その他の申告をする犯罪である。その保護法益については，ⓐ個人の私生活の平穏と解する説，ⓑ国の審判作用の適正と解する説，ⓒ第一次的には国の審判作用であるが，第二次的には私生活の平穏であると解する説（大判大元12・20刑録18・1566）の対立がある。

人をして刑事または懲戒の処分を受けさせる目的をもって虚偽の申告が行われれば，国の審判作用の前提となる捜査権または調査権の適正な運用が害されることは疑いないから，第一次的に国の審判作用の適正な運用が保護法益となる。しかし，虚偽告訴等の対象となる被申告者は，本罪の結果として捜査機関等の捜査または調査を受けるから，第二次的には，被申告者となる個人が不当に国の刑事または懲戒処分の対象にされないという私生活の平穏も保護法益になっていると解される。

172条にいう「人」は他人を意味する。それゆえ，自己が犯人の身代りとなって処分を受ける目的で虚偽の申告をする場合（いわゆる自己申告），および死者・架空人を被申告者とする場合は本罪を構成しない（なお，軽犯1条16号〔虚構の犯罪又は災害の事実を公務員に申し出た罪〕）。被申告者の同意は無効であり，本罪の成立を妨げないと解する（前掲大判大元・12・20）。

2　虚偽告訴等罪

172条（虚偽告訴等）　人に刑事又は懲戒の処分を受けさせる目的で，虚偽の告訴，告発その他の申告をした者は，3月以上10年以下の懲役に処する。

(1)　行　為　本罪の行為は，虚偽の告訴，告発その他の申告をすることである。「虚偽」とは客観的真実に反することをいう（最決昭33・7・31刑集12・12・2805）。申告の内容としての虚偽の事実は，刑事または懲戒処分の原因となりうるものでなければならず，また，当該官庁の誤った職権発動を促すに足りる程度の具体的なものでなければならない（大判大4・3・9刑録21・273）。例えば，責任無能力者を対象とする場合のように，申告された事実が法律上処分を受ける適格を有しなくても本罪の成立を妨げない（大判大6・6・28刑録23・773）。

申告は，相当官署（機関）に対して行われることを要する。相当官署とは，刑事処分については捜査権ある検察官，司法警察職員（大判大2・3・20刑録19・365）をいい，懲戒処分については懲戒権者または懲戒権の発動を促す機関をいう。申告は自発的でなければならない。捜査機関，懲戒権者などの取調を受けて虚偽の回答をするのは，申告に当たらない。申告の方法は，そのいかんを問わない。告訴，告発の方式を履む必要はないし，匿名によると他人名義によるとを問わない。

本罪は，虚偽の申告が相当官署に到達することによって既遂となる。文書が相当官署に到達し，閲覧しうる状態に置かれれば足り，被申告者が申告の内容を知ることや，検察官等が捜査に着手したとか起訴したことは必要でない（大判大5・11・30刑録22・1837）。しかし，文書を郵便に付して申告する場合，発送しただけでは既遂にならない（大判大4・4・2刑録21・337）。発送しても相当官署に届かなかったときには，未遂として不可罰である。

(2) 主観的要件　本罪は目的犯であり，故意のほかに「人に刑事又は懲戒の処分を受けさせる目的」が必要となる。

(ア) 故　意　本罪の故意は，申告すべき事実が虚偽であることの認識を必要とする。この認識については，ⓐ未必的認識で足りるとする説（大判大6・2・8刑録23・41，最判昭28・1・23刑集7・1・46），ⓑ確定的認識を要するとする説とが対立している。告訴・告発は，犯罪の嫌疑に基づいて行われるものであるから，それを行う者が，その事実について，あるいは虚偽であるかもしれないという未必的認識を有するのが一般であるといってよいだろう。そうだとすると，ⓐ説によれば告訴権・告発権を不当に制限することになるから，ⓑ説が妥当である。

(イ) 目　的　「人に刑事又は懲戒の処分を受けさせる目的」を要する。「人」は他人をいい，自然人であると法人であるとを問わない。また，「人」は，実在人であることを要する。両罰規定等における法人処罰に関しては，法人も「人」である。

「刑事の処分」とは，刑事上の処分すなわち刑罰，保安処分および起訴猶予処分をいう。「懲戒の処分」とは，公法上の監督関係に基づいて職務規律維持のために課される制裁をいう。例えば，公務員に対する懲戒，弁護士・医師・公認会計士などに対する懲戒がこれに当たる。過料も懲戒に当たる。これらの処分をなさしめる目的が本罪の目的である。

本罪は国の審判作用の適正な運用に対する侵害の可能性を中核とするものであるから，不当な捜査権ないし懲戒権の発動を促す可能性を認識して虚偽の申告をなす限り，本罪を構成すると解すべきである。刑事処分または懲戒処分を受けさせる目的は，唯一または主要な動機であることを要しない（大判昭12・4・14刑集16・525）。

3　自白による刑の減免

173条(自白による刑の減免)　前条（172条）の罪を犯した者が，その申告をした事件について，その裁判が確定する前又は懲戒処分が行われる前に自白したときは，その刑を減軽し又は免除することができる。

Ⅶ　汚職の罪

〔1〕 総　説

汚職の罪とは，職権の濫用により，国または地方公共団体の立法・司法・行政作用の適正な運用を侵害することを内容とする犯罪である。刑法は，①職権濫用の罪（193条～196条），②賄賂の罪（197条～198条）を定めており，両者は，国または地方公共団体の機関である公務員が自己の職務を遂行するに当たって，いわば国家機関の内部から公務の公正を汚す点で共通している。そのため汚職の罪と呼ばれるのであり，また，公務員の職務犯罪とも呼ばれる。

〔2〕 職権濫用の罪

1　意　義

職権濫用の罪とは，公務員がその職権を濫用し，または，その職務を執行する際に違法な行為をすることを内容とする犯罪をいう。刑法は，職権濫用の罪として，①公務員職権濫用罪（193条），②特別公務員職権濫用罪（194条），③特別公務員暴行陵虐罪（195条），④特別公務員職権濫用致死傷罪・特別公務員暴行陵虐致死傷罪（196条）を規定している。本罪の保護法益については，ⓐ公務の公正あるいは国家の威信にあるとする説，ⓑ個人の自由，権利であるとする説，ⓒ第一次的には国家の司法・行政作用の適正な運用であるが，第二次的には職権濫用の相手方となる個人の自由，権利としての個人法益であるとする説が対立している。公務員は公務を遂行するため国民に対し法律上または事実上の負担・不利益を生ぜしめる特別の権限が与えられており，それを不法に行使するときは，公務の適正を害するのみならず，国民の自由，権利を不当に侵害することになるから，公務の公正と併せて国民の自由，権利を保護するため本罪が設けられたものである。

2　公務員職権濫用罪

193条（公務員職権濫用）　公務員がその職権を濫用して，人に義務のないことを行わせ，又は権利の行使を妨害したときは，2年以下の懲役又は禁錮に処する。

(1)　主　体　本罪の主体は，公務員である（身分犯）。公務員については，ⓐ公務員であれば足りるとする見解，ⓑある行為を強制しうる権限を有する公務員であることを要するとする見解がある。当該公務員の権限が濫用された場合，相手方をして義務なきことを行わせ，または行うべき権利の行使を事実上妨害する可能性があれば足り，必ずしも強制力を伴う権限を有する公務員であることを要しないと解すべきである（最決昭57・1・28刑集36・1・1）。

(2)　行　為　本罪の行為は，公務員がその職権を濫用して，人に義務のないことを行わせ，または行うべき権利を妨害することである。

(ア)　職権の濫用　「職権を濫用し」とは，一般的職務権限に属する事項について，不当な目的のために，不法な方法によって行為することをいう。不作為も含まれる。

(a)　職権とは　当該公務員の有する一般的職務権限のことである。職務権限があるように見えるだけでは足りず，現実に職務権限を有していることが必要である。ただし，法令上の明文の根拠規定は必ずしも必要でない（前掲最決昭57・1・28〔宮本身分帳事件〕）。職権の性質について，ⓐ強要罪と文言が共通しており，意思の制圧の要素を含む強制的権限でなければならないとする説，ⓑ法律上の強制力を伴うものであることは必要でなく，職権行使の相手方をして事実上義務なきことを行わせまたは権利を妨害するに足りる権限であればよいとする説（前掲最決昭57・1・28）とが対立している。本罪は，権限の不当な行使によって国民に不利益を生じさせる行為を処罰するものであるから，一般的職務権限は，国民に対し法律上または事実上の不利益を生じさせる効力を有する権限であれば足りると解すべきである。例えば，裁判官が女性の被告人に対し，被害弁償のことで会いたいなとどいって喫茶店に呼び出し同席させる行為は，一般的職務権限に属する（最決昭60・7・16刑集39・5・245）。職権行使の相手方の具体的な行動の自由を侵害することを必ずしも要しない。例えば，プライバシーの侵害も濫用に当たる。

(b) **濫用行為**　「濫用して」とは，一般的職務権限に属する事項につき，実質的・具体的に違法・不当な行為をすることをいう（前掲最決昭57・1・28）。職権の行使に仮託して（かこつけて），違法・不当な行使をすることも含む。濫用行為は相手方が職権の行使であることを認識できるものに限るかについて，ⓐ職権をもつ者が客観的に職権を濫用した以上濫用行為に当たるから，被害者に職権の行使と認識させなくても本罪の行為に当たるとする説（最決平元・3・14刑集43・3・283），ⓑ構成要件の類似から強要罪と同様に考え，相手方が職権行使であることを認識できる外観を備えたもので，相手の意思に働きかけ，影響を与えるものに限るとする説（東京高決昭63・8・3高刑集41・2・327）が対立している。

本罪は，国民に対し法律上または事実上の不利益を生ぜしめる効力を有する特別の権限を与えられている公務員が，その権限を濫用した結果として国民の自由，権利を侵害した場合を処罰し，もって公務の適正と個人の利益の保護を図ろうとするものであるから，国民の自由，権利を侵害する不利益を生ぜしめるような権限の不法な行使が認められる限り，濫用行為はあったといってよい。したがって，それが職権行為としての外観を備えているか，相手方の意思に働きかけそれに影響を与えるものであるかを問うものではないと解すべきである。相手方に気づかれず，または秘かに行う場合も濫用行為となりうる（最決昭38・5・13刑集17・4・279〔本人の知らない間に公示札を立てる〕）。一般的職務権限に属さない事項について行われたときは，本罪ではなく強要罪の問題となる。

(イ) **結　果**　「義務のないことを行わせ」とは，法律上義務がないのに行わせ，または，義務がある場合に不当・不法に義務の態様を変更して行わせることをいう（大判大11・10・20刑集1・568，前掲最決昭60・7・16）。受忍義務がないのにこれを強制する場合も含む。例えば，義務の履行期を早期に変更し，あるいはこれに一定の条件を付けて行わせるような場合である。「権利の行使を妨害し」とは，法律上認められている権利の行使を妨害することである（前掲最決昭38・5・13）。権利行使が不可能ないし困難になる状態を作り出す場合も含む。権利は，必ずしも法律上の権利であることを要せず，プライバシーなど事実上の利益も含む。

本罪は，「義務のないことを行わせ，又は権利の行使を妨害したときは」と規定されているところから，本罪が既遂となるためには，現に人に義務のないことを行わせ，または権利の行使を妨害したという結果の発生を必要とすると解すべきである。相手方に具体的な作為・不作為を強要しないで事実上の負担ないし不利益を甘受せしめることも含む（前掲最決平元・3・14）。

3　特別公務員職権濫用罪

194条（特別公務員職権濫用）　裁判，検察若しくは警察の職務を行う者又はこれらの職務を補助する者がその職権を濫用して，人を逮捕し，又は監禁したときは，6月以上10年以下の懲役又は禁錮に処する。

(1)　主　体　本罪の主体は，裁判・検察・警察の職務を行う者，またはこれを補助する者である。これらの者を一般に「特別公務員」という。行為者が特別公務員であることによって逮捕監禁罪（220条）の刑を加重するものである（不真正身分犯）。特別公務員は，その職務の性質上逮捕・監禁の権限を有しているため，職権を濫用して人権を侵害する危険があるところから，その濫用の防止を考慮して本罪が設けられている。「裁判，検察，警察の職務を行う」者とは，裁判官，検察官，司法警察職員をいう。「補助する者」とは，裁判所書記官，検察事務官，司法警察員，森林・鉄道その他特別の事項について警察の職務を行う者など，その職務が補助者の地位にある者をいう。補助者であっても公務員でない者は，これに含まれない。

(2)　行　為　本罪の行為は，職権の濫用による逮捕または監禁である。逮捕・監禁は，職権の濫用として行われることを要する。それゆえ，その職務を仮装することなく職権と無関係になされた逮捕・監禁は，本罪を構成しない。本罪が成立する以上，逮捕・監禁罪は本罪に吸収される。

4 特別公務員暴行陵虐罪

195条(特別公務員暴行陵虐) **1項** 裁判，検察若しくは警察の職務を行う者又はこれらの職務を補助する者が，その職務を行うに当たり，被告人，被疑者その他の者に対して暴行又は陵辱若しくは加虐の行為をしたときは，7年以下の懲役又は禁錮に処する。

2項 法令により拘禁された者を看守し又は護送する者がその拘禁された者に対して暴行又は陵辱若しくは加虐の行為をしたときも，前項と同様とする。

(1) 主 体 本罪の主体は，①裁判・検察・警察の職務を行う者もしくはこれを補助する者（1項)，または，②法令により拘禁された者を看守または護送する者である（2項)。本条に定められている公務員は，その職務の性質上，人の自由や権利を侵害する職権を与えられているところから，公正さを厳しく要求され，その濫用が国民に重大な人権侵害を及ぼす類型の者でなければならない。「裁判，検察若しくは警察の職務を行う者」とは，裁判官，検察官，司法警察職員をいう。「補助する者」とは，裁判所書記官，廷吏，検察事務官，司法巡査をいう。職務上補助者の地位にない者，例えば，警察所長の委嘱を受けた少年補導員のごとき事実上の補助者は，本罪の主体ではない（最決平6・3・29刑集48・3・1)。

(2) 客 体 本罪の客体は，①被告人，被疑者，その他の者（1項)，または②被拘禁者（2項）である。①の「その他の者」とは，証人，参考人など捜査・公判上取調べの対象になる者をいう。本罪の主体は，特別の権力的地位にある者であるから，その職権を濫用するおそれを防止するため，職権行使の対象となる者については広く客体のなかに含ませる必要がある。

(3) 行 為 本罪の行為は，職務を行うに当たり暴行または陵辱・加虐（陵虐）の行為をすることである。「その職務を行うに当たり」とは，職務を行う際にという意味である。したがって，職務執行に際してなされたものでない公務員の暴行は，暴行罪を構成するにすぎない。「暴行」は，広義の暴行で足りると解すべきである。「陵辱又は加虐の行為」とは，暴行以外の方法で精神上または肉体上の苦痛を与える一切の虐待行為をいう。相当な飲食物を与えないこと，必要な睡眠をさせないこと，女子の被疑者に対し取調べに当たった巡査がわいせつまたは姦淫の行為をすること（大判大4・6・1刑録21・717）などは，陵辱・加虐に当たる。

(4) 違法性阻却事由・罪数　本罪における被害者の同意は，無効と解すべきである。本罪は，一面において職務の適正を保護するものである以上，暴行・陵虐の相手方個人の同意によって，その法益が放棄されることはありえないからである（大判大15・2・25新聞2545・11）。暴行罪，脅迫罪は，本罪に吸収される。

わいせつ・姦淫が陵虐行為として行われた場合について，本罪のみを適用すれば足りるとする見解（前掲大判大4・6・1）もあるが，強制わいせつ罪・強姦罪との観念的競合になると解する。本罪は国家法益に対する罪が中核となるものであるのに対し，強制わいせつ罪・強姦罪は個人法益に対する罪であり，本罪とはその罪質を異にするからである。

◈【問　題】

警察官XおよびYは，公安関係の職務に関して，日本共産党に関する警備情報を得るため，同党国際部長A方の電話を盗聴した。その行為は電気通信事業法に触れるため，警察官X，Yは，電話回線への工作など盗聴行為全般を通じて，終始何人に対しても警察官による行為でないことを装う行動をとっていた。X，Yの罪責はどうか。

5　特別公務員職権濫用致死傷罪・特別公務員暴行陵虐致死傷罪

196条（特別公務員職権濫用等致死傷）　前2条（194条，195条）の罪を犯し，よって人を死傷させた者は，傷害の罪と比較して，重い刑により処断する。

公務員の職権濫用・暴行陵虐によって，死傷の結果が生じた場合である。警察官が公務執行妨害の犯人を逮捕し，自己を防護するためにけん銃を発砲した行為について，その行為が警職法7条の定める基準に当たらない違法なものであるときは，特別公務員暴行陵虐致死罪となる（最決平11・2・17刑集53・2・64）。

〔3〕 賄賂の罪

1 総 説

(1) 意 義 賄賂の罪とは，収賄の罪と贈賄の罪とを総称する犯罪である。刑法は，収賄の罪として，①収賄罪（197条1項前段），②受託収賄罪（同項後段），③事前収賄罪（同条2項），④第三者供賄罪（197条の2），⑤加重収賄罪（197条の3第1項，2項），⑥事後収賄罪（同条3項），⑦あっせん収賄罪（197条の4）を規定し，贈賄の罪としては，贈賄罪（198条）のみを規定している。

賄賂の罪の保護法益については，ⓐ職務の公正およびそれに対する社会の信頼であるとする説，ⓑ職務行為の不可買収性であるとする説，ⓒ職務の不可買収性および公正であるとする説，ⓓ公務員の清廉義務であるとする説などが対立してきた。

公務員の裁量を伴う職務行為については，国家の立法・司法・行政作用の適正な運用にとって職務の公正は不可欠のものであるから，第一次的に本罪の保護法益が職務行為の公正にあることはいうまでもない。しかし，職務行為が公正に行われたとしても，職務に関連して公務員が賄賂を受け取っていれば，公務に対する国民の信頼が失墜し，公務の適正な運用が害され，あるいはその危険を生ずるから，ⓐ説が最も妥当である。判例もこの立場を採っていると考えられる（大判昭6・8・6刑集10・412，最大判昭34・12・9刑集13・12・3186，最大判平7・2・22刑集49・2・1〔ロッキード事件判決〕）。

(2) 沿 革 賄賂の罪は，旧刑法以来大きく変遷してきた。旧刑法は収賄だけを処罰し贈賄は処罰しなかったが，現行刑法は収賄罪を防止するためにこれを処罰するものとし，賄賂の罪としては単純収賄罪，加重収賄罪および贈賄罪を規定した。1941（昭和16）年には，戦時中の統制経済下において公務員が許認可にからみ強大な権限を有するに至ったことから，公務員の綱紀の粛正を図るため賄賂の罪の大幅な修正が施され，新たに受託収賄罪，事前収賄罪，第三者供賄罪，事後収賄罪が追加された。

戦後になってからは，1958（昭和33）年の刑法一部改正によってあっせん収賄罪とあっせん贈賄罪が設けられ，さらに1980（昭和55）年にはロッキード事件などを契機として政治倫理確立のためという理由から改正がなされ，各罪の法定刑が引き上げられたのである。これら一連の改正は，公務員の職務について不正な報酬の授受がなされていることから，公務員の綱紀粛正を図るために，賄賂の罪の処罰範囲を拡大するとともに重罰化をすすめたものといえる。一方，特別法の領域では，行為の主体の面で処罰の範囲が拡張されつつある。特別法によって，その組織体の役職員が公務に従事する職員とみなされるいわゆる「みなし公務員」のほか，「経済関係罰則の整備に関する法律」による贈収賄罪，商法上の贈収賄罪など，多くの賄賂の罪が設けられている。これらにおいても，職務の公正とそれに対する社会の信頼が保護法益である。

2　賄賂の意義

(1)　客　体　本罪の客体は，賄賂である。「賄賂」とは，公務員の職務に関する不正の報酬としての利益をいう。賄賂は，職務に関する報酬でなければならない。公務員が正当な理由のない金銭等の報酬を受ければ，公務の公正に対する社会の信頼は害されるから，特に「職務に関」するという限定は必要ないともいえる。しかし，それでは賄賂罪の保護法益を公務員の清廉義務に求める見解に至り，あまりにも無限定になってしまうところから，刑法は「職務に関し」という要件を設けたのである。

(ア)　「職務に関し」の意義　「職務に関し」とは，職務行為自体に対する場合のほか，職務と密接な関連を有する行為に対する場合も含む（大判大2・12・9刑録19・1393，最判昭25・2・28刑集4・2・268）。「職務」行為とは，公務員がその地位に伴い公務として取り扱うべき一切の執務をいう（最判昭28・10・27刑集7・10・1971）。その範囲は原則として法令によって定められるが，必ずしも法令に直接の規定があることを要しない（大判昭13・12・3刑集17・889）。法令は，権限についてすべて規定しているわけではないから，法令の解釈によって合理的にその範囲を確定できれば足りる。職務は独立して決裁する権限を伴う場合に限らず，上司の指揮監督の下にその命令を受けて行う補助的職務であってもよい（前掲最判昭28・10・27）。

職務は，法令上当該公務員の一般的な職務権限に属するものであれば足り，現に具体的に担当している事務であることは必要でない（前掲最大判平7・2・22〔内閣総理大臣の職務権限〕，最決平11・10・20刑集53・7・641）。ただし，職務が要件となるのは，当該公務員がその職務行為に影響を与えることができるという理由からであるから，一般職務権限のうち，公務員の地位，担当変更の可能性，事務処理の状況から判断して，当該公務員がその職務行為に影響を与えることができるという可能性が必要である。一般的職務権限に属し，当該公務員が何らかの意味で職務行為に影響を与えうる可能性があれば，①内部的な事務分配のいかんにかかわらず職務となり（最決平17・3・11刑集59・2・1），②将来において行うべき職務でもよいし（最決昭61・6・27刑集40・4・369〔市長の再選後に担当すべき職務〕），さらに，③過去に担当していた事務，また，特に命ぜられて行った他局課所管の事務も職務に当たる（最判昭26・10・25裁判集刑55・365）。職務に関する行為は，不作為であってもよい。例えば，議員が欠席して議事に加わらないことも職務行為に当たる（大判大5・11・10刑録22・1718）。

(イ) 転職前の職務　「職務」は，一般的職務権限に属することを要するが，転職前の職務に関して賄賂を収受した場合，「職務に関し」に当たるであろうか。公務員が，その一般的職務権限を異にする他の職務に転じた後に，転職前の職務に関して賄賂罪が成立するか否かについて，大審院の判例は，転職によって職務の変更があれば賄賂罪は成立しないとしていたが（大判大4・7・10刑録21・1011），最高裁判所は，収受の当時において公務員である以上は賄賂罪は成立すると判示するに至った（最決昭28・4・25刑集7・4・881，最決昭58・3・25刑集37・2・170）。これを支持する肯定説は，否定説によると，公務員の身分を失った後に賄賂を収受すれば事後収賄罪になるのと比較し権衡を失することになる一方，転職の場合を事後収賄罪に準じて取り扱うとすれば文理に反すると主張する。

職務が一般的職務権限に属するものでなければならない以上，過去の職務を含むものでないことは当然であり，肯定説は，賄賂の罪は過去の職務の公正に対する侵害であると解するときにのみ成り立ちうる見解であるといってよいであろう。また，肯定説は事後収賄罪との権衡を問題とするが，公務員・仲裁人が退職後に退職前の職務に関して不正な利益を収受しても，直ちに本罪を構成するわけではないことを忘れている。さらに，賄賂が職務に関するものでなければならないという原則を無視するもので，賄賂罪の成立を不当に拡げる結果となろう。

この観点からすると，転職によっても一般的職務権限に変更がなく，職務によって影響を及ぼしうる地位にあれば賄賂罪の成立を認めるべきであるが，転職によって一般的職務権限が変更された場合は，転職前の職務に関して収賄罪等の罪は成立せず，事後収賄罪が問題となるにすぎないと解すべきである。ただし，転職前にその職務に関し賄賂を約束していたときは，賄賂約束罪を構成する。この場合，没収・追徴の関係では「収受」を認めるべきである。

(ウ) 職務密接関連性とは　職務に属するものではないが，職務と密接な関係を有するため，職務行為に準じた扱いを受けるものであり（最決昭31・7・12刑集10・7・1058），厳密には職務に属さないが，職務行為に当たると解すべきである（前掲大判大2・12・9，最決昭63・4・11刑集42・4・419）。

職務密接関連行為には，2つの類型がある。第1は，本来の職務行為ではないが，慣行上担当している場合であり，例えば，市会議員の会派内において市会議長の候補者を選ぶ行為がこれに当たる。第2は，自己の職務権限に基づいて事実上の影響力を及ぼしうる場合であり，例えば，国立芸大の教授が学生に特定のバイオリンの購入をあっせんする行為がこれに当たる。これら事実上の公務員の権限に基づく行為について不正な利益が結びつくときは，職務の公正とそれに対する社会の信頼が害されるから，このような行為も職務行為と認めるべきである（最決昭59・5・30刑集38・7・2682，最決昭60・6・11刑集39・5・219）。

(2) 賄賂とは　職務に関する不正な報酬としての利益である。

(ア) 賄賂の目的物　賄賂となりうる利益は，金品その他の財産的利益に限らず，およそ人の需要または欲望を満たす利益であれば，いかなるものであるとを問わない（大判明43・12・19刑録16・239）。謝礼金，菓子箱はもとよりのこと，金融の利益，ゴルフクラブ会員権，異性間の情交，就職のあっせん，地位の供与，株式公開による利益（最決昭63・7・18刑集42・6・861）なども賄賂となりうる。ただし，社会的慣習ないし儀礼の範囲内にある贈与は，職務行為と対価的関係にあっても社会的に是認され，賄賂にはならない。

儀礼的贈与か賄賂かの限界（賄賂性の限界）は，公務員と贈与者の関係，社会的地位，財産的価値等を考慮し，社会通念を標準として決定すべきである。その限界を逸脱すると認められるときは，中元・歳暮などの名目で贈られても賄賂である。これに対して，職務上の生活関係において，職務行為と離れた行為について行われる贈与は賄賂ではない（最判昭 50・4・24 判時 774・119）。職務行為の対価として支払われたものと，職務外の行為に対する謝礼とが不可分的になって提供されたときは，その全体が賄賂になる（最判昭 23・10・23 刑集 2・11・1386）。なお，時価相当額での土地売買による換金の利益も賄賂に当たる（最決平 24・10・5 裁時 1566・21）。

(イ) **対価的関係**　賄賂は，職務行為または職務と密接に関連する行為の対価として提供されたものでなければならない。この対価関係は，一定の職務に対する抽象的・包括的な反対給付としての性質が認められれば足り，個々の職務行為とその利益との間に対価的関係があることを要しない（大判昭 4・12・4 刑集 8・604）。なお，賄賂は不正な報酬であるが，その反対給付として行われる職務行為は，必ずしも不正なものでなくてもよい（最判昭 27・7・22 刑集 6・7・927）。

3　収賄罪

197 条（収賄，受託収賄及び事前収賄）**1 項前段**　公務員が，その職務に関し，賄賂を収受し，又はその要求若しくは約束をしたときは，5 年以下の懲役に処する。

(1)　主　体　本罪の主体は，公務員である（真正身分犯）。公務員は，7 条のいう「法令により公務に従事する職員」および「みなし公務員」である。

(2)　行　為　本罪の行為は，賄賂を収受し，要求し，または約束することである。「収受」とは，賄賂を取得することをいい，この態様の罪を賄賂収受罪という。収受の時期は職務行為の前であると，後であるとを問わない。目的物を取得し，または利益を授受した時点で既遂となる。「要求」とは，賄賂の供与を要求することをいい，相手方がこれに応じなくても既遂となる。この態様の罪を賄賂要求罪という。「約束」とは，贈賄者と収賄者との間で将来賄賂を授受すべきことについて合意することをいう。この態様の罪を賄賂約束罪という。約束が行われれば既遂に達する。賄賂の授受があったことは必要でなく，また，要求を撤回し，あるいは約束解除の意思を表示しても，本罪の成立に影響しない。

(3) 故　意　本罪の故意は，客体の賄賂性についての認識を必要とする。刑法上の賄賂であることを認識する必要はない。正当な報酬であると誤信したときは，故意を阻却する。

4　受託収賄罪

197条(収賄，受託収賄及び事前収賄) **1項後段**　公務員が，その職務に関し，請託を受けて，賄賂を収受し，又はその要求若しくは約束をしたときは，7年以下の懲役に処する。

本罪は，請託を受けたことによって収賄罪よりも重く罰するもので，同罪の加重類型である。「請託」とは公務員に対して，職務に関し一定の職務行為を依頼することをいう（前掲最判昭27・7・22)。その依頼が不正な職務行為に関するものであると，正当な職務行為に関するものであるとを問わない。正当な職務行為の請託であっても刑が加重されるのは，それによって賄賂と職務行為との対価関係が明白となり，枉法の危険が一層高くなるとともに，職務の公正に対する信頼をより強く侵害するからである。請託の対象となる職務行為は，ある程度具体的なものでなければならない。「何かと世話になったお礼」の趣旨であるときは，請託があったとはいえない（最判昭30・3・17刑集9・3・477)。「請託を受け」たとは，依頼を承諾したという意味である。承諾は，黙示であってもよい。一般の公務員につきその職務の担当・行使が将来の条件にかかっている場合であっても，「その職務に関し」に当たる（最決昭36・2・9刑集15・2・308)。

5　事前収賄罪

197条（収賄，受託収賄及び事前収賄) **2項**　公務員になろうとする者が，その担当すべき職務に関し，請託を受けて，賄賂を収受し，又はその要求若しくは約束をしたときは，公務員となった場合において，5年以下の懲役に処する。

(1) 主　体　本罪の主体は，公務員になろうとする者である。例えば，公務員として採用願いを出しているがまだ採用されていない者をいう。

(2) 行　為　本罪の行為は，その担当すべき職務に関して，請託を受け，賄賂を収受・要求・約束することである。「その担当すべき職務に関し」とは，将来，相当程度の蓋然性をもって担当する可能性がありうるという意味である。「関し」とは，担当すべき職務行為またはそれと密接に関係がある行為に関してという意味である。本罪は，行為者が公務員になった場合に初めて処罰される。行為者が公務員に就任して初めて公務の公正およびそれに対する社会の信頼を害するおそれが生ずるのであるから，公務員になったということは，単なる処罰条件ではなく構成要件要素であると解される。

6　第三者供賄罪

197条の2 (第三者供賄)　公務員が，その職務に関し，請託を受けて，第三者に賄賂を供与させ，又はその供与の要求若しくは約束をしたときは，5年以下の懲役に処する。

(1) 意　義　本罪は，これまで述べた収賄の態様と異なり，公務員がみずから賄賂を収受するのでなく，第三者に対して贈賄者に金品等の提供をさせるところに特色がある。第三者を介して間接的に職務に関連して利益を得る脱法的行為を取締ることが本罪の趣旨である。

(2) 行　為　本罪の行為における「請託を受けて」とは，職務に関して依頼を受け，これに承諾を与えることをいう。「第三者」とは，当該公務員以外の者をいう。自然人であると，法人であると，法人格のない団体であるとを問わない (最判昭29・8・20刑集8・8・1256〔法人への賄賂の供与〕)。例えば，警察の署長に対しその職務に関して請託し，警察署で使用する自動車の改造費用の負担を申し込んだときは本罪を構成する (最判昭31・7・3刑集10・7・965)。第三者と公務員とが共同して賄賂を収受した場合は，当該公務員には受託収賄罪が成立することになり，また，当該第三者は65条1項により収賄罪の共犯となるから，ここにいう「第三者」ではない。これに対し教唆者・幇助者は，「第三者」である。第三者は，公務員と無関係な者であってもよく，それゆえ，第三者がその目的物の賄賂性を認識していることを要しない。「供与させ」とは，第三者に賄賂を受け取らせることをいう。第三者が受け取らないときは供与の約束罪である。「供与を要求」するとは，第三者に賄賂を供与するよう相手方に求めることである。「約束」するとは，第三者への賄賂の供与について相手方と合意することである。

7　加重収賄罪

197条の3（加重収賄及び事後収賄）**1項**　公務員が，前2条の罪（197条，197条の2）を犯し，よって不正な行為をし，又は相当の行為をしなかったときは，1年以上の有期懲役に処する。

2項　公務員が，その職務上不正な行為をしたこと又は相当の行為をしなかったことに関し，賄賂を収受し，若しくはその要求若しくは約束をし，又は第三者にこれを供与させ，若しくはその供与の要求若しくは約束をしたときも，前項と同様とする。

(1)　意　義　本罪は，収賄行為とともに，それに関連して職務違反の行為が行われたことを理由に，これを特に重く罰する趣旨に基づくものである。そのため加重収賄罪と称されている（「枉法収賄罪」ともよばれる。法を枉げて不正の行為をするの意）。収賄行為の後に職務違反の行為が行われる場合が1項の罪であり，職務違反の行為の後に収賄行為が行われる場合が2項の罪である。

(2)　行　為　本罪の行為は，公務員もしくは公務員になろうとする者が，①前2条の収賄罪を犯し，よって不正な行為をし，または相当の行為をしないこと（1項），または，②その職務上不正な行為をし，または相当の行為をしなかったことに関し，賄賂を収受・要求・約束し，または第三者にこれを供与させ，その供与を要求・約束することである。

「よって不正な行為をし，又は相当の行為をしなかったとき」とは，前2条の行為の結果として，その職務に違反する行為をしたという意味である。それゆえ，1項の罪においては，収賄行為と職務に反する行為との間には因果関係がなければならない。職務に違反する行為とは，その職務に違反する作為・不作為の一切の行為を指し（大判大6・10・23刑録23・1120，最決平14・10・22刑集56・8・690），必ずしも法規に違反する行為に限らない。例えば，入札担当の公務員が賄賂を収受して工事請負の入札に際し工事最低予定価格等を通報する行為は作為の例であり（高松高判昭33・5・31裁特5・6・257），県会議員が請託を受けて議場を欠席する行為は不作為の例である（大判明44・6・20刑録17・1227）。

2項の罪は，その職務上不正な行為をし，または相当の行為をしなかったことに関する収賄行為を罰するものであるから，不正の作為または不作為は収賄行為の前になされることを要する。請託の有無は問わない。賄賂を要求・約束した後に職務行為がなされ，さらにその後で賄賂が収受された場合も本罪が成立する。職責違反の行為が，例えば，公文書偽造など他の犯罪を構成するときは，本罪との観念的競合となる。

8　事後収賄罪

197条の3（加重収賄及び事後収賄）**3項**　公務員であった者が，その在職中に請託を受けて職務上不正な行為をしたこと又は相当の行為をしなかったことに関し，賄賂を収受し，又はその要求若しくは約束をしたときは，5年以下の懲役に処する。

本罪は，退職後において在職中の職務違反の行為に関連して収賄することを内容とする犯罪である。本罪の主体は，過去において公務員であった者である。ただし，既述のように（⇨412頁 *2* (1)(ア)），公務員の身分は継続していても，賄賂の対象となる一般的職務権限に属する職務から離脱していれば，本罪の主体になると解すべきである（反対，前掲最決昭28・4・25参照）。在職中に職務に関して賄賂を要求・約束し，退職後その要求・約束に基づいて賄賂を収受した場合について，在職中の要求・約束に関しては通常の収受罪が成立するから，退職後，それに基づいて賄賂を収受する行為は，前の収賄罪に吸収されて一罪が成立するにすぎないとする見解がある。しかし，在職中の要求・約束罪が請託の承諾と職務違反行為を伴う場合には，加重収賄罪と事後収賄罪が成立し，重い前者の罪で処罰すべきである。

9　あっせん収賄罪

197条の4（あっせん収賄）　公務員が請託を受け，他の公務員に職務上不正な行為をさせるように，又は相当の行為をさせないようにあっせんをすること又はしたことの報酬として，賄賂を収受し，又はその要求若しくは約束をしたときは，5年以下の懲役に処する。

(1) 意　義　本罪は，公務員特に国会議員等の公選による公務員が，その地位を利用して，他の公務員の所管事項についてあっせん行為をし，それに対する謝礼を受ける行為が社会問題となり，この種の行為を放置しておくと政治・行政の腐敗を招くという理由から昭和33年に新設されたものである。それゆえ，本罪も国の作用特に行政作用の公正およびそれに対する社会の信頼を保護法益とする点では疑いない。しかし，本罪は他の収賄の罪と異なり，自己の職務行為の対価として賄賂を収受するものでないから，収賄の罪としては異質である。ただ，主体が公務員に限定されており，他の公務員の職務に関連する収賄を処罰する点で収賄の罪としての性質を有する。

(2) 主　体　本罪の主体は，公務員である。単なる私人として行為するときは本罪の主体とはならないが（最決昭43・10・15刑集22・10・901），公務員の地位ないし立場で行為する限り，積極的にその地位を利用しなくても本罪の主体となりうる。

(3) 行　為　本罪の行為は，請託を受け，他の公務員をして，その職務上不正の行為をさせ，または相当の行為をさせないようにあっせんすること（最決平15・1・14刑集57・1・1），またはあっせんしたことの報酬として，賄賂を収受・要求・約束することである。「請託を受け」とは，他の公務員の職務行為についてあっせんすることの依頼を受け，これを承諾することをいう。「あっせん」とは，他の公務員に職務に違反する行為（作為・不作為）をさせることにつき，請託者（または贈賄者）と他の公務員との間に立って仲介し便宜を図ることをいう。「あっせんすること又はしたこと」とは，将来のあっせん行為または過去のあっせん行為という意味である。あっせん行為の対価としてということが「報酬として」の意味である。当該あっせん行為と対価の関係にある利益でなければ，本罪の賄賂とはいわないと解すべきである。賄賂は，謝礼，車代などその名義のいかんを問わないが，実費の弁償は報酬となるものではない。

2000（平成12）年に成立した「公職にある者等のあっせん行為による利得等の処罰に関する法律」（法律130号）は，国会議員等の政治公務員の政治活動の廉潔性を保護法益とするものであり，公務員の職務の公正およびそれに対する社会の信頼を保護法益とする本罪とは，その性質を異にする。

10　没収・追徴

197条の5（没収及び追徴）　犯人又は情を知った第三者が収受した賄賂は，没収する。その全部又は一部を没収することができないときは，その価額を追徴する。

(1)　意　義　没収に関する19条および19条の2は任意的なものである。本条は，これらに対する特則であり，没収および追徴ともに必要的なものである。すなわち，19条および19条の2では，「することができる」となっているが，本規定では，賄賂はこれを「没収する」ものとしている。

没収の趣旨については，ⓐ収賄者等に不法の利益を保有させないためであるとする説，ⓑ収賄および贈賄者等に不法の利益を保有せしめないためであるとする説（最決昭29・7・5刑集8・7・1035）が対立している。贈賄者の手許に戻ってきた場合を不法の利益とするのは妥当でないから，収賄罪の犯人または情を知った第三者に対し不法の利益を保有させない趣旨と解すべきである。ただし，贈賄者については任意的没収の適用がありうる。

(2)　対象者　没収・追徴の対象となる者は，「犯人又は情を知った第三者」である。犯人には共犯者も含まれる（大判明44・2・13刑録17・75参照）。「犯人」は起訴されていない場合でも，事実認定によって犯人と認定できれば足りる。「情を知った第三者」とは，犯人およびその共犯者以外の者で賄賂であることを知っている者をいう。第三者たる法人の代表者が賄賂であることを知ってそれを受け取れば，その法人が「第三者」である（前掲最判昭29・8・20）。農業協同組合支部のように法人格を有しないものでも，独立の団体である場合には「第三者」に当たる（最大判昭40・4・28刑集19・3・300）。

(3)　没収の対象　犯人または情を知った第三者の「収受した賄賂」に限られる。収受されなかった賄賂は任意的没収の対象となる。饗応を受けた酒食（大判大4・6・2刑録21・721），ゴルフクラブの会員権（最決昭55・12・22刑集34・7・747）のように，賄賂が「物」としての性質を有しないために本来没収の対象となりえない場合には，追徴の対象となる。賄賂として金員の貸与を受けたときは，金融上の利益が賄賂であるから，その金員は没収の対象となるものではない。賄賂を収受した事実がある以上，必ずしも当該賄賂につき収受罪が成立することを要しない。

(4) 追 徴　追徴は，没収が不可能であるときに行われる。「没収することができないとき」とは，例えば，饗応を受けた酒食や芸妓の接待のような賄賂の性質上没収できない場合ばかりでなく，賄賂が費消されたり第三者の所有に帰属した場合のように，収受後に没収不能となったときをも含む。追徴すべき価額は，没収できない場合にそれを金銭に換算した金額である。情交のように金銭に換算することが不可能であるときは，追徴の対象になりえない。追徴価額は，賄賂が収受された当時の価額を基準として算定されるべきである（最大判昭 43・9・25 刑集 22・9・871）。

数人が共同して賄賂を収受した場合は，賄賂の分配額に応じて追徴される（大判昭 9・7・16 刑集 13・972）。分配額が不明なとき，あるいは共同で費消したときは平等の割合で追徴される。収賄者が賄賂を贈賄者に返還したときは，贈賄者から没収し（大判大 11・4・22 刑集 1・296，仙台高判平 5・3・15 高刑集 46・1・13），没収できないときは追徴するとするのが判例である（前掲最決昭 29・7・5）。しかし，この場合の没収・追徴は，不法な利益は保持することを許さないという趣旨に基づくものであるから，贈賄者に対する没収・追徴は，本条ではなく 19 条および 19 条の 2 によるべきである。この場合において，収受した賄賂を費消したうえで後にそれと同額の金銭を返還したときは，費消したことによって利益を得たのは収賄者であるから，追徴の対象となるのは収賄者である（最判昭 24・12・15 刑集 3・12・2023）。収賄者が収受した賄賂の一部をさらに他の者に贈賄した場合には，その残額を没収すれば足り，贈賄した部分をその者から追徴する必要はない（大判大 12・2・6 刑集 2・87）。

11 贈賄罪

198 条（贈賄）　第 197 条から第 197 条の 4 までに規定する賄賂を供与し，又はその申込み若しくは約束をした者は，3 年以下の懲役又は 250 万円以下の罰金に処する。

(1) 主 体　贈賄罪は，公務員に賄賂を供与し，またはその申込もしくは約束をすることによって公務の執行の公正を害する犯罪である。本罪の主体は，非公務員であることを原則とするが，公務員であっても単なる私人として行うときは本罪の主体となる。

(2) 行　為　本罪の行為は，賄賂の供与・申込・約束である。「供与」とは，賄賂を相手方に収受させる行為をいう。収賄罪における「収受」に対応する観念であるから，相手方が収受しない限り申込にとどまる。収受罪とは必要的共犯関係に立つから，相手方が賄賂であることを認識していない限り申込罪である。「申込」とは，賄賂を供与する意思を示すこと，すなわち収受を促すことをいう。相手方が賄賂であることを認識することは必ずしも要しないが，認識できる状態に置かれることは必要である（最判昭37・4・13裁判集刑141・789）。「約束」とは，将来において賄賂を供与することについて公務員と合意に達することをいう。

(3) 収賄罪との関係　賄賂の供与と収受との間，および約束者相互の間は必要的共犯の関係にあるから（大判明43・7・5刑録16・1382），実質的に収賄の教唆または幇助に相当する行為があっても，供与罪および約束罪の限度で罰せられるにすぎない。これらの罪に該当しない以上は処罰されないのであって，収賄罪の教唆・幇助が別個に成立することはない。贈賄者は，収賄者よりもむしろ悪質な場合が多いから，贈賄罪として軽い法定刑で罰せられるのは不合理であり，別個に収賄の教唆・幇助犯が成立すべきであるとの見解もあるが，右の意味で妥当でない。一方，収賄者側の要求罪と贈賄者側の申込罪とは，それぞれ独立の犯罪であるから，相手方において犯罪が成立しない場合にも独立して犯罪を構成する。申込罪は収賄罪の教唆となるが，供与罪および約束罪との均衡上，申込罪の限度で処罰されるにすぎない。

12　贈収賄罪と他罪・罪数

(1) 他罪との関連　公務員がその職務関連行為に関して，他人を恐喝し金銭等を交付させた場合，第1に，公務員が職務執行に仮託して，自己の職務と全く関係のない事項について人を恐喝し財物を交付させたときは，恐喝罪のみが成立し収賄罪を構成しない。第2に，例えば，警察官において犯罪検挙の意思があり，また客観的にみて犯罪の嫌疑がある場合に，被疑者を畏怖させて財物を交付させる行為については，恐喝罪と収賄罪との観念的競合を認め，贈賄側に贈賄罪の成立を認めるべきである（最決昭39・12・8刑集18・10・952，福岡高判昭44・12・18刑月1・12・1110）。恐喝罪は個人的法益に対する罪であり，収賄罪とは罪質を異にするだけでなく，もし上の事例について恐喝罪の成立のみを認めるにすぎないとすれば，収賄の点が全く考慮されないという不合理な結論となる。この場合において，被恐喝者は被害者であるが，財物交付について任意性が認められる以上は贈賄罪の成立を否定する根拠はなく，期待可能性の法理を適用して例外的に責任を阻却するほかにないであろう。

公務員が，例えば，職務上不正な行為をしていないのにこれをしたと欺いて職務に関し金品を要求したような場合，詐欺的方法による収賄が問題となる。この場合においても，金品を供与した者は詐欺罪の被害者であるが，財物を交付すべきか否かを選択するに足りる意思の自由はその者に残っていると解されるから，公務員については詐欺罪が成立することはもちろん収賄罪も成立し，両罪は観念的競合になると解すべきである。また，賄賂の供与等の行為は，贈賄罪に当たる。

(2) 罪　数　罪数の取扱いについては，第1に，賄賂の要求・約束後に収受しても包括して一罪となる（大判昭10・10・23刑集14・1052）。1個の公務の公正およびそれに対する社会の信頼の侵害行為があるにすぎないからである。第2に，1個の行為で数名の公務員に贈賄したときは，各公務員の数に応じた贈賄罪が成立して観念的競合になる（大判大5・6・21刑録22・1146）。第3に，贈賄の申込または約束の後に賄賂を供与したときは，賄賂供与罪だけが成立する。

◈【問　題】

甲市の市議会では，3つの政党・会派で順番に市議会議長を選出する慣例となっている。今回はB会派の順番に当たるので，同会派に属しているXは，議長となるために自分を同会派の議長候補に選んでくれるよう依頼するとともに，会派の10名の議員をも勧誘してくれとY市会議員に依頼し，Yはこれに応じたので，各議員1人当たり10万円の買収資金を用意し，Yには謝礼として100万円を与えるものとして200万円をYに交付した。しかし，Y は 200 万円をすべて自己のために費消した。X，Y の罪責はどうか。

事 項 索 引

く

け

こ

さ

し

す

せ

そ

た

へ

ほ

み

む

め

も

や

ゆ

よ

り

判 例 索 引

著者紹介
大 谷　實（おおや みのる）
1934年　生まれ
1957年　同志社大学法学部卒業
現　在　同志社大学名誉教授

主要著書

刑事責任の基礎（1968　成文堂）
人格責任論の研究（1972　慶応通信）
被害者の補償（1977　学陽書房）
刑事規制の限界（1978　有斐閣）
刑事政策講義（1987, 新版・2009　弘文堂）
刑法総論の重要問題（1986, 新版・1990　立花書房）
刑法各論の重要問題（1986, 新版・1990　立花書房）
刑事法入門（1994, 第8版・2017　有斐閣）
刑法総論（1996, 第5版・2018　成文堂）
刑法講義総論（新版・2000, 新版第5版・2019　成文堂）
刑法講義各論（新版・2000, 新版第5版・2019　成文堂）
新版精神保健福祉法講義（2010, 第3版・2017　成文堂）

刑 法 各 論 ［第5版］

2001年4月10日　初　版第1刷発行
2002年4月10日　第2版第1刷発行
2007年4月20日　第3版第1刷発行
2013年11月20日　第4版第1刷発行
2018年4月20日　第5版第1刷発行
2021年1月20日　第5版第2刷発行

著　者　大　谷　　實
発行者　阿　部　成　一

〒162-0041　東京都新宿区早稲田鶴巻町514番地
発行所　株式会社　成　文　堂
電話 03(3203)9201(代表)　Fax 03(3203)9206
http://www.seibundoh.co.jp

製版・印刷　シナノ印刷　　製本　弘伸製本　　検印省略
☆乱丁・落丁本はおとりかえいたします☆

ISBN978-4-7923-5245-5 C3032

定価（本体3200円＋税）